佐川 徹 Toru Sagawa
岡野英之 Hideyuki Okano
大澤隆将 Takamasa Osawa
池谷和信 Kazunobu Ikeya
編

その空間を統治するのはだれか

●フロンティア空間の人類学

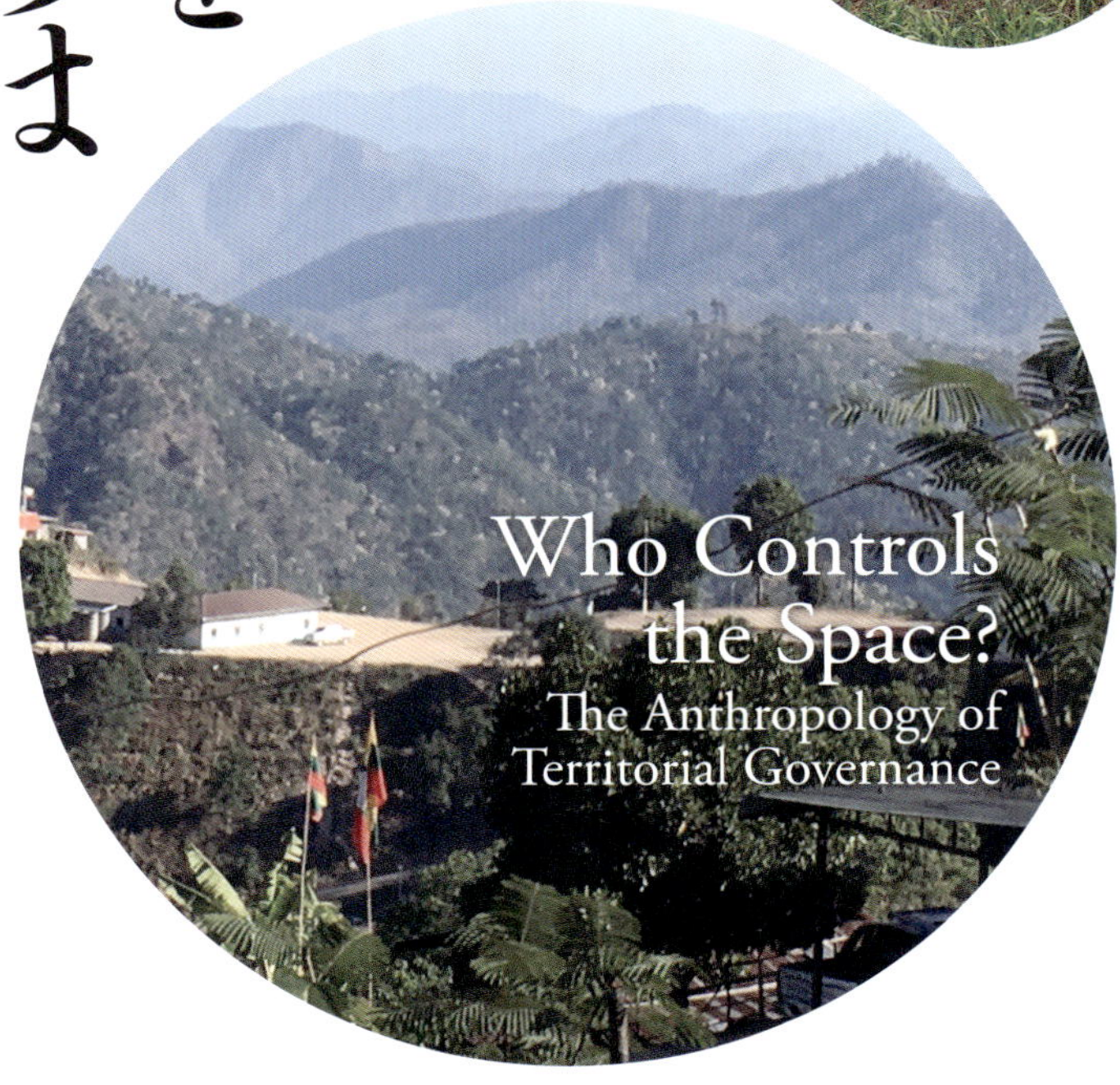

Who Controls the Space?
The Anthropology of Territorial Governance

ナカニシヤ出版

：第１章　ソルガムはルワンダの主食だったが、2010 年代に入るとトウモロコシへの作付け転換が進められ、あまり見かけなくなった。

：第２章　ブラジル、マト・グロッソ州北西部、スィンタ・ラルガの郊外に広がる牧草地。熱帯林を焼き払ったあと熱帯アフリカ原産の牧草（パラグラス）の種子が蒔かれ造成される。道路脇から撮影。

上：第３章　チャパレの中心都市ビジャ・トゥナリ。周辺の森林では入植が進み、乾季の８月には焼畑の煙が上がる。奥に見える丘陵はアンデス山脈につながる。

下：第４章　オモ川の氾濫原。氾濫原は牧畜や農耕に適した土地であると同時に、国家が管理しにくい土地でもあった。近年ではダム建設により川の洪水がとまり、氾濫原が形成されなくなった。

：第5章　インドネシア・リアウ州のカンパール川中流域の氾濫原。カンパール川の中流域では、後背地に広がる荒涼とした草原とは対照的に、氾濫原には豊かな森林が残る。こうした氾濫原を開発する試みも始まっている（Akhwan Binawan 氏撮影）。

：第6章　焼畑民の集落と周囲の森林景観。焼畑民の集落の周りには様々な土地・森林が存在する。陸稲や野菜を生産する焼畑地、ラタンやゴムを採集する樹園地、狩猟や非木材林産物の採集が行われる老齢な森林などである。

上：第７章　タイ領アンダマン海に浮かぶスリン諸島を拠点に暮らすモーケン。刳り船に乗りサンゴ礁の内海でナマコ漁を行う。
下：第８章　ゾミアと呼ばれるタイ＝ミャンマー国境の山地部。タイ国境沿いに位置するシャン系武装勢力の基地からミャンマー側を撮影（調査上の知人より提供、2020 年撮影）。

第９章　カラハリ砂漠の乾季の景観。地平線まで平坦地が広がる。地表は灌木と草でおおわれ、家屋、ヤギ囲い、野生スイカの貯蔵庫が点在する。

上：第 10 章　テチマン中央市場には、ガーナ内外から集まった多様な商人たちがみられる。ヒジャブをまとっている女性の多くはサバンナ帯出身で、テチマン周辺のゾンゴに居住している。

下：第 11 章　難民キャンプの周辺村で売られている民族衣装。購入した衣装はアメリカなどに住む親族へ送られる。

上：第 12 章　ナンタブリー国立公園内に設置されたフアイ・ルー村。豊かな森が隣接していることもあり、若い世代を中心に他村からの移住が進む。
下：第 13 章　IDP となった先住民が暮らす家屋からみた都市。大聖堂もある対岸とは反対に、かれらの家屋は川が増水すれば水につかる、いつもぬかるんだ土地の上に建てられている。都市空間に「ニッチ」を見つけ、暮らすほかないからである。

はじめに

二〇二五年一月二〇日、アメリカの第47代大統領にドナルド・トランプ氏が就任した。それ以来毎日、世界各国の人びとが彼の言動に注目している。デンマーク領グリーンランドやパナマ運河を領域化しようとする発言や、アメリカとメキシコとの国境警備を強化する政策などからは、彼がアメリカ政府による統治や影響力が十分に及んでいない地域に注目していることがうかがえる。今後、これらの言動の真意について注視する必要はあるものの、地球の土地空間の秩序を変化させよう、あるいはその統治を強化しようとする大国の動きの一端をみることができる。

本書のテーマの一つは、土地空間の領域化である。多様なアクターがさまざまな想像力を抱きながら、土地空間の領域化を実現するために実行力を行使するさまを、本書はローカルな現場に着目して描き出そうとしている。おもに文化人類学者による論考から成るこの本では、国際政治が分析の中心に置かれることはない。しかし、本書の主題とパラレルな動きが、近年になって国際政治の場でも顕著にみられるようになってきている。

たとえば、上述したトランプ氏の発言には国際秩序の変動という背景がある。二〇一〇年以降、アメリカの衰退が顕著になり覇権国といえる立場が維持できなくなるなかで、同国は米軍の展開を含む諸政策で「選択と集中」を進めざるを得なくなっている。グリーンランドをアメリカが所有すべきだという発言は、こうした状況の中で新たにミサイルを配備する土地空間を確保したいという同国の安全保障上の戦略変化があるといわれる。またパナマ運河に関わる経済活動には中国企業が関与しているものもあり、その返還を求めるトランプ氏の発言も中国の経済的な伸長を警戒してのことだといわれる。アメリカの衰退と中国の台頭という国際政治上の変化がアメリカの想像力に影響を及ぼし、今後その想像力は土地空間の秩序を変えるための実行力の行使をもたらすかもしれない。

無論、近年みられる国際政治の変動はアメリカ発のものに限らない。二〇二二年二月二四日、ロシアの軍隊がウクライナとの国境を越えて軍事侵攻をした。同紛争ではウクライナ側に米国をはじめとしてNATO加盟国や日本なども関与し、その一方でロシア側の軍隊には北朝鮮の兵士が加わるなど対立軸の明確化が進んでいる。また、二〇二三年一〇月には、パレスチナ自治区ガザを実効支配するイスラム組織ハマースがイスラエルに対して奇襲をかけた。それに対してイスラエル軍はガザ地区へと軍事侵攻し、二〇二五年一月二〇日時点で同地区の死者は四万七〇〇〇人を超え、避難民は一九〇万人に達した。

これらの事例からも国際政治の変動が各アクターの想像力と実行力を喚起し、それが土地空間の新たな領域化に関わっていることがわかる。冷戦後、国際社会では民主主義が唯一の正当な価値観とされた。そのイデオロギーを全人類に普遍的な政治体制だと信じるアメリカや西ヨーロッパ諸国の想像力は、NATOの拡大をもたらした。NATOによる「領域化」、すなわち、ロシア周辺国によるNATOの加盟はロシアにとっては喉元にミサイルを配備されることにつながる。それがロシアによる安全保障の危機という新たな想像力を生み出し、ウクライナ侵攻へとつながった。

中東情勢をみても土地空間の領域化にアクターの想像力が密接に関わっている。イスラエルによるガザ地区への軍事侵攻により、シリアのアサド政権は周辺国からの支援を十分に得られなくなった。そのタイミングでシャーム解放機構をはじめとするシリアの武装勢力が連帯し、アサド政権に総攻撃を仕掛けた。それは二〇二四年一二月のアサド政権崩壊につながる。シャーム解放機構はもともとアルカイーダ系勢力といわれ、いわゆる「ジハード主義」の系譜に属する。しかしながら、アサド政権崩壊後の暫定統治では欧米を敵視しない路線を選んだ。今後、シリアでは憲法の制定や国民投票が目指される。シャーム解放機構は統治に関する想像力を状況に応じて柔軟に選択しているといえよう。

日本も例外ではなく、国際政治上での想像力が土地空間の領域化と連動している。現在、中国が台湾に軍事侵攻するのではないかという「台湾有事」が問題となっている。台湾有事が実際に発生した場合、日本も関与せざるを得なくなる。その懸念から日本政府は与那国島におけるミサイル部隊の追加配備や駐屯地の拡張を進めている。それに伴い自衛隊員やその家族が与那国島へと居をかまえることで、学校や町内会にも変化がみられるという。

いずれの場合も、ある土地空間に対して新たなアクターが関心を持ち、そこに実効的に影響力を及ぼすべく新たな行動を取っている。これらのことを踏まえると、国際秩序の変化が如実にみられる現在とは、今一度、土地空間と政治秩序との関係を熟慮すべきタイミングではないだろうか。無論、その際には世界の先進国に加えてグローバルサウスと呼ばれる新興国・発展途上の国々、そして各国の先住民の考え方などを含める必要があろう。

本書は、主として一九世紀から現在までのグローバルサウスと呼ばれるアフリカ、アジア、ラテンアメリカの国々を対象にして、そのなかでも国家による統治が希薄な地域に注目している。いずれの章でも、各地でのフィールドワークをもとに得られた資料から、国家や企業などの各種アクターによる地域統治への関わり方などが実証的に論じられている。そして、地理的な辺境や大都市の周辺部に議論を限定するのではなく、それらの地域を含めた「フロンティア空間」という概念を設定することで、地域の側から世界における新たな秩序のあり方を探る試みにもなっている。

ぜひ読者の方々には、日本や欧米諸国、そして前近代における帝国などと比較し、近現代から今日における「フロンティア空間」の意味することは何なのかを考えていただきたい。本書が、予測のつかない世界のなかで新たな方向性を考えるヒントを提供することができたら幸いである。

編者を代表して

池谷和信・岡野英之

目次

目　次

第Ⅱ部　住民にとってのフロンティア空間

第9章　フロンティア空間の発見と消失

第10章　新天地を目指す躍動

第Ⅳ部　国家とは別様の想像力

終章　統治のフロンティアを再考する

――統治のアクターは国家だけなのか

本書で対象とする地域：世界地図

※該当する地域のある国に色をつけている
※各地域の詳細は次頁以降を参照のこと

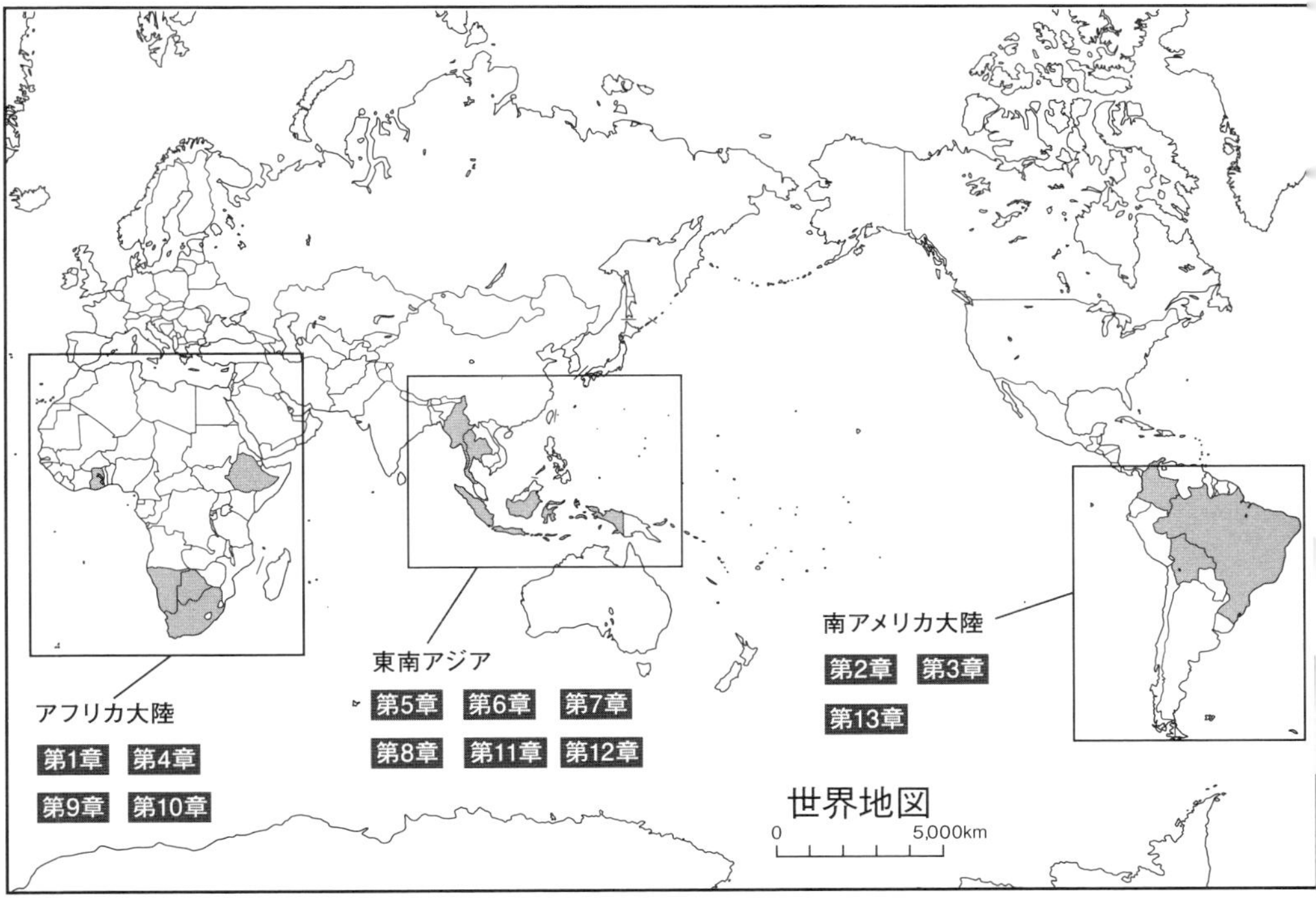

本書で対象とする地域：アフリカ大陸

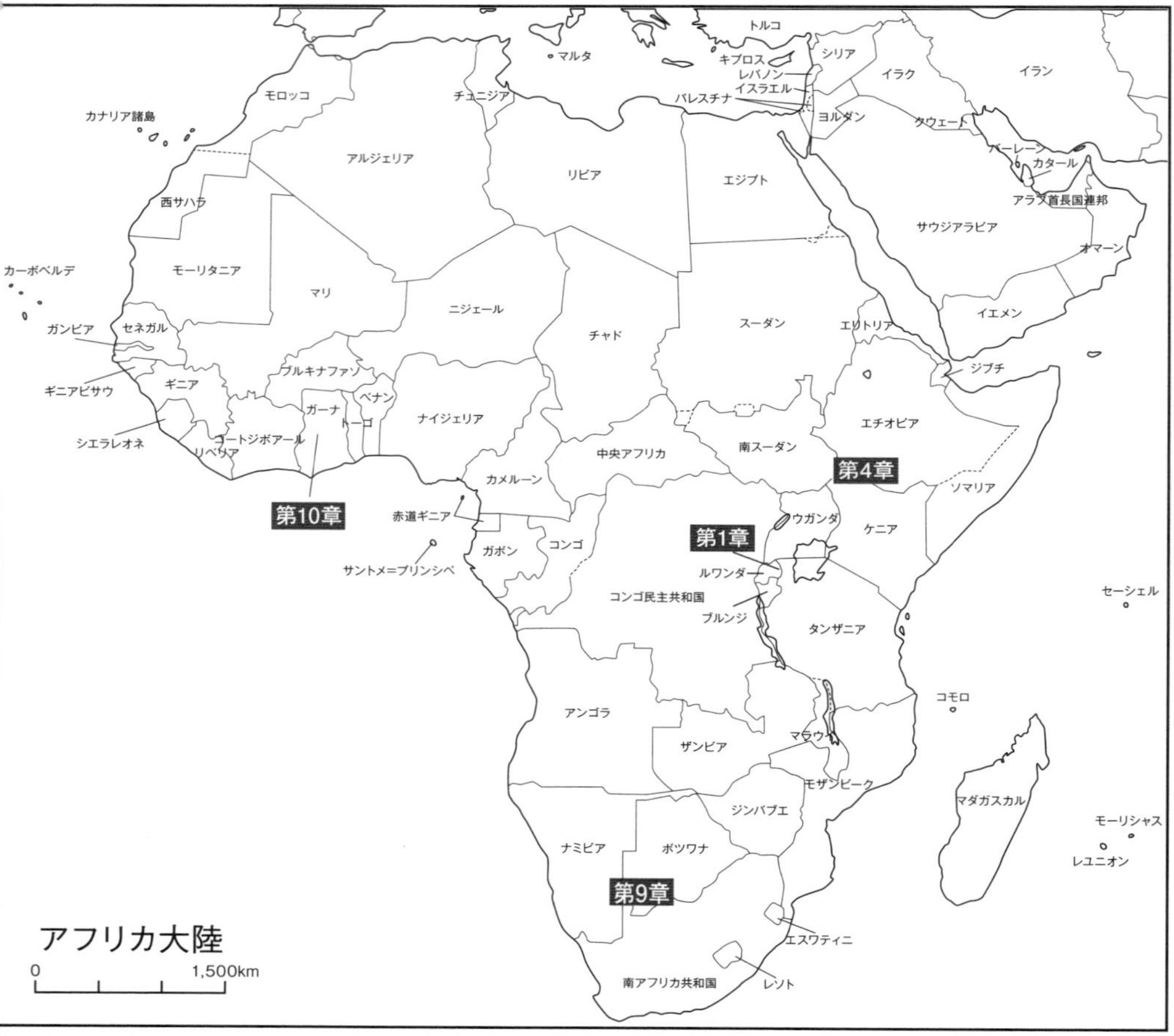

第１章　ルワンダ（カヨンザ県）

第４章　エチオピア（サウスオモ県）＝ケニア＝南スーダン国境地帯

第９章　カラハリ砂漠（ボツワナ・ナミビア・南アフリカ共和国にまたがる）

第10章　ガーナ（テチマン）

本書で対象とする地域：南アメリカ大陸

第２章　ブラジル（マト・グロッソ州）

第３章　ボリビア（チャパレ）

第13章　コロンビア（太平洋岸地域）

本書で対象とする地域：東南アジア

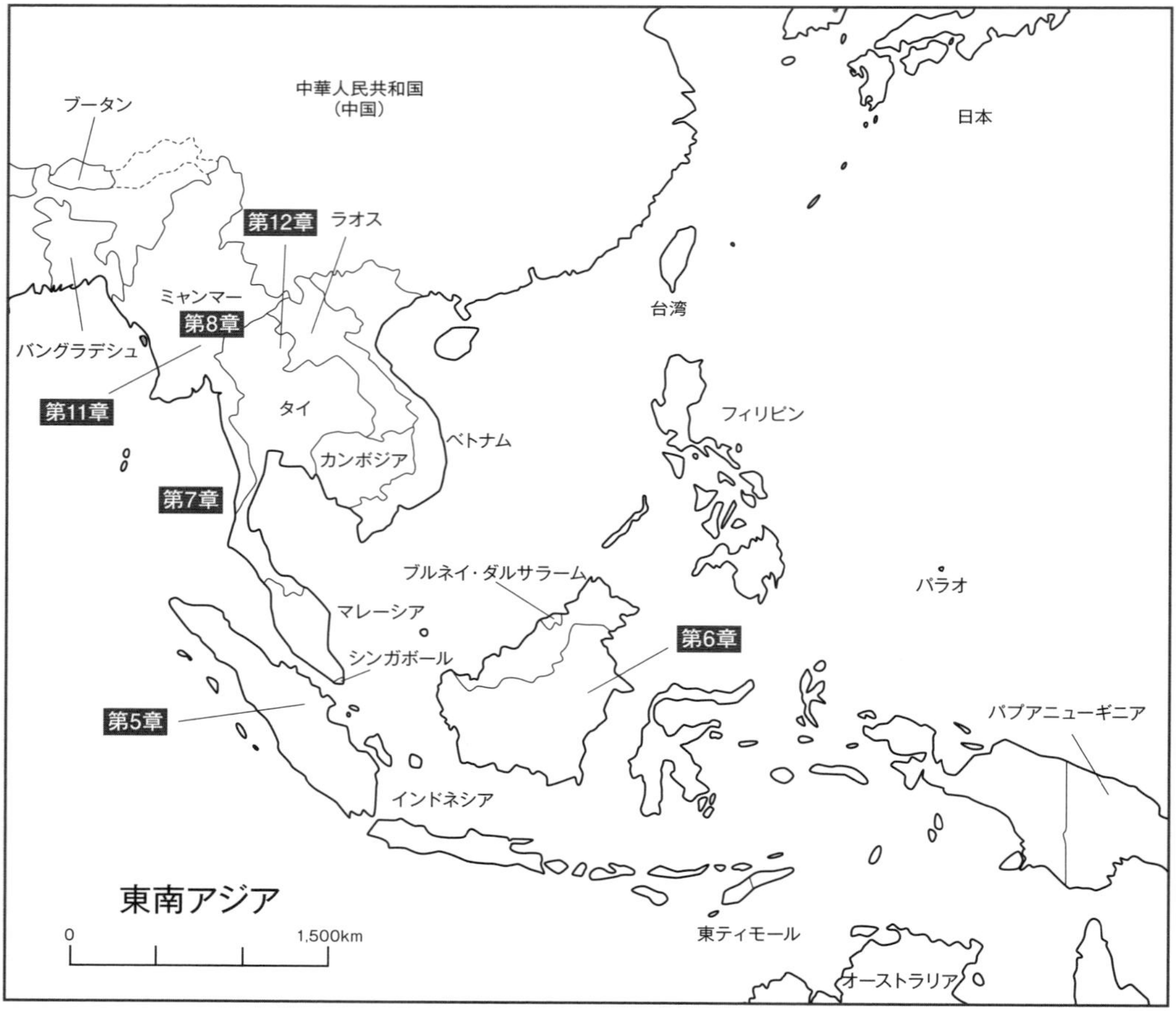

第5章　インドネシア（リアウ州）
第6章　インドネシア（東カリマンタン州）
第7章　タイ（アンダマン海域）
第8章　タイ＝ミャンマー国境地帯
第11章　ミャンマー（カヤー州など）
第12章　タイ（ナーン県）

序章

現代世界におけるフロンティア空間の動態

佐川 徹・大澤隆将・池谷和信

一　国家や企業による領域化の進展

国家や企業による領域化

この本の目的は、国家や企業が主導する領域化が各地で進展する現代世界において、多様なアクターが自らの想像力に依拠しながら「あるべき土地空間」の姿の実現を模索していく過程を描き出すことである。本書の舞台となる土地空間は、東南アジア、サハラ以南アフリカ、中南米に位置し、国家や企業、あるいは住民といったアクターにより完全には管理されていない「フロンティア空間」である。

本書では、フロンティア空間を「外部者の視点からは現在の居住者による管理や利用が希薄ないし過少に映る空間」と定義する。ただし、この空間は、その地理的な条件や政治的な理由から統治や開発の手が届きにくかった辺境地域や国境地域のみを指すものではない。都市部や難民キャンプのような空間も、ときにフロンティア空間と呼びうる場として立ち現れてくることがある。フロンティア空間は、多様なアクターの想像力に依拠して立ち現れ、ダイナミックに生成と消滅を繰り返す。そして、本書がもっとも注意を払って分析するのは、相互に一定の自律性を有した諸アクターが土地空間に対して抱く想像力と、現実に土地空間の様態を変化させる実行力のありようである。この本を構成する各章は、フロンティア空間で生じるアクター間の相互作用、つまり想像力の葛藤、そして実行力の葛藤が、いかに特定のアクターによる領域化を進展させたり、押しとどめたりしているのかを検討する。

国家が統治や開発、収奪を目的として土地空間を領域化（territorialization）する営みは、歴史を通して繰り返されてきた。地理学者のロバート・サックによれば、領域性（territoriality）とは「地理的区域に境界を設け、そこへの管理を主張することで、人びとや諸現象、諸関係に影響を与え、力を及ぼし、またはそれらを制御しようとする個人または集団による試み」（Sack 1986: 19. 邦訳三四頁の訳文を一部修正）のことである。本書では、領域化をこの試みを指す語として用いる。典型的には、政府の諸機関が中心となって住民の土地を収用し、農場や鉱山、発電所、ダム、自然保護区、軍事施設、核関連施設などを設置する際に、国家による大規模な領域化が進展する（池谷 二〇一一；石山 二〇二〇）。国家は、しばしば強制力ないし強制力の脅威を用いて住民を排除し、従来の土地空間の利用や管理、所有のあり方を改編し、法の制定を通して新たな領域化のあり方を合法化する。この過程で犠牲となるのは、当該地域の生態環境やそこでくらしを営んできた住民の生活、そして彼らと土地空間の関係性である。このような大規模事業の対象にはならなくても、土地法の制定などを通して土地の所有や利用のあり方が一律的に規定されることで、人びとは国家が為す領域化への順応を迫られる。

旺盛な領域化の営みを為すアクターは国家に限られるものではない。企業は、国家と共に領域化を進展させる強大な力となってきた。特に、一九九〇年前後からのグローバル化のもとで、国家や国際機関は企業による大規模な領域化を可能にする条件を整えた。たとえば、二〇〇〇年代後半から土地収奪（land grabbing）をめぐる動きに注目が集まった（Gilbert 2016）。サハラ以南アフリカを中心とした世界各地の土地が、国内外の企業らへ大規模に販売ないし貸与される事例が相次いで報告されたのである。取引された広大な土地は、商業農場などに姿を変えるか、資本の一時的な逃避先として住民を排除したうえで放置された。この時期に土地収奪が活発化した一因として、国際的な土地取引を促進する法制度や諸装置が整備された点が指摘されている（Li 2014a）。実際、多くのサハラ以南アフリカ諸国では、一九九〇年代以降に土地の商品化を可能にする新たな土地法が制定された（武内 二〇一七）。

同様のことは鉱山開発にもあてはまる。一九八〇年代以降、世界銀行と国際通貨基金が推進した構造調整政策の下で鉱山部門の民営化や規制緩和が進み、外国企業が投資をしやすい制度環境が整えられた。具体的には、二〇〇〇年代なかばまでに九〇以上の国で鉱山・鉱物関係の法律が改正された。その結果、ペルーでは一九九〇年代には二三〇万ヘクタールだった採掘権が付与された土地面積が、二〇一一年には二四〇〇万ヘクタールにまで拡大した（Jacka 2018）。モンゴルでも近年になって資源開発が進み、二〇一二年の統計によると約二〇〇八万ヘクタールの土地に採掘権が付与された（棚瀬・島村 二〇一五）。

国家や企業による急速な領域化の対象となっているのは、「途上国／南」の土地だけではない。たとえば、米国では液圧破砕によるシェール・ガス採取が引き起こす環境破壊や、都市部でのジェントリフィケーション事業によって、地域住民が従来の居住地から「放逐（eviction）」され、行き場を失っているとの指摘がある（サッセン 二〇一七）。今日、資本は「途上国／南」の辺境地域だけでなく「先進国／北」の中心地域にも新たな領域化の対象を見出しているのである。[1]

領域化と住民の苦境

国家や企業による領域化に加え、本書では地域住民による領域化にも注目する。なぜなら領域化とは、その地にもともとくらしてきた住民が行ってきた営みでもあるからだ。農耕民は自世帯の農地を他世帯の農地から線や柵で区切り、牧畜民は自分の所有するウシやヒツジの寝場所となる家畜囲いを設ける。生業活動をめぐる領域化の営みがもっとも希薄な狩猟採集民（採取民）も、一時的なものではあれ家やキャンプをつくり、その周囲の環境や資源へのアクセスをある程度管理する（Casimir and Rao 1992）。領域化とは、対象とする土地の規模や統制の強度のちがいこそあれ、その土地に住む人びとも実践してきたのである。[2]

だが、住民による領域化を国家や企業による領域化とあわせて論じる際、留意しなければならないことがある。第一に、住民の手による領域化は、統治や資源の抽出を目的とした外部アクターによる新たな領域化の過程で、しばしば大きな改変を余儀なくされることだ。マティアス・ラスムッセンとクリスチャン・ランドによれば、国家や企業による領域化とは、住民が為してきた領域化の歴史と営みを宙づりにして、国家や企業が自らの目的に沿った形で特定の空間をめぐる新たな資源利用レジームをつくりだすことである（Rasmussen and Lund 2018）。生活基盤を成す土地の一部ないしすべてを失った住民は、その地にとどまって農場などでの労働に従事することもあるし、「出稼ぎ民」や「移民」、「難民」などとして、従来の居住空間から一時的に、あるいは恒久的に退去していくこともある。

新自由主義的な統治論理が浸透して以降、国家が進める開発事業が地域社会にもたらす影響にも質的な変化が生じた。ジェームズ・ファーガソンによれば、ザンビアでイギリス植民地期になされた銅鉱山の開発事業は、ある程度の雇用を対象地域に創出しただけでなく、企業らが町を建設して教育施設や医療施設の整備に一定の配慮を払う「厚い（thick）」事業だった。それに対して、新自由主義的な秩序下でなされる事業は、社会的に「薄い（thin）」ものだという。彼が例として挙げるのは、二〇世紀後半に開発が進んだアンゴラの原油採掘基地である。基地は周囲の地域社会から切り離された飛び地（enclave）である。つまり、この空間は、遠く離れた首都のオフィスや港湾の輸出用タンカーとはインフラ設備で接続されているが、基地周辺にくらす住民とは没交渉である。基地で働くのは地域の外部から移住してきた技術者であり、基地を警備するのも地域外に拠点をかまえる民間警備会社である。国民総生産の上昇に大きく寄与する巨大な事業であっても、地域社会には雇用の機会や公共サービスをほとんどもたらさない（Ferguson 2005）。

第二に留意すべきは、地域住民は決して一枚岩的な存在ではなく、領域化のありようや国家や企業との関係のもちかたにおいて多様な存在だという点である。強権的に進められる商業農場や鉱山の設置は、集合体としての住民が国家や企業により土地を奪われた目につきやすい事例である。一方、特定の住民が同じ地域社会を構成する他世帯の土地を実質的に流用していくことで、一部の住民が生きるための場所と手段を喪失している状況も確認されている。たとえば、インドネシアのスラウェシ島の高地地域では、巨大な農場の建設などは起きていない。だが、一部の世帯は、商品作物の生産と販売を通して得た資金で所有する土地の規模を拡大させる一方で、土地へのアクセス権を喪失し日々の食事にも事欠く世帯が生まれている。かつての時代であれば、農村部で生活基盤を失った人びとには、都市部での雇用労働などの吸収先があった。だが、今日では町にも十分な雇用がないため、新たな生計手段を得ることができない「余剰人口」が大量に生み出されているという（Li 2010, 2014b）。

輻輳する想像力／実行力とフロンティア空間

以上みてきたとおり、「途上国／南」か「先進国／北」かだけではなく、農村部か都市部か、大規模開発の対象地域かそうでない地域かにかかわらず、今日の国家や企業、そして一部の住民による領域化は、しばしば多くの住民の生活を苦しいものにしている。しかし、「国家や企業が領土の隅々まで領域化を進めた結果、大多数の地域住民はなすすべもなく行き場を失っている」という理解は、過度の単純化である。人類学やその関連領域の研究においては、国家と住民との関係を別様な視点から検討してきた歴史がある。それらの研究では、成員間の対等性や生活の遊動性、集団境界の流動性によって特徴づけられる国家の辺境部に生きる人びとが、統治を強化しようとする国家からの働きかけに能動的に対応することで、生活の自律性を確保しようと試みる姿が描かれてきた。こうした人びとの姿は、国家と企業によるつよい領域化が進む現在においても見出すことができるのではないだろうか。

本書で注目するのは、統治や管理が完全には確立していない土地空間を舞台に、多様なアクターの想像力と実行力が錯綜するありようである。多様なアクターとは、すでに挙げた国家、企業、住民が代表的なものだが、それら以外にも国際機関や非政府組織、反政府組織、メディア、研究者などが含まれるだろう。彼らの想像力と実行力は複雑に絡み合い、時に反発し、時に協働し、時に距離をとりながら、土地空間をそれぞれのアクターの望むあり方につくり変えようとする。こうした想像力と実行力がダイナミックに輻輳している土地空間は、「フロンティア空間」と呼ぶにふさわしいものだろう。

本章では、このフロンティア空間の動態を検討するために必要な議論の整理を行う。構成は以下のとおりである。本節に続く第二節では、国家の統治論理と住民の生活との相克をめぐる議論に近年大きな影響を与えたジェームズ・スコットによる著作『ゾミア』の内容を示す。第三節で「国家空間」や「国家による領域化」という言葉のもつ意味やその問題点について検討を行ったあとで、第四節においてフロンティア空間という概念の定義を試みる。第五節では本書に収録された各章の内容を紹介する。

二　統治されない技法

ゾミアとは

二〇〇九年に出版され、二〇一三年に日本語訳も出された『ゾミア』（英語原題は『統治されない技法』）は、本書にとって重要な先行研究のひとつである。まずは、この著作の議論を紹介していこう（スコット 二〇一三）。

政治学者のジェームズ・スコットは、『ゾミア』において、東南アジア大陸部における国家と住民との二千年におよぶ関係史を描いた。ゾミアとは、もともとは歴史学者のウィレム・ファン・スヘンデルが提唱したアジア内陸部の広大な山岳地帯を指す地域名称である（van Schendel 2002）。スコットは、スヘンデルが示した空間の東部域に範囲を限定しながらゾミアという語を用いる。それは今日の国名でいえば、中国、ベトナム、ラオス、カンボジア、タイ、ミャンマー、インドの国境付近に位置する標高三〇〇メートル以上の山地地域であり、面積にして二五〇万平方キロメートルにおよぶ広大な空間である。

「アナーキズム史観」に依拠して書かれたこの著作が焦点をあてるのは、国家に統治されない人たちの視点と実践である。スコットによれば、国家は統治と収奪の対象である住民と彼らがくらす土地を「単純化（simplification）」しながら分類・捕捉することで、「読解可能《レジブル》な（legible）」[3]存在としてとどめおこうとする（Scott 1998; スコット 二〇一九）。この国家による上からの政策によって、住民の生存可能性や生活の自律性は脅かされる。そのことへの危機感を抱いた住民が、能動的な実践を通して国家の統治に抗う姿に注目し続けてきた研究者がスコットである。

一九七六年の著作『モーラル・エコノミー』において、スコットは二〇世紀前半の植民地期にベトナムやビルマの農民が叛乱を起こした原因に歴史資料から接近し、農民の生存維持倫理を侵す国家による苛烈な税金の取り立てが叛乱の発端であることを見出した（スコット 一九九九）。一九八五年に出版された『弱者の武器』は、スコット自身がマレーシアの農村で実施した実地調査で得たデータに依拠した著作である。焦点があてられたのは、力を持たざる者が力を持つ者に対してなすごまかしや追従、無知の装い、サボタージュなどの「日常的な抵抗」である（Scott 1985）。面従腹背をその主要な戦術とするこれらの実践は、叛乱のように目立つものではない。だが、スコットが一九九〇年の著作『支配と抵抗の技法』でまとめたように、人びとは構造的な強者向けに用いる「公式の台本」とは異なる「隠された台本」を操ることで（Scott 1990）、たしかに国家の統治をかわし、強制的な権力を飼いならしてきたのである。

以上の著作で取り上げられてきたのが、主に人びとが特定の生活空間にとどまりながら実践する営みだったとすれば、『ゾミア』で焦点化されたのは空間的な移動である。人びとは、国家による統治や収奪がつよく作用する空間から逃避して物理的な距離を取ることで、国家との関係を調整してきたとスコットは論じる。[4]

東南アジア大陸部の低地平野部は、歴史を通して穀物が集約的に生産されてきた空間であり、生産物を効率的に収奪できるようにデザインされた「国家空間」であった。低地の国家は労働力不足に苛まれていたため、強制労働を担わせる捕虜や奴隷を周辺社会から調達する必要があった。捕虜や奴隷によって営まれたのは、労働力と生産物を国家が管理しやすい定住的な水田稲作だった。だが、一部の地域に人口が集中し、単一作物栽培が進められた国家空間では、疫病や飢饉などが多発した。この抑圧された困難な生活からの逃避を求めた人びとの向かった先がゾミアだった。険しく複雑な地形をもつ山地地域に、国家が統治をおよぼすことは難しかったからである。彼らは、国家による捕捉から逃れやすい焼畑などの「逃避型農業」を営み、流動的な社会を編成し、文字を自ら放棄した「識字以後」の生活をつくりあげた。ゾミアの人びとは、国家空間における秩序形成を反面教師としながら、ただし国家空間から訪れる商人らとの交易関係などは保ちながら、「無国家空間」でのくらしを創出したのである。[5]

スコットの議論が革新的だったのは、一見「未開」に映るゾミアの生活様式が、国家空間の歴史から取り残されたために残存してきたものではなく、国家による支配から逃れてきた人びとが積極的につくりだしたものだと論じた点である。この議論は、私たちが抱く「進化」の概念を転倒させる。一般的な歴史の理解では、「未開」社会はより複雑で洗練された国家社会へと不可逆的に「進化」したり、国家社会によって同化されていくものとして考えられている。

それに対してスコットは、「未開」な政治体に分類されてきた社会のありようが、「文明」に対する反作用として形成されたものだと論じたのである。

統治されない技法の無効化？

ただしスコットは、こうした「進化」の逆転現象が成立しえたのは、二〇世紀半ば以前に限られると指摘する。なぜなら、この時期以降、国家は空間的な距離という統治の障壁を除去する技術を手にしたからである。具体的には、道路や鉄道、航空機などの移動や輸送を容易にする技術と電報やデジタル通信など情報の送受信をめぐる技術、つまり「時空間の圧縮」（ハーヴェイ 一九九九）を可能にする技術である。この力を用いて、国家はゾミアの統合政策を進めるとともに、低地の住民を高地へ移住させることで「読みやすい《レジブル》」空間と住民の創出に成功した。結果として、山地地域の住民には逃避可能な空間が消滅し、「事実上、地球上のすべてが「統治された空間」」（スコット 二〇一三：三三〇）になったとスコットは『ゾミア』の結論部で記す[6]。また、同書の冒頭部においても、第二次世界大戦以降ないし一九五〇年以降の時代には、統治されない人びとの技法をめぐる彼の議論は「ほぼまったく通用しない」（スコット 二〇一三：xii）と強調している。現代において、国家空間への統合に向かうプロセスは完遂したとスコットは明言しているのだ。

だが、このようなスコットの認識は妥当であろうか。まず指摘しておくべきは、ゾミア的な特徴を有した空間や人びとの営みは東南アジア山岳部に限定して存在してきたわけではない点だ。スコット自身が指摘しているように、『ゾミア』が出版される以前から、ピエール・クラストルはアメリカ大陸の一部の先住民社会を「国家に抗する社会」として特徴づけていたし（クラストル 一九八七）、アーネスト・ゲルナーは北アフリカのベルベルを、国家との距離を能動的に調整する「周縁的部族主義」にある集団として位置づけていた（Gellner 1969）。また、サハラ以南アフリカを対象とした研究では、国家による収奪の動きが強まった際、その影響がおよばない自律的な生活圏へ住民が退出することを論じたゴラン・ハイデンによる「捕捉されない小農」論が、つよい影響力を有してきた（Hyden 1980）。

さらに、『ゾミア』の出版を契機として、国家と住民の関係を再考する多くの議論が各地域の研究で展開されている。たとえば、東南アジア海域世界（鈴木 二〇一六）やヒマラヤ地域（Bennike 2017）、モンゴル（Humphrey 2015）、ヨーロッパ山岳部（Jonsson 2010）、北東アフリカ（Eulenberger and Schlee 2013）などを対象にした研究において、当該地域におけるゾミア的な枠組みの適用可能性が検討されてきた[7]。国家による統治の浸透度合いをはかるこれらの研究の一部では、現代世界においても、国家による統治が希薄、ないしほぼ空白状態にある空間とみなしうる地域の状況が報告されている[8]。

今日、かつての無国家空間はいずれも国際法的には領域国家の一部に組み込まれ、多くの住民は国家による許可を経ずに国境をこえた移動を行うことが困難となった。このことは、ゾミア地域にかぎらず、かつて「国家のない／に抗する社会」をめぐる議論がなされたサハラ以南アフリカや中南米にもあてはまる。しかしながら、そのことをもって、かつて管理が困難であった土地空間や住民のくらしを国家が完全に掌握したとはいえない。そして、現代においても人びとが一定の自律性を維持した生活を営んでいる事実は、決して二〇世紀半ば以前の状況の「残滓」ではない。本書所収の多くの論考が示すことになるように、国家の領域化に完全には追従しない人びととの営みは、同時代的な脈絡のなかで更新されながら存在しつづけているのである。

そもそもスコットは、無国家空間の人びとが国家との関係を完全に断つことによってではなく、交易などを通して国家空間との接触を保ちながらも、国家空間における秩序とは異なる生活の秩序を創出してきたことを示していた。つまり、統治されない技法とは人びとが国家との距離を能動的に調整する技法のことも意味していたはずである。そうであれば、二〇世紀なかば以降に国家による圧力や介入がつよまる過程で、人びとが既存の技法を修正したり新たな技法を生みだしりしながら、いかに国家との関係を再調整しているのかを問うことこそ、『ゾミア』の議論の核心を真の意味で継承することにつながるはずだ。

三　国家統治の遍在性をこえて

国家と住民との関係を土地空間に注目しながら分析する際に注意を払うべきは、「国家空間」や「国家による領域化」という語の意味内容をいかに捉えるかという問題である。世界地図を眺めると、地図上に示された陸地には、国境としての境界線が引かれ、その境界線の内部は領有する国ごとに別々の色が塗られている。一部に例外があるにせよ、その領域と境界線のほとんどは、当該の国家が領有を宣言し国際社会によりその領有の正統性を認められた地域である。そして、地図を眺める者にはこの国境線と塗られた色に対応したかたちで国家による統治の浸透が想像される。本節では、国家による統治が全世界に行き渡っているかのように想像してしまうこの視点が内包する四つの問題点を指摘しよう。

統治の限定性

一点目は、国際条約で国境が画定されて、国内法において制度的には領域化を貫徹する準備が整ったとしても、特定の土地空間にどれほど実効的な統治が浸透しているのかは定かではないことだ。この点は、政治地理学などで議論が進められてきた「領土の罠（territorial trap）」をめぐる問題と関係する。ジョン・アグニューによれば領土の罠とは三つの地理的前提から構成されている。つまり、「国家は明確に確定された領土に排他的な主権を行使できる」、「国家の内と外、内政と外交は明確に区別できる」、「国家の境界が社会の境界をそのまま確定している」という三つである。ひとたび明確な境界を有した領土が設定され地図化されると、統治の実効性は問われることがないままに、領土内の一体性や均質性を自明化させる認識作用が働いてしまうわけだ（Agnew 1994; 山崎 二〇一六）。

しかしながら、実際に国家が土地空間に統治を張り巡らせるプロセスにおいて、このような認識の広がりは統治を貫徹するための一つの条件に過ぎない。石川（二〇〇八：二六-二七）は近代国家が在地社会のあり方を根幹から転換させる際には、四つのプロセスが見て取れると指摘する。すなわち、①ある土地空間が当該国家の領域であるというイデオロギーの確立、②その土地空間の利用に関する制度設計の実施、③その制度設計をひな形としながらの制度運用、そして④在地社会すなわち地域住民の側からの対応、の四つである。本書所収の論考から取りあげれば、法制度の着実な設計と運用を通して土地管理が強化されているルワンダ農村部や（第一章）、入植者による熱帯林の開発と国家による所有権の登録が進むブラジル（第二章）などでは、この四つのプロセスが相互に補強しあいながら、国家や国家と協働するアクターによる領域化が相対的に安定した形で展開しているといえよう。

逆にいえば、仮にイデオロギーの確立という想像力が共有され制度設計が完備されようとも、制度運用という実行力が伴わなければ実際に土地空間が十分に領域化されているとは言い難い。さらに、在地社会という、国家の想像力や実行力とは部分的に切り離された存在は、常に領域化や統治の貫徹を目指すプロセスを攪乱する要因となりうる。上記の四つの要素の内の一つが、統治する側の予測どおりに展開しないだけでも、国家の統治は途端に不安定なものとなるのだ。

たとえば、タイでは一八四〇年代の英国によるビルマとの境界画定要求を契機に、地図の作成などを通して人びとの間に国境で区切られたタイ国の領土が認識として共有された（トンチャイ 二〇〇三）。これは領域イデオロギーの確立過程とみなすことができる[9]。また、タイにおける統治の浸透を、先述したサックの領域化概念を用いながら検討した研究によれば、タイの伝統的国家では、ほかの東南アジアの国家と同様、支配の対象は土地ではなく労働力（人間）だった。しかし、国境画定を境として、タイ政府は国内の領土を政治的・経済的ゾーンに区分し、それぞれの区域に分布する資源をだれがいかに管理し利用するかを定めていった。国家行政が領域内の土地と自然資源に対する統制をつよめることで、そこにくらす住民への統治を確立していったのである。この国家による営みは、「内的（国内の）領域化（internal territorialization）」と呼ばれる（Vandergeest and Peluso 1995）。長年におよぶ統治実践により、今日のタイではイデオロギーの確立や制度の設計と運用は、その領土の大部分において、かなりの程度まで達成されていると見てよいだろう。しかしそのタイにおいてすら、イデオロギーの共有と制度設計は行われながらも制度運用は貫徹されていない地域や、逆にイデオロギーの共有がいまだ浸透していない地域が、北部や西部のミャンマーとの国境地帯に存在していることが、本書の第八章や第一二章で示されている。

統治の可逆性

そうはいっても、統治の限定性が際立つ空間は、歴史的に国家の手が十分に及んでこなかったごく一部の地域に限定されており、大部分の空間では国家による領域化が長年にわたり強固に根を下ろしてきたのではないか。このような問いに対して述べておくべきなのは、国家による領域化とは単線的で不可逆的に進展するものではないということである。領域化が一度は完遂したと思われる地域でも、国家の捕捉能力の減退や資源の国際市場の下落にともない、統治や抽出の強度が弱まることはよくあるし、その同じ空間が長い時間を経たのちに再度つよい統治や抽出の対象として「発見」されることもある。国家統治の遍在性を主張する議論が内包する二つ目の問題点は、この国家による領域化の可逆性や循環性に十分な注意を払っていない点である。

たとえば、中央アジアのパミール高原は、ソ連邦が存在していた時代にはモスクワから様々な物資が供給されるなど、政治経済的な中心地とつよい関係を築いていたが、ソ連邦の崩壊後にはそれらのネットワークの多くが断たれた（Saxer 2019）。また、エチオピア西南部のケニア国境付近に位置する乾燥地域は、一九世紀末から二〇世紀初めにかけて、エチオピア帝国の軍人による象牙や奴隷の略奪先とされたが、象が狩りつくされ奴隷取引が困難となった第二次世界大戦後にはなかば放置状態に置かれた（Almagor 1986）。本書第四章で示されているとおり、二一世紀にはいるとこの地は国家の開発拠点として商業農場が建設され急速な領域化が進んだが、農場の経営に失敗した複数の企業はまもなく農場経営から撤退していった。すると、その地をもともと利用していた牧畜民はその地での放牧を再開した。

さらに、冷戦終結から三〇年近くを経た今日、「遠さ（remoteness）」が際立つ地域、つまりグローバルな中心からアクセスが困難な地域が局所的に増加しているとの指摘もなされている（Saxer and Andersson 2019 また、Ardener（2012）を参照）。ここでいう「遠さ」の回帰とは、単純に無国家空間が復活しているという意味ではないし、外部空間とのつながりをすべて断った「閉じた社会」が残存しているという意味でもない。国家によるイデオロギーや制度設計、制度運用の不安定化といった要因により、当該国政府や国際機関などの影響力が部分的に弱まる地域が、世界各地で現出しているということだ。たとえば、冷戦の終結にともない地政学的な重要性が低下した地域や、近隣地域で開始された大規模な開発事業の対象区外とされ主要な交通路から外れた地域、反政府勢力や自警団が勢力を拡大し人びとがそれらの組織に一定の正統性を認めている地域では、かつては存在した国家中心部とのつながりが弱まったり切断されたりする。そして、地域住民がこの「遠さ」をある種の経済的・政治的な資源として活用することで、自律的な生活を営んでいるとの報告もある（Schweitzer and Povoroznyuk 2019）。

このように、国家による統治の浸透とは、国内各地の領域化が累積していくことで単線的に成し遂げられるような営みではない。ひとつの地域の領域化に力を注ぐことは、過去に領域化を押し進めた他地域の統治に割ける労力や資源が相対的に減少することを意味する。後者の地域にくらす住民は、その機会を利用して一時は損なわれた国家との距離を調整する主導権を回復するかもしれない。つまり、国家建設とは、国家が各地のフロンティア空間に対する領域化の貫徹を目指して一進一退をくり返す可逆的で循環的な運動として捉えられるのである。『ゾミア』を著したスコットは、国家主導の強権的な開発事業が失敗を続ける理由を検討した一九九八年の著作『国家のように眺める』の冒頭で、「なぜ国家は移動する人びとを敵とするのか」と問いかけながら、彼らを定住化させようとする試みは「永続する国家のプロジェクト」だと述べている（Scott 1998: 1）。それが「永続する」のは、そのプロジェクトがつねに国家の統治能力の限界を露呈させたり、人びとの反発や抵抗を招いたりすることで、今日まで未完のものとしてとどまり続けてきたからなのである。

多様なアクターの参入

三点目として検討すべきことは、国家による領域化がつよまる過程では、しばしば同時に多様なアクターがその現場に参入してくることだ。「国家と住民」や「国家空間と無国家空間」という二分法では、少なくとも現代世界におけるフロンティア空間の動態をつかむことはできないし、国家と多国籍企業の「共謀関係」に注目するだけでも不十分である。冷戦終結後、多くの国で制度的には民主化や地方分権化が進むとともに、人権や先住民をめぐる国際規範が国家や企業の行動に一定の制約をもたらした。このなかで、かつての無国家空間には、国際組織やＮＧＯ、観光客、マスメディア、研究者など、多様なアクターがそれぞれの動機や意図を抱きながら、そして新たな制度や技術、知識、物、資金を携えながら参入することで、「フロンティアのアッサンブラージュ」と呼びうる状況が現出している（Cons and Eilenberg 2019）[10]。本書第七章で取り上げられるアンダマン海域において現出した「観光フロンティア」は、その典型的な事例だろう。今日のフロンティア空間の動態を理解するためには、法を定める力や合法的な軍事力を直接的には有していない諸アクターの働きを議論に含めることが必須となる。

この状況下で生起するシナリオの一つは、国家が非国家アクターを介して人びとの捕捉を実質的につよめるというものである。それは、ミシェル・フーコーの統治性概念に依拠しながら「ネオリベラルな統治」の浸透を論じた多くの研究で論じられてきたことだ。たとえば、マダガスカルでは二〇〇三年に大統領が自然保全地域を三倍、つまり国土の約一〇分の一にあたる六〇〇万ヘクタールにまで拡大する意向を示した。その結果、二〇一〇年一二月までに新たに一二五の保全地域と森林管理サイトが創設された。保全地域の境界設定やその土地権利を定めた法の形成には、マダガスカル政府だけではなくドナー諸国や国際ＮＧＯ、コンサルタント、企業なども関与した。保全地域の設置は二酸化炭素排出権をめぐる大きな利権を発生させるため、多くのアクターを惹きつけるのである。先にタイの事例で挙げた「内的領域化」は、今日では国家が独占的に進めるものではない。マダガスカルにおいては、国家は直接的な統治の主体というよりも、非国家アクターが森林への統制と権威を拡大するための媒体（vehicle）となったのである

(Corson 2011)。これと同様の分析は、国際機関やNGOらの主導する「住民参加型」が旗印に掲げられた自然保護や観光開発の現場などにも適用できよう。そしてその過程では、領域化の対象とされた地域の住民は「自らの生活の改善に励む合理的な経済主体」としてふるまうよう誘導されることで、国家が捕捉しやすい対象となる。

一方、もう一つのシナリオとして、住民が国家らによる領域化に他のアクターの想像力や実行力を介しながら抵抗を試みる場合もある。インドネシアでは、スハルトの独裁政権下で集権的に森林地域の開発がすすめられ、また、一九九八年のスハルト政権崩壊後には、地方の政府や有力者と企業の協働による領域化が進行した。この状況下で、国内の環境系NGOであるWALHIは、米国国際開発庁やフォード基金といった国際ドナーから資金を調達しながら、自然保護運動を展開している(Nicholson 2009)。この組織による活動は、地域住民への啓発や教育を通して彼らをNGOにとって都合のいい主体へ成型していく側面を持つと同時に、住民と協働しながらマスメディアへ乱開発の告発を行ったり、行政訴訟を起こしたりすることで、国家の統治空間の拡大を阻止、あるいは遅延させている側面も併せ持つ。本書では、このような事例を「ネオリベラルな統治」の強化を示すものとして上記のマダガスカルのような事例とひとまとめにしてしまうのではなく、多様なアクターとのつながりが住民へ国家による一元的な統治や企業による一方的な収奪からある程度の距離を保つことを可能にさせている側面を重視したい。地域の外部から流入する資本や研究者らとの部分的なつながりを通して生活の自律性が維持されている点は、本書の第五章と第六章で描かれる大規模な開発事業に直面したスマトラとカリマンタンの住民の現況にも、あてはまるだろう。

現代世界における国家による領域化の進展を考える際には、住民と国家/企業の二者関係に還元してそれを論じることはできない。本書に収録された論考でも、両者の間にわかりやすい一本の境界線がひかれて、対立状態に陥っている事例はない。様々なアクターと関係性が輻輳する現場が現代のフロンティア空間なのである。

国家という「想像の全体性」

四点目に指摘しておきたいのが、あらゆる現象を国家との関係から理解しようとする研究者の「想像の全体性」に注意すべきだという点である。想像の全体性は、人類学者のデヴィッド・グレーバーが提示した概念だ（グレーバー二〇〇六）。グレーバーによれば、私たちは実際には混淆的に存在している世界を「全体化する体系」として捉えようとする傾向がある。つまり、「国家」や「社会」が内的に一貫した原理によって構成された統一的なシステムだと考えて、その内部で生起する現象をすべてシステム全体との関係において理解しようとするのだ。だが、人びとが抱く理念的な自画像は、社会が実際に作用するあり方とは一致しない（Graeber 2001: 87）。グレーバーは、この想像の全体性を虚偽意識として告発するのではなく、それが単なる思考の道具であることを忘れないようにする必要があると述べる。そのことを忘却したとき、私たちは自己の統治能力を誇張したり理想化したりしながら提示する統治する側の主張を実体化してしまうからだ（グレーバー 二〇〇六：一二四）。

この指摘は、スコットの著作を読む際にも重要である。『ゾミア』への書評においては、『ゾミア』が「無国家空間」に生きる人びとの歴史や実践すべてを、抑圧的な国家への対応行動に還元して理解している点が批判されている（Lieberman 2010）。人びとが移動する動機は多様であり、国家の存在や影響力とはほぼ関係なくなされる居住地の変更はいくらでもある（西田 二〇〇七）。たとえば、本書の第九章ではアフリカ南部の人びとが歴史的に生活の拠点を変えてきた複数の理由が検討されているし、第一〇章で論じられる今日のガーナ北部から中部への住民の移動は、国家との関係に依拠したものというより、主に人口増加や土地劣化に起因したものである。だが、『ゾミア』においては人びとの移動はすべて国家からの逃避行動として位置づけられる。国家中心的な歴史観や秩序観を相対化するための立論が、逆に人びとの営みをすべて国家の存在に規定された営みとして説明してしまうのである。そのため、ひとたび国家が人びとを捕捉する高度な技術を手にして逃避可能な空間が減少すると、すべてが国家空間になるという結論が導出されてしまうわけだ。

あらゆる現象を国家と関係づけて論じようという視点は、人類学における問題関心の推移とも関係している。従来は国家の存在を必ずしも前提としない「諸政治システムの人類学（the anthropology of political systems）」が進められてきた政治人類学は、ポリティカル・エコノミー論の興隆などにともない、二〇〇〇年代初めまでには「国家の人類学（the anthropology of state）」にほぼとってかわられ（Scheele 2021: 913）、研究者はそれぞれのフィールドで国家の遍在性を確認することになった。グレーバーの議論が重要なのは、研究者自身が国家にまつわる想像の全体性を抱いていることを自覚するとともに、調査対象とする人びとがそれとは異なる想像の全体性のもとに、様々な現象を位置づけている可能性に思いいたらせてくれることだ。

グレーバーは、ある社会で想像される全体性は決して一つではなく、異なる価値概念をめぐって組織化された複数の想像的全体性が存在していると述べる（Graeber 2001）。国家をめぐる議論とは直接関係しないが、南米アマゾンの先住民カヤポの人たちの事例をみておこう。カヤポは、彼らを一九六〇年代から調査していた人類学者テレンス・ターナーに対して、自分たちの村が相補的な半族によって組織化されていると説明する。だが実際には一九三六年から彼らの村には半族が存在していなかった。かつての半族間の抗争によって村は分裂してしまったからだ。グレーバーは、村の分裂から長い時を経ているにもかかわらず、カヤポがなぜ村が半族によって組織化されていると述べるのかに注目する。そこに見てとれるのは、人びとが自分たちの生きる社会がどうあるべきで、またどのようなものでありうるのかをめぐる想像力の作用である。この想像力は、分裂した半族を再統合するためのプロジェクトが将来実行される「永遠の可能性」を含みこんでいる。異なる全体性を想像し続けることは、いまとは異なる社会をつくりだす可能性を潜在的に保ち続けることだからである（Graeber 2001）。

外部の視点からすれば、国家統治ないしネオリベラルな統治が浸透したように映る地域でも、人びとが自らのくらしや社会を、それとは異なる想像の全体性に依拠して認識していたり行動したりすることがある。たとえば、反政府勢力により故地を奪われたコロンビアの先住民は新たな生活空間の提供を国家に要求している。これは、先住民が自ら国家統治に深く組みこまれていく過程に映るが、彼らは国家とは異なる土地空間をめぐる想像力に依拠して国家との交渉を始めているのである（第一三章）。そのような想像力をまえにしたとき重要なことは、研究者が想定する国家という想像の全体性へひもづけた議論を展開することではなく、研究者が囚われているかもしれない国家中心的なものの見方を相対化し、人びとが抱くいま在る世界を別様に思い描く想像力が開く未来のありように着目することだろう（中川（二〇一四）を参照）。

ここまでの議論をまとめると、国家が主導する領域化の動態を検討する際に必要な視点として以下の四つを挙げることができる。つまり、①特定の土地空間を「国家空間か無国家空間か」というように白か黒かで塗り分けることを避け、統治の現実的な実行力とその限界に目を向けること、②国家による領域化を単線的で不可逆的なものとして扱わず、その可逆性や循環性に注意を払うこと、③領域化の動態に介在する多様なアクターを分析の視野に収めること、④国家中心的な想像の全体性の罠を避けつつ、各アクターの土地空間や自律性をめぐる想像力に関心を払うこと、の四つである。

四　フロンティア空間

フロンティア概念の再考

以上の四つの点を意識しながら本書で導入するのが、「フロンティア空間」という概念である。フロンティアという語は、語源的にはラテン語の「額」を意味する *frons* に由来し、次第に境界線や軍の前線という意味を有するようになった（Febvre 1973; Bowden 2020）。この語が歴史学や地域研究の分野で重要な意味を含意するようになったのは、北米大陸における西漸運動を扱ったフレデリック・ジャクソン・ターナーによる論考が発表されてからである。ターナーは、ヨーロッパからの植民者が西部フロンティアの環境を飼いならしながら領域を拡大した経験を通じて、米国式の民主主義や個人主義が育まれていったと論じた（Turner（1893）また Lattimore（1940），Leach（1960）も参照）。一方で現在、この語は国家による統治が行き届いていない治安が不安定な空間や、市場化による利潤獲得の可能性を残した地域を指す言葉として、しばしば国家による暴力的な介入を正当化したり、企業による積極的な進出を促したりする作用をともないながら用いられる。そのように使い古された、そしてその地にくらす住民へときにネガティヴな刻印を押しかねない語をなぜ持ち出してくるのか、という疑問が生じるかもしれない[11]。本書がフロンティア空間という語を用いるのは、この語を再定義しその概念を適用することで、上に挙げた四つの視点を包含しながら、領域化の動態を検討できると考えるからである。

本書では、人類学者のイゴール・コピトフの用法に依拠してフロンティアという語を用いる。コピトフは、サハラ以南アフリカ地域の歴史を、成熟した政治体の中心部からの絶えざる人びとの移動と分散により特徴づけた。『ゾミア』を著したスコットの目論見が、歴史学に存在する国家中心史観に対するアナーキズム史観の提示だったとすれば、コピトフは一九八七年に出版した『アフリカのフロンティア』で、かつてアフリカをまなざす視点として社会人類学で支配的だった「部族モデル」を批判して、「フロンティア・モデル」の提示を試みた[12]。部族モデルとは、アフリカ社会を内的に完結した閉鎖的集団の集合体と捉える視点である。それに対して、コピトフはアフリカを「フロンティア大陸」と呼ぶ。アフリカ大陸の人びとは自然災害や紛争といった生活の困難に直面したとき、生活域の外縁に位置する空間、つまりフロンティア空間に移動する選択肢をもっていた。この移動は、彼らがもともと帰属していた集団の領域を拡大させた場合もあり、あるいは移動先で新たな帰属意識が形成された場合もあった。人びとがフロンティアへの移動やそこからの帰還を繰り返すことで、多様だが連続性を有した政治体や文化がアフリカ大陸に広がったというのである（Kopytoff 1987）。

コピトフは、フロンティアの「最小限」の定義を、「一方では地域の政治的中心の管理外に置かれた地域であり、他方では中心から移動する外部者が、その地に自律的な政治的存在を形成することが可能だという実現可能性のある希望（the realistic hope）を抱いて移動することができるほどに、現在の居住者による管理が希薄である地域」（Kopytoff 1999: 33）としている。本書では、この定義の「他方では」以降の内容に注目したい。つまり、フロンティアとは、たとえば首都からの距離や人口密度の低さといった数的指標に依拠して同定される空間であるというより、その空間の外部に位置するアクターが、その地を「制度的な真空」地帯、つまり新たな生活を営む可能性に開かれた土地だと主観的に評価することで生じる空間である[13]。この定義に従えば、フロンティア空間とは、仮に人口密度が高い地域であっても、人びとが、そこへ移動して自分たちが生活していくことができる余地があるという「実現可能性のある希望」を抱くのであれば、存在していることになる。そして、自分たちがまだ利用していない空間を、なんらかの機会や可能性を内包した場所として想像し、ときにその地へ移動してきた歴史は、アフリカの人びとの歴史に限定されるものではないだろう（Kopytoff（1997）を参照[14]）。

このコピトフの定義に依拠しながら、本書ではフロンティア空間を「外部者の視点からは現在の居住者による管理や利用が希薄ないし過少に映る空間」と定義する。当該空間にはすでに住民がくらしており、彼らがなんらかの資源を利用しているかもしれない。だが、その空間を外部から眺める外部アクターは、そこには自分たちになんらかのポジティヴな可能性を提供する土地や資源、機会がいまだ残されていると想像する。この想像力によって生じるのがフロンティア空間である。つまり、国家がそこには適切な秩序が成立していないと考えて統治を貫徹するために介入する空間や、企業がそこには利益を生む資源が豊富にあると考えて市場化を進めようとする空間、ＮＧＯがそこにはまだ支援や開発の余地があると考えて活動の展開を試みる空間、そして、苦境に陥った住民が生活の自律性を確保するために新たな利用や移動先の対象とする空間[15]は、いずれもフロンティア空間と呼べることになる。また、本書第一章の主題となる内戦により故地での生活が困難となった人びとにとって、難民キャンプはある種の希望を抱かせるフロンティア空間として位置づけられることもある。さらに、本書第Ⅱ部に収録された諸論文で記されているように、自分たちの生活領域の一部をなしてきた土地が国家や企業による活動の影響をうけることで、住民自身にとっても新たな可能性を有したフロンティア空間として立ち現れてくることがある。
想像力に加え、こうした希望を具現化させる実行力もまたフロンティア空間を考えるうえで重要である。人びとは望ましい土地空間を実現するために実行力を行使する。その人びとが、ある土地空間に実行力を十全にいきわたらせることが出来た場合には、外部の人びとが想像力や希望を抱く余地は失われ、その土地空間はもはやフロンティア空間ではなくなる。逆に、他の人びとの実行力との葛藤や、自然環境の制約、技術の限界といった様々な要因により、実行力が行きわたらない場合がある。この場合、もしも、その利用の難しさからあらゆる人びとの想像力や希望が尽きれば、この土地空間はフロンティア空間であることをやめ、ただの放棄地となるだろう。しかし、居住者にせよ外部者にせよ人びとの何らかの想像力や希望が働き続ける場合には、フロンティア空間であり続けるだろう。

フロンティア空間の可能性

領域化や統治のあり方を考慮する際に、フロンティア空間という概念を用いることには、大きな利点がある。第一に、この概念を用いることで、「周縁（margin）」や「辺境（periphery）」といった地理的遠隔性をつよく内包した言葉を避けながら、農村部にも都市部にも、また「途上国／南」にも「先進国／北」にも現出しうる領域化の動態を検討することが可能になる。

たとえば、都市の中心部にある出入りが自由な公園が、経済的利益の抽出できる可能性を有した空間として同定されることで、政府から経営権を委託された企業が入場料を徴収し人びとの出入りを管理する公園になる。これは公園を都市のフロンティア空間として同定した国家や企業による再領域化の営みである。それに対して、従来、公園を生活の拠点としていた人やその支援者はそこを「自分たちの場所」として同定する想像力を根拠に、国家らによる領域化に対抗しようとするかもしれないし、国家らの実行力の前にその土地空間を放棄し、新たな生活の場となるフロンティア空間へ移動していくかもしれない。

このような空間としてフロンティアを捉えることは、前節で記した領域化の動態を捉える際に必要な「統治の限界」と「統治の可逆性」を考慮に入れた分析を可能とする。つまり、「国家空間と無国家空間」あるいは「国家領域の（無国家空間に対する）拡大」といった二者択一的あるいは一方向的な枠組みをこえて、国家空間と無国家空間のはざまにある土地空間のあり方や、それらのはざまで揺れ動く住民の生活や想像力の動態についての分析が可能になるのである。本書の例を挙げれば、第三章で描写されるボリビアの熱帯低地部のチャパレにおけるコカ農家と政府の関係性や、第一〇章で言及される都市内部のフロンティア空間ともいえるガーナのゾンゴの拡大は、こうしたフロンティア空間における人びとの生活のあり方や想像力の動態を色濃く反映している。

フロンティア空間の概念を採用することの第二の利点は、土地空間の単なる現状の描写分析をこえて、土地空間が内包する可能性についての議論が可能となることである。人文地理学や景観の人類学においては、「空間」（space）と「場所」（place）を区別し、これらを対立概念として捉えてきた。この議論の潮流において、「空間」は潜在的な可能性をもった遠景であり、自己の生活空間の外側に位置する。一方、「場所」は現実の近景であり、日常生活の内側に位置する。このなかで、「空間」は人びとの手により「場所」として実現されるが、土地利用の放棄などにより「場所」が「空間」へと立ち返る場合もある（Hirsh 2003）。フロンティア空間とは、「空間」から「場所」へと向かう中間プロセスにある状態であるといえる。単に「空間」と呼ぶには利用や管理の想像力と一部の実行力がすでに展開され始めており、「場所」と呼ぶにはその位置づけが確定しきっていない空間こそが、フロンティア空間である。

こうしたフロンティア空間の捉え方は、土地空間のあり方をめぐる存在論的な問いに光を当てる（Saraf（2020）を参照）。フロンティア空間は、客観的かつ静的に存在するものではなく、主観的な想像力や希望に依拠しながら移ろいゆく状態として存在している。しかもこの主観は、アクターごとに異なる。多様なアクターが主観的になんらかの潜在的な可能性を見出せばそこはフロンティア空間となり、見出せないあるいは可能性が尽きた際には、フロンティア空間ではなくなる。[16] すなわち、フロンティアは特定の空間というよりは、空間になんらかの作用が引き起こされるプロセスだともいえる[17]。

このように、フロンティア空間は、そこに関わる人びとの将来に向けた希望や想像が充塡された土地空間として存在している。言い換えれば、人びとのまなざしが振り向けられ、何らかの働きかけが行われる中で、フロンティア空間は「存在するようになる」。フロンティア空間のこうした存在のあり方は、土地空間と疾病というケースの違いはあれど、アネマリー・モル（二〇一六）が提示した「実行（enact; enactment）」の概念を用いて理解することが可能であろう。モルは、動脈硬化症という疾病が客観的で単一な存在ではないことを指摘する。むしろ、医者や技師、患者といった多様なアクターの主観や異なる分析手法を通して、その時々に、多様なあり方に「存在するようになる」、すなわち「実行」されるものであることを論じた。同様に、フロンティア空間も、国家や企業、住民といった多様なアクターの将来に向けた希望や想像のなかで様々な方法で「実行され」、ダイナミックかつ多様なかたちで「存在するようになる」。本章のキーワードの一つである「実行力」とは、単純な行動・行為としての「実行」と、多様な主体が対象に対して働きかけながら、それを存在させる「実行」という両者を含意する語として用いている。

フロンティア空間を「実行される」存在であるとみなすことは、それを単に客観的に存在する土地空間としてその状態や変遷を分析することを越え、人びとの土地空間に対する希望や想像と能動的な働きかけについて考察することにつながる。人びとが主観的に見出す土地空間の将来的な可能性とそれを実現するための実行力が浮き彫りとなるのである。本書の例をあげるならば、第四章ではエチオピアの牧畜民が湖岸付近に見い出した「実現可能性ある希望」が描写されており、第五章ではスマトラの泥炭地帯の氾濫原に対するアブラヤシ園化か保護区域かの選択肢が考察されている。土地空間をこのように捉えることで、前節で指摘した領域化の動態を探る際に必要な「多様なアクターに視線を向け」、「国家中心的な想像の全体性を相対化する」ことが可能となるのである。

五　各章の内容

本書はこの序章に続いて、東南アジアやサハラ以南アフリカ、中南米の各地域において、フロンティア空間の動態を論じた四部一三章により構成されている。なお、各章の内容の間には多くの共通した論点や似通った社会的脈絡が存在しており、以下の部の区分とは異なる幾通りもの部構成ができることを、ここで申し添えておきたい。

第Ⅰ部「領域化の進展とその限界」には、国家が土地法の改正や土地登記の形式の整備などをとおして領域化を着実に進めているフィールドの様子を描くと同時に、領域化の達成が一定の限界を有したものであることも論じた三つの章が収められている。

第1章は、武内進一による「フロンティア空間の変容と領域統治の強化――ルワンダの事例から」である。武内論文では、一九九〇年代前半に大規模な内戦とジェノサイドを経験したルワンダ農村で、主に土地政策を通して政府による住民を捕捉する力が着実に強化されてきたことが論じられる一方、今後も異なる政治権力の到来によって対象地域がフロンティア空間として立ち現れてくる可能性にも言及されている。第2章の後藤健志による「アマゾニア植民者による空間への知覚と従事――統治の工学にみられる官僚的実践の美学」では、ブラジルにおけるフロンティア空間の再生産プロセスが、入植者による非公式な入植地を合法的で公式な入植地へ転換する国家の諸制度と想像力によって駆動されていることが解き明かされる。宮地隆廣による第3章「統治／被統治の同時性と流動性――ボリビア熱帯低地部におけるコカとコカインの管理をめぐって」では、コカインの所持や消費を規制するための法制度とそれへの対応には、統治の強化を図る政府とそれに抗する住民という二項対立図式は適用できないことが強調され、ボリビアにおける国家と住民の関係がつよい流動性を帯びたものであることが示される。

「住民にとってのフロンティア空間」というタイトルを付した第Ⅱ部は、乾燥地や泥炭地、熱帯雨林、海域など、地形や自然環境の特徴から近年まで国家や企業による大規模な領域化から逃れてきた空間が舞台となる。焦点をあてるのは、これらの地域が次第に開発や統治の対象となるなかで、住民たちがこれまで自分たちの手の届く範囲にありながらも頻繁な利用はしてこなかった土地や資源、機会を、新たに利用や管理の対象に含めていく過程である。

第4章の佐川徹による「領域化の進展と統治されない態度――東アフリカ国境地域における開発と牧畜社会」では、二〇〇〇年代に入って企業による大規模な土地収奪がなされた乾燥地域にくらす牧畜民が、湖岸付近の土地を新たな生活を営むことが可能なフロンティア空間として同定しながら、それまで蔑視していた生業に従事するようになった過程を描く。第5章は、大澤隆将による「開発され切らない熱帯泥炭地――インドネシア、スマトラ島のリアウ州の一村落の事例を通して」である。本章では、泥炭地をフロンティア空間として捉えながら、一九九〇年代以降に進んだ国家や企業による泥炭地開発が洪水や火災の発生により停滞するなかで、住民たちが泥炭湿地の保護区域化を目指すアクターと関わりながら、土地の利用や管理のあるべき姿を模索している姿が示されている。第6章の寺内大左による「焼畑民は国家と企業の土地開発を飼いならすことができるのか――インドネシア東カリマンタン州の石炭開発の現場から」では、熱帯林の資源採取や土地開発を進める企業の進出に対して、焼畑民が生活の自律性を確保し、また経済的利益を得るための戦略的な対応をとっていることが解き明かされる一方で、今日の土地開発のあり方が環境の持続性にネガティヴな影響を与えかねない点に警鐘を鳴らす。第7章の鈴木佑記による「海のフロンティア――タイ領アンダマン海域における国家・資本・海民の関係性を探る」は、海域・島嶼部に目を向ける。歴史的に海域を「採捕フロンティア」として利用してきた海民モーケンが、一九八〇年代以降に国家による海の領域化が進むなかで、海域を「観光フロンティア」として利用しながら新たな生活の可能性を切り開いている様相が検討される。

第Ⅲ部は、三つの章により構成される「移動を継続させる想像力と実行力」である。第Ⅱ部で対象とした住民が、基本的には従来の生活空間にとどまって国家や企業による領域化の営みへ対応を試みていたとすれば、この部では様々な距離の移動を続けることで生活の再編を試みる人たちの姿に焦点をあてる。

第8章の岡野英之による「ゾミアに引かれた国境線を越える――タイ＝ミャンマー国境地帯におけるシャン人移民

の歴史的変遷」では、タイ＝ミャンマー付近での一九世紀以降のシャン人の移動史が四つの時代区分に整理されるとともに、一九九〇年代以降にタイの国境管理がつよまるなかでも、今日までシャン人の生活の基盤に移動性があることが示される。第9章の池谷和信による「フロンティア空間の発見と消失――カラハリ砂漠の事例から」では、ゾミア概念がどこまでアフリカ南部の地域に当てはまるのかという問題意識のもとに、カラハリ砂漠にくらす農牧民カラハリの人びとが歴史的にいかなる移動を行い、先住するサンの人びとなどとどのような関係をつくってきたのか、植民地勢力や独立後国家によりいかなる影響を被ってきたのかが描かれる。第10章の桐越仁美による「新天地を目指す躍動――ガーナにおける移民コミュニティ「ゾンゴ」の変容と移民の農地獲得」では、一九八〇年代以降に人口増加などの理由で故地での農耕の実施が困難となった乾燥地域の住民が、ゾンゴと呼ばれる都市の伝統的な移民コミュニティの意味と機能を変化させながら、より湿潤な地域へ生活拠点の移動を続けている姿が描かれる。

第Ⅳ部は「国家とは別様の想像力」と題して、国家や反政府勢力、近隣民族らとの接触の過程で、人びとが国家による支配的な想像力とは異なる土地空間をめぐる想像力を育み、またその想像力に依拠した生活実践を行っているあり方に着目した三つの章を収めた。

第11章は、久保忠行による「国家的想像力のオルタナティヴ――ミャンマー難民をめぐるマルチ・サイテッド・エスノグラフィー」である。久保は、ミャンマー内戦により難民となった人たちが、難民キャンプや第三国、そして故地とのあいだに多層的なつながりを築きながら、土地空間や帰属の感覚をめぐり国家とは異なる想像力を醸成している様子を、ある民族言語の名称をめぐる交渉から描く。第12章の二文字屋脩による「開発に抗するとりとめのない想像力――タイ北部・ムラブリにみる暮らしの論理」は、狩猟採集に依拠した遊動的な生活を長年続けてきたムラブリが、政府が提供する土地空間への移動をめぐって一枚岩の対応をしないことに注目し、その背後で作用している「とりとめのない想像力」が、統治の貫徹を阻む効果を有していると論じる。第13章の近藤宏による「逃走が開く「翻訳」の可能性――コロンビア国内避難先住民の移動とその政治」では、反政府勢力の活動により故地を追われ町に避難した人びとが、民族範疇と特定の領域を結び付ける国家による多文化主義的な空間をめぐる想像力とは異なる視点から、新たな生活空間の提供を国家に要求する論理を検討する。

本書では、これらの各論の最後に全体の内容を振り返る終章ももうけた。終章では、岡野英之が各章の議論を振り返りながら、現代という時代状況においてフロンティア空間に注目することの意義を提示している。岡野がまとめているとおり、冷戦構造が終焉し、グローバル化が急速に進んだ一九九〇年代には、国家の影響力の衰退が頻繁に論じられた。しかし、二一世紀に入ると、「対テロ戦争」や新型コロナ感染症の感染拡大を契機に、人びとの実行力や想像力に国家が与える強大な影響力が改めて認識されることになった。同様に、一九九〇年代には着実に進展していくものと思われていた各国の民主化の動きが近年では停滞し、権威主義的な統治が回帰しているとの報告も多くなされている。国家が世界各地で自己中心的な想像力を喧伝しながら統治の正当化と領域化の完遂を試みている今日、本書で示した人びとの想像力と実行力は、私たちが国家の発出する想像の全体性から一定の距離をとりながら、新たな世界を想像／創造していくための様々なヒントを提供してくれるだろう。

注

［1］ メッサードラとニールソン（二〇二一）は、鉱山採掘だけでなく、農業開発や養殖事業、ジェントリフィケーション、データマイニングなどでなされる「採掘／採取」を包括的に扱うために、「採取／採掘主義（extractivism）」という概念を提示している。

［2］ ただし、人と土地の分離を前提とした「領域化」という概念を用いて、すべての人間集団における人と土地の関わりを説明することには慎重であるべきかもしれない。アメリカ大陸の先住民世界では、人間は土地を「自然資源」とみなして「占有する（occupy）」対象とするのではなく、人間はそれ自体が生きた存在である大地に「棲まう（inhabit）」ものとして考えられてきたとの指摘があるからだ（Escobar 2020: 26–27）。

［3］ legible はスコットの著作で頻出する重要な語である。本書の各章でもこの語がしばしば用いられているが、それ

ぞれのコンテキストに応じて「読解可能な」、「読みやすい」、「可読な」などと訳しわけ、訳語の脇に「レジブル」とルビをふった。また、legible の否定形である illegible も同様に訳しわけてあり、脇に「イレジブル」とルビをふった。

［4］『ゾミア』以前の著作で、スコットが空間的逃避に関心を払っていなかったわけではない。『モーラル・エコノミー』では、移動可能な空間が広範に存在した伝統的国家の統治下において、人びとは抑圧が強まった際には「森に逃げ込めばよかった」と記している（スコット 一九九九：六四）。また『弱者の武器』でも、「逃げることが可能なときには――フロンティアへ、都市へ――、それはなされた」（Scott 1985: 349）と書いている。移動の制約を試みるのは国家だけではない。資本主義への対抗としてもっとも有効な戦略は「戦闘的離脱」であり、資本主義の歴史とは「労働者の移動力」に対処する試みの歴史だったとグレーバー（二〇〇六：一一五－一一六）は記している。なお、グレーバーはウェングロウとの近著において、人類史において人間が実際に行使してきた三つの自由を同定し、「移動／逃避する自由」こそが他の自由を行使する前提としてあったと記している（Graeber and Wengrow 2021）。

［5］広大な地域の長大な歴史を対象とした『ゾミア』には、主に東南アジアを専門とする研究者から、個別の歴史的・民族誌的な内容とその解釈をめぐる批判がなされてきた（Daniels 2010; Liberman 2010; Slater 2010）。スコット自身は、「細かい点においていくつか間違っていても…本書の分析がおおむね正しいと考えている」（スコット 二〇一三：xi）と記していることから、『ゾミア』に対する批判の効力は、個々の誤りの指摘がスコットの示す地域像や歴史像の全体にどれほど致命的な内容を含んでいるかによって判断すべきだろう。東南アジア大陸部の高地地域を長く調査してきた研究者たちによる論集（ダニエルス 二〇一四）では、国家と住民の敵対的な関係を強調したスコットに対して、両者の共存や相互依存に重きを置いた論考が多く掲載されている。特に片岡（二〇一四）の論考は、『ゾミア』へ「総論反対・各論賛成」という立場を明示している。

［6］その一方、彼は「現在おそらく世界最大の無国家空間は、東南アジア大陸部の広大な山地地帯である」（スコット 二〇一三：一三）と記したり、「ゾミアは、国民国家に完全に統合されていない人々がいまだ残存する、世界でもっとも大きな地域である。このさきゾミアが非国家圏であり続けるのもそう長くはないだろう」（スコット 二〇一三：ix）とも記している。これらは、現在にいたるまでゾミアが無国家空間にとどまっているかのような記述である。

［7］ ただし、ゾミアとは高地と低地の関係が逆転する地域もある。たとえば、南アメリカではアンデス高地が国家空間となりアマゾン低地が無国家空間になる。エチオピアなどサハラ以南アフリカのいくつかの地域でも同様である。「高地国家・文明」をめぐる近年の研究の知見については山本（二〇二一）を参照。

［8］ スコットが第二次世界大戦後の統治の貫徹性を過度に強調している点は、『ゾミア』への書評でも指摘されている。たとえば、ある書評ではスコットが今日のゾミア地域を「ゾンビ」のように扱っている点を批判し、一九八〇年代以降に、地域住民が市民社会組織との連携などを通して国家との距離の調整を試みていると述べられている（Formoso 2010）。また、独立前後から続いてきたビルマ内戦は、ゾミア的状況が継続している証拠だとの指摘がある（Boyce et al. 2011）。

［9］ 綾部（一九九八）はタイ北部とミャンマーの国境地域にくらすリスの人たちが、外的な国境を次第に異なる政治体を分かつ「境界線」として認知するようになった歴史的過程を検討している。

［10］ もちろん、多様なアクターの参入は第二次世界大戦以前の植民地期から起きていた。今日の開発事業においてつよい存在感を放つＮＧＯを、植民地期に「生活の改善」の名の下に住民の生活へ介入したキリスト教のミッションや社会改良主義者と連続的に理解することもできよう（Li 2007）。ただし、一九九〇年前後からのグローバル化によって、地域に関与するアクターの数や種類が増え、また関与の度合いも飛躍的に高まってきたとはいえよう。

［11］ フロンティアと部分的に重なり合う概念として、「out-of-the way place」（Tsing 1993）、「margin」（Das and Poole 2004; Ferguson 2005）、「remoteness」（Ardener 2012）、「edgines」（Harms et al. 2014）、「国家の余白」（下條 二〇二一）などが挙げられる。

［12］ 『ゾミア』と同様に、コピトフの議論も社会進化論的な発想に異議を唱える内容を含みこんでいる。つまり、孤立した小集団がまず存在し、時間の経過とともにその規模を大きくしたり階層化の度合いを高めていくと考えるのではなく、フロンティアへの移動にともない、より大規模な政体からより小規模な政体が形成されるプロセスに注目するのである（Kopytoff 1987）。

［13］ コピトフは、フロンティアとは「地理的空間の政治的定義をめぐる問題」（Kopytoff 1987: 11）だと記している。

［14］ コピトフのフロンティア論は、後進の研究者によって積極的に議論が展開されてきたとはいいがたい。例外として、コピトフのフロンティア論とターナーの北米フロンティア論の双方を用いながら現代アフリカにおける領域化の動態を検討したコルフらの研究（Korf et al. 2013）や、コピトフの議論に言及しながらアフリカの人びとを「フ

ロンティア的な存在」と特徴づけたニャムンジョの研究（Nyamnjoh 2017）がある。また日本では、コピトフのフロンティア論を素地として、サハラ以南アフリカを「内的フロンティア世界」、東南アジア島嶼部を「外的フロンティア世界」として特徴づけた掛谷（一九九九）の立論がユニークなものである。くわえて、本書にも寄稿している池谷（二〇〇二）は、サハラ以南アフリカにおけるフロンティアのありようを五つにわけ、複数のフロンティアが重層的に展開していることをこの地域の特徴としている。スコットによる『ゾミア』は、東南アジア大陸部には島嶼部とは異なるフロンティアのありようが存在してきたことを示唆している。各地域のフロンティア空間の特徴をめぐる比較は、今後の課題としたい。

[15]　アナ・ツィンが述べるように、国家や企業が想定する意味でのフロンティアという語が、進出対象とされた土地にくらす住民の言語に存在しないことはよくあるだろう（Tsing 2004）。ただし在来の言語にも、「いまだ利用が十分でない場所」や「新たな可能性に開かれた場所」を示す語が存在したり、具体的な地名や地形、方角を表す語にそのような意味が含意されていることはある（本書第四章参照）。

[16]　アメリカ合衆国北西部オレゴン州の森林は、二〇世紀初頭から木材会社によって豊富な材木が存在するフロンティア空間とみなされ、領域化をとおした資源の抽出が進んだが、一九八〇年代までには優良な木材がなくなり製材所は閉鎖された。この時点で、木材会社にとって山林はフロンティア空間でも領域化の対象でもあることをやめた。だが、この放棄された森林に今度はアジアからの難民などが頻繁に出入りするようになる。彼らは、企業活動により荒らされた伐採跡地を、日本への輸出品として高価に販売できるマツタケが生えてくる新たなフロンティア空間として同定し、その採取を始めたからである（チン 二〇一九）。

[17]　コピトフは、フロンティアを移動先の空間としてだけではなく、移動時に新たな帰属意識が形成されていくプロセスとしても捉えている（Kopytoff 1987）。

引用・参考文献

綾部真雄　一九九八「国境と少数民族―タイ北部リス族における移住と国境認識」『東南アジア研究』三五(四)：一七一－一九六。
池谷和信　二〇〇二「アフリカのフロンティア論について―「商業・牧畜民」の資源利用からのアプローチ」田中耕司（編）『フロ

ンティア社会の地域間比較研究』（平成一一年度～平成一三年度科学研究費補助金（基盤研究（B）（2））研究成果報告書）、一四三‐一五五頁。

池谷和信 二〇一一「世界の自然保護と地域の資源利用とのかかわり方」松田裕之・矢原徹一（編）『シリーズ 日本列島の三万五千年 第一巻環境史とは何か』文一総合出版、一〇五‐一二三頁。

石川登 二〇〇八『境界の社会史―国家が所有を宣言するとき』京都大学学術出版会。

石山徳子 二〇二〇『「犠牲区域」のアメリカ―核開発と先住民族』岩波書店。

掛谷誠 一九九九「「内的フロンティア世界」としての内陸アフリカ」高谷好一（編）『〈地域間研究〉の試み―世界の中で地域をとらえる』京都大学学術出版会、二八五‐三〇二頁。

片岡樹 二〇一四「山地民から見た国家と権力―ラフの例から」クリスチャン・ダニエルス（編）『東南アジア大陸部 山地民の歴史と文化』言叢社、二五‐五三頁。

クラストル、P 一九八七『国家に抗する社会―政治人類学研究』渡辺公三（訳）、風の薔薇。

グレーバー、D 二〇〇六『アナーキスト人類学のための断章』高祖岩三郎（訳）、以文社。

サッセン、S 二〇一七『グローバル資本主義と〈放逐〉の論理―不可視化されゆく人々と空間』伊藤茂（訳）、明石書店。

下條尚志 二〇二一『国家の「余白」―メコンデルタ 生き残りの社会史』京都大学学術出版会。

スコット、J C 一九九九『モーラル・エコノミー―東南アジアの農民叛乱と生存維持』高橋彰（訳）、勁草書房。

スコット、J C 二〇一三『ゾミア―脱国家の世界史』佐藤仁（監訳）、みすず書房。

スコット、J C 二〇一九『反穀物の人類史―国家誕生のディープヒストリー』立木勝（訳）、みすず書房。

鈴木佑記 二〇一六「水のゾミア試論―東南アジアの海民を事例として」『東南アジア研究』五四（一）：一一七‐一二六。

武内進一（編）二〇一七『現代アフリカの土地と権力』アジア経済研究所。

ダニエルス、クリスチャン（編）二〇一四『東南アジア大陸部 山地民の歴史と文化』言叢社。

棚瀬慈郎・島村一平（編）二〇一五『草原と鉱石―モンゴル・チベットにおける資源開発と環境問題』明石書店。

チン、A 二〇一九『マツタケ―不確定な時代を生きる術』赤嶺淳（訳）、みすず書房。

トンチャイ・ウィニッチャクン 二〇〇三『地図がつくったタイ』石井米雄（訳）、明石書店。

中川理 二〇一四「国家の外の想像力」『社会人類学年報』四〇：三一‐五六。

西田正規 二〇〇七『人類史のなかの定住革命』講談社。

ハーヴェイ、D 一九九九『ポストモダニティの条件』吉原直樹（監訳）、青木書店。

メッサードラ、S＋ニールソン、B 二〇二一「多種多様な採取フロンティア―現代資本主義を掘り起こす」箱田徹（訳）『思想』

一一六二：一一一－三一。
山﨑孝史　二〇一六「境界、領域、「領土の罠」―概念の理解のために」『地理』六一（六）：八八－九六。
山本紀夫　二〇一一『高地文明―「もう一つの四大文明」の発見』中央公論新社。
モル、A　二〇一六『多としての身体―医療実践における存在論』浜田明範・田口陽子（訳）、水声社。
Agnew, J. 1994 The territorial trap: The geographical assumptions of international relations theory. *Review of International Political Economy* 1-1: 53-80.
Almagor, U. 1986 Institutionalizing a fringe periphery: Dassanetch-Amhara relations. In（D. Donham and W. James eds.）*The Southern Marches of Imperial Ethiopia*, Cambridge University Press, pp. 96-115.
Ardener, E. 2012 “Remote areas”: Some theoretical considerations. *HAU: Journal of Ethnographic Theory* 2-1: 519-533.
Bennike, R. 2017 Governing landscapes: Territorialisation and exchange at South Asia's Himalayan frontier. *South Asia: Journal of South Asian Studies* 40-2: 217-221.
Bowden, B. 2020 Frontiers: Old, new and final. *The European Legacy* 25-6: 671-686.
Boyce, G., C. J. Cash and S. Launius 2011 James C. Scott, The art of not being governed: An anarchist history of upland Southeast Asia. *Antipode* 43-4: 1434-1436.
Casimir, M. and A. Rao eds. 1992 *Mobility and Territoriality: Social and Spatial Boundaries among Foragers, Fishers, Pastoralists and Peripatetics*. Berg.
Cons, J. and M. Eilenberg eds. 2019 *Frontier Assemblages: The Emergent Politics of Resource Frontiers in Asia*. Wiley.
Corson, C. 2011 Territorialization, enclosure and neoliberalism: Non-state influence in struggles over Madagascar's forests. *Journal of Peasant Studies* 38-4: 703-726.
Daniels, C. 2010「書評：James C. Scott *The art of not being governed: An anarchist history of upland Southeast Asia*」『東南アジア研究』48-2: 205-210.
Das, V. and D. Poole eds. 2004 *Anthropology in the Margins of the State*. School of American Research Press.
Escobar, A. 2020 *Pluriversal Politics: The Real and the Possible*. Duke University Press.
Eulenberger, I. and G. Schlee（organizers）2013 *Workshop: Inter-related Conflicts in a Northeast African Border Region*（*Azomia I*）. 14 - 16 February 2013. Halle/Saale, Germany, Max Planck Institute for Social Anthropology.（Programme: https://web.eth.mpg.de/data_export/events/3159/2013_02_14-16_WS_Programm__web_ffinal.pdf）
Febvre, L. 1973 “Frontière: The word and the concept.” In（P. Berke ed.）*A New Kind of History: From the Writings of*

Lucien Febvre. Harper and Row, pp. 208-218.

Ferguson, J. 2005 Seeing like an oil company: Space, security, and global capital in neoliberal Africa. *American Anthropologist* 107-3: 377-382.

Formoso, B. 2010 Zomian or zombies? What future exists for the peoples of the southeast Asian massif? *Journal of Global History* 5: 312-332.

Gellner, E. 1969 *Saints of the Atlas*. University of Chicago Press.

Gilbert, J. 2016 Land grabbing, investors, and indigenous peoples: new legal strategies for an old practice? *Community Development Journal* 51-3: 350-366.

Graeber, D. 2001 *Toward An Anthropological Theory of Value: The False Coin of Our Own Dreams*. Palgrave Macmillan.（グレーバー、D 二〇〇一『価値論―人類学からの総合的視座の構築』藤倉達郎（訳）、以文社）

Graeber, D. and D. Wengrow 2021 *The Dawn of Everything: A New History of Humanity*. Allen Lane.（グレーバー、D＋ウェングロウ、D 二〇二三『万物の黎明―人類史を根本からくつがえす』酒井隆史（訳）、光文社）

Harms, E. et al. 2014 Remote and edgy: New takes on old anthropological themes. *HAU: Journal of Ethnographic Theory* 4-1: 361-381.

Hirsh, E. 2003 Landscape: Between place and space. In (E. Hirsch and M. O'Hanlon eds.) *The Anthropology of Landscape*. Oxford University Press, pp. 1-30.

Humphrey, C. 2015 Is zomia a useful idea for Inner Asia?. *Mongolian Journal of Anthropology, Archaeology and Ethnology* 8-1: 92-107.

Hyden, G. 1980 *Beyond Ujamaa in Tanzania: Underdevelopment and Uncaptured Peasantry*. Heinemann.

Jacka, J. K. 2018 The anthropology of mining: The social and environmental impacts of resource extraction in the mineral age. *Annual Review of Anthropology* 47: 61-77.

Jonsson, H. 2010 Above and beyond: Zomia and the ethnographic challenge of/for regional history. *History and Anthropology* 21-2: 191-212.

Kopytoff, I. 1987 The internal African frontier: The making of African political culture. In (I. Kopytoff ed.) *The African Frontier*. Indiana University Press, pp. 3-84.

Kopytoff, I. 1997 Frontiers and frontier societies. In (J. Middleton ed.) *Encyclopedia of Africa South of the Sahara*. Charles Scribner's Sons, pp. 170-172.

Kopytoff, I. 1999 The internal African frontier: Cultural conservatism and ethnic innovation. In（M. Rösler and T. Wendl eds.）*Frontiers and Borderlands*. Peter Lang, pp. 31–44.

Korf, B., T. Hagmann and M. Doevenspeck 2013 Geographies of violence and sovereignty: The African frontier revisited. In（B. Korf and T. Raeymaekers eds.）*Violence on the Margins*. Palgrave Macmillan, pp. 29–45.

Lattimore, O. 1940 *Inner Asian Frontiers of China*. American Geographical Society.

Leach, E. 1960 The frontiers of "Burma". *Comparative Studies in Society and History* 3–1: 49–68.

Li, T. M. 2007 *The Will to Improve: Governmentality, Development, and the Practice of Politics*. Duke University Press.

Li, T. M. 2010 To make live or let die? Rural Dispossession and the protection of surplus populations. *Antipode* 41–1: 66–93.

Li, T. M. 2014a What is land? Assembling a resource for global investment. *Transactions of the Institute of British Geographers* 39–4: 589–602.

Li, T. M. 2014b *Land's End: Capitalist Relations on an Indigenous Frontier*. Duke University Press.

Lieberman, V. 2010 Review article: A zone of regure in Southeast Asia? Reconceptualizing interior spaces. *Journal of Global History* 5: 333–346.

Nicholson, D. 2009 *Environmental Dispute Resolution in Indonesia*. KITLV Press.

Nyamnjoh, F. B. 2017 Incompleteness: Frontier Africa and the currency of conviviality. *Journal of Asian and African Studies* 52–3: 253–270.

Rasmussen, M. B. and C. Lund 2018 Reconfiguring frontier spaces. *World Development* 101: 389–399.

Sack, R. D. 1986 *Human Territoriality: Its Theory and History*. Cambridge University Press.（サック、R D 二〇二二『人間の領域性―空間を管理する戦略の理論と歴史』山崎孝史（監訳）、明石書店）

Saraf, A. 2020 Frontiers. In *Oxford Research Encyclopedias of Anthropology*. 〈https://doi.org/10.1093/acrefore/9780190854584.013.145〉（最終確認日：二〇二二年六月二四日）

Saxer, M. 2019 Provisions for remoteness: Cutting connections and forging ties in the Tajik Pamirs. *Social Anthropology* 27–2: 187–203.

Saxer, M. and R. Andersson 2019 The return of remoteness: Insecurity, isolation and connectivity in the new world disorder. *Social Anthropology* 27–2: 140–155.

Scheele, J. 2021 State-like and state dislike in the anthropological margins. *Journal of Royal Anthropological Institute*（N.S.）27: 909–927.

Schweitzer, P and O. Povoroznyuk 2019 A right to remoteness? A missing bridge and articulations of indigeneity along an East Siberian railroad. *Social Anthropology* 27-2: 236-252.

Scott, J. C. 1985 *Weapons of the Weak: Everyday Forms of Peasant Resistance*. Yale University Press.

Scott, J. C. 1990 *Domination and the Arts of Resistance: Hidden Transcripts*. Yale University Press.

Scott, J. C. 1998 *Seeing Like a State: How certain Schemes to Improve the Human Condition Have Failed*. Yale University Press.

Slater, D. 2010 Book Reviews Scott, J. C. 2009 The art of not being governed: An anarchist history of upland Southeast Asia. *Comparative Political Studies* 43-11: 1527-1531.

Tsing, A. L. 1993 *In the Realm of the Diamond Queen: Marginality in an Out-Of-The-Way Place*. Princeton University Press.

Tsing, A. L. 2004 *Friction: An Ethnography of Global Connection*. Princeton University Press.（ツィン、A 二〇〇四『摩擦―グローバル・コネクションの民族誌』石橋弘之ほか（訳）、水声社）

Turner F. J. 1893 The significance of the frontier in American history. *Annual Report of the American Historical Association* 1893: 197-227.

van Schendel, W. 2002 Geographies of knowing, geographies of ignorance: Jumping scale in Southeast Asia. *Environment and Planning D: Society and Space* 20: 647-688.

Vandergeest, P. and N. L. Peluso 1995 Territorialization and state power in Thailand. *Theory and Society* 24(3): 385-426.

第Ⅰ部

領域化の進展とその限界

第1章

フロンティア空間の変容と領域統治の強化

――ルワンダの事例から

武内進一

R セル D 地区の風景。正面の丘の向こうはアカゲラ国立公園。住民は道路沿いに居住し、写真左側の低地が主たる耕作地として利用される。

一　はじめに

アフリカのフロンティア空間に関する一般的な特徴として、従来次の三つの点が繰り返し指摘されてきた。第一に人口が希薄で流動性が高いこと、第二に国家の統治能力が弱いこと、そして第三に資本の展開（資本主義の発達）が遅れていることである（Herbst 2000）。これらの特徴はいずれもフロンティア空間を広げる方向性を持っており、だからこそアフリカではその重要性が強調されてきた（Kopytoff 1987）。[1]

しかし、これらの特徴や分析視角は近年急速に変化しつつある。アフリカ諸国の人口成長率は世界でもっとも高く、二〇二一年現在一四億人弱のアフリカ大陸の人口は今世紀末には約三五億人まで増加する（United Nations 2022）。アフリカ大陸の多くの地域では、人口の希薄さや流動性の高さを前提とした議論は妥当性を失っている。また、アフリカ諸国の統治能力が先進国に比して弱く、そこでの資本の展開が遅れているのは事実だとしても、近年の変化は顕著である。農村開発や地方分権化などの政策介入を通じてアフリカ諸国は領域統治を強め、民間企業誘致政策を受けて農村部にも直接投資が急増した。すなわち、アフリカにおいても、フロンティア空間が縮小し、そこで様々なアクターが競合する動きが強まっている。

この点で、ルワンダは典型的な国と言ってよい。中部アフリカ内陸に位置するこの小国は、二〇二二年のセンサスによれば、全国の人口密度は平方キロあたり五〇三人に達する（Republic of Rwanda, National Institute of Statistics of Rwanda 2023）。内戦とジェノサイドを経て一九九四年に成立した政権を率いる「ルワンダ愛国戦線」（Rwandan Patriotic Front: ＲＰＦ）は、農村部においても強権的な手法で介入的な政策を遂行してきた（Ansoms 2009）。人口密度が極めて高いため農村部で大規模な土地収奪はあまり見られないが、新自由主義的な政策の下で資本は活発に流入している（Huggins 2017）。

本章では、特に国家と住民の関係に焦点を当てて、ルワンダにおけるフロンティア空間の変容を歴史的に跡づける。

フロンティア空間は、アフリカの文脈では国家統治との関係で議論されることが多いため、以下ではまずアフリカの国家をめぐる先行研究を概観する。次に、ルワンダにおいてフロンティア空間がどのように変遷してきたのか、その概況を国家形成や関連する政策との関係で辿る。そのうえで、ルワンダ東部に位置する農村に焦点を絞り、過去約二〇年間の変化を追う。筆者は一九九九年以来、東部タンザニア国境に近い農村地帯で住民への聞き取りを続けてきた。もともと人口希薄なフロンティアであったその地域は、独立前後からの自発的な人口移動や、内戦後のＲＰＦ政権による帰還民入植政策などによって、大きく変貌した。本章では、国家の統治がフロンティアに与える影響について、ルワンダの事例に基づいて考察する。

二　アフリカの国家と統治

アフリカの国家と統治をめぐる先行研究

空間の支配と統制――あるいは「領域化」（サック 二〇二二）――は多様な主体によって遂行されるが、そのもっとも重要なもののひとつが国家であることは疑いない。一方、アフリカ研究においては、国家の統治能力の弱さが従来から強調されてきた。この議論は主に二つの方向からなされてきた。第一に、エリートの性格や国家社会関係など、国内的な観点から統治能力の弱さを論じる研究である。この観点は一九六〇年代のファノンを嚆矢として（ファノン 一九九六　第三章）、多くの議論が蓄積されてきた（Ekeh 1975; Sklar 1979; Hyden 1980; Diamond 1987）。特に、アフリカでは国家権力を掌握したエリートがパトロン・クライアント関係を通じて社会と繋がるという「新家産制」（neo-patrimonialism）の議論は強い影響力を持った（Médard 1982; Chabal and Daloz 1999）。新家産制国家という捉え方については、公的制度の機能を過小評価し、権力のインフォーマル性を過大評価しているとの批判があるものの（Cheeseman 2018）、政治エリートによるクライアント・ネットワークを通じた統治という視点の重要性は依然として大きい。

もう一つの方向性として、国際関係の視点からアフリカ国家の脆弱性を論じる研究がある。ジャクソンらの議論はその代表例である（Jackson and Rosberg 1982; Jackson 1990）。今日においては、植民地の独立と主権国家体系への参入という規範が国際的に共有されている。そのため、現実に国家建設を進める能力の有無にかかわらず、植民地が独立すれば、国際秩序の維持という観点から、当該主権国家を保護し、そこでの反乱を鎮圧する動機が国際的に生じる。第二次世界大戦後にアフリカ大陸で続々と誕生した独立主権国家は、総じて国家建設を進める能力が不十分な、弱い国家であった。こうしたアフリカの弱い国家が生み出され、維持される背景として、世界大に拡大した主権国家体系とそれをめぐる国際規範が重要だというのがこの議論の要諦である。

上記の二種類の議論は、現代アフリカにおける主権国家を前提とし、それぞれその内側と外側に視点を置いてなされたものだ。これに対して、アフリカ国家の脆弱性が歴史的に一貫したものだと主張したのがハーブスト（Herbst 2000）である。すなわち、政治的中心から遠隔地に向けた権力投射能力が弱く、国境管理能力が不十分であるといったアフリカ国家の性格は、植民地化以前から独立以降まで共通して観察できる。この著作は、アフリカにおける国家建設の難しさを説得的に描き、アフリカ国家論のなかで重要な位置を占めている。

近年の変化

ハーブストの主張は強力だが、アフリカにおいて国家の統治能力が歴史的に変化しないわけではない。人口は急速に増加しているし、公的な制度の機能も過小評価すべきではない。また、様々な開発政策がドナーの支援を得て実践されるなかで、国家による社会の捕捉が進んだ可能性を考慮すべきである。とりわけ、冷戦終結以降、地方分権化や土地所有権改革など、地方統治に関わる開発政策が積極的に展開されたことは重要である。

例として、地方分権化を挙げることができる。この政策は冷戦終結後の民主化の一環として、ドナーの支援を受けて積極的に推進された。具体的には、中央政府が主管する行政サービスの地方への移譲や地方行政単位の再編などが実施された。一方で、アフリカの地方分権化を精査した研究は、それを通じて中央の権限がむしろ強化された例が多いと主張している（Dickovick and Wunsch 2014）[2]。前節の議論が示すように、アフリカではそもそも国家の統治能力が弱く、分権化以前に国家統治の確立が求められる。分権化政策の名においてドナーの支援を引き出しながら統治能力の強化を図る行動は、アフリカの指導者の視点に立てば必要なことだったとも言えよう[3]。

同じことは土地政策についても言える。地方分権化とも連動する形で、一九九〇年代以降のアフリカでは土地改革が推進された。その内容は、ほとんどの場合、実際の土地移転を伴わない所有権改革で、形式的に国家に帰属するとされてきた土地所有権をローカルレベルの実際の耕作者に移譲し、個人やコミュニティの土地への権利を強めることが目的とされた。この所有権改革については、慣習的権威の権限を再興、強化したとして、植民地期の政策への回帰だとする見方がある（Martin et al. 2019）。しかし、慣習的権威の再興という側面があるとはいえ、形式的にせよ、土地所有権を個人レベルに分配したうえで国家が管理する制度を導入した意味は無視できない。国家が土地権利証書を発行する制度が整えられたことで、アフリカにおいても国家の領域統治能力が高まったと考えられる例がある。後述するルワンダはその一例である[4]。

アフリカの国家について研究を重ねたヤングは、独立後のアフリカ諸国の政治変動を振り返って、冷戦期までは各国の動きが共振していたのに対し、冷戦後は分化傾向が顕著になったと主張している（Young 2012: Chap.1）。冷戦期までは総じて家産制的な性格を帯び、統治能力が弱かったアフリカ国家も、それ以降は多様な政治変化の経路をたどり、統治能力についても一括りに論じられなくなったと言えよう。

三　ルワンダの国家と統治

具体的なフロンティア空間の変容を論じる前に、本節ではルワンダ一国レベルの視点から、空間統治がどのような歴史的変遷を遂げてきたのかを振り返っておこう。空間統治のあり方は、国家形成や政治変動に大きく影響される。以下では、ルワンダ史を整理しつつ、空間、特に土地管理の歴史的変遷をまとめる。

植民地期まで[5]

アフリカでは比較的珍しく、ルワンダは伝統的王国をそのまま継承する形で独立主権国家となり、今日に至る歴史を持っている。ルワンダ王国の成立時期には諸説あるが、その中核をなすニギニャ（Nyiginya）王国については一七世紀後半に建国されたとの説が有力である。王はトゥチ（Tutsi）の家系で継承され、支配階級はトゥチで占められていた。ただし、北方から移住したトゥチが先住者のフトゥ（Hutu）を征服して王国が形成されたという説は否定されており、牧畜に依存するトゥチが一九世紀以降土地支配を通じて政治権力を確立したと考えられている。

植民地化以前のルワンダの土地制度は、ウブコンデ（*ubukonde*）とイサンブ＝イギキンギ（*isambu-igikingi*）の二つに大別される。前者は、未占有地の森林を伐採・開墾した者に与えられる土地所有権である。一方後者は、ルワンダ王宮の統治下にある土地を指す。イギキンギとは王（ムワミ）が臣下に与えた放牧地で、イサンブは放牧地ではないが王宮の統治下にあり、居住者が賦役や貢納の義務を負う土地を指す。王国の拡大・強化に伴って、ウブコンデがイサンブ＝イギキンギへと変化したと考えてよい。一九世紀後半のルワブギリ（Rwabugiri）王の時代（在位一八六〇～一八九五年）、大湖地域においてルワンダは最大最強の国家であり、現在のコンゴ民主共和国の領域からも貢納を得ていた。一方で、王宮による領域統治という意味では、今日のルワンダ領内にも統治権力が十分に及ばない地域が数多く残されていたことに注意が必要である。キヴ湖に近い北西部にはフトゥの王を抱く小規模な王国が複数存在していたし、東部でも同様に反乱が続いていた。

ルワンダ王国が領域内でくまなく統治を確立するのは、植民地期のことである。ルワンダはドイツ領東アフリカの一部として保護領化され、第一次世界大戦後に委任統治領、第二次世界大戦後に信託統治領としてベルギーの統治下に置かれた。植民地当局の支援を受けた王宮は、地方の自律的な政治共同体を従属させ、支配下に置いた。ルワンダ南西部に位置しながら自律性を保っていたフトゥの小王国が中央王宮の支配に服し、領域的に統合されるのは、一九二三年のことに過ぎない。

支配力を強めた王宮の下で、土地制度も変化を遂げた。自律的なウブコンデが更に縮小する一方、イギキンギに対しても国家の統制が強まった。イギキンギは王が臣下に与えた放牧地だが、実態としては、地方有力者が中央王宮の支配を受け入れるにあたって「王に与えられた」土地とみなした領域であり、もともと地方有力者の影響力が圧倒的に強かった。しかし、植民地期になると、植民地当局に公認された行政官（チーフやサブチーフ）の権力が強まる。一九二〇年代以降の行政改革によってチーフ、サブチーフの数が絞り込まれ、フトゥがそこから排除されたために、国内の政治権力はチーフやサブチーフを中心とするトゥチエリートに集中し、彼らは政治権力を利用して独自にイギキンギを創設するようになった。結果として、地方有力者が統治していた領域を蚕食する形で、植民地当局に繋がる行政官の影響力が強まった。この時期イギキンギをめぐる地方有力者と行政官との土地紛争が頻発しているが、従来の分権的な統治構造が失われ、植民地権力を背景とした王宮の集権化が進んだことがその背景にある。

一九五九年に始まる「社会革命」は、この状況を一挙に転覆させた。政治的に排除されたフトゥの解放を訴える「フトゥ解放運動党」（Parti du movement de l'émancipation hutu: PARMEHUTU——以下、パルメフトゥ）が台頭し、トゥチエリートが主導する政党との間で緊張が高まるなかで、政党支持者間の衝突が全国的な暴動へと発展した。ここで植民地当局がパルメフトゥを支援したために、大衆の暴力がトゥチへと向かい、チーフやサブチーフを中心に、多くが難民となって流出した。独立を前に実施されたレファレンダムで王制が廃止され、パルメフトゥが権力を握る体制下で、ルワンダは一九六二年に独立する。

カイバンダ、ハビャリマナ政権期（一九六二～九四年）

独立前後の数年間でルワンダの政治権力構造は激変した。トゥチを中心とする王宮の支配は瓦解し、カイバンダを首班とするパルメフトゥが一九六〇年代半ばに一党制を確立した。カイバンダ政権は一九七三年にクーデタで打倒されたが、これを率いたハビャリマナ国防相もやはりフトゥであった。ハビャリマナはクーデタから五年後に自らの政党「開発国民革命運動」（Mouvement révolutionnaire national pour le développement: ＭＲＮＤ）を立ち上げて一党体制を確立した。

政治権力の変化は、領域統治のあり方に大きな影響を与えた。トゥチのチーフやサブチーフが放逐されたことで、イサンブ＝イギキンギを通じた領主的支配は崩壊した。独立後のルワンダでは土地所有権は国家に帰属するとされ[6]、チーフやサブチーフの放逐によって土地を支配する強力な慣習的権威が消失したため、政府（行政）が土地への介入を主導した。土地配分の実質的な権限を握ったのは、末端の行政官である。彼らは多くの場合パルメフトゥやＭＲＮＤの熱心な支持者で、フトゥであった。難民として流出したトゥチの所有地――特に放牧地――の多くは行政によって接収され、フトゥ農民に再分配された。独立後のルワンダでは、農地が大幅に増加したと報告されている（Boone 2014: 236）。さらに一九六〇年代以降、キブンゴ（Kibungo）県やキガリ・ルーラル（Kigali-Rurale）県といった比較的人口希薄な地域に政府主導で農村開発スキームが実施され、人口稠密地域から多数の農民が入植した[7]。その数は一九七〇年代半ばまでに四〇万人に達したと推計され、大規模な人口移動が人為的に生み出された（Boone 2014: 240）。

この時期の農村開発に関する政策は曖昧である。国家主導の農村開発スキームを実施し、膨大な数の人口移動を引き起こす一方で、住民の土地権利に関する政策は講じられず、一九七六年の行政令で慣習的権威の下にある土地の売買を原則として禁じた[8]。この法律は遵守されず、農村では土地売買が繰り返されたが、国土の圧倒的な部分を占める未登記地の土地権利を担保する公的な制度は存在せず、人びとはノートなどに手書きで地図を描いて土地取引を記録した（André 2003）。

ＲＰＦ政権期（一九九四年〜）

ゲリラ組織「ルワンダ愛国戦線」（Rwandan Patriotic Front: ＲＰＦ）の侵攻によって一九九〇年に勃発したルワンダ内戦は、大量殺戮（ジェノサイド）を経て、一九九四年七月にＲＰＦの軍事的勝利によって終結した。独立時と同様に、政治権力の転換は領域統治に重大な影響を与えることになる。ＲＰＦは独立前後に国土を追われたトゥチの第二世代を中核としており、政権樹立に伴って、それまで国外に亡命していたトゥチが一〇〇万人規模で帰還した。政権を握ったＲＰＦは野党を封じ込め、一党優位の政治体制を確立した。内戦時にＲＰＦ総司令官を務めたカガメ（P. Kagame）が、当初は国防相兼副大統領として、そして二〇〇〇年以降は大統領として、今日に至るまで政権トップの座を占め続けている。カガメのＲＰＦ政権は権威主義的統治を推進し（Reyntjens 2013）、統治強化のために様々な政策を講じた。そのなかで、積極的な土地政策については武内（二〇一五、二〇一七）や Takeuchi and Marara（2009, 2021）などで既に論じたので、ここでは詳細は繰り返さず、領域統治という観点からそれらの政策を整理する。

領域統治の視点に立つと、ＲＰＦ政権下の諸政策に三つの特徴を看取できる。第一に、領域、すなわち土地に直接介入し、その利用権を政権支持者に分け与えたことである。こうしたパトロネージ政策の典型は、フトゥ住民の所有地の半分をトゥチ帰還民のために供出させたランド・シェアリングである。[9] この政策が実施されたのは、ＲＰＦが政権を掌握してから間もない一九九六〜九七年頃であった。コンゴ民主共和国（当時ザイール）で勃発した内戦をきっかけとして、ＲＰＦ政権成立時に周辺国に逃れたフトゥが帰国したタイミングで、彼らの不在時に土地や住居を利用していたトゥチ帰還民との間で、所有地を二分割するよう行政指導が行われた。これは、フトゥ住民に犠牲を強いる形で、ＲＰＦ政権の中核的な支持層であるトゥチ帰還民の生計を安定させるラジカルな政策であった。ただし、パトロネージに基づく領域統治政策が全面的に展開されたのはこの時くらいで、その時期以降ＲＰＦ政権は法の支配を強調している[10]。

第二の特徴は、地方における行政や司法の管理能力を高めることによって、間接的に中央からの領域統治を強化する政策がとられたことである。この典型例は地方分権化である。ＲＰＦ政権は二〇〇〇年に国家地方分権化政策を策定し、二〇〇六年までに行政単位の大幅な変更を伴う地方分権化を遂行した。二〇〇一年以前の一二の県（Prefecture）、一五四のコミューン（Commune）、一五三一のセクター（Sector）、八九八七のセル（Cell）という行政単位は、東西南北四つの州（Province）とキガリ市、三〇の県（District）、四五〇のセクター、二一四八のセルへと再編された。セルの下位に地区[11]という行政単位が存在するが、有給の職員はいない。地方行政の中核を担う県は学校、病院、水道・衛生といった住民に関わる事業を直接管理する権限を与えられ、セクターは住民に関する行政文書作成やデータ収集、セルは住民への政策執行と動員を担当する。地区にも、無給ながら、事務局長、治安担当、保健担当など様々な役職が置かれている。この分権化政策に関しては、地方行政における相対的に高い政策実施能力を評価する声がある一方で、中央政府によるトップダウンの性格が強いという指摘がなされてきた（Chemouni 2014; Hasselskog and Schierenbeck 2018）[12]。ＲＰＦ政権下においても、地方分権化政策を通じて、中央の管理、統制が強化されたのである。

行政機構への統制強化と並行して、中央からの統制が効いた司法制度がローカルレベルに整備されたことも重要である。二〇〇〇年代半ば以降、ルワンダでは、ジェノサイドの加害者を裁くためのガチャチャ（Gacaca）、そして土地紛争や窃盗などコミュニティで起こった紛争や軽犯罪を裁くためのアブンジ（Abunzi）が相次いで導入された[13]。いずれも資格を持った裁判官ではなく住民が判事となって司法を担う仕組みで、地方の住民にとって司法へのアクセスが改善されたと評価できる。一方で、ガチャチャにせよアブンジにせよ、中央政府の統制が強力に働いており、国家（つまりはＲＰＦ）の意向に反した判断をすることはできない。ガチャチャで裁判の対象となるのは、一九九四年に起こった「トゥチに対するジェノサイド[14]」の加害者だけであり、当時のＲＰＦが内戦のなかで行ったとされる戦争犯罪を扱うことはできない。一九九九年の家族法改正によって女性にも土地相続権が認められた結果、女性から土地を要求する訴えが急増したが、アブンジは常に政府の方針に従って女性の土地所有権を認めた。ここでも、政府のコントロールの下でコミュニティに権限が移譲され、結果として中央の統治がより深くローカルレベルに及ぶようになったと言える。

なお、地方のこうした制度が中央の意図に従って動く前提として、ＲＰＦの支持者が責任者に任命されたことは確認しておく必要がある。地方行政（県、セクター、セル）にせよ、ガチャチャやアブンジにせよ、その責任者には常にＲＰＦの支持者が指名されてきた。彼らが中央の意を汲んで行動することで、その統制が強化されるわけである。

この点に関して指摘できる第三の特徴は、住民の動員と関与が中央による統治の強化において重要な役割を果たしていることである。上述の通り、末端行政にせよ、ガチャチャやアブンジにせよ、地域住民の関与が前提になっている。[15] 二〇〇四年の国家土地政策（Republic of Rwanda 2004）や二〇〇五年土地法制定を受けて、[16] 土地登記や農業生産振興など様々な政策介入が農村で実施され、住民の動員が積極的に図られた。いずれの政策でも住民に一定の負担が求められ、それを上回るベネフィットが約束された。土地登記であれば、比較的安価な登記料を支払えば土地登記証が発行された。住民は当局から、土地所有が明確になって紛争が減る、銀行融資の担保にできるなどのメリットを説明され、多くが登記証を入手した。[17] 食料作物の生産拡大を目指す作物集約化プログラム（Crop Intensification Policy: ＣＩＰ）では、他の住民とともに同じ作物を作付ける条件で、住民に肥料や改良種子が安値で配付された。また、ＲＰＦ政権は一九九〇年代から土地の効率的利用を掲げて集村化を進めてきたが、住民は行政側が策定した開発計画に沿って居住地の変更を求められた[18]（Newbury 2011）。政府は転居にかかる費用を一切負担しないため、当初は強制力に依存した住民移転という側面が目立ったが、二〇一〇年代半ばから水道や電気などのインフラ整備が進むと、自発的に移転する住民が増えた。

ＲＰＦ政権は農村改造に強い意欲を持ち、政策を進めるために強制力を背景として住民を動員した。末端行政官をはじめ、ローカルレベルにはＲＰＦ政権の支持者が存在し、彼らを中心に政策推進のため住民が動員された。内戦期のＲＰＦに対する記憶もあって、住民は不満があっても大きな抵抗を示すことなく、政策に従った。また、ＣＩＰのように一定の成果が出ると、住民は政策に主体的に関与するようになった。ＲＰＦ政権は、強制力と経済的なインセンティブを組み合わせながら、農村における住民の動員を進め、領域統治を強化してきたと言えよう。

四　フロンティア空間の変容

本節では、東部州カヨンザ（Kayonza）県Ｒセルでの住民へのインタビューに基づいて、この地域における領域統治の変遷を跡づける。筆者は共同研究者のＪ・マララ氏とともに、一九九九年から二〇一九年まで年一回程度のペースでＲセルを訪問し、二六世帯の住民を中心にインタビューを重ねてきた[19]。以下では、住民からの聞き取りに基づいて、この地域の歴史的経験を再構成する[20]。Ｒセルは、キガリから自動車で二時間強の位置にある。国道三号線を東進し、カヨンザの街で南北に分かれる三叉路をムハジ（Muhazi）湖沿いに北上した後、未舗装路に入り、車で三〇分ほど丘を登ったところにある市場の奥がＲセルである（図１‐１）。四つの地区から構成され（以下、市場から近い順にＡ、Ｂ、Ｃ、Ｄ地区と仮称する）、Ａ地区とＢ地区が高台に、Ｃ地区とＤ地区はアカゲラ国立公園[21]に隣接する低地に位置する。すなわち、Ｒセルは国内居住地の東端である[22]。調査対象の二六世帯のうち、直系親族がもともとこの地に居住していたのは二世帯（いずれもトゥチ）に過ぎない。比較的近年まで、この地域は人口希薄なフロンティアであった。現在もなお、Ｒセルが含まれるカヨンザ県は全国でもっとも人口密度が低い[23]。

住民の移住とランド・シェアリング

この地への人口流入が始まるのは、植民地期末期のことである。もともと暮らしていた二世帯（いずれもＡ地区に居

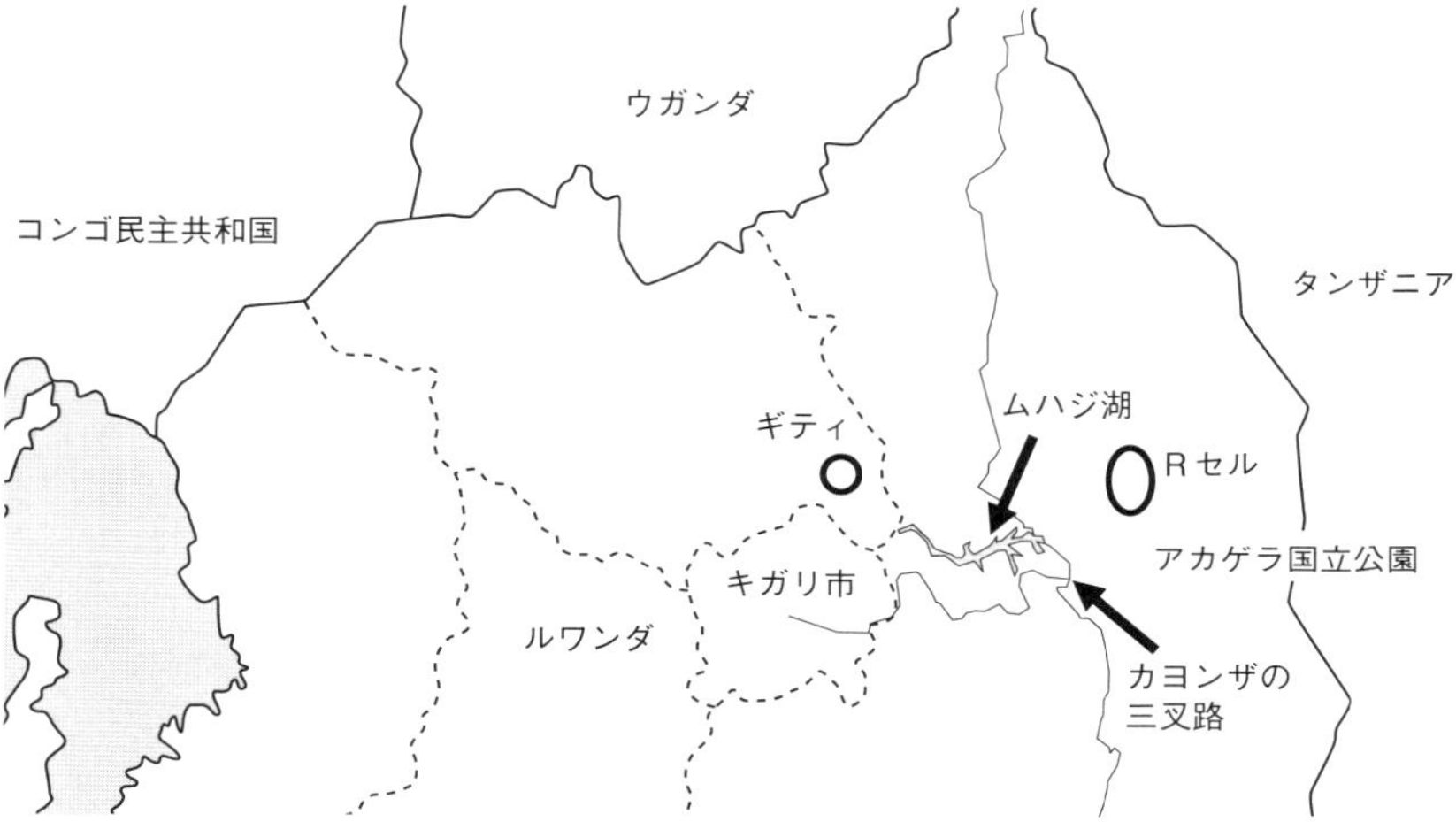

図 1-1　ルワンダと R セルの位置
（Google マップに基づき筆者作成）

住）を除いて、もっとも早くこの地に移住してきたのはやはりA地区に住む二世帯である。いずれも世帯主はフトゥで、それぞれの祖父、父が植民地期末期に移住してきた。一九六〇～七〇年代にはさらに移住者が増加するが、この時期の移住者は基本的にフトゥの世帯であった。調査世帯のうち、A地区の二世帯を含めて世帯主がフトゥの世帯（二二世帯）はすべて、祖父、父または自分がこの時期に移住したと回答している。後続の移住者はB、C、D地区に住み、多くが旧ビュンバ県[24]、特にギティ（Giti）からやってきたと述べている。ギティは東西に長く伸びるムハジ湖の西端近く、旧ビュンバ県の南東端に位置する。Rセルとは直線で三〇キロメートル程度の距離にあり、土地の得やすさを知って同郷の人びとが次々に入植したと考えられる。この時期、土地取得にはほとんど費用がかからず、行政と話を付けさえすればよかった[25]。Rセルは先述した農村開発スキームの対象地域ではなかったから、出身地の人口増と土地不足を背景とした自発的な人口移動が起こったと言える。

一九九〇年代の内戦とジェノサイドは、Rセルの住民にも大きな影響を与えた。この地域でも虐殺があり多くの犠牲者がでたが、比較的早期にRPFによって軍事的に制圧された[26]。RPFの軍事的勝利は巨大な人口移動を引き起こし、報復を恐れた前政権指導者がフトゥ住民を引き連れて近隣諸国に逃亡したのと入れ違いに、難民となっていたトゥチが大挙して帰還した。ＲＰＦの中核的な支持者である帰還民に対して、政府は故郷に戻らず比較的土地が豊富な地域で暮らすよう指導した。結果として、Ｒセルに多数の帰還民が流入することになる。当時、ほとんどのフトゥ住民は近隣諸国（特にタンザニア）の難民キャンプに避難していたから、トゥチ帰還民は生活用の家屋や畑を容易に見つけることができ、そこで新たな生活を送り始めた。そして、コンゴ民主共和国で勃発した内戦をきっかけに、一九九六年末以降フトゥ住民が帰還を始めると、政府はランド・シェアリングを命じたのである。

政府の指導は、フトゥ住民の不在中に土地家屋を占拠したトゥチ帰還民に対して家屋の返還を求めると同時に、フトゥ住民に対して所有地の半分をトゥチ帰還民に譲渡することを求めるものであった。帰還民の生計を保護するための理由付けがなされたが、政権の中核的支持層を優遇する目的は明白である。しかし、ＲＰＦが軍事的支配を確立した状況下、フトゥ住民にはその指導に従う以外の選択肢はなかった[27]。調査対象世帯では、内戦後に帰還した一一世帯（いずれもトゥチ）のうち一〇世帯がランド・シェアリングによって土地を得ている[28]。この政策が実施された時、Ｒセルの四つの地区長はいずれもトゥチ（帰還民かサバイバー）であった[29][30]。上からの軍事的支配に加え、地方行政幹部を支持者で固めることで、ＲＰＦ政権によるラジカルな政策の遂行が可能になったと言える。この政策遂行を通じて、政権の統治基盤はいっそう強化された。

ランド・シェアリングが帰還民の生計確保に寄与したことは疑いない。調査世帯から具体例を見ると、獲得した土地で農耕に従事し生計を確保するだけでなく、入植後に新たな事業を展開し、社会的上昇を遂げたケースが目立つ。ランド・シェアリングで土地を得たなかで二世帯は、近年では卸売業やサービス業（レストラン経営）で生計を立てている。彼らは住居を市場近くの仕事場に移し、ランド・シェアリングで獲得した畑は他人に貸している。また、牧畜協同組合を運営して牧場経営に乗り出し、自らも小売商店を開いている例もある。このように農業以外の事業に活動を広げた例は、内戦前からこの地に住んでいた世帯ではほとんど見られない[31]。難民生活のなかで多様な経験を積んだことが、帰還後の積極的な活動に繋がっているのだろう。[32]

政策介入と領域統治の強化

内戦終結から間もない時期、ＲＰＦ政権はランド・シェアリング政策によってＲセルを含む東部に支持者を入植させ、彼らを通じて領域統治を強化した。二〇〇〇年代以降も、Ｒセルを巻き込んで様々な政策が展開する。その端緒を開いたのは地方分権化による行政単位の再編で、二〇〇六年以降Ｒセルは東部州カヨンザ県ムルンディ（Murundi）セクターに含まれることになった。セルで唯一の有給職である事務局長（Executive secretary）に最初に任命されたのは、Ｐという若年の女性だった。[33]彼女は英語話者で、その事実は彼女がウガンダかタンザニアで教育を受けた帰還民であることを示していた。事務局長の仕事をしながら、週末にキブンゴ（Kibungo）の大学に通っているとのことだった。[34]地方行政単位の再編に伴い、それまで末端行政の長を務めていた地元の帰還民やサバイバーは職を解かれたが、ガチャチャやセルの運営を担当する評議会の委員を務めるなど、引き続きＲセルの顔役として重要な役職を担った。

他地域と同じく、Ｒセルでもローカルな司法制度（ガチャチャとアブンジ）が二〇〇〇年代に導入された。ガチャチャがＲセルでもっとも活発に開催されたのは二〇〇六～〇八年で、この間に第一審二八五件、控訴審八六件の審理が行われた。[35]Ｒセルのガチャチャを統括する委員会の長を務めたのは、やはりサバイバーであった。[36]アブンジも、ほぼ同じ時期に導入されている。[37]アブンジが扱う案件は圧倒的に土地に関するもめ事が多いが、そのほとんどは家族内の問題で、旧難民が当事者となった紛争は少ない。特にランド・シェアリングについては、「国の方針」であり「解決済み」という認識が浸透している。アブンジに持ち込んでも、「国の方針」に反する裁定がなされることはない。人びとが判事として参加するローカルな司法制度は、政府の方針に沿った判決を出し、ＲＰＦが主導する政治秩序を再生産し強化する機能を果たした。

二〇一〇年代になると、国家の関与はランド・シェアリングのように直接的なものから、市場を介した間接的なものへと次第に変化した。その中で土地登記は、国家の直接的な関与を通じて生産手段市場化の基盤が創られた点で、きわめて重要である。土地法に規定された土地登記プロセスが始まったのは、二〇一〇年代初めであった。二〇一一年頃から所有地の測量が始まり、土地登記の手順を説明する集会が繰り返し開かれた。二〇一四年には、ほとんどの世帯に土地登記証が配布された。登記はそれまで慣習的に利用してきた土地権利を法的に確認するものだったが、このプロセスを経てランド・シェアリングで与えられた土地への権利も法的に確認された。また、各セクターに設立された貯蓄融資協同組合（Umurenge Savings and Credit Cooperatives: Umurenge-SACCO）などの金融機関が土地登記証を融資の担保として受け付けたため、それを担保にお金を借りる農民が増えた。融資でオートバイを買い、農作物や家畜の取引を始めるなど、人びとの金回りがよくなった[38]。

同じ時期、農民たちは政府の統制を強く感じることになる。土地統合（land consolidation）政策が実施に移され、作付けが規制されるようになったからである。この政策は土地法にも記されていたもので、各農民の所有地を統合して同じ作物を作付けさせるというものである。これは前述したＣＩＰの一環をなすもので、六種類の食料作物（トウモロコシ、小麦、コメ、ジャガイモ、大豆、キャッサバ）について改良品種と肥料を配付して作付けを奨励した。農民たちは、セクターに配置された農業指導員の指示に従って農作物を選択するのだが、その指示は強制力を持っており、事実上の作付け強制とも言える[39]。これにより、従来実践されていた多品種少量生産の農業は、数少ない品種に生活を依存する市場化農業へと変容していった。

一般に土地統合政策は低湿地で実施されたが、Ｒセルではテラス・ラジカル（terrasse radicale）と呼ばれる大規模な土地改良工事[40]を実施し、そこに畑を持つ農民にこの政策を義務づけた。この政策が実施された二〇一〇～一一年頃は、多くの農民がこの政策への不満を訴えた。自分が植え付けた作物がＣＩＰの奨励対象作物でないため役人に引き抜かれた、地味が合わないのに自分たちの意見を無視して作付けを強制された、同じ作物ばかり作付けるので価格が低い、といった不満が数多く聞かれた。ただし、生産性の高い改良品種が導入されたこともあり、数年後にはそうした不満は一段落した感がある。

人口希薄なフロンティアであったＲセルには、生活の基盤となる土地を求めて人びとが集まってきた。当初は自発的な移動によって集落が拡大したが、ＲＰＦが政権を握った後は、そのビジョンに即した領域統治政策が導入されていった。軍事的勝利を背景に支持者を入植させ、政権の意向が的確に伝わる仕組みを構築した後に、農業生産力を増強するための諸政策を遂行した。土地登記や作物集約化プログラムによって市場化が進み、農村社会の金回りはよくなった。Ｒセルでも二〇一〇年代半ばから電気が通る家庭が増えた[41]。人びとに昔と比べて生活はよくなったかと尋ねると、多くが肯定的な返答をする。一方で、貧富の格差は広がっているし、農民たちは現金を稼ぐために日々様々な努力をしなければならない。「昔はウシもいたし、農産物も豊かだった。今はウシもいないし、農産物もない。かつては静かだった。今の方が悩みは多い[42]」とこぼす者もいる。

五　結　論

近年のルワンダにおいて、フロンティア空間は急速に縮小した。それは人口増や人口移動といったアフリカ各国で見られる現象のみならず、国家統治の強化に起因する変化であった。一九九四年に政権を掌握して以来、ＲＰＦは自らのアジェンダに則って領域統治の強化を進めた。ＲＰＦによる領域統治強化はルワンダ全土に関わる現象だが、本章が扱った東部では、地域固有の条件を背景に、劇的な形でそれが進展した。ランド・シェアリングを通じた土地再配分、地方分権化を通じた統治機構の再編、ガチャチャとアブンジ導入によるローカルな司法制度強化、などの政策介入を通じて、ＲＰＦ政権は領域統治を強化するとともに、土地登記とＣＩＰなどをセットにした一連の農業市場化政策によって農村社会を組み替えていった。もはやＲセルを、人口希薄で国家をはじめとする様々なアクターによる管理を受けていないという意味での「フロンティア」と呼ぶことはできない。

とはいえ、本章が描いたのは、単なる「フロンティア消失の物語」ではない。Ｒセルを含む東部地域において、ＲＰＦ政権は自らが主導する領域統治の強化に資する政策介入を行い、農村社会を改造した。内戦を通じて国家を掌握したＲＰＦが、その想像力と実行力を通じて、東部地域を国家に組み込んだわけである。東部地域だけではない。紛争後のルワンダは、その全土において、ＲＰＦ主導の国家建設と社会の再編成が進められてきたと言ってよい（Reyntjens 2013）。ただし、今日ＲＰＦの権威主義的支配は盤石に見えるものの、その統治は永遠ではあり得ない。強権的な統治は常に脆弱性を内包している。ＲＰＦ政権が政治権力を失い、異なるアジェンダを持った勢力がルワンダの国家を掌握する時がいつかやってくるだろう。

その時には、新たな勢力の利益に即した領域統治実現のために政策介入がなされるに違いない。ＲＰＦが自らの権力基盤強化のためにトゥチ難民の移住を促したように、新たな勢力は自分たちのアジェンダに即した政策を東部地域で実践することだろう。フロンティア空間は「外部者の視点からは現在の居住者による管理や利用が希薄ないし過小に映る空間」（序章）であって、特定の領域がフロンティアとみなされるかどうかは外部者の認識に依存する。ある領域に居住する人口の多寡にかかわらず、その管理や利用をめぐる評価は権力者のアジェンダに依存し、それを「過小」とみなす外部者が登場する可能性は常に存在する。領域統治は単線的に進むものではない。Ｒセルはこれからも、異なるアジェンダを持った政治権力による領域統治が競い合うアリーナであり続けるであろう。

注

［1］本章では、アフリカをサハラ以南アフリカの意味で用いる。

［2］分権化（decentralization）政策には、意思決定の権限を移譲せずに行政サービス提供の責任だけを移すdeconcentrationと、意思決定権を含めた権限を移すdevolutionがある（Toulmin 2000）。この議論に従えば、近年のアフリカで、前者は行われたが、後者は行われなかったということになる。

［３］ウガンダの地方分権化政策は一つの典型である。ウガンダでは、分権化政策の名の下に、二〇〇〇年代以降急速に県（district）の数が増加した。県の新設急増は、ムセヴェニ大統領が地方有力者とのパトロネージを強化する手段として利用されたと理解されている（Greene 2008）。

［４］土地政策が農村に対する国家の統治強化に貢献した例としては、ルワンダの他にエチオピアやモザンビークを挙げることも可能である。詳しくは、Takeuchi（2021）を参照。

［５］以下の記述は、断りのない限り、武内（二〇〇九ａ）特に第五章に依拠している。

［６］独立直前の一九六〇年七月一一日付デクレ（行政令）によって、それまで慣習的権威の下にあった原住民地が国有地に組み込まれたため、国土のほとんどが国有地となった。土地登記を通じた私有地制度は植民地期に導入されていたが、その利用は教会などごく一部にとどまっていた。

［７］入植者について、政治的に厚遇された地域の出身者が多かったという記述がある（Boone 2014: 239）。しかし、独立後の入植地として知られるキガリ・ルーラル県のブゲセラ（Bugesera）地域にはトゥチの住民が多く、一九九二年には集団殺害が起きている（Prunier 1995: 137）。管見の限り、入植者の内訳について確定的な資料は存在しない。

［８］Décret-loi no.09/76 du 4 mars 1976 relatif à l'achat et la vente de droits coutumiers sur les terres ou de droits d'occupation du sol.

［９］ランド・シェアリングについては、Takeuchi and Marara（2005, 2009）、武内（二〇一五、二〇一七）など参照。

［10］ＲＰＦ政権は法の支配を強調するが、それは自分たちが定めるルールへの遵守を求めるものであり、暴力や脅迫による異論の封じ込めは頻繁に行われてきた。顕著な例として、「藁葺き屋根追放運動」がある（Ingelaere 2014）。藁葺き屋根が不衛生だという理由で、二〇一〇〜一一年頃に末端行政官が藁葺き屋根を破壊して回った。代替のトタンを配付するという約束は遅れ、果たされないこともあった。後述するＲセルでも藁葺き屋根を破壊された世帯は少なくない。

［11］ルワンダ語の名称は「ウムドゥグドゥ」（umudugudu）だが、ここでは「地区」と訳す。

［12］この背景にある重要な制度がイミヒゴ（imihigo）である。これは成果契約（performance contract）とも呼ばれるが、地方行政の責任者が上位の行政機関との間で交わす目標設定である。セルの責任者は県知事と、セクターの責任者は州知事と、県知事は大統領とイミヒゴを結ぶ。業績は厳密に査定され、評価に反映される。イミヒゴの内

容は中央政府の政策に即して決められ、地方政府の事情は斟酌されない。野心的な政策目標がイミヒゴに盛り込まれるため、成果報告に際して数値の改ざんさえ指摘されている（Chemouni 2014: 250）。

［13］ 詳細については、武内（二〇〇八、二〇〇九ｂ）を参照。

［14］ 一九九四年の大量虐殺についてのルワンダ政府による正式な呼称。トゥチの被害者性を強調する含意がある。

［15］ こうした形での住民の動員は無給でなされることが多いが、健康保険料の免除など、若干の優遇措置がとられることもある。

［16］ Organic Law No. 08/2005 of 14/07/2005 Determining the Use and Management of Land in Rwanda.

［17］ 二〇〇九年段階で一〇四〇万筆の土地区画が全国で確認され、約八〇〇万の土地権利証が準備された。二〇一七年六月までに、そのうち七一六万が交付された（Takeuchi and Marara 2021: 141）。

［18］ ルワンダではもともと散居型居住形態が一般的で、農村でも家屋がバラバラに点在していた。ＲＰＦ政権は行政サービスの効率性を重視して早くから集村化の意向を示していたが、農村でそれが本格的に進むのは二〇一〇年代になってからである。

［19］ 私たちはまず一九九九年に、調査員と調査票を用いて、約一〇〇世帯を対象とした中規模の調査を実施した。そのなかで所有地の測定と継続的な半構造化インタビューの承諾が得られた二六世帯について、引き続き毎年の訪問時にインタビューを続けた。他にアドホックに話を聞いた世帯も多いが、この二六世帯とは可能な限り訪問時に話をするように努めた。二〇一九年段階で、そのうちの七世帯とは、世帯主の死亡や転居などのため連絡が取れなくなった。世帯主が死亡しても、家族（妻）がインタビューの継続を了承し、調査が続いている場合もある。

［20］ 聞き取り対象の住民は、便宜的に「Ｒ４」、「Ｒ10」などの番号で示す。

［21］ ルワンダ東部のタンザニア国境に位置するアカゲラ国立公園は、一九三四年に創設された。もともと二五〇〇平方キロの広大な自然公園だったが、一九九七年にその面積は約半分に縮小され、多くの帰還民が入植した（Zajadacz and Uwamahoro 2021: 63）。

［22］ Ｃ地区とＤ地区が位置する領域は内戦前までアカゲラ国立公園の一部であったが、ＲＰＦ政権期になって国立公園が縮小されたことに伴い、行政機構に編入された。

［23］ Republic of Rwanda, National Institute of Statistics of Rwanda（2023: 3）。もっとも人口密度が低いとはいえ、平方キロあたり人口は三三八人である。分権化政策によって地方行政単位が大きく変化し、その人口密度を経年で

比較することはできないが、歴史的に見てルワンダ王国の中心は中部や南部であり、それに比べれば東部の人口密度は低かった。

[24]　行政改革前の県の一つ。キガリ北方に位置し、人口稠密なことで知られる。

[25]　一九七一年にギティからＤ地区に移住したＲ１０は、「当時この地域は「森」だった。先占者が誰もいなかったから、自分で開墾し、役所に届け出れば自分のものになった」と述べている（二〇〇二年八月聞き取り）。

[26]　当時この地に居住していたトゥチ世帯主二人のうち一人（Ｒ４）は、一九九四年四月六日のハビャリマナ大統領暗殺によって虐殺が開始された後、一週間教会に逃れ、ＲＰＦに保護された。もう一人（Ｒ105）は、大統領暗殺の一報を聞いてすぐにタンザニアに逃げ、八月になってこの地に戻ったと述べている。

[27]　自分の土地をトゥチ帰還民と折半したＲ60は、「国が決めたら、自分は従うよりほかない。それは親と子の関係のようなものだ」と述べている（二〇一一年八月二三日聞き取り）。

[28]　ランド・シェアリングを利用しなかった唯一の帰還民Ｒ５は、もともとこの地に居住していたＲ４の親族で、彼の名義で確保されていた家族地を帰国後に利用した。

[29]　一九九六～九七年当時は地方分権化実施前で、Ｒセルの領域はＲセクターと呼ばれ、四つの地区はそれぞれセルと呼ばれていた。

[30]　一九九四年のジェノサイド時にルワンダ国内に居住しており、殺戮を免れたトゥチを「サバイバー」と呼ぶ。

[31]　ブティックと呼ばれる小規模な商店や自転車修理業を始めたケースはある（Ｒ60、Ｒ74）が、いずれも長続きしなかった。

[32]　この二世帯（Ｒ1とＲ91）はともに、帰還前に生活していたウガンダで商業やサービス業の経験を持っていた。帰還民は全員トゥチだが、ＲＰＦ政権との近さが社会的上昇にどの程度関係しているのかは一概に言えない。たとえば、牧場経営に乗り出したＲ107は帰国後末端行政の長を務めていた時に牧場用地を取得したが、その際に何らかの便宜を得た可能性は否定できない。一方で、サバイバーのＲ４やＲ105も牧場経営に関心があり、事業を始めたもののうまくいかなかった。トゥチであれば事業が成功するわけではない。

[33]　他地域の事例でも、地方行政職員には比較的学歴が高い若手が任命される傾向にある。

[34]　二〇〇八年一一月三〇日聞き取り。キブンゴは東部州の主要都市の一つ。

[35]　二〇〇九年一月調査による。ガチャチャ委員会の委員長であるＲ４の許可を得て原資料にあたりデータを得た。

[36] たまたま、調査対象者のＲ４がこの職に就いた。
[37] アブンジは二〇〇六年に関連法が制定され、翌年から本格的に活動が開始された。
[38] 当然ながら、融資を得た農民がすべて投資に成功して豊かになったわけではない。Ｒ28は土地権利証を担保に融資を受け、オートバイを購入して農作物取引を始めたが、事業がうまくいかず、返済への恐怖を訴えていた（二〇一八年二月二八日聞き取り）。
[39] この「作付け強制」は対象となる土地の権利所有者全員に対して実施され、エスニシティや帰還民であるかどうかで区別されることはなかった。
[40] 「テラス・ラジカル」とは丘陵地から造成された段々畑を指す。ルワンダでは植民地期から、土壌流出対策としてテラスの造成が進められてきた。テラス・ラジカルは、土地をより深く掘り返して文字通りの段々畑を造成する。
[41] 二〇一〇年代半ば以降、「キャッシュパワー」と呼ばれる先払いの配電設備の導入が急速に進んだ。
[42] Ｒ28。二〇一八年二月二八日聞き取り。

引用・参考文献

ファノン、Ｆ　一九九六（一九六六）『地に呪われたるもの』鈴木道彦・浦野衣子（訳）、みすず書房。
サック、ＲＤ　二〇二二（一九八六）『人間の領域性―空間を管理する戦略の理論と歴史』山崎孝史（監訳）、明石書店。
武内進一　二〇一七「土地政策と農村変容―ルワンダ、ブルンジ、コンゴ民主共和国西部」武内進一（編）『現代アフリカの土地と権力』アジア経済研究所、二五九―二九一頁。
武内進一　二〇一五「コンゴ民主共和国、ルワンダ、ブルンジの土地政策史」武内進一（編）『アフリカ土地政策史』アジア経済研究所、一七一―一九六頁。
武内進一　二〇〇九ａ『現代アフリカの紛争と国家―ポストコロニアル家産制国家とルワンダ・ジェノサイド』明石書店。
武内進一　二〇〇九ｂ「ルワンダの農村社会と民衆司法―アブンジを中心に」児玉由佳（編）『現代アフリカ農村と公共圏』アジア経済研究所、一八五―二二一頁。
武内進一　二〇〇八「ルワンダのガチャチャ―その制度と農村社会にとっての意味」武内進一（編）『戦争と平和の間―紛争勃発後のアフリカと国際社会』アジア経済研究所、三一七―三四七頁。
André, C. 2003 Custom, contracts and cadastres in North-West Rwanda. In（T. A. Benjaminsen and C. Lund eds.）*Securing*

Land Rights in Africa, Frank Cass, pp.153–172.
Ansoms, A. 2009 Re-engineering rural society: The visions and ambitions of the Rwandan elite, *African Affairs* 108/431: 289–309.
Boone, C. 2014 *Property and Political Order in Africa: Land Rights and the Structure of Politics*, Cambridge University Press.
Chabal, P. and J.-P. Daloz 1999 *Africa Works: Disorder as Political Instrument*, James Currey.
Cheeseman, N. (ed.) 2018 *Institutions and Democracy in Africa: How the Rules of the Game Shape Political Developments*, Cambridge University Press.
Chemouni, B. 2014 Explaining the design of the Rwandan decentralization: Elite vulnerability and the territorial repartition of power, *Journal of Eastern African Studies* 8(2): 246–262.
Diamond, L. 1987 Class formation in the swollen African state, *The Journal of Modern African Studies* 25(4): 567–596.
Dickovick, J. T. and J. S. Wunsch eds. 2014 *Decentralization in Africa: The Paradox of State Strength*, Lynne Rienner.
Ekeh, P. P. 1975 Colonialism and the two publics in Africa: A theoretical statement, *Comparative Studies in Society and History* 17(1): 91–112.
Greene, E. D. 2008 Decentralisation and conflict in Uganda, *Conflict, Security & Development* 8(4): 427–450.
Hasselskog, M. and I. Schierenbeck 2018 National policy in local practice: the case of Rwanda, *Third World Quarterly* 36: 950–966.
Herbst, J. 2000 *States and Power in Africa: Comparative Lessons in Authority and Control*, Princeton University Press.
Hyden, G. 1980 *Beyond Ujamaa in Tanzania: Underdevelopment and an Uncaptured Peasantry*, University of California Press.
Huggins, C. 2017 *Agricultural Reform in Rwanda: Authoritarianism, Markets and Zones of Governance*, Zed Books Ltd.
Ingelaere, B. 2014 What's on a peasant's mind? Experiencing RPF state reach and overreach in post-genocide Rwanda (2000–2010). *Journal of Eastern African Studies* 8(2): 214–230.
Jackson, R. H. 1990 *Quasi-state: Sovereignty, International Relations and the Third World*, Cambridge University Press.
Jackson, R. H. and C. G. Rosberg 1982 Why Africa's weak states persist: The empirical and the juridical in statehood, *World Politics* 35(1): 1–24.
Kopytoff, I. (ed.) 1987 *The African Frontier*. Indiana University Press.
Martín, V. O. M., L. M. J. Darias and C. S. M. Fernández. 2019. Agrarian reforms in Africa 1980–2016: Solution or evolution of the agrarian question? *Africa* 89(3): 586–607.

Médard, J.-F. 1982 The underdeveloped state in tropical Africa: Political clientelism or neo-patrimonialism, In (C. Clapham ed.) *Private Patronage and Public Power: Political Clientelism in the Modern State*, Frances Pinter, pp.162–192.

Newbury, C. 2011 High modernism at the ground level: The Imidugudu policy in Rwanda, In (S. Straus and L. Waldorf eds.) *Remaking Rwanda: State Building and Human Rights after Mass Violence*, University of Wisconsin Press, pp. 223–239.

Prunier, G. 1995. *The Rwanda Crisis: History of a Genocide, 1959–1994*, Hurst & Company.

Republic of Rwanda 2004 *National Land Policy*. Kigali.

Republic of Rwanda, National Institute of Statistics of Rwanda 2023 *Fifth Rwanda Population and Housing Census, 2022: Main Indicators Report*. Kigali.

Reyntjens, F. 2013 *Political Governance in Post-Genocide Rwanda*. Cambridge University Press.

Sklar, R. L. 1979 The nature of class domination in Africa, *The Journal of Modern African Studies* 17(4): 531–552.

Takeuchi, S. 2021 Introduction: Drastic rural changes in the age of land reform. In (Takeuchi S. eds) *African Land Reform Under Economic Liberalisation: States, Chiefs, and Rural Communities* Springer, pp.1–19.

Takeuchi, S. and J. Marara 2021 Land Law Reform and Complex State-Building Process in Rwanda. In (Takeuchi S. eds) *African Land Reform Under Economic Liberalisation: States, Chiefs, and Rural Communities*, Springer, pp.137–152.

Takeuchi, S. and J. Marara 2009 Conflict and land tenure in Rwanda, *Working Paper* No.1, JICA Research Institute.

Takeuchi, S. and J. Marara 2005 Returnees in their homelands: Land problems in Rwanda after the civil war. In (I. Ohta and Y. D. Gebre eds.) *Displacement Risks in Africa: Refugees, Resettlers and Their Host Population*, Kyoto University Press, pp.162–191.

Toulmin, C. 2000 Decentralisation and land tenure, C. Toulmin and J. Quan eds. *Evolving Land Rights, Policy and Tenure in Africa*, IIED, pp.229–245.

United Nations, Population Division, Department of Economic and Social Affairs 2022 *World Population Prospects 2022*.

Young, C. 2012 *The Postcolonial State in Africa: Fifty Years of Independence, 1960–2010*, The University of Wisconsin Press.

Zajadacz, A. and J. Uwamahoro 2021 Diversity of the geographical environment of national parks in Rwanda as centers of nature based tourism, *Prace Geograficzne*. 165: 53–67. doi: 10.4467/20833113PG.21.009.14586

第2章

後藤 健志

アマゾニア植民者による空間への知覚と従事

――統治の工学にみられる官僚的実践の美学

マトゥリンシャァン入植地の一画でトラクターによる整地が完了したことを確認するアダード農牧課長。

不定形の空間が、日を追って都市の構造を獲得してゆく。あたかも、細胞に分かれ、細胞が今度は、それぞれの機能を担った細胞群として特殊化してゆくように、この不定形の空間も分化してゆくのだった。すでに、ロンドリーナは組織された都市であった。

（レヴィ＝ストロース 二〇〇一：一九八）

一　フィールドの情景

ブラジル、マト・グロッソ州北西部を流れるジュルエナ川の畔に位置するスィンタ・ラルガ[1]（図2-1）を、私は二〇一四年一一月に訪れていた。この都市（基礎自治体[2]）には、その北に位置する別の都市からバスに乗り、二一二キロメートルの道のりを六時間かけて辿り着いた。その際に通過した道路には、アスファルトの舗装がいっさい敷かれておらず、私を乗せたバスは熱帯林の残余を所々に残しながら牧草地への転換が進む緩やかな丘陵の隙間を赤褐色の土埃を上げながら進んだ。

このときスィンタ・ラルガには一〇日間の日程で滞在した。州内各地で実地調査の重ねてきた私は、植民者[3]が土地から様々な情報を出力し、それらが重なりあう際に発生する新たな効果を自己の事業に関連づけていく論理に十分慣れ親しんでいた。そのため、このときの調査では、すでに幾度も観察してきた植民者による土地をめぐる操作が、初めて訪問するこの地域で、いかに再現されているのか確認することを試みた。

私の調査を支援してくれた人物の一人に役場（*prefeitura*）の農牧課（Secretaria de Agropecuária）で課長を務めるアダードという人物がいた。彼はシリア系の出自を持ち、一九八六年にブラジル南部パラナー州のマリンガー（Maringá）からこの地域に移住した。彼はそのとき購入した七〇〇ヘクタールの牧場に加え、市街地では農業資材店を営んでい

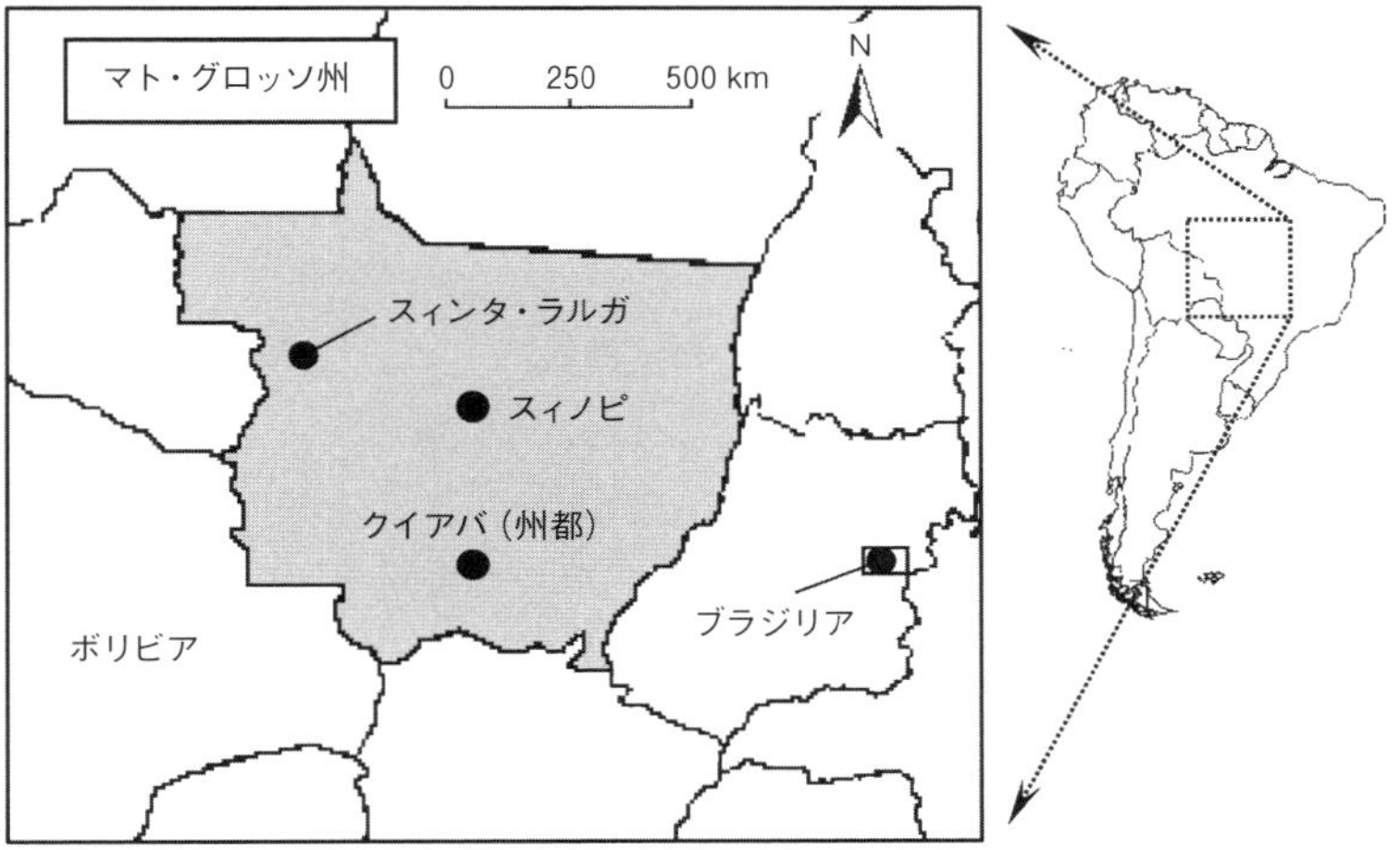

図 2-1　調査地域の概要（筆者作成）

た。この地域の植民は、一九七八〜一九九七年にかけてマト・グロッソ州立開発公社（CODEMAT）を事業主とする「スィンタ・ラルガ計画」を発端とする。アダードを含めた南部出身の植民者たちは、計画を通じて開発された土地を同社から購入した。それ以来、この地域は人口四万人を擁するまでに成長を遂げていた。

二万六二〇〇平方キロメートルの面積を持つスィンタ・ラルガの区域には、連邦政府の土地行政機関である国立植民農地改革院（INCRA）が管轄する農地改革の入植地（*assentamento de reforma agrária*）が二〇一四年の時点で二件存在した。また、同区域には、農地改革[4]のスキームを植民者たちが自ら模倣し、自発的に作製した非公式な入植地（以下、「自発的入植地」と表記）が五件存在し、それらはいずれも経営破綻したファゼンダ（大農場）を用地としていた。入植者たちは住民組合を結成し、公式な入植地への正則化を求める運動を繰り広げていた。

アダードは市街地から東に二〇キロメートルの地点に位置するマトゥリンシャァン入植地（以下、「マトゥリンシャァン」と略記）と呼ばれる自発的入植地に私を案内してくれた。この入植地は、かつて「ミカエラ農場」と呼ばれた二一八八ヘクタールの土地に築かれていた。二〇〇五年にこのファゼンダが経営破綻を迎えて以来、人びとによる侵入が開始し、私が調査した二〇一四年の時点では、一五二世帯が各自が占拠する一二ヘクタールの小区画に対して権利を要求していた。その日、アダードは入植者たちの依頼に応じ、農牧課の予算でトラクターと操縦士を派遣し、牧草地の造成のための整地作業を支援すると同時に、彼らからの要望の聞き取りに当たっていた。このやり取りからは、アダードが彼らに対し親しげながらも丁寧な態度で接する様子がうかがえた。

入植地から市街地へと戻る際に車中で交された会話で、アダードは私に対し、いかに入植者たちが働き者であり、公的資金へのアクセスから閉ざされた彼らのような生産者を支援することが、いかに重要な意義を持つのか説明した。また同時に、彼らの優れた素質を引き立てるため、いかに先住民[5]が怠惰であるのかを強調し、痛烈に非難した。こうした会話のかたわら、道路沿線に一面の牧草地と草を食むウシたちの姿が現れると、彼はこの景観に対し「なんて美しい！」と感嘆の声を上げた。

二　本章で検討する問題

本書の目的とは、フロンティアという空間において「多様なアクターが自らの想像力に依拠しながら「あるべき土地空間」の姿の実現を模索していく過程を描き出す」ことである（本書二頁）。そして、彼らの多様な想像力と現実の土地空間を領域化しようとする多様な実行力が、輻輳、錯綜、葛藤するなかからフロンティアが立ち現れてくる姿を捉えることである（本書六頁）。

以上の点を踏まえ、本章では以下の問題について検討する。フロンティアの拡張を促す原動力たる当事者たちの想像力とは、決して彼らの野放図な空想として形作られているのではない。むしろ、アマゾニア植民の過程では、この想像力は空間に対する特定の知覚と従事を植民者のなかから引き出し、彼らが実行する諸行為を特定の軌道へと舵取りする工学との関連において形作られてきた。その作用により、ブラジル内陸部に永続的に存在してきたフロンティアでは、植民者の想像力と実行力が相補的なループをなし、さらなる奥地の領域化に推進力を与えてきた。本章では、彼らの想像力を実行力へと変換することを可能にしている技術的複合を「統治の工学」と定義し、これが機能する仕組みについて考察する。

この課題に取り組むため、前節の終わりに描写した事例をもとに、本章全体に関わる一つの問いを提起したい。フロンティアの一地域で行政官を務めるアダードは、植民の進展に伴い出現した景観に遭遇し、「美しい」という言葉を口にした。このとき彼のなかに生起した美的感性とは、どのような認知の機構に由来するものだろうか。この感性が「官僚的実践の美学（aesthetics of bureaucratic practices）」（Riles 2000: 138–139）に由来すると仮定したうえで、本節ではフロンティアの拡張を促す統治の工学が、人間の認知作用に備わった基本的特徴に深く根差したものである点を明らかにする。

ベイトソンによって提示された一連の概念は、この問題を分析するための有効な手掛かりとなる。彼は芸術を例えに、「美学（aesthetics）」、もとい、より忠実に語源に即して言い換えるなら、事物に関する「直感による知覚（sensual perception）」（Etymoline（n.d.）を参照）という認知作用について、以下のように説明している。

> 出来事や事物のあらゆる集合は［…］もし「斜線」などの方法で分割され、その片方のみを知覚する観察者が、ランダム以上の的中率で、その他方を推測できる場合、「冗長性（redundancy）」[6]や「パターン」を包む［…］。（Bateson 1987: 140）

…芸術と呼ばれる行動やその所産は［…］技能（*skill*）を要求あるいは表示し、また冗長性やパターンを含むという二つの特徴を持つ［…］ただし、両者は互いに不可分である：技能とは、この冗長性をまずは維持しながら、次に変調することにある。［…］この原理は、技能とパターンの間の美学に関するほぼ普遍的な結合の基礎であり、

また主要因である［…］。（Bateson 1987: 157–158）

人間が何らかの事物に対して「美しさ」を感知するのは、その事物に備わったある冗長なパターンが、鑑賞者に対して「主旋律（theme）」を持続的に伝達すると同時に、その「変奏（variation）」が予測可能な形で演出されたときである（Bateson 1987: 158; Hui et al. 2008: 86）。言い換えれば、美的感性とは、鑑賞者が自己の意識を通じて知覚した形式と彼／彼女の無意識に潜在する形式が重なりあったときに立ち現れる。つまり、アダードが発した「美しい」という言葉には、彼のなかで実現されるべき願望として存在していた形式と景観として眼前に現れ視覚情報として捉えられた形式が共振したときの感性が映し出されていたと言える。

美学をめぐるベイトソンの見解は、彼のもう一つの主要概念である「二重描写（double description）」[7]と原理を共有する。つまり、右目と左目の網膜が個別に捉え、微妙なずれを含んだ二枚の二次元の画像が、視覚野で縞状に混ぜ合わされたとき、「奥行き」という三次元の視覚は創発（emergence）[8]する（Bateson 1979: 69–70; Hui et al. 2008: 79）。

この観点からは、①類似と差異の比較を通じて下位の形式同士が重なりあう先に上位の形式として創発する知覚効果と、②自己複製（保存）と環境適応（革新）の二重拘束から生物が新たな形質を獲得する進化との間に存在する相関性を読み解くことが可能になる。このように「形式」に備わった効果とは、生命活動の根幹をなす「精神（mind）」と「進化」を繋ぎあわせる「論理以前の論理（ur-logic）」から派生している（Hui et al. 2008: 88）。

本章の冒頭に配した引用文は、アマゾニア植民が胎動する一世代前に、パラナー北部のフロンティア（図2－2の③）で観察された光景に関するレヴィ＝ストロースの記述である。ロンドリーナ（Londrina）[9]とは、アダードの出身地であるマリンガーと同時期に、共通の植民事業のもとで開発された都市である（三節参照）。この都市の発展過程がレヴィ＝ストロースに発生学的類推を喚起させたのは、単なる偶然とみなすべきではない。むしろ、彼のテクストは、一方に類似と差異の比較を通じて植民者が空間に適用する形式が、他方に細胞を複製する生命の形式が、彼の認知を

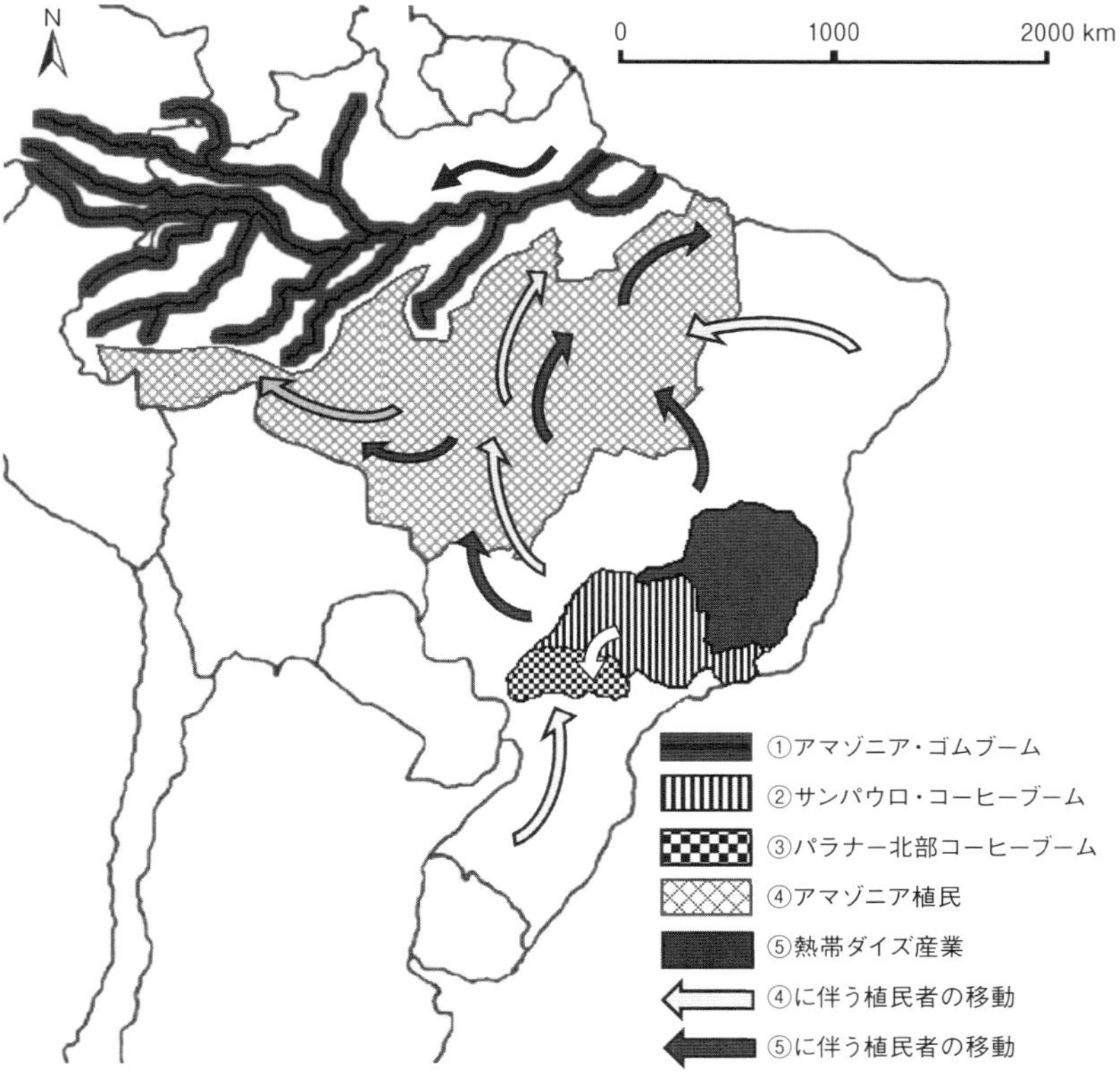

図 2-2　フロンティアの歴史的変遷（Katzman（1975）を参考に筆者作成）

通じて結合しあった二重描写に由来すると解釈されるべきである。[10]

細胞と土地区画を、膜や境界によって内部を囲い込み、物質の入力と出力を組織化する単位として、素朴なアナロジーを用いて捉えるのはしごく容易なことである。しかし、本章で関心を向けるのは、それらの内側を充たす物質的な「実体」ではなく、むしろ、それらの布置を組織化し、そこに発生する運動を舵取り[11]する「形式」にみられる諸性質である。

「形式（form）」とは、事物から「実体（reality）」を取り除き、抽象的な情報へと変換したものである。両概念は対語関係にあり、前者に物質性が付随しないのに対して、後者は触知可能な実在物である。[12] たとえば、植民者が占拠する「土地（territory）」とは、そこに地表の空間的広がり、岩石、土壌といった物質性が認められる点で実体である。対照的に、彼らが土地に関して作製する「地図（map）」には、それらの実体がいっさい認められない（Bateson 1979: 30 を参照）。あらゆる数字が形式であり、数学の基本原理が形式主義（formalism）であることと同様に（Tyng 2005 を参照）、地図とは土地を二次元の数値へと変換し図面化した形式である。

本章の各節では、地図だけでなく、植民者が作製する様々な形式と、そこから誘発される様々な効果に注目が向けられる。美的形式が時を超えて鑑賞者を魅了するように、フロンティアの拡張を促す統治の工学は、個々の植民者の有限な身体や生存期間を越えて繋がりあい、特定の知覚と従事を引き出す無数の形式によって構成されている。植民者たちは永続するフロンティアの冗長なパターンのなかで幾度もそれらの形式に遭遇し、同時に、それらは彼らの身体を介して複製を繰り返してきた。

以下の各節では、ベイトソンの一連の概念を出発点とする人類学の諸理論に依拠することで、フロンティアに発生する様々な事象に関する描写に一つの方向性を与える。三節では、コーンを参照に、ブラジルの永続するフロンティアの歴史を、形式が生態と経済の融合を媒介する過程として描き出す。四節では、ラトゥールを参照に、科学技術と官僚的統治に共通する特徴である形式主義に注目し、実体から抽象へと向かい生成される階層構造との関連から、基礎自治体レベルでみられる行政の諸実践に接近する。五節では、ライルズを参照に、形式主義を基盤とする統治の工学にみられる官僚的実践の美学に注目し、入植者たちの事業と文書の操作術について検討する。六節では、再びベイトソンへと立ち返り、分裂生成（schismogenesis）の観点から、フロンティアの拡張を促す統治の工学の主要な特徴を抽出し、本章の結論として提示する。

三　永続するフロンティア

ポルトガル植民地としての歴史背景を持つブラジルでは、地域形成の発端そのものがフロンティアの発生と常に一体化してきた。地理学者のカッツマンは、同国の歴史的フロンティアを、そこに生じた産品と植民者の関係から、域内自給型[13]と輸出駆動型の二つに区分したうえで、一九世紀以降に発生した後者のフロンティアを、以下の四つに類型化した（Katzman 1975: 275）。すなわち、①アマゾニア・ゴムブーム（一八九〇〜一九一〇年代）、②サンパウロ州（一八五〇〜一九三〇年代）と③パラナー州北部（一九三〇〜一九六〇年代）のコーヒーブーム、④アマゾニア植民（一九七〇年代〜現在）である。さらに今日の状況に鑑みれば、このリストにはセラード[14]を発端にアマゾニアへと拡大した⑤熱帯ダイズ産業（一九八〇年代〜現在）を追加することができる（後藤 二〇二三）。以上に挙げたフロンティアの地理的布置関係は図２－２に可視化させた。

これらのフロンティアは、時代と場所は異なるが、特徴を共有した複数の形式が結合したときに発生した一つの連続的事象である。それゆえ、この永続する過程に生きる植民者は、たとえフロンティア空間が故郷から遠く離れた場所に発生したとしても、そこに配置されたあまたの形式の冗長なパターンを知覚することで、そのときどきに応じて自らが従事すべき行動を引き出すことができた（後藤 二〇二一：二五六）。フロンティアの類型間の比較は、それぞれの地平に出現した諸形式とそれらが植民者に誘発させた空間への知覚と従事のあり方を解明することに繋がる。

ここで留意すべきなのは、形式が①人間の範疇を超えて存在する（コーン 二〇一六）と同時に、②日常にありふれた人工物としても容易に再現可能な性質を持つ（Riles 2000）という点である。それゆえ、前者の非人間が自然発生的に構成した形式も、後者の人間が作為的に構成した形式も、物理的実体を超越して繋がりあう性質を共有するため、両者は一つの統合的観点から分析される必要がある。

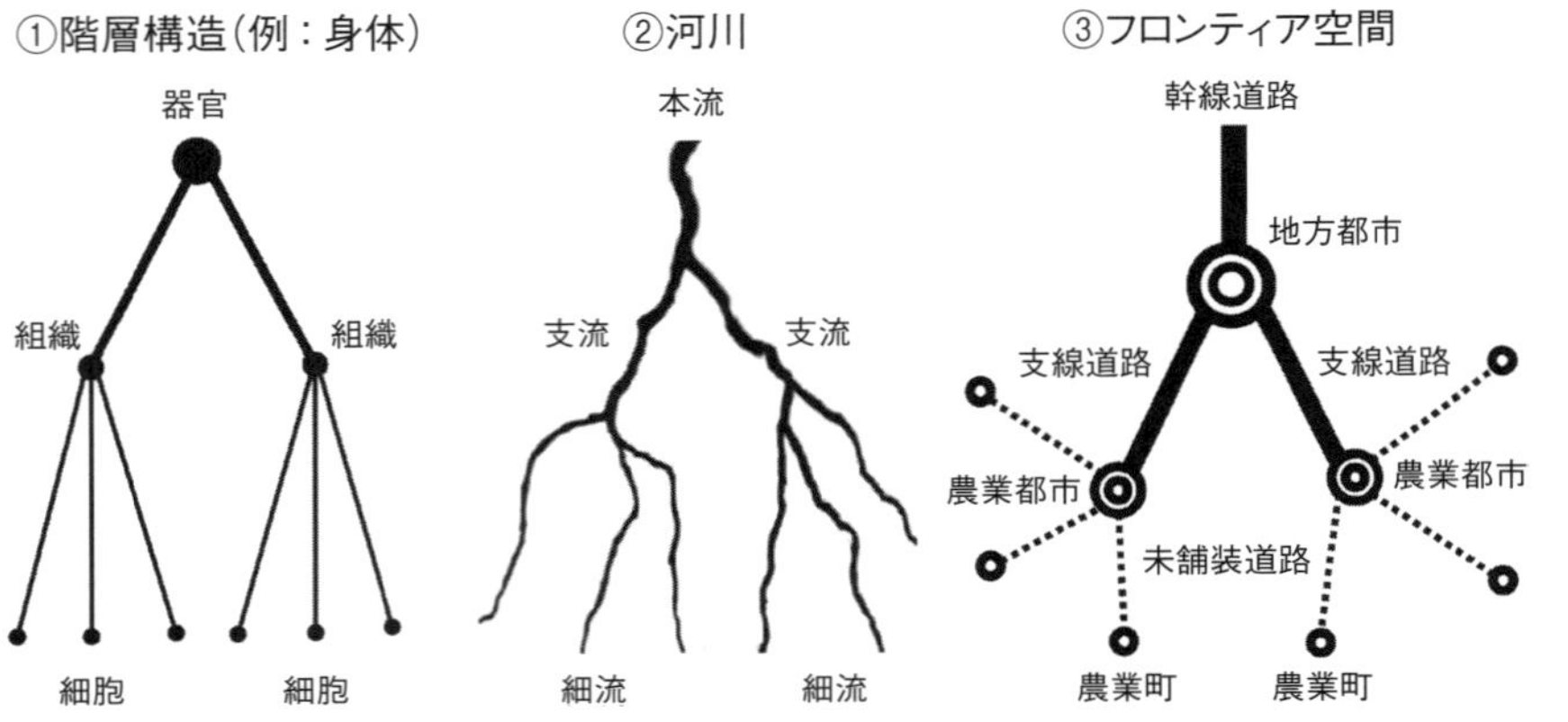

図2-3　入れ子状の自己相似なパターン（コーン（2016）およびRego（2015）を参考に筆者作成）

アマゾニア・ゴムブーム（一八九〇～一九一〇年代）

　人間と非人間によって個別に構成された形式同士が共振する状況を理解するため、まずはコーンの見解に従いアマゾニア・ゴムブームと呼ばれる事象に注目する（コーン 二〇一六：二七九－二八七）。この事象は、一九世紀末から二〇世紀初頭のわずか数十年間に、アマゾン川水系の河川沿岸で天然ゴムの採取経済として発生し、当時の西半球全体の産業経済に重大な影響を及ぼした。

　アマゾニアでは、植民者の到来以前から、自然発生的な形式同士が結合を遂げていた。一つは、樹液を産出するパラゴムノキが均等分布する植生学的形式である。もう一つは、そこに河川が「入れ子状の自己相似な（nested self-similar）パターン」として貫入する水文学的形式である（図２－３の②）。ゴムブームは、これらの既存の形式に、ゴムの親方と採取人の間に形成された経済学的形式が結合したことから創発した。すなわち、彼らの間に階層状に発生した債権／債務に基づく搾取関係（*aviamento*）が、ゴム樹脂を河川の形式に従い上流から下流へ集積させることを可能にした。

サンパウロ・コーヒーブーム（一八五〇～一九三〇年代）

　入れ子状の自己相似なパターンは、フロンティア空間を充塡し組織化する主要な形式である。ゴムブームでは、この形式が自然発生的に用意され、人間の経済はこれに寄生しさえすれば良かった。一方、同様の自然的条件が欠如した状態にある内陸部に、フロンティアが形成されるためには、これらの形式は人為的に作出される必要があった。

ブラジルでは、一九世紀を通じてコーヒー産業が成長を続け、サンパウロのフロンティアは、コーヒーノキの栽培域が大西洋沿岸部から西部内陸部へ拡大する動きとして発生した。サンパウロにおけるブーム期間中、一八八八年には奴隷制が廃止され、欧州移民が導入された。これに伴い、コーヒー産業を支える労働市場には大きな変化が生じた。しかし、大土地所有層による低廉な労働力の確保と使役によって成り立つプランテーション制自体は、その後も温存された。また、そのための用地は将来的な他所への移転を前提に地力が消尽するまで使い潰された（Katzman 1975: 284）。

パラナー北部コーヒーブーム（一九三〇～一九六〇年代）

二〇世紀前半のパラナー北部におけるフロンティアの発生は、時代、地域、産品の観点ではサンパウロの事例と連続するが、事業形態の観点ではまったく異なる特徴を示していた。パラナー北部の開発は形式の効力を最大限に生かした一つの計画に沿って進められた。

その計画は、英国貴族のラヴァト卿（14th Lord Lavat）が同国資本をもとに設立したパラナー北部土地開発会社（CTNP）によって担われた。同社は一九二三年にパラナー州政府から購入した一万二五〇〇平方キロメートルの用地に、土地開発と鉄道開発を主軸に据えた事業を実施した（Katzman 1978: 713）。大土地所有層を富ませたサンパウロの事例とは対照的に、パラナー北部の事業では、小中規模の植民者に小規模な農地（一規格＝一二ヘクタール）を購入させることで、地方中間層を創出することに主眼が置かれていた。また、従来、土地購入の機会から阻まれてきた彼らにその実現を保障するため、保険や抵当権などの金融制度の法制化が進められた。これらの取り組みが功を奏し、パラナー北部では、事業実施直後からブラジル史上でもっとも急速な域内人口の増大が発生し[15]、それに伴い、ロンドリーナやマリンガーを含めた大小様々な都市群が成長を遂げた。

ＣＴＮＰや英国の投資家たちを動機づけていたのは純粋な利益の追求であった（Katzman 1978: 714）。小中規模の植民者が受益者の中心に据えられたのは、自営農となった彼らが資本の返済に駆り立てられることで、大土地所有者と賃金労働者の組み合わせよりも、高い収益性を生むという事実がすでに実証済みあったからである。すなわち、ＣＴＮＰが適用したのは、世界各地の英領植民地での実験を通じて、将来的な成功が保証された事業モデルであった（Rego 2008、また Home 1997 を参照）[16]。これによりパラナー北部には、鉄道と道路からなる輸送網、大小様々な都市群、無数の農地からなる景観が出現した。

この景観は、当時の英国で最先端の都市計画モデルとして考案され、都市域と地方域の有機的統合を謳った「田園都市構想」に立脚し作出された（ハワード 二〇一六を参照）。有機体をモチーフに設計されたこの空間では、入れ子状の自己相似なパターンに特有な事物の運動が発生する。この空間の大部分を占める農地とは、地表から産品を抽出する母型であり、都市とは、それらの集合から創発した上位の形式である。そして、農地からの生産量が増大すればするほど都市の規模は拡大していく。これに伴い増加し続ける都市の小区画は、周辺の個々の農地を細分化することで供給される。

パラナー北部のフロンティアでは、田園都市構想の形式に従い、こうした一連の過程が連続的に発生した。入植者の多くは都市域と地方域の両方に区画を獲得したが、彼らは双方の財産を投機（speculation）[17]の視点から経営し、それらの区画の売却から得られた利益は、将来、彼らがさらなる奥地で展開する事業の資本として蓄積された。一九世紀の英領植民地の経験が示唆するように、フロンティアの景観は、入念かつ実証的に考案された形式の効果として立ち現れたものであった。

アマゾニア植民（一九七〇年代～現在）

一九六四年に軍政が成立すると、植民者たちが向かうフロンティアは、ブラジル中央高原に位置し、国土のなかでもっともアクセスが困難であったアマゾニア内陸部[18]へと移行した。アマゾニア植民の嚆矢となった出来事として、一九七〇〜一九七四年に実施された国家統合計画（ＰＩＮ）が挙げられる。同政策では、そのとき設立されたＩＮＣＲＡを事業主とし、アマゾニアを縦横に貫通する連邦高速道路が敷設され、連邦政府の所管地として収用された道路沿線の土地に多数の入植地が建設された。

アマゾニアにおける入植地事業[19]は、連邦政府などの公的機関を事業主とするものを「公的植民」、植民会社などの民間企業が実施するものを「私的植民」と呼ぶ。そして、一節で言及したマトゥリンシャンと同様、植民者自身の自発的な入植地事業を通じて進展した過程を「自発的植民」と呼ぶ（後藤 二〇二一：八八）。公的植民の典型であるＰＩＮでは、「農地改革」と称して、北東部出身の土地なしが、アマゾニアの入植地に大規模に送り込まれた。しかし、彼らがフロンティアに定着し経済的成果を挙げることはなかった。やがて、入植地事業は南部出身の民間企業によって実施される私的植民が主流を占めるようになった。

建築学者のヘーゴによれば、パラナー北部の植民をモデルにアマゾニアをフロンティア空間へと組織化する構想は、すでに一九五五年の時点で存在していた。この事実は、当時、国立移民植民院（ＩＮＩＣ：ＩＮＣＲＡの前身）に勤務していた都市設計家カマルゴ（José Camargo）によって立案された計画書のなかに確認することができる（Rego 2015: 91）。同図案には、フロンティアに切り拓かれた無数の農地から浮かび上がる大小様々な都市域が階層状の規則に従い描き出されていた。それらは、①幹線道路沿いに位置し、人口一〜二万人程度からなる地方都市（*rurópolis*）、②その支線道路沿いに位置し、人口数千人程度からなる農業都市（*agrópolis*）、③そこからさらに分岐した道路沿いに位置し、人口数十〜数百人程度からなる農業町（*agrovila*）からなっていた（図２‐３の③）。

この尺度を越えて反復する入れ子状の自己相似なパターンは、やがて、実際の入植地事業を通じて地表に転写され、フロンティア空間を構成する諸々の地域として具現化されていくことになった。その典型として、連邦高速道路ＢＲ‐１６３号沿線で実施されたスィノピ（Sinop）（図２‐１）の植民事業が挙げられる。この事業は、一九七二年にマリンガーに本拠を置く植民会社、パラナー北西部不動産協会（ＳＩＮＯＰ）[20]によって、ＩＮＣＲＡから譲渡された二万七九〇〇平方キロメートルを用地に実施された（Rego 2015: 98）。なお、スィノピは現在までに人口一四万人を擁するマト・グロッソ北部最大の基礎自治体へと発展を遂げている。

前述した三類型に従えば、①地方都市にはスィノピの中心市街が、②農業都市にはＳＩＮＯＰ社が手掛けた複数の中規模な入植地[21]の中心市街が相当する。そして、それらの周辺には、農地改革や自発的植民を通じて多数の小規模な入植地が設立され、それぞれの中心部には③農業町が形成された。これらの都市的拠点が、いずれも共通の形式を示すのは、そこで営まれるの事業の内容や規模の違いを越えて、入植者の生活様式に共通の傾向がみられることと関連する。

入植者たちは農地を不在経営する一方、自らは入植地の中心部に居住し、都市的な生活様式を志向する（Coy 1992: 16）。それらの都市域とは、下位の実体である農地の集合から創発した上位の形式である。農地では単純かつ代替可能な労働が営まれるのとは対照的に、都市域では農地から上がる産品を集積し外部に放出する場だけでなく、外部からもたらされる財、サービス、情報に接触する場が形成される。つまり、都市域には、自己相似なパターンが幾重にも包含され、その上位と下位で発生する事物の運動を統括する「必須の通過点」（Latour 1987: 150 を参照）が形成されている。

この点で都市居住の志向性は入植地の全体像が俯瞰できる有利な地点を掌握する必要性と関連する。形式を掌握することで実体に発生する運動を統括する能力は、コーンの言葉を借りれば、「捕食者的な優位性」を確保する能力と対応関係にある。アマゾニア植民の歴史において、この能力はフロンティアの諸形式と関係づけられた多様なアクターの間で繰り返し行使されてきた。たとえば、先住民の狩猟者が動物を特定の場所に引きつける森林の形式に精通していたことは、ゴムの親方が彼らをして他の狩猟者を奴隷として狩ることを可能にした（コーン 二〇一六：二八五）。同様に親方自身もまた、自己相似なパターンが幾重にも包含された必須の通過点である河川の合流点を掌握することで、債務奴隷の確保と使役を彼らの富の蓄積へと繋げた。

熱帯ダイズ産業（一九八〇年代～現在）

ここまでの考察の要点を、今日における熱帯ダイズ産業の動向との関連から再確認する。形式は実体を超越し、他の様々な形式と柔軟に結びつくことで、生態と経済の融合を媒介する。熱帯ダイズ産業の文脈では、フロンティアの歴史で従来別個に存在してきた河川と道路という二つの樹状構造が、一つに重なりあう状況が認められる。二〇世紀後半のアマゾニア内陸部に切り拓かれたフロンティアの地平は、やがてわずかな年月のうちに、セラードから北上する熱帯ダイズ産業の影響のもと、畑作地帯へと急速に塗り替えられていった。これに伴う穀倉地帯の北上は、その輸出の中心をアマゾン川流域に展開する北部港湾弧（Arco Norte）へ移行させた。

これらの港湾建設に向け、連邦政府と多国籍企業の合弁事業によって調達される用地とは、ゴムブーム期に勃興した親方のような在地エリートによって掌握された河川の合流点（＝必須の通過点）に近接する陸地であった（Abel 2022）。彼らは河川航行の要衝であるこの場所に、土地区画という可読《レジブル》な形式（Scott 1998: 44）を敷いていた。そのため、港湾建設という儲け話が実を結ぶうえで、彼らは外部の事業者がこの形式を知覚し従事する瞬間を、投機のモードで待ち構えてさえいれば良かった。このように形式を掌握する自己は、その効力に従い、他者の振る舞いを労なく舵取りする能力を得る（コーン 二〇一六：三二三）。

四　階層構造の操作

実体から形式への変換

前節で示したように、フロンティア空間を特徴づけてきたのは、規模の異なる都市域や道路網などが形作る入れ子状の自己相似なパターンであった。これらと自己を関連づけた操作者たちの間にも、それらの形式と同様の階層構造が形作られた。この性質の出現は、情報の「論理階型（logical typing）」（Bateson 1987: 142–149）、すなわち論理が生み出す類型間の階層構造が、個々の立場を序列化する作用と関連している。

ラトゥールは、科学技術と官僚的統治の実践が、いずれも形式主義によって特徴づけられる点を確認したうえで、階層構造の下位に置かれる実体が、その上位を占める抽象のもとに統括され、後者の側に「中心」（＝必須の通過点）が形成される仕組みを、以下のように説明している。

> まさにこの中心の発展が、今度は、情報がますます紙面上の数学的形状を取ることを強いる器具の増大を伴う。これが意味するのは、誰であれ計算者たちは、あらゆる事物が彼らの支配を通過せざるをえないため、中心の内側の中心点を占めるということである。（Latour 1987: 244）

> 人びとが「抽象」的な幾何学や数学と「実体」との間にかなりの関連が存在しうることに思いを巡らすとき、実際、彼らはこの中心の内側で［下位の］形式に関する［上位の］形式に働きかける者たちが取る戦略的位置に感嘆している。［…］ひとたび、すべての痕跡が紙面に記され［…］ると、幾何学や数学を支配する者たちが、ほぼあらゆる場所に介在することができるようになるのは明らかである。彼らの理論が、より「抽象」的であればあるほど、中心の内側に存在する中心は、よりいっそううまく占拠できるようになる。（Latour 1987: 245、括弧内補足は引用者）

二重描写に関して説明したように、三次元の視覚は、下位の形式である左右の網膜が捉えた二次元の画像同士が重なりあう際の効果としてしか存在しえない。同様に、中心を占める操作者の優位性は、数値やテクストが記された二次元の紙面を、繰り返し生産していくことからしか創発しえない。この事実は、たとえば機械の設計過程にもみられるように、不可視な細部を二次元の紙面に出力し可読化することなしに、人間は世界を操作・動員しえないことを示唆する。[22] これにより中心には紙面へと変換された膨大な量の形式が蓄積される。一方、それらの元となった実体を中心に持ち込むことは決してできないため、[23] この操作は二律背反な性質を示す。

フロンティアに形成された中心の掌握を試みる者は、どのような手法により、自己の内面の構想を具体的な事業として出力するのだろうか。ラトゥールからの引用が示唆するように、当然、彼らの関心は、二次元の形式を生産し、それらを互いに組み合わせ、空間を多角的・複合的に描写することで、そこに存在する事物を操作・動員することに向けられるはずである。この行為の連続は、空間に存在する（土地などの）実体を（事務所などの）中心に持ち込むことが不可能である以上、各種の文書を始め、フロンティアに固有な形式の氾濫を招く。以下では、この階層構造の操作者たちを魅了して止まない形式主義という関心について、私がスィンタ・ラルガで観察した諸事例をもとに描写を試みる。

形式主義が生み出す諸効果

アダードは農牧課での最初の面談の際、私がいかなる権限で調査を実施しているのか証明することを求めてきた。彼はこれまで私が関わってきた行政官のなかでも、とりわけ文書への強いこだわりを示す人物であった。私が所属先であったマト・グロッソ連邦大学（ＵＦＭＴ）のネート教授にこの旨を打診すると、彼は署名入りの「調査許可願い」を速やかに作成し、アダード宛てに電子メールで送ってくれた。こうして、私の調査という活動の事実は、彼の文書フォルダーへ二次元の形式として納められることになった。

アダードが私の調査を支援してくれた動機については、調査地からの帰り道、彼の口から直接聞くことができた。つまり、彼は私がスィンタ・ラルガでの見聞を記録し、役場に報告書として提出することで、この地域の国際的な知名度を高め、その発展に貢献することを期待していた。しかし、その後、彼自身の多忙により私に構う暇がなくなったことに加え、私がスィンタ・ラルガでの調査に割ける時間にも限度があったため、おしくも彼の期待が実現することはなかった。

アダードが私や入植者に対して示した協力的態度が、彼の出世と深く関連していたことは、あまりに冗長な事実である。役場の高位行政官が、基礎自治体レベルの議員（*vereador*）に当選し、やがては州レベルの政治家にも昇進しうることは、彼らのなかで十分に想定されたキャリア・プランである。この構想を実現させるためには、人びとへの献身的な支援を通じて、選挙の際の得票稼ぎ（*compra voto*）[24]に努めるだけでなく、実績の証拠作り（＝文書への出力）にも励む必要がある。

後日、私はフロンティアの制度的中心を占める人物たちに関する立体像を、農業労働組合（ＳＴＲ）[25]の関係者たちの視点を借りて二重描写する機会を得た。聞き取りに対応してくれたのは、連邦高等専門学校（ＩＦＭＴ）の農業科で講師を務めるアナ・マリアと、私が彼女の自宅を訪問した際、その場に同席してくれたエリアスであった。両者とも小規模生産者であり、ＳＴＲの会長を務めた経験もある。

エリアスは六ヘクタールの農地でアグロフォレストリーと養蜂を営んでおり、市街地のＳＴＲ事務局の脇では、連邦政府の家族農業強化計画（ＰＲＯＮＡＦ）からの融資によって建てられた蜂蜜の加工設備を運営していた。彼は自分の農地だけでなく、近隣の複数のファゼンダにも、地主たちからの承諾を得て養蜂箱を設置してきた経緯から、それらの経営事情についても詳しかった。かつて採蜜していた場所には、マトゥリンシャァンの前身であるミカエラ農場も含まれ、彼はそこが経営破綻を迎えた二〇〇五年に養蜂箱を設置した。[26]しかし、二〇〇七年になると人びとによる侵入が活発化し、ミツバチへの影響が懸念されたため、彼はその場からの撤退を余儀なくされた。

エリアスによれば、スィンタ・ラルガにはファゼンダの経営事情を逐次調査し、倒産物件が生じた場合、貧困層に宣伝して回り、そこを占拠するよう働きかける議員たちが存在するという。彼らの動機とは、一つは、貧困層による財産獲得を支援し、得票稼ぎに繋げることである。もう一つは、農地改革のスキームに則り、収用が適用される条件を生み出すことで、ＩＮＣＲＡなどの土地行政機関から地主に支払われる補償金の一部を密かに受け取ることである。つまり、後者の関係性では、地主、議員、行政官の間に協働が成立している。実際、スィンタ・ラルガに存在する一件の公式な入植地の事例では、その前身であるファゼンダが収用された際、ＩＮＣＲＡから地主には市場価格の四倍の補償額が支払われたという。この事例が示すように、制度間で取り交わされる財政をめぐる実践には、請求書（*fatura*）の形式を流用した「水増し請求（*superfaturamento*）」が必然的に付随する。

　入植地の設立に向けた当事者間の協働は、フロンティア空間を充たす諸実体を、数値、テクスト、図面といった形式に変換し、論理階型の下位と上位を繋ぐ伝達経路に適切に配置する操作に依拠している。ＩＮＣＲＡのような最上位の階層を司る行政機関にとって、唯一の可読《レジブル》な情報とは、下位の階層に存在する実体から物質性を剝ぎ取ったこれらの形式である（Scott 1997: 44）。この関係性においては、形式さえ適切に整えられていれば、取引された金額などの内容がある程度の逸脱を含もうと、手続きの履行には何ら支障をきたさない（Riles 2000: 154）。

　エリアスと私が交わした話題との関連から、つぎに口を開いたアナ・マリアは、ＳＴＲにも同様の論理が蔓延していると指摘した。今日のＳＴＲは、既存の政策を媒介するだけの窓口機関へと成り下がっているという[27]。当事者たちの主な関心は、個々の政策スキームと彼らが経営する土地に関する形式を合致させ、公的資金を獲得することにあり、それゆえＳＴＲの活動は実質の伴わない事業で溢れかえっている。

　アナ・マリアは、人びとのこうした態度を労働組合の語彙を用いて、「右でもなく、左でもなく、ペレーゴ（*pelego*）だ」と表現した。「ペレーゴ」とは、字義的には「羊皮」を意味するが、この文脈ではヒツジの毛皮を被り、その群れに紛れ込むオオカミのことを指す。つまり、形式の模倣を通じて、標的とする集団の内部に入り込み、そこで自己利益を追求すると同時に、その組織の分裂を助長し、弱体化を図るアクターのことである。政党との関連で言えば、この態度を取る典型的なアクターとは、ブラジル民主運動党（ＰＭＤＢ）である。同党は議会内部で大きな勢力を維持しながらも、特定のイデオロギー的立場を取ることはなく、利益志向型の動機により、つねに政権との繋がりを日和見的に維持しようとする。

アナ・マリアは、アダードの所属政党がＰＭＤＢであると言及したうえで、彼がペレーゴのなかでも「スィ・ダル・ベィン（*se dar bem*）」と呼ばれるアクターに分類されると指摘した。この言葉は、特定の産業部門に利害を持つ当事者が、公的機関における関連部署に職位を得た際、政策に配当された予算を自己の事業へと注ぎ込み、公共利益の追求を自己利益の追求へと翻訳する人物のことを指す。つまり、アダードの場合、農業資材店を経営し、同時に農業課に職位を得ているため、たとえば、入植地の住民組合が公的資金を使ってトラクターを購入するとき、その発注先を自分の店舗に指定することができる。むろん、その際の請求書に「水増し」が施されるのは常套である。

ベイトソンは形式同士が重なりあう先に発生する新たな効果を「ボーナス」と表現した（Bateson 1979: 67）。フロンティアに形成された制度的中心を掌握する操作者たちは、日々産出される文書の形式をたがいに重ねあわせることで、このボーナスを自らの手中に引き寄せることに卓越した戦略家である。一節の終わりで描写した状況下で、アダードの視覚がフロンティアに出現した牧草地を、そこに蒔かれる牧草種子の売り上げや予測可能な土地投機（Hecht 1993を参照）の恩恵を喚起させながら、いかに美的な景観として捉えたのか、今では私も深く鑑賞することができる。

五　官僚的実践の美学

フロンティア空間を充塡する入れ子状の自己相似なパターンにおいて、基礎自治体レベルの行政官や政治家は階層構造の上位を掌握する者たちである。この階層性において、彼らは、自己の下位を占める植民者全般と関連した様々な実体を、自己の上位を占める連邦や州レベルの行政機関の担当者にとって可読《レジブル》な形式へと変換し、各階層間の相互作用を媒介する役割を担っている。各階層の当事者間で取り交わされる手続きは、いずれもライルズが官僚的実践の美学と呼んだ形式の操作術に即して実行される（Riles 2000: 138–139）。その作動は疑いもなく冗長性によって特徴づけられる。

ここでいう冗長性について、ライルズに従い、資金提供をめぐる出資者と申請者の関係性を例えに考察してみよう（Riles 2000: 152–155）。まず、この関係性では、当事者同士にとっては周知の人的繫がりが、文書の形式に適った形で抽象化されている。出資者の側では、彼らが立案したスキームに即して、文書の形式と個々の評価項目が設定される。一方、申請者の側では、自己の推進する事業が、それらの評価項目に逐次合致した記載内容に変換され、所定の形式のなかに落とし込まれる。この文書が提出されたとき、形式の内側にある抽象と外側にある実体は二重描写される。その効果により、出資者の認知には彼らが予測した通りに鋳造された申請者の姿が出現する。つまり、それらが審査される際、まずは設定されたスキームが冗長な主旋律として演奏され、つぎに申請者が作成した文書を介して、出資者が期待した通りの優れた変奏が演じられる。すると、出資者には美的感銘が喚起され、これが資金の採択という結果へと繫がっていく。この点で、文書を介した官僚的実践の本質とは、美学の応用に深く根差したものである。

前述した通り、スィンタ・ラルガには、マトゥリンシャァンを含め、農地改革のスキームを模倣し、植民者自身によって作製された自発的入植地が複数存在していた。これはスィンタ・ラルガに特殊にみられる状況なのではない。むしろ、アマゾニア全域では、同様のやり方で組織化された非公式な入植地が随所でひしめきあっているといっても過言ではない。これらの入植地は、土地投機を目的に不在経営されていたファゼンダが経営破綻を迎え、やがて、そこに侵入した在地の植民者たちの手によって複数の小区画へと分割され、彼らが主張するところの占有（possession）[28]によって上書きされたものである。

一連の操作を通じて、ファゼンダの土地が細分化され、土地権者の数が増加した後も、当初の経営者（地主）の意図は、それが託された形式を媒介に、後続の経営者（入植者）たちによって引き継がれる。すなわち、かつて木材やウシを都市へと運んだ輸送路は入植者の生活路となり、また、かつての経営本部が置かれた場所には住民組合の本部が設置される。やがて、この土地がＩＮＣＲＡなどの行政機関によって収用され、農地改革の入植地としての認定を受け、公的資金が投入されれば、経営の中心付近には公共施設、商業施設、住宅などが多数建設され、農業町の原型が形作られる。

マトゥリンシャァンの事案をめぐっては、二〇一四年の時点で、すでに裁判所からマト・グロッソ土地管理院（ＩＮＴＥＲＭＡＴ）[29]によるミカエラ農場の収用を認める裁決が下されていた。しかし、地主への補償金の支払い手続きは、その後、何年間も滞ったままであり、入植者たちはその完了を心待ちにしていた。入植地には、ファゼンダの頃には存在しなかった区画割が整然と施されており、それぞれを繋ぎながら入植地内を貫通する横断路（*travessão*）も、役場の予算によって敷設されていた。入植者たちが自らの入植地に必要な操作を実行するため、連邦や州レベルの諸機関と協働できるのは、この空間と厳密に対応した諸々の情報が、外部者にとって可読《レジブル》な形式として出力されているからである。

この点に関して一つの具体例を示すことができる。調査期間中、私はマトゥリンシャァンに関する地図を入手することはできなかったが、その後、他の調査地に存在する自発的入植地の地図を入手するに至った。それを示したのが図２－４である。この地図は入植者たち自身が在地の地図会社に依頼して作製したものであり、私はそれを同社の担当者から電子メールで受け取った。地図には農地の一つ一つにまで及ぶ正確な測定値が精緻に記載されている。これらの数値を頼りにすることで、外部の様々な協力者たちは、入植地で実施される諸事業をめぐり、当事者間で協働することができる。

文書とは世界の断片を可視化させる装置であり、それが開示される相手から特定の知覚と従事を引き出す。植民者全般が実行する事業とは、常に文書の作成とともに進捗する過程であり、上位の官僚機構との美的交渉なしには成立しえない。それゆえ、いかに草分け的なフロンティアの小都市であっても、まずそこに設立される法人企業とは、地図会社と公証所（*cartório*）である。なぜなら、前者を通じて、空間はできる限り多くの情報へと変換されなければな

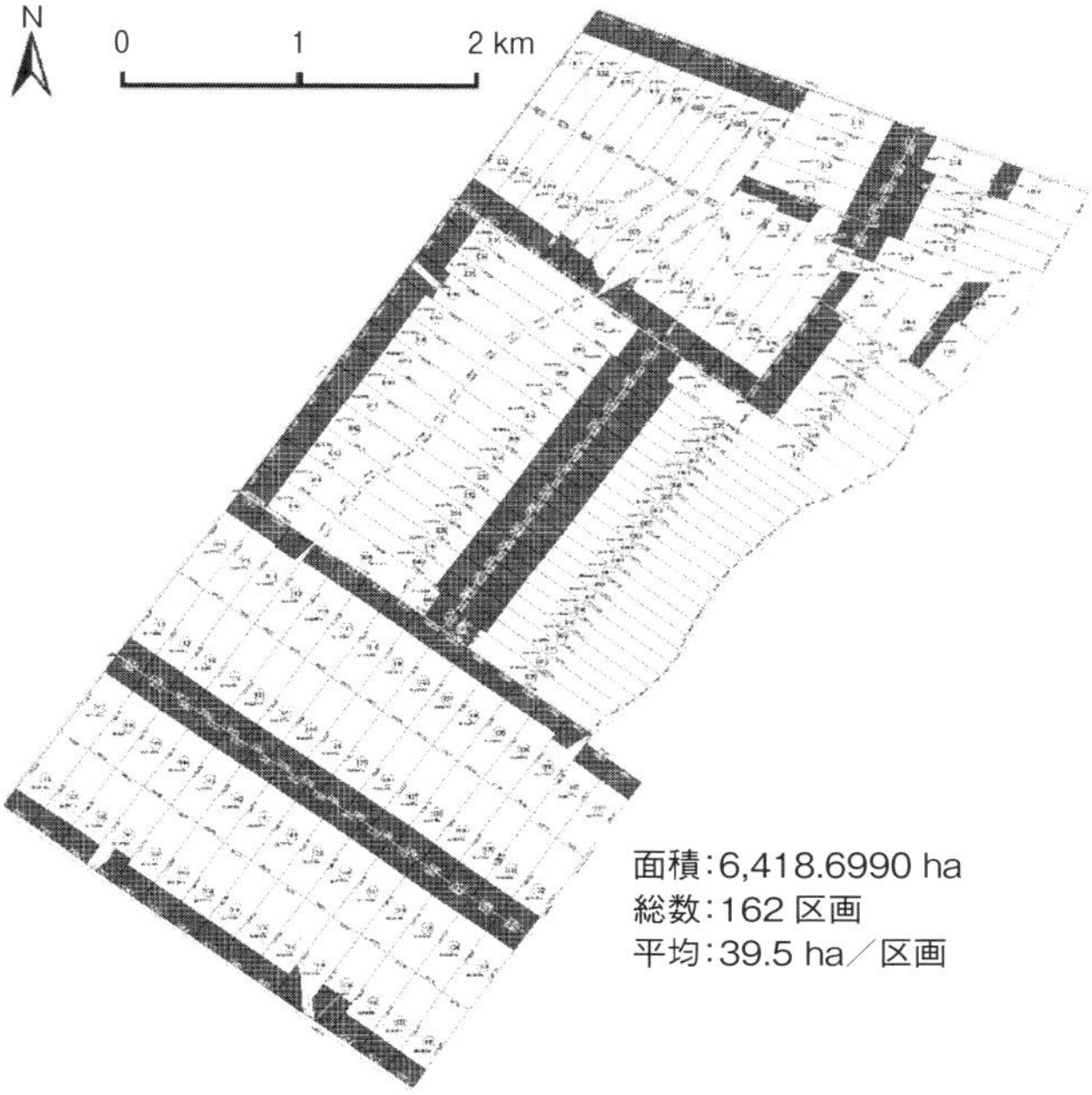

図 2-4　自発的入植地の地図（筆者が調査を通じて取得）

らず、また同時に、後者を通じて、その情報は一箇所に蓄積され、適切に公表されなければならないからである。両者の業務を通じて、フロンティア空間を充たす実体から物質性を除去した形式が、際限なく作製され、蓄積される（Latour 1987: 243を参照）。

すべての自発的入植地では、入植者たちがその空間で実行したあらゆる操作が、占拠の開始から、住民組合の設立、区画の策定、地図の作製、土地取引の履歴に至るまで、文書の形式へと抽象化され、公証所に保管・公開される。これらの総体が、上位の官僚機構へと伝達されたとき、形式同士が多重に描写されることで、占有の有効化、ファゼンダの収用、横断路の敷設、融資の採択、電線の拡張、入植地の正則化といった一連の効果が創発する。

マトゥリンシャァンの入植者たちによる事業が、この冗長な手続きの帰結として、最終的に成功を収めた事実を、今日、私は州政府のウェブサイト[30]を通じて確認することができる。すなわち、その後の二〇一八年に州政府が法令（*decreto*）を発布し、ミカエラ農場の収用を執行したことにより、マトゥリンシャァンは非公式な自発的入植地という状態から、公式な農地改革の入植地へと正則化された。

六　適応と耽溺

ベイトソンがサイバネティックスの概念を、負のフィードバックが出来事の進行を自己調整する原理として構想した際、その発想の原点となったのは、パプアニューギニアのイアトムル（Iatmul）の人びとの間で集団の分裂を生成させたパターンであった（Bateson 1958: 287, 1987: 77–78）。それらのパターンとは、均質な集団間に働く「対称型」と不均質な集団間に働く「相補型」に分類され、前者は同一の行動の反復的応酬からなる競合を、後者は支配／服従からなる階層化を助長する。それぞれのパターンが激化していくことにより、やがて集団は崩壊へと導かれていく。その対極として、両者が互いの効果を反意的に打ち消しあう場合にのみ、統御されたシステムとしての集団は、動的な均衡状態を存続しうる（図2－5）。

形式に着眼した本章の考察からは、永続するフロンティアが対称型のフィードバックを除去した相補型のシステムとして設計されてきたという理解を導き出すことができる。我々が生きる産業経済が、実体を形式へと抽象化し、それらの総体を統括する中心を生み出し続ける工学に則して運営されている実態に鑑みれば、このシステムが階層に次ぐ階層を際限なく生み出し続ける形でしか作動しえないのは、しごく当然のことかもしれない。最後に触れる以下の事例からも、このシステムの作動に不可欠な冗長なパターンを再確認することができる。

ブラジルでは、二〇一二年の森林法（*código florestal*）の制定に伴い、すべての農地は地方環境地籍（ＣＡＲ）に登録することが義務化された。同法は森林破壊に対する免責適用期間の将来的更新を冗長に予見させた「笊法」であるが、その点にもまして、以下に挙げる特徴は、さらに重要な含意を持つ。ＣＡＲの登録証は、事業者の自己申告にもとづき取得可能であるにもかかわらず、非公式な占有地も含めたあらゆる農地に対し、ブラジル中央銀行の国立農業融資システム（ＳＮＣＲ）からの農業融資（*crédito rural*）を媒介する（Klingler and Mack 2020: 9–10）。植民者たちがこの制度に強い関心を示すのは、ＣＡＲが衛星画像にもとづき土地管理の適切性を証明した形式を生み出すことにより、所有権の正式な取得を迂回させたまま、金融資本と農地の柔軟な結合を加速するためである。

軍政成立直後の一九六五年に設立されたＳＮＣＲは、植民者たちに財政動機を与えることで、今日に至るまでアマゾニアにおけるフロンティアの拡張を強力に促進してきた制度である。金融が産品を汲み上げるポンプ装置として機能するのは、贈与が返礼を発動させるのと同様（Latour and Callon 1997 を参照）、融資を受けた事業者が、その返済を可能とする空間利用の形式をフロンティアに適用するからである。土地を空白として知覚させ、その欠落を補填する特定の従事を引き出す装置が、債権／債務という階層性を強化する点からも、フロンティアの拡張が相補型のシステムの効果であることが確認できる。

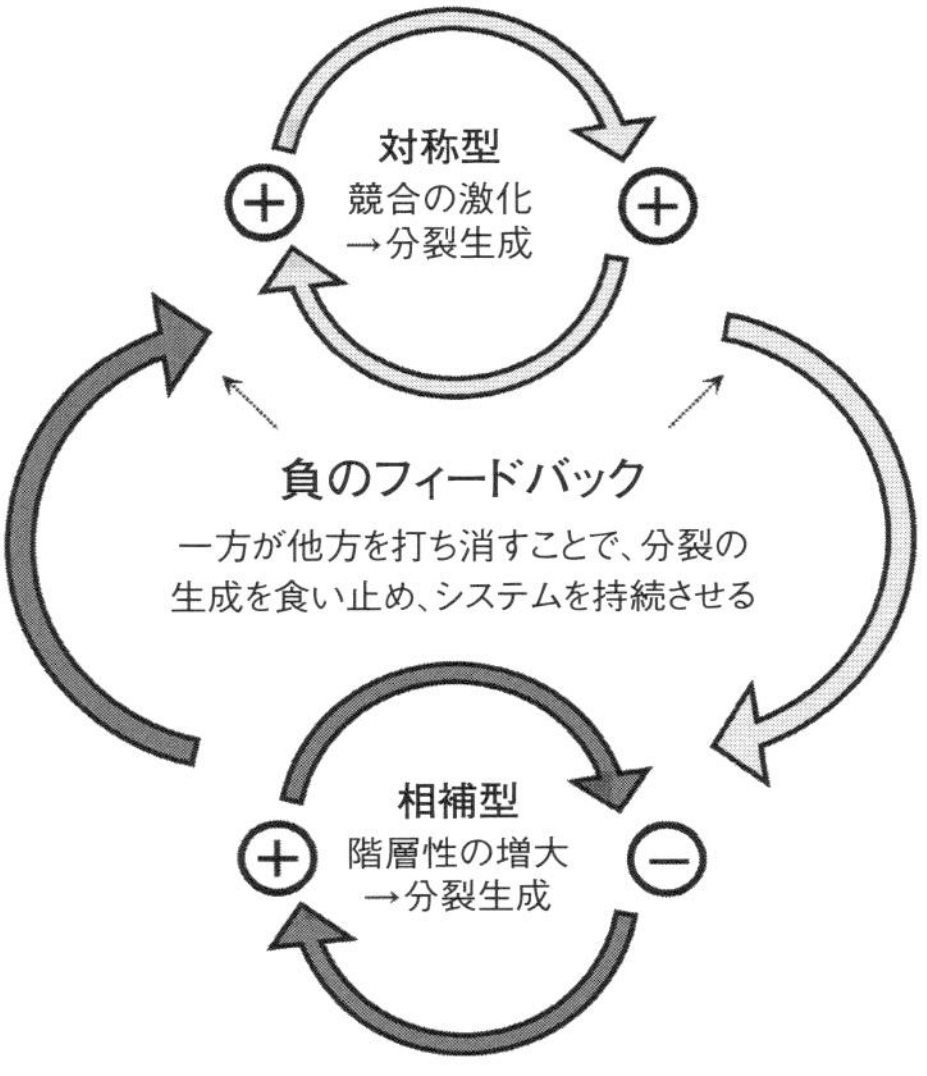

図 2-5　分裂生成の原理
（Bateson（1958, 1987）を参考に筆者作成）

融資の獲得に至る業務とは、地表に農地の形式を適用し、その事実を文書として出力し、上位の機構に伝達する過程であり、空間の抽象化を階層状に積み重ねていく操作として実行される。やがて、植民者たちが手にした融資は、彼らが農地で営む事業が畑作であれ牧畜であれ、多国籍企業によって供給される農業投入材の購入費に充てられる（Corcioli et al. 2022; 後藤 二〇二三）。つまり、この実体から抽象へと至る論理階型を遡上する一連の操作の帰結として獲得された恩恵は、最終的には、さらに上位を統括する多国籍な工学的中心へと注ぎ込まれる結果となる。

ライルズは、二〇世紀に発展した複製技術に関するベンヤミン（Walter Benjamin）の見解を引き合いに出しながら、この美的装置が大衆に与えたのは、誰もが平等に自己表現する機会であったと指摘している。しかし、皮肉なことに、この際限なく繰り返される形式の複製の帰結として、彼らが実際に手にしたのは、実質的な平等などではなく、自己表現の機会それ自体以外の何ものでもなかった（Riles 2000: 183）。

フロンティアのあらゆる当事者が、土地から文書へ（＝実体から形式へ）、そして、文書の束から資金へ（＝形式からさらに抽象的な形式へ）と至る一連の変換操作に際限なく従事し続けるのは、その操作が最終的にもたらす結果のいかんを問わず、形式の効力が財産実現という美的願望の達成に向けた自己表現を彼らに媒介することと密接に関連していると言える。

ライルズが指摘するように、他者に合意を強制するためには多大な労力を要するが、ひとたび、そこに形式が設定されれば、彼らの行動は一定のパターンのもとに、いとも容易く統制されるようになる。この点で、形式の「設計は合意に先行する」のであり（Riles 2000: 181）、下位の操作者はこの設計図に従い、しばしば美的喚起に胸に弾ませながら、形式の複製に際限なく従事することを強いられる。

出来事の進行に負のフィードバックが課せられることで均衡が保たれるのであれば、そのシステムは「適応（adaptation）」という状態を生み出している。生物の進化が適応として捉えうるは、①発生学的な自己保存と②環境適応に向けた自己変革の間の動的均衡として、これが成り立つためである。しかし同時に、この過程は、ある形質に極度の特殊化が進んだ場合、生体に何らかの疾病を生起させうる「耽溺（addiction）」という状態に陥ることとも隣りあわせである（Bateson 1979: 172-174）。耽溺によって適応が失敗に終わると、その種は進化の舞台から消滅を余儀なくされる。

フロンティアの拡張を舵取りする統治の工学は、集団の相補性を打ち消すフィードバックである対称性を意図的に除去した形で設計されており、加速に対する制御を欠如させている点で、自己調整システムとしては完全に破綻している。本章の考察を締め括るにあたり、一つの結論として提示できるのは、この空間には、我々が耽溺する工学的文明の抱える根本的な病理が、鮮明に知覚可能な景観として映し出されているという、あまりに冗長な見解である。

注

［1］本章に登場し、調査地の特定に繋がる地名、人名、団体名等は、すべて仮称に置き換えられている。

［2］ブラジルの行政単位は、①連邦（*federação*）、②州（*estado*）、③基礎自治体（*município*）の三層構造になっている。ここでいう都市（*cidade*）とは、基礎自治体の中心部を指し、両者の名称は常に一致する。

［3］本章では、「植民者（colonist）」といった場合、フロンティアに暮らす住民のうち、先住民以外の移住者全般を指す。一方、「入植者（settler）」といった場合、植民者という上位集合のうち、ある特定の入植地（settlement）の構成員である者を指す。

［4］農地改革とは、ＩＮＣＲＡなどの土地行政機関が、ファゼンダを収用し、小規模な農地の集合からなる入植地へと再編し、土地なしに分配する政策を指す。また本章では、自発的に形成された入植地を農地改革の入植地として公式に認定し、政策の受益対象に組み込む手続きを「正則化（*regularização*）」と呼ぶ。詳細に関しては拙著を参照（後藤 二〇二一：九四）。

［5］スィンタ・ラルガには四件の先住民居住地（ＴＩ）が存在し、それらの面積の合計は、基礎自治体区域の六二パーセントを占める（ISA 2023）。

［6］冗長性とは情報工学の用語であり、ベイトソンは「出来事のより大きな集合のなかで特定の出来事が起こるパターン性や予測可能性」と定義している（Bateson 1987: 414）。

［7］ベイトソンのこの概念は、通常、「二重記述」という訳語が与えられがちであるが、「二重描写」の方がより適切にその含意が捉えられる。なぜなら、「描写」という言葉は、事物の形態や状態、それに関する心象などを、言語や芸術などの方法によって写し表わすことを意味するからである。

［8］創発とは、細胞の集合が組織を生み、組織の集合が器官を生むように、複数の事物が階層状に組織化されること

で、下位の事物にはみられない新たな特徴が上位の事物に出現することである（図2－3の①）。この新たな特徴は上位の事物に固有のものであるが、下位の事物との連続性から決して切り離すことができない（コーン 二〇一六：一〇二）。

［9］　ロンドリーナは直訳すれば「ロンドンの娘」という意味である。この都市は、字義通り、英領植民地の「母胎」であるロンドンが分娩した「娘」である。

［10］　ベイトソンは、ユング（Carl G. Jung）の概念に従い、世界を生物と精神からなる「クレアトゥーラ」と物質とエネルギーからなる「プレローマ」に分類した。前者の世界では、エビとカニ、ランとサクラソウ、自己と統合失調症患者を繋ぐのは何かと彼が問うたように、形式が種や固体の境界を越えて共振する（Bateson 1979: 7-8）。

［11］　ベイトソンの主要概念である「サイバネティックス（cybernetics）」と、本章の主題である「統治（governance）」は、いずれもギリシア語の「舵取り（κυβερνάω）」を語源としている。この点で統治とは、ある出来事の進行が、自己調整的に一定の方向性を獲得することを促す諸技術の総体であると言える。

［12］　この性質について、ベイトソンは「我々がブタやココナッツ［形式］について考えているとき、脳にブタやココナッツ［実体］は存在しない」と説明している（Bateson 1979: 30、括弧内補足は引用者）。

［13］　南部に住み着いた欧州系移民のフロンティア（Katzman 1975: 270）、そして、北東部の解放奴隷によって形成されたマラニャンのフロンティア（Porro 2005: 26）が、これに該当する。いずれも疎放な焼畑に始まり、やがて域内人口が飽和すると、アマゾニアなどの他地域へと向け、さらなる移民が排出された。

［14］　一般的に「サバンナ」と訳され、灌木林帯とそこに形成される生物群系を指す生態地理学的用語である。

［15］　パラナー北部には、一九四〇～一九五〇年の間だけで、およそ二〇〇万人が流入したと推計されている（Margolis 1977: 46）。

［16］　事実、ラヴァト卿はスーダンでの灌漑開発を伴う綿花栽培事業であるゲジラ計画（Gezira Scheme）で成功を収めたのちに、CTNPの設立に着手していた（Katzman 1978: 713; Rego 2008: 26）。

［17］　投機とは、将来的な価値の上昇を予想して、現在の価値との差額を利益として獲得する目的で行われる商業的行為を指す。

［18］　この地域の開発が困難であったのは、河川を利用したアクセスが不可能であったことに加え、楯状地という貧弱な土壌環境が生産活動を阻む要因として作用してきたためである（後藤 二〇二一：五四）。

[19]　入植地事業の事業主、受益者、生産品目は、時代と地域によって多様であった（Coy 1992: 13）。たとえば、一九八〇年代以降、熱帯型ダイズ品種や土壌改良技術が確立されると、セラードでは畑作を中心とする開発が進んだ。熱帯林では事業の開始直後にコーヒーやカカオなどの果樹栽培が手掛けられたが、やがて、それらはウシの牧畜により取って代わられた。

[20]　つまり、植民を実施した企業の略号が同地名の由来となっている。

[21]　具体的には、ヴェーラ（Vera）、サンタ・カルメン（Santa Carmem）、クラウヂア（Cláudia）などが挙げられる。なお、これら農業都市は、開発の進展とともに人口が増大し、一九八〇年代にスィノピから分離し、独自の基礎自治体を形成した。

[22]　この点に関してラトゥールは、「科学」から「技術」へ進むことは、決して「文書」から「実体」への移行することなのではなく、「文書作業」から「さらなる文書作業」へと移行することであると説明している（Latour 1987: 253）。

[23]　人間がブタについて考えるとき、脳の内部にブタという実体を持ち込めないのと同じ理由である。

[24]　ブラジルでは、投票はすべての市民に課せられた義務であり、その不履行には罰金が科せられる。これは特定の受益者への支援が得票の多寡により直接的な影響を及ぼすことを意味する。

[25]　国内最大の農業労働組合である全国農業労働者連盟（ＣＯＮＴＡＧ）の基礎自治体支部の名称である。

[26]　エリアスによれば、長らく利用されていないファゼンダに茂るカポエイラ（二次林）は絶好の採蜜場になるという。

[27]　この発話の際、アナ・マリアは、農業労働組合運動が体制側に統治の道具として取り込まれてきた背景を持つとはいえ、歴史上、ジュリアゥン（Francisco Julião）やメンヂス（Chico Mendes）といった気鋭の指導者が現れてきたこと、また、彼女自身のスィンタ・ラルガでの経験に即し、誰が主導権を握るかによって運動の内容は大きく変化することにも言及した。

[28]　占有とは、単に財産を占拠している状態を指すのではなく、占拠の一貫性、公然性、非暴力性、社会的機能といった複数の条件が成立した際に発生する権利である（後藤　二〇一二：一八－一九）。その有効性は植民者が任意に作成し公開する文書の束によって裏付けられる。

[29]　マト・グロッソ州政府の土地管理機関である。その所管地に農地改革の入植地が形成された場合、土地の所有権

者は州政府となるが、農地改革に関連した諸政策はＩＮＣＲＡを通じて実施される。

［30］　調査地の匿名性を守るため、ここではあえてウェブサイトの情報は開示しない。

引用・参考文献

後藤健志　二〇二一『アマゾニアにおける市民権の生態学的動態』明石書店。

後藤健志　二〇二三「熱帯ダイズ産業がもたらす世界の単純化―遺伝子組換え種子の内部性と外部性に着目して」『ラテンアメリカ研究年報』四三：一－三六頁。

ハワード、Ｅ　二〇一六『新訳　明日の田園都市』山形浩生（訳）、鹿島出版会。

コーン、Ｅ　二〇一六『森は考える―人間的なるものを超えた人類学』奥埜克己・近藤宏（監訳）、亜紀書房。

レヴィ＝ストロース、Ｃ　二〇〇一『悲しき熱帯　Ｉ』川田順造（訳）、中央公論新社。

Abel, M. 2022 Merchants of the north: Infrastructure and indebtedness along Brazil's Amazon estuary. *Economic Anthropology* 9: 1-12.

Bateson, G. 1958［1936］*Naven: A Survey of the Problems Suggested by a Composite Picture of the Culture of a New Guinea Tribe Drawn From Three Points of View, Second Edition*, Stanford University Press.

Bateson, G. 1979 *Mind and Nature: A Necessary Unity*, E. P. Dutton.

Bateson, G. 1987［1972］*Steps to an Ecology of Mind: Collected Essays in Anthropology, Psychiatry, Evolution, and Epistemology*, Jason Aronson Inc.

Corcioli, G., G. S. Medina and C. A. Arrais. 2022 Missing the target: Brazil's agricultural policy indirectly subsidizes foreign investments to the detriment of smallholder farmers and local agribusiness. *Frontiers in Sustainable Food Systems* 5: 1-15.

Coy, M. 1992 Pioneer front and urban development: Social and economic differentiation of pioneer towns in northern Mato Grosso. In（Institute for Social Co-operation ed.）*Applied Geography and Development: A Biannual Collection of Recent German Contributions vol. 39*. Institute for Social Co-operation, pp. 7-29.

Hecht, S. B. 1993 The logic of livestock and deforestation in Amazonia: Considering land markets, value of ancillaries, the larger macroeconomic context, and individual economic strategies. *BioScience* 43(10): 687-695.

Home, R. 1997 *Of Planting and Planning: The Making of British Colonial Cities*, E & FN SPON.

Hui, J., T. Cashman and T. Deacon 2008 Bateson's methods: Double description. What is it? How does it work? What do we learn? In (J. Hoffmeyer ed.) *A Legacy for Living Systems: Gregory Bateson as Precursor to Biosemiotics*. Springer, pp. 77-92.

Instituto Socioambiental (ISA) 2023 Situação atual das Terras Indígenas. 〈https://terrasindigenas.org.br/〉(最終確認日：二〇二三年四月二五日).

Katzman, M. T. 1975 Brazilian frontier in comparative perspective. *Comparative Studies in Society and History* 17(3): 266-285.

Katzman, M. T. 1978 Colonization as an approach to regional development northern Paraná, Brazil. *Economic Development and Cultural Change* 26(4): 709-724.

Klingler, M. and P. Mack 2020 Post-frontier governance up in smoke? Free-for-all frontier imaginations encourage illegal deforestation and appropriation of public lands in the Brazilian Amazon. *Journal of Land Use Science* 15(2-3): 424-438.

Latour, B. 1987 *Science in Action: How to Follow Scientists and Engineers through Society*, Harvard University Press.

Latour, B. and M. Callon 1997 "Thou shall not calculate!" or how to symmetricalize gift and capital. 〈http://www.bruno-latour.fr/sites/default/files/downloads/P-71%20CAPITALISME-MAUSS-GB.pdf〉(最終確認日：二〇二三年四月二五日).

Margolis, M. 1977 Historical perspectives on frontier agriculture as an adaptive strategy. *American Ethnologist* 4(1): 42-64.

Online Etymology Dictionary (Etymoline) n.d. Aesthetic (n.). 〈https://www.etymonline.com/word/aesthetic#etymonline_v_5184〉(最終確認日：二〇二三年四月二五日).

Porro, R. 2005 Palms, pastures, and swidden fields: The grounded political ecology of "agro-extractive/shifting-cultivator peasants" in Maranhão, Brazil. *Human Ecology* 33(1): 17-56.

Rego, R. 2008 British urban form in twentieth-century Brazil. *Urban Morphology* 12(1): 25-34.

Rego, R. 2015 A integração cidade-campo como esquema de colonização e criação de cidades novas: Do norte paranaense à Amazônia Legal. *Revista Brasileira de Estudos Urbanos e Regionais* 17(1): 89-103.

Riles, A. 2000 *The Network Inside Out*, The University of Michigan Press.

Scott, J. C. 1997 *Seeing Like a State: How Certain Schemes to Improve the Human Condition Have Failed*, Yale University Press.

Tyng, A. 2005 Number is form and form is number: Interview by Robert Kirkbride. *Nexus Network Journal* 7(1): 127-138.

第3章

統治／被統治の同時性と流動性

――ボリビア熱帯低地部におけるコカとコカインの管理をめぐって

宮地隆廣

ボリビアにおいてコカの栽培は、カトと呼ばれる政府が認可した区画の中でのみ合法とされる（Gilda Jauregui）

一　問題の所在

チャパレのコカ

南米大陸の中央に位置するボリビアは三つの地域で構成される。西南部はアンデス高地部で、首都ラパスを含む標高三〇〇〇メートルを超える土地が広がる一方、東部は海抜五〇〇メートルにも満たない低地部である。そして、両者をつなぐ地域として渓谷部がある。

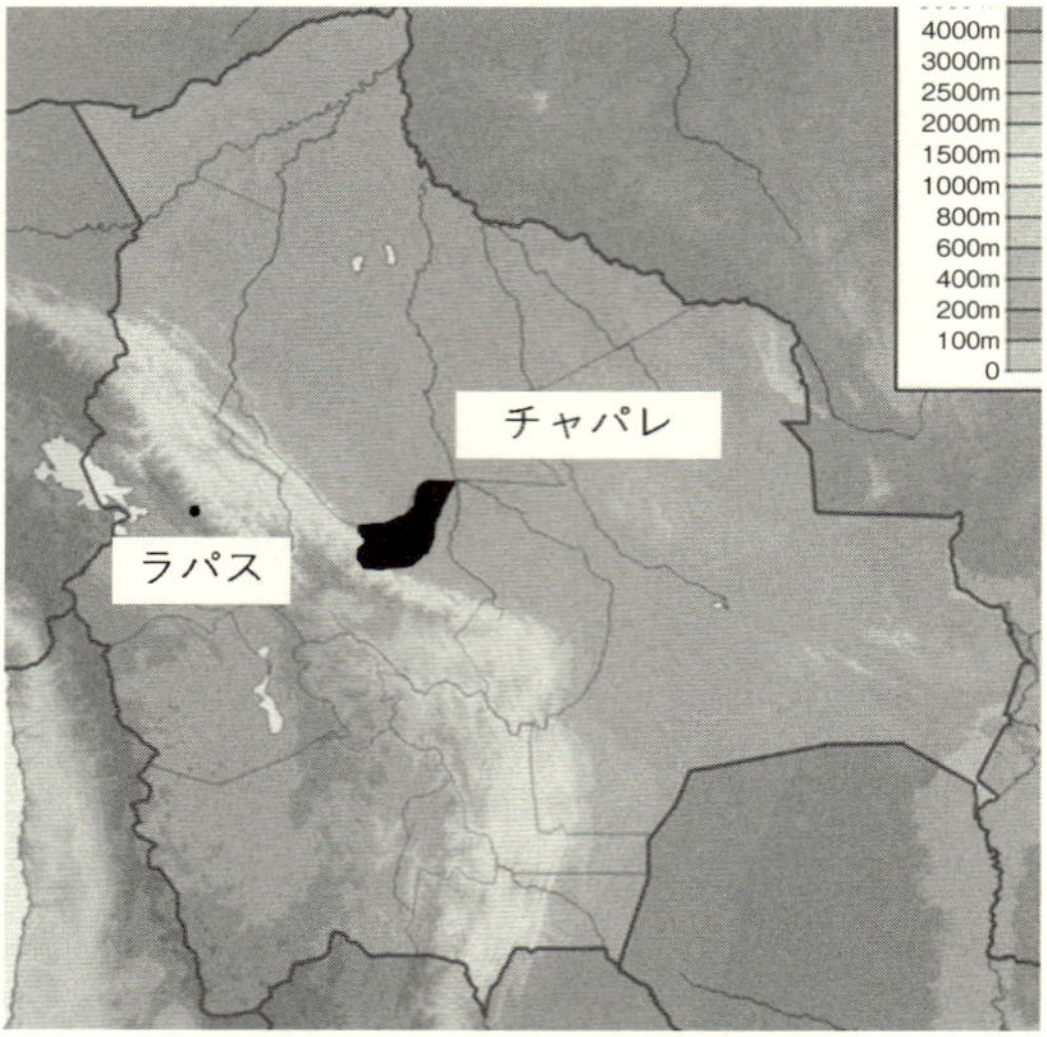

図3-1　チャパレの位置（筆者作成）

（注）ラパスとチャパレの間を走る白色部が渓谷部であり、それより左側は高地部、右側は低地部である。

本章の舞台は、ボリビアのほぼ中央にある熱帯低地部である。以下では、その代表的な地域名を用いてチャパレと呼ぶ[1]（図3-1）。チャパレは約三万平方キロの面積と約三〇万の人口を擁す。チャパレの南西部に接する渓谷部の主要都市コチャバンバ（人口約七〇万）から、チャパレ中心部の集落ビジャトゥナリ（Villa Tunari）までは車で約三時間の距離にある。

総面積約一一〇万平方キロ、総人口約一一〇〇万人のボリビアにあって、チャパレはその小さな一部を占めているに過ぎない。しかし、その存在は国全体を動かすほどに大きい。まず、チャパレは現在の与党である社会主義運動（Movimiento al Socialismo: ＭＡＳ）の地盤である。一九八〇年代に始まる新自由主義政策に反対する政党としてＭＡＳは支持を集め、直近の四度の大統領選挙（二

図 3-2　コカの葉（著者撮影）

○○五、二○○九、二○一四、二○二○年）のすべてで勝利した[2]。このうち、最初の三回の立候補者は党首にしてチャパレ農民組合のリーダーであるエボ・モラレス（Evo Morales）である。モラレスは二○○六年から一九年まで、約一四年間政権を担った。

チャパレが持つもう一つの力の源泉はコカの生産にある。コカは常緑の低木樹で、その葉はボリビアで日常的に消費されている（図３-２）。主な用途は、葉をまとめて口に入れ、片方の頬に貯めて噛み続けることである。これにより、頬のあたりは歯科治療で麻酔をかけたようになり、空腹感や眠気、疲労が解消される。農作業やトラックの運転など肉体労働の場面から、余暇の場面まで、コカを噛む習慣はボリビアで広く見られる。

しかし、コカは麻薬の成分であるコカインを含有する。大量のコカの葉にガソリンなどを混ぜると、粘り気のある白色の成分が抽出される。これを集めてペーストを作り、ペーストを精製することで麻薬としてのコカインが製造される。以下では、コカインとは麻薬として人工的に濃縮されたコカインのことを指す。

コカイン消費は一九七○年代より主に米国で増加した。その供給を担ったコロンビアの麻薬組織に対し、原料を提供した地域の一つがチャパレである。チャパレ農民が意図的に麻薬組織にコカの葉やペーストを売ることもあるが、市場で売られている日用消費用のコカを麻薬組織につながる売人が買い集めることもある。

ボリビア政府は一貫してコカ生産を認めつつ、コカインの所持と消費を違法としてきた。政府を担うＭＡＳは、コカが麻薬生産に流れないよう管理せねばならない。しかし、これは同時に、支持基盤であるチャパレ農民の経済活動を規制し、その収入を減らす結果につながる。本書の序章で説明した通り、管理を目論む者が管理の期待を見出す場をフロンティア空間と呼ぶならば、チャパレもまたフロ民に着目することで、フロンティア空間を記述する一つのあり方を提示する。ンティア空間としてその様子を記述することができる。本章は、チャパレにおけるコカの生産管理をめぐる政府と住

統治者とフロンティア空間の住民を対置する構図

フロンティア空間の記述の仕方は、その空間の秩序をどのように捉えるかに応じて変わる。まず、統治者による領域化（実効的な支配の確立）を重視するなら、フロンティア空間は管理者が手なずけるべき対象として描かれる。チャパレに即して言えば、麻薬取締を重視する立場から、チャパレを麻薬生産の巣窟とみなし、違法な活動に対する厳重な処罰などコカ生産者の徹底した管理を唱える（Gamboa 2013; UNODC 2021）。

これに対し、フロンティア空間の住民の視点に立ち、政府や企業などの外来者には見えない秩序を重視するアナキズム的な記述がある。そこでは、政府の統治から逃亡するにせよ（Scott 2009）、統治者が介入しにくい状況を作り出すにせよ（下條 二〇二一）、統治の対象となる社会の自律に光が当たる。チャパレについても、領域化に屈しないチャパレ住民の高い自律性を強調する研究がある（Grisaffi 2021）。

統治を目論む者とフロンティア空間の住民を相容れないとするのではなく、両者の相互作用に着目する記述もある。たとえば、法の執行においては、政府と住民が協働することがある。モラレス政権とチャパレ農民が意見交換をしつつ、コカ栽培を管理する様子を記述する研究もこれに類する（Farthing and Ledebur 2015）。

協働を描くことに対しては、相互行為の非対称性を看過しているという批判ができる。まず、統治を目論む者が結局は住民を従属させるという主張がある。チャパレの場合、政府を通じてコカの管理を司る与党ＭＡＳが、法を選択的に執行することで、党に対する忠誠を住民に強いているという批判がある（Rivera 2018）。これとは逆に、フロンティア空間の住民の方が法の執行を実質的に操作していることを強調する議論もある。その際、法に対する解釈と執行には、それに関わる人びとの思惑が交錯するため、法は事実上多元的な性格を持つことが注目される（Goodale 2007;

Hetherington 2014）。コカの流通規定をめぐって、コカの生産や販売に関わる者が多様な解釈を示すことで、法が狙っていた規制が無力化していることを示す研究はその例である（Spedding 2020）。

統治者を出し抜くフロンティア空間の住民を描く場合、それはいわゆる脱法的な行為を扱うことになる。管理者が脱法や汚職という表現を使う時、そこには法秩序を乱す負のイメージが伴うが、当事者の間では逆に正のイメージを有する。社会において周縁的な地位にある者は、自力で社会的上昇を遂げる見込みを持てず、困窮と隣り合わせにある。彼らにとって違法行為は生きていくための手段であり、それができることは有能さの証として評価される。さらに、違法行為が家族や有力者などを巻き込む場合、行為が成功することによって、その人間関係への帰属意識を一層高めるとされる（Pardo 2017; Bocajero 2018）。

このように、違法行為にまつわる統治者とフロンティア空間の関係については、多様な記述の仕方が可能であるが、いずれも両者を異なる人間集団として捉えているという共通点がある。これに対して現在のチャパレでは、後述するように、同一の人物が両者にまたがっている点に特徴がある。次節ではチャパレの歴史を、第三節ではモラレス政権発足以後のコカ規制の実態を扱い、統治者でありかつフロンティアの空間の住民であるとはどのような状態であるのかを説明する[3]。記述の根拠は文献資料および筆者の現地調査である。

二　チャパレの領域化

入植者と自治

チャパレは長らく人口の希薄な地域であった。ボリビアが一六世紀前半にスペインの植民地となっても、そして一八二五年にボリビアが独立した後も、散発的な入植が記録されているのみである。一八八〇年頃より、地主層による所有地の拡大から、地主から逃亡した農奴による入植まで、チャパレに分け入る人が増え始めた（Llanos 2008）。

チャパレの入植が国策の様相を呈した契機は第二次世界大戦である。連合国を率いる米国はボリビアよりスズをはじめとする鉱物資源を輸入してきたが、戦争を機に資源供給国としてボリビアを重視するようになった。一九四二年、米国はボリビア政府に対し、経済構造の多角化を目標とする国土開発の計画案を示した。その柱の一つが、未開拓の東部低地帯に交通網を整備し、大規模な企業的農業の拠点を築くことであった。これ以来、ボリビア政府は低地部への入植を奨励するようになった（Mesa et al. 2007）。

しかし、入植推進策は国土の東部に力点が置かれ、中央部にあるチャパレへの入植は、ビジャトゥナリを通過する道路が建設される以外、基本的に住民の自発性に従って進んだ。主な入植者は高地部の農民であり、出身村落の人口増で土地が不足し、新たな生活基盤を求めた者であった（Llanos 2008）。彼らの多くは自家消費の目的でコメやキャッサバ、トウモロコシを作る一方、換金作物としてコカを栽培した。コカは手入れが簡易で、年に二〜四回の収穫が可能であり、市場で得たコカの売上を肉や野菜の購入に充てた（Blanes 1983）。

政府は住民個人による土地の登記を受け入れず、複数の世帯で組合（sindicato）を組織し、組合が登記を申請することを求めた。このため、初期の入植は同郷の出身者や、チャパレで林業を営む企業の従業員仲間など、あらかじめ何らかの接点を持つ集団によって行われた。組合が成立すると、初期入植者と面識のない者が組合に直接コンタクトを取り、許可を得た上で開拓を行い、土地を組合に登録して、自らも組合員となった（Blanes 1983）。

組合は土地の管理のみならず、入植者の日常生活におけるトラブルの解決や、住民が共同で使う農道の整備なども行った。また、組合長を筆頭とする組合の役職の担当者は、日常生活での働きぶりや個人の能力などを踏まえ、組合員の互選で決められるなど、組合は民主的な自治政府と同然の機能を持つようになった。チャパレにおける政府のプレゼンスは小さく、たとえば警察署はチャパレに数か所しか配備されなかった上に、警官は常駐しなかった。組合によっては、警官の立ち入りを拒否さえした（Delaine 1980; Blanes 1983）。

コカの規制

ボリビアにおける当局によるコカ生産・流通の規制は植民地期より行われてきた。しかし、それは麻薬取締とは異なる目的を持っていた。主な目的として、ボリビアの主要産業である鉱業を支えるべく、生産者に労働者へのコカ供給を命じていたことがある（Hoffman 2011）。

コカをコカインと関連づけて規制する契機は国際的な麻薬取締の動きにある。一九六一年、国連は麻薬に関する単一条約（Single Convention on Narcotic Drugs）を採択した。後にボリビアを含む世界の大半の国がこれを批准したが、この条約はコカインのみならずコカの葉も麻薬としたため、ボリビア政府はコカを対象から外すよう要求した（Hoffman 2011）。

麻薬原料としてコカが認識されるもう一つの契機はコカイン生産の拡大である。先述の通り、一九七〇年代よりコロンビアを中心とする麻薬組織がボリビア産コカの購入を始めた。当時のボリビアは個人支配の性格が強い軍事政権下にあり、大統領によってコカ生産の対応は大きな揺れを見せたが、この頃より軍は麻薬取締りに関心を示し始めた米国と協力し、コカの作付制限を行った。典型的な方法は軍や警察がコカの木を抜くことで、これは「根絶（erradicación）」と呼ばれる（Delaine 1980）。

軍事政権は一九八二年に崩壊し、ボリビアは民主制へと移行した。当時、ボリビアの経済は極めて不調であった。原因は、軍事政権が産業振興などの目的で対外債務に依存した過度な財政支出を行い、それが深刻なインフレを招いたことにある。これに伴い、コカイン生産に携わる者がチャパレを含むコチャバンバ県一帯で増えた（Healy 1988）。一九八〇年代前半の新聞には、街はずれの小屋に平たい木枠の箱を持ち込み、灯油に浸したコカの葉を足で踏んでペーストを製造する「コカイン工場」を摘発する新聞記事がしばしば登場した。

新自由主義とＭＡＳ

一九八五年八月、インフレ抑制を図る政府は、国営企業の整理を柱とする経済政策パッケージを政令の形で導入した。ボリビアではこれが新自由主義の時代の始まりとされる。急激な緊縮政策によりインフレは早くに収束したが、景気はさらに冷え込み、失業者が急増した。

一方、好調なコカイン生産の影響でコカの市場価格は高く、チャパレは例外的に活況にあった。このため、農村のみならず都市からもチャパレへの移住が増えた。一説には、一九八〇年代半ばの時点で、ボリビアの全生産活動人口の五〜一一パーセントが直接ないし間接的にコカイン生産に従事し、ペーストの輸出はボリビアの正規輸出総額の四二〜八五パーセントに相当すると推計されている（Healy 1988; Llanos 2008）。

この状況を前に、ボリビア政府は米国の援助を受けて、本格的なコカ生産の管理に着手した。一九八八年には法律でコカの生産地が指定され、チャパレはこの指定から外れるとともに、パイナップルなどコカに代替する商品作物の栽培促進など多様な援助を受けた。しかし、代替作物の利益率は低く、コカ栽培は継続したことから、政府は軍や警察を動員してコカ栽培の根絶を進めたが、農民が逆に当局関係者を襲撃する事件も相次いだ。後に大統領となるモラレスはこの抵抗運動を率い、知名度を上げた（Maric and Azturizaga 1990; Grisaffi 2019）。

チャパレの農民は同時に、ボリビア国民が尊ぶべき植物としてコカを位置づけるキャンペーンを行った。「千年の歴史を持つコカ（coca milenaria）」など、アンデスの伝統を担う作物としてコカを表現しつつ、その根絶がボリビア人の経済のみならずアイデンティティを傷つけるものであり、「コカはコカインではない（Coca no es cocaína）」ことを繰り返し訴えた。組合は自ら運営する地元のラジオ局を通じてこの言説を日々放送し、住民の意識化を図る一方、フォルクローレのコンサートからコカを用いた料理教室まで様々なイベントを開き、チャパレの外に住む人びとにもこのメッセージを伝えた（Grisaffi 2019）。

さらに、チャパレの農民は選挙への参加という闘争の新しい基軸も打ち出した。一九八二年の民主化以後、新自由主義政策から違法コカの根絶まで、農民に不利な政策が相次いだことから、ボリビアの農民組合の間には、民主制に対する幻滅が広く見られた。これに対し、モラレスらチャパレの組合のリーダー達は、自らの政治手段として政党を持ち、議員を政界に送り込むことで、自らに不利な政策が作られないよう阻止することを唱えた。この構想をもとに結成されたのがMASであり、九八年から国政選挙に参加し、二〇〇五年の大統領選挙でモラレスは勝利を収めた（宮地 二〇一四：第二章）。

三　モラレス政権期のチャパレ[4]

農民が参加するコカの生産管理

大統領に就任したモラレスは従来のボリビア政府の見解を引き継いだ。すなわち、コカを尊重しつつ、コカインを一切許容しない方針を掲げた。ただ、コカ生産を管理する手法については、従来の政権とは異なるアプローチを採用した。

モラレス政権のコカ管理政策の起源は政権発足前に遡る。二〇〇四年九月、チャパレの道路網から離れた北西部の自然保護区内にて、根絶活動中の警察と軍が農民に包囲され、その際の銃撃で農民一名が死亡した。かねてより暴力的な根絶に懐疑的であった当時の大統領は、組合のリーダーであるモラレスと協議し、チャパレでのコカ栽培を条件付きで容認した（Mesa 2008）。具体的には、チャパレの組合に所属する（つまり組合が認める形で土地を持つ）世帯は一六〇〇平方メートル（四〇メートル四方）の土地でコカの栽培を認められた。この合法的なコカ栽培地はカト（cato）と呼ばれる。モラレスが大統領に就任した二〇〇六年には、カトの保有は世帯ではなく、土地を所有する個人に認められた[5]。

モラレスはまた、コカ生産を規制する活動から米国を排除した。モラレスは政界進出を図るようになって以来、グローバル資本主義を牽引し、ボリビアの伝統であるコカを否定する帝国主義的な存在として、米国を批判してきた。ボリビアでは、米国の麻薬取締局（ＤＥＡ）は二〇〇八年で活動を終了し、一三年には米国国際開発庁（ＵＳＡＩＤ）のプログラムもすべて停止された。そして、米国に代わってヨーロッパ連合（ＥＵ）がチャパレ開発援助の主要なドナーとなった。コカ根絶と代替作物の導入をトップダウンで進めるのではなく、農民側の意向を汲みつつ、生産の多角化を図ることがＥＵの方針である（Hoffman 2011; Uño 2019）。

管理の手法[6]

モラレス政権のコカ生産管理ではカトの管理が大きな課題であった。先述の通り、組合は組合員と土地の情報を政府に登録してきたものの、実際には遺漏が多く、最新の状況は組合員の理解や記憶に基づいていた。政府は土地の実際の使用状況を可視化する必要があった。

そこでモラレス政権は、国連薬物犯罪事務所（ＵＮＯＤＣ）などの援助を受け、カトのデータベースを整備した。データベースは農村開発省の下部組織として新設されたコカ局（Viceministerio de Coca）が管理した。データベースには生産者、カト、土地利用のモニタリングの結果、そして生産者による自主的な生産中止という四つの情報が入力された。

生産者管理はチャパレの各地に新設されたコカ局の出張所で行われた。カトを持ちたい者は事務所を訪ね、住民ＩＤを示し、必要事項を記入した書類を提出した。その後、顔写真の撮影と指紋の採取が行われ、顔写真入りの生産者証が交付された。

生産者は生産者証の交付の際にカトに関する情報も伝えた。政府は組合の協力を得ながら、衛星写真を用いて誰がどこに土地を持っているかを示す地籍図を用意した。[7] この地籍図をもとに、申請者は自分の所有地のどこにカトを設けるかを申告した（図３－３）。

政府はカトの登録を進める一方、カト以外の場所でコカが栽培されないよう、定期的に衛星写真で土地利用状況を確認した。高解像度の衛星写真では、草木の払われた畑は薄緑ないし茶色に浮かび上がり、画像を拡大すればコカが栽培されているかを確認できる。これを生産者によるカトの申告と照合し、問題が見つかり次第、該当する場所の組合に連絡した。組合は該当する土地を見分し、違反者に栽培の中止を求めた。求めに応じなければ、組合はコカ局に連絡し、コカ局の命を受けた軍と警察が根絶を行うこととされた[8]（Salazar 2018; Brewer-Osorio 2021）。

チャパレの農民組合はＭＡＳの支持基盤であり、モラレスのみならず政府全体に人的資源を供給している。国政・地方選挙における候補者選定は政党首脳部からの指名ではなく、組合の意向を汲んで選定される。チャパレのコカ生産管理にまつわる行政についても同様であり、コカ局から出張所まで、関連組織の長はチャパレの農民組合のリーダーが任命された。当然これは、行政職を住民に斡旋する利権供与の性格を持つ（Anria 2019; Grisaffi 2019; Brewer-Osorio 2021）。また、政府に協力的な組合に対し、政府はＥＵによる農業支援を約束するとともに、政府の財源で建築資材などを購入し、組合に供与した。資材は小学校や集会場となる組合の建物の増改築などに使われた（Salazar 2018）。

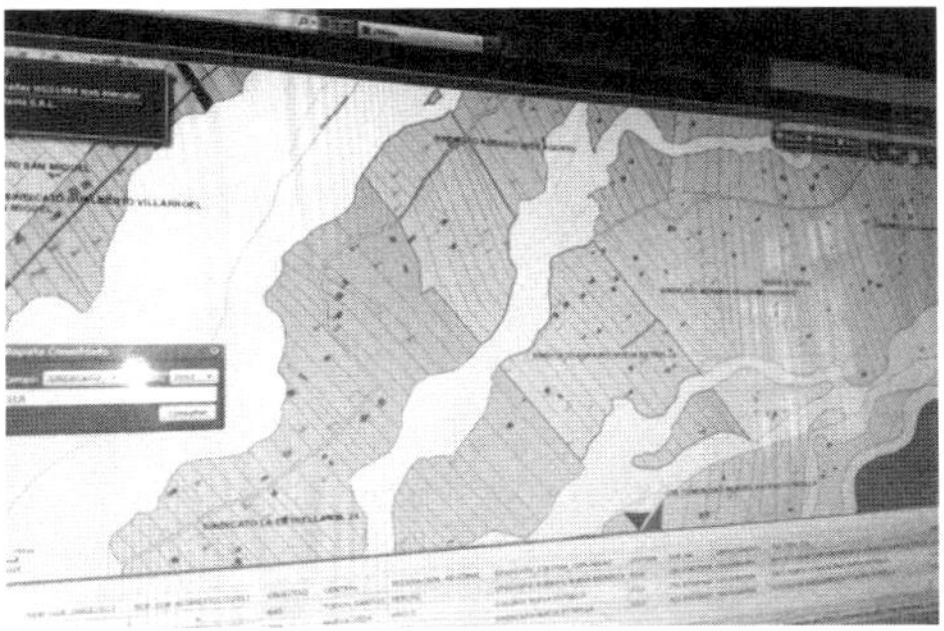

図 3-3　モラレス政権期のコカ栽培管理データベースの画面（Youngers and Ledebur 2015）

テクノロジーと利権を梃に、モラレス政権は過去の政権よりも体系的なコカ生産管理を実現した。モラレスは地元であるチャパレに戻るたびに管理政策に対する理解を組合に求め、党に取り立てられたコカ局関連の職員、そして党に今後取り立てられることを期待する組合のリーダーは、政府与党の方針を積極的に執行した。さらには、コカ局によるモニタリングとは別に、組合が自発的に定期的な見回りを行い、違法なコカ栽培やペーストの精製が行われていないかを確認することもあった。組合が独自に違法行為を見つけた場合、組合の判断でその行為に関わる組合員から土地を取り上げ、組合から追放する処分が下された（Llanos 2008; Anria 2019; Grisaffi 2019; 2022; Brewer-Osorio 2021）。

組合を通じた政府与党のプレゼンスは農民の日常生活でも顕著になった。強制的な根絶が行われなくなった結果、命を懸けて政府当局と闘うという緊張感は失われたが（Llanos 2008; Farthing and Ledebur 2015; Salazar 2018）、それに代わってＭＡＳへの支持を強いられる圧力が高まった。日常会話でＭＡＳを批判しただけで、そのことが組合で問題として取り上げられ、土地を奪われ、追放された農民も少なくなかった（Grisaffi 2019; Brewer-Osorio 2021）。

「コカはだいたいコカインである」

このように、モラレス政権は踏み込んだコカ生産管理を試みたが、その成果は十分でないという評価が一般的である。UNODCによれば、モラレス政権期の間、コカの違法作付け面積も、政府によるペーストの押収量も減少しなかった（UNODC 2020）。これは、一部のチャパレの農民が政府与党に面従腹背の姿勢を取り、麻薬生産に回す分のコカを生産してきたことを意味する。

チャパレを含むコチャバンバ農村部では、麻薬を話題にすることをはばかる傾向がある。話した相手がＭＡＳにつながっていて、自身が麻薬生産に従事している疑いが持たれることを恐れるからである。しかし、個人的な会話では、コカインに関する農民の率直な意見を聞くこともある。チャパレで長年フィールドワークを行っているトマス・グリサッフィ（Thomas Grisaffi）の民族誌には、チャパレの農民であるミルトン（仮名）がコカの木を植付ける作業を、グリサッフィが手伝った際の会話が記されている。

私はコチャバンバ市の観光客向けマーケットで購入したＴシャツを着ていた。背中には「コカはコカインではない」とスペイン語で記されていた。ミルトンはそれを見ると笑って、「まあ、時にはそうかな……実際にはコカはだいたいコカインだけど」とふざけて言った……フィールドワークの間、私はよく、人びとからコカに対する見方について議論を吹きかけられてきた。そこには、私は外国人だから、コカを本当にひどいものと思っているのだという彼らの前提が感じられた。私はミルトンの気を悪くしないよう……これは実に良い木だねと伝えると、ミルトンは私のことを笑って、こう言うのだ。「おいおいトマス、コカがどこに行くと思ってるのさ。ここにあるコカを全部噛んで消費できるのかい。コカインがなければ、コカの商売もない。コカはすべて「白い工場［※筆者註、ペーストを精製する工場］」に行くのさ[9]」(Grisaffi 2021: 41)

カトの登録が始まって以後、チャパレ農民の間では、政府の規制をかいくぐり、コカ生産をなるべく増やす様々な試みがなされた。まず、コカ局や組合の栽培の見回りに周期性を見つけ、その間にカトの外側でコカを栽培した。半年に一度の見回りであれば、最大でも二回はコカの収穫が可能であった。さらには、ソラマメをはじめ他の作物を育てている畑にコカの木を混ぜて植え、カムフラージュを図る者や、組合の規制を逃れるべく、チャパレの北西に広がる自然保護区の奥地に無断でコカ畑を持つ者も現れた (Salazar 2018; Grisaffi 2019; 2021)。

また、地籍図作成の期間に、家族内で所有する土地を細かく分けてコカ局に申請することが見られた。これにより、主に世帯主とされる成人男性のみならず、配偶者や子、親、さらには遠い親戚までも土地所有者となり、コカ生産者として登録できるようになった。組合員すなわち土地所有者は居住者と同じではなくなり、複数の組合に属して、複数のカトを所有する者が多数出現した (Salazar 2018; Grisaffi 2019)。

コカ局のデータベースを精査した結果、既に死去した親戚の名前を使ってカトを登録する例もあった。カトの登録には住民ＩＤが必要であることを考えれば、ＩＤを持たない死者の生産者登録は不可能なはずである。それが実際に発生しているということは、違法を働こうとする者とコカ管理政策を担う組織が結託していることを示唆する。

それが明確になった例として知られるのがペースト工場の摘発の見送りである。カト登録初期の二〇〇七年以後、チャパレに多数のペースト工場が発見された。これにより、工場の運営者はもちろんのこと、工場のある土地の所有者の責任が問われることとなった。本来なら、組合は土地を没収し、所有者である組合員の資格をはく奪し、コカ局に通報する必要がある。ところが、工場の存在が発覚しても、土地の没収や警察による逮捕に至らない事例が相次いだ。先述の通り、コカ局に連なる行政組織の運営者は組合のリーダーであり、組合員の処罰によって組合での人間関係が悪化するのを恐れたとされる（Salazar 2018）。

コカ管理政策に反する行為が、ローカルな人間関係のもと組織的に行われていることも知られている。グリサッフィの民族誌には、チャパレの農家に生まれ、コチャバンバ市に出て市役所員となった者が中途で退職し、チャパレでペースト工場を作った男が登場する。この転職に伴い、月三〇〇ドルであった月収は三倍以上に増えた。用地を確保し、コカの葉やガソリンなどの原料を大量に集め、ペーストを売り渡すという一連の作業は親戚関係の協力のもとで行われた。親戚にはコンパドラスゴ（compadrazgo）、すなわち出生時に名付け親になることで親戚関係となる血縁関係のない疑似親族も含まれていた（Grisaffi 2021）。

秩序維持の手段としてのコカイン

チャパレのコカがコカイン生産につながっていることを誰もが知っていて、違法行為があることを互いに黙っている状況において、一部の者だけが処罰されるのはなぜだろうか。組合が違法行為を見つけ、それを法の定める手順の通りに処分した例は当然存在する。しかし、違法行為に直接関係のない原因で処罰が下ることもある。

コチャバンバ農村部において、コカイン生産という行為はいかがわしい人間のレッテルとして使われることがある。筆者が滞在した農村では、組合の会合に参加しない、組合の会費を支払わない、組合が呼びかけた共同作業を手伝わないなど、組合員としての義務を果たさない者に対してコカイン生産との関わりが噂される。噂になった者が実際にそのような活動に従事しているかは不明である。義務を果たさないことは村民と顔を合わすことがないことを意味し、そのような者はコカイン生産のような違法行為を陰で行っているに違いないという類推がそこには働いている。チャパレの場合、こうした良き隣人でないことが現実の処罰につながる。たとえば、チャパレを含むコチャバンバ農村部では、農民が隣人と土地をめぐるトラブルを抱えることが頻繁にある。主な原因は、農民が自身の所有地から外にはみだして播種や植樹をすることにある。これが意図的か否かは判断が難しく、基本的には当事者間の話し合いで解決されるが[10]、これが不調に終わった場合に、被害者が加害者をコカイン生産に関わっているとして訴えることがある。他にも、日常会話の中で馬鹿にされたこと、借金を返さないなどといった個人的なトラブルが契機となり、同様の告発が組合になされることがある（Grisaffi 2021）。

違法行為に伴う利益の独占もまた、組合への告発の原因となる。先に挙げた、市役所勤務を辞めてペースト工場を建設した男は、この点において興味深い動きを示している。彼は親戚の成人式や結婚式の費用を積極的に負担するとともに、新生児の名付け親となることで疑似親族を増やし、必要に応じて彼らの生活を支援している（Grisaffi 2021）。ペースト工場が運営できるのは周囲の理解があってのことであり、運営を維持するには周囲の不満を解消し、仲間を増やすべく、利益を分け与えねばならないことをこの事例は物語っている。

四　結　語

かつて無主の地であったチャパレでは、入植者が組合を組織し、政府もまた組合に統治を任せていたことで、自治的な領域化が実現した。その後、コカイン生産のネットワークがチャパレに広がると、ボリビア政府はその「無秩序」をただすべく、コカ根絶とコカに代替する作物の生産を促した。しかし、地元農民の理解は得られず、暴力的な対立が生じた。チャパレ農民を代表する政治家であるモラレスが政権を獲得したことで、農民との協調のもと、カトに限定したコカ生産と地域振興が図られているが、農民はコカイン生産に関連する活動を今も手放していない。

チャパレの状況は、領域化を語る際に政府と住民が明確に分かれたり、対置されたりする枠組みでは捉えられない性格を持っている。第一に、統治と被統治、加害と被害といった対立関係について、その双方を同一の人間や集団が含み込むという同時性が見られる。ボリビアはグローバル資本主義における周縁的な位置にある途上国である上に、政府はチャパレの開発に消極的で、しかも一九八〇年代からは緊縮的な経済政策が採用された。こうした理由で、チャパレの農民は行政サービスを受けられない新自由主義の被害者であったと言える。しかし、まったく同じ理由によって、彼らは組合による自治の制度を作り、麻薬生産ネットワークとのつながりを利用して自ら生計を立てる生産者となり、ボリビアの平均的な農民に比べれば豊かな生活を送ることができた。モラレス政権下のコカ管理政策においても、チャパレ農民は政府の支持基盤であり、組合を通じて管理の末端を担いつつ、コカイン産業に連なる余地を常に残してきた。

第二に、対立関係のどちらに立つかが固定されない流動性も見られる。コカ根絶に反対していた農民が、与党MASに引き立てられてコカ局の職員となるや、コカの管理に躍起になることや、チャパレに生まれ、市役所員となった者がペースト工場を営むようになったことはその例である。チャパレの農民は個人的な動機によって統治をする側にも、統治から逃れる側にも立つのであり、政府や党、組合、家族への忠誠を生み出す利権供与や人間関係を維持するモラルが作用する場面はあるものの、それが個人を完全に拘束するわけではない。

チャパレの状況は麻薬産業に伴う典型的イメージとは大きく異なる。麻薬ビジネスと言えば、マフィアが関係者の一挙手一投足を管理し、それに逆らう者は命の危険にさらされる様子が想起される。しかし、チャパレにおける暴力は政府による一方的な根絶作戦においてのみ生じ、政府が介在しないコカやペーストの生産や流通は驚くほど平穏な形で行われている[11]。これは、チャパレが開発途上国であるボリビア政府の統治の周縁であったとともに、麻薬生産ネットワークにおいても労働集約的な原料供給地という周縁にあり、強力な政府やマフィアが住民の行動を管理する必要がなかったことに関連しているものと考えられる。何が違法か、何がマフィアの利益を損ねるのかという明確な基準が常に厳しく問われる必要のない場所で、チャパレの農民は自らの立場をあいまいにできる余地を残しつつ、流動的に立場を変えている。支配を目論む政府や資本、そして管理の対象となる住民という枠組みを超え、国家と麻薬生産ネットワークの周縁にある者が、それらへのつながりを利用しつつ動き回る状況はたしかに存在するのである。

注

[1]　行政区分上ではコチャバンバ（Cochabamba）県北部のチャパレ（Chapare）、ティラケ（Tiraque）、カラスコ（Carrasco）の三地区を指す。

[2]　二〇一九年にも大統領選挙が行われたが、政府による開票不正の疑いにより激しい抗議行動が起き、再選を図ったモラレスは亡命した。翌年の大統領選挙でＭＡＳ候補者が勝利した後、モラレスはボリビアに戻った。

[3]　筆者はチャパレに二〇〇六年から現在まで延べ約一か月間滞在したのみであるが、チャパレへの入植者を継続的に送り出すコチャバンバ県高地部の農村に長期在住した経験を持つ（宮地 二〇一七）。また、コチャバンバ市は定期的に訪問しており、そこでの観察もまた記述に反映されている。

[4]　この節のコカ管理政策に関する変遷はFarthing and Ledebur（2015）に依拠している。

[5]　なお、生産に加えて流通の規制もなされ、チャパレのコカを販売する市場は一か所のみとされている。

[6]　このセクションの内容は本文中に示された引用を除き、Uño（2019）とUNODC（2021）に依拠している。

[7]　土地所有状況の確定作業は二〇一〇年に終了した。

[8]　実際には、モラレス政権は「根絶」という強い表現を改め、「合理化（racionalización）」という表現を用いた。

[9]　このように、コカとコカインを区別する政府の言説をシニカルに否定する認識はコチャバンバ県全体でも共有されてもいる。県都コチャバンバ市では、チャパレから買い物客がよく来ると街の景気が良くなるという言説がよく聞かれるが、その背後には都市経済がコカイン取引の恩恵を間接的に受けているという理解がある。

[10]　当事者間の話し合いは現地の組合で行われるが、時にはその域を超える場合もある。筆者が滞在した高地部村落の住民はビジャトゥナリの西部に広がる未開拓地にカトを持つことが多かったが、そこで土地トラブルが発生すると、出身の高地部村落の組合が話し合いに立ち会うことがあった。

［11］ チャパレのみならず麻薬生産ネットワークでは、政府に依存しない自生的な秩序が創出されることについて、Arias and Grisaffi（2021）。

引用・参考文献

下條尚志 二〇二一『国家の「余白」 メコンデルタ—生き残りの社会史』京都大学学術出版会。

宮地隆廣 二〇一四『解釈する民族運動—構成主義によるボリビアとエクアドルの比較分析』東京大学出版会。

宮地隆廣 二〇一七「「失敗」したプロジェクトのその後—ボリビア農村部の貯水池建設」青山和佳・受田宏之・小林誉明（編著）『開発援助がつくる社会生活—現場からのプロジェクト診断 第二版』、大学教育出版、一八二−二〇六頁。

Anria, S. 2019 *When Movements Become Parties: The Bolivian MAS in Comparative Perspective*, Cambridge University Press.

Arias, E. and T. Grisaffi. 2021 Introduction: The moral economy of the cocaine trade. In (E. Arias and T. Grisaffi eds.) *Cocaine: From Coca Fields to the Streets*, Duke University Press, pp.1-40.

Blanes, J. 1983 *De los valles al Chapare: Estrategias familiares en un contexto de cambios*, CERES.

Bocajero, D. 2018 Thinking with (il) legality: The ethics of living with bonanzas. *Current Anthropology* 59, supplement 18: 48-59.

Brewer-Osorio, S. 2021 Turning over a new leaf: A subnational analysis of 'Coca Yes, Cocaine No' in Bolivia. *Journal of Latin American Studies* 53: 573-600.

Delaine, B. 1980 Coca farming in the Chapare- Bolivia: A form of collective innovation, PhD dissertation, Saint Louis University.

Farthing, L. and K. Ledebur. 2015 *Habeas coca: Control social de la coca en Boliva*, Open Society Foundations.

Gamboa, F. 2013 *Las pugnas por la democracia en Bolivia: Una evaluación del sistema político*, Académica Española.

Goodale, M. 2007 The power of right (s): Tracking empires of law & new modes of social resistance in Bolivia (and elsewhere). In (M. Goodale and S. E. Merry eds.) *The Practice of Human Rights: Tracking Law between the Global and the Local*, Cambridge University Press, pp.130-162.

Grisaffi, T. 2019 *Coca Yes, Cocaine No: How Bolivia's Coca Growers Reinvented Democracy*, Duke University Press.

Grisaffi, T. 2021 The white factory: Coca, cocaine, and informal governance in the Chapare, Bolivia. In (E. Arias and T. Grisaffi eds.) *Cocaine*, pp.41-68.

Grisaffi, T. 2022 Enacting democracy in a de facto state: Coca, cocaine, and campesino unions in the Chapare, Bolivia. *The Journal of Peasant Studies* 49(6): 1273-1294.

Hetherington, G. 2014 Regular soybeans: Translation and framing in the ontological politics of a coup. *Indiana Journal of Global Legal Studies* 21(1), article 3.

Healy, K. 1988 Coca, the state, and the peasantry in Bolivia, 1982-1988. *Journal of Interamerican Studies and World Affairs* 30 (2-3): 105-126.

Hoffman, K. 2011 La problemática de la producción de coca en Bolivia. *Búsqueda* 38: 139-181.

Llanos, D. 2008 Coca, sindicato y poder: Economía campesina en los tiempos de erradicación y post-erradicación forzosa de la hoja de coca en el Chapare. *Temas sociales* 28: 35-60.

Maric, M. L. and E. Asturizaga. 1990 Producción de coca en Bolivia. In (W. Mostajo comp.) *Coca: Hacia una estrategia nacional,* Honorable Senado Nacional, pp. 23-33.

Mesa, J. et al. 2007 *Historia de Bolivia*, 6ª edición, Gisbert.

Mesa, C. 2008 *Presidencia sitiada: Memorias de mi gobierno*, Comunidad/ Plural.

Pardo, I. 2017 Introduction: Corruption, morality and the law. In (I. Pardo ed.) *Between Morality and the Law: Corruption, Anthropology and Comparative Society*, Routledge, pp. 9-26.

Rivera, S. 2015 *Mito y desarrollo en Bolivia: El giro colonial del gobierno del MAS*, Piedra Rota/ Plural.

Salazar, F. B. 2018 Límites del programa erradicación de control social de cultivos de hoja de coca: El caso del Trópico de Cochabamba - Bolivia, 2006-2015. *Revista THEOMAI* 37: 114-145.

Scott, J. 2009 *The Art of Not Being Governed: An Anarchic History of Upland Southeast Asia*, Yale University Press.

Spedding, A. 2020 *Masucos & vandálicos*, Mama Huaco.

Uño, M. 2019 Informe final: Fortalecimiento de la capacidad institucional en los sectores de desarrollo integral con coca, tráfico ilícito de drogas y seguridad alimentaria para una eficiente gestión del apoyo presupuestario sectorial en Bolivia (DITISA). DCI/LA/2017/392-699, Unión Europea, julio.

UNODC (United Nations Office on Drugs and Crime), 2021 *Estado Plurinacional de Bolivia: Monitoreo de cultivos de coca 2020*, UNODC/ Estado Plurinacional de Bolivia.

Youngers, C. and K. Ledebur. 2015 Building on progress: Bolivia consolidates achievements in reducing coca and looks to reform decades-old drug law, Washington Office on Latin America (WOLA) research report.

第Ⅱ部

住民にとってのフロンティア空間

第4章

佐川　徹

領域化の進展と統治されない態度

——東アフリカ国境地域における開発と牧畜社会

農場の建設予定地：エチオピア西南部の乾燥地域には広大な原野が広がる。国家の管理が十分におよんでこなかったこの地域にも、近年では商業農場などの開発が進んだ。

一　土地豊富社会からの転換期

人口稀少社会としてのアフリカ

サハラ以南アフリカ（以下、アフリカと記す）は、土地面積あたりの人口数、つまり人口密度が低い「土地豊富／人口稀少」地域として、しばしば特徴づけられてきた。この人口条件は、歴史的に地域の人間関係や慣習に様々な影響を与えてきた。歴史学者のアイリフによれば、アフリカの諸社会では、多産性を重視する文化的価値や子どもの数を最大化する一夫多妻のような社会制度が育まれた（Iliffe 2017）。土地豊富社会において、貴重なのは土地ではなく人ないしその労働力だからである。また、人類学者のコピトフは、自然災害や人間関係のもつれに直面した人びとが故地からの移動を重ねることで、アフリカには多くの小規模な政体が形成されてきたと述べる（Kopytoff 1987）。

「土地豊富／人口稀少」地域では、国家や強制的な権力を行使しようとするリーダーの統治から移動／逃避する空間が、相対的により広く人びとに開かれていた。[1]これらの空間は、人びとに新たな生活を営むという「実現可能性のある希望（the realistic hope）」（Kopytoff 1999）を抱かせるフロンティア空間だったといえる。もちろん、植民地化以前からアフリカにも集権的な統治機構を有する国家は存在してきた。ただし、統治を試みる側は、住民が抑圧的な政治体制に対しては「自分の足で投票する」（Hirschman 1978; 峯 一九九九）、つまり移動／逃避していくという選択肢を有していることを織り込みながら、統治を進める必要があった。

政治学者のハーブストは、前植民地期から植民地期、さらに独立後にいたるまで、アフリカでは権力の中心部から地理的に離れた地域における統治が困難であり続けたと主張した（Herbst 2014）[2]。アフリカの伝統的国家では政治体の中心部に人口と権力が集中し、そこから辺境へ向かうにつれて人口密度は下がり、到達する権威も衰えた。西欧の歴史とは対照的に、アフリカの国家間には地図上で示しうるような明確な境界は存在せず、国家辺境部における「安全保障」という概念が育まれることもなかった。そのため、国家にはそれらの地域に統治を貫徹する動機が希薄であった。辺境部で行政システムやインフラの整備にコストをかけても、それに見合う政治的・経済的な利益は得られなかったからである。ハーブストは、この中心と辺境の関係は植民地化以降も基本的に変わらなかったと述べる[3]。

国家統治の進展と牧畜社会

二〇世紀後半以降から、この「土地豊富／人口稀少」地域としてのアフリカは大きな転換期を迎えている[4]。多くのアフリカ諸国が独立した一九六〇年からその半世紀後の二〇一〇年の間に、アフリカの人口は約三・六倍に増加した。そして今日、この人口増加からも影響を受けながら、少なくともいくつかの国では、国家が国境付近の辺境部にまで領域化を貫徹するための政策を精力的に進めている。その代表的な国の一つが、本書第1章で武内が取り上げているルワンダであり、もう一つの国が本章の対象となるエチオピアであろう。エチオピアでは、一九九一年に成立した新政権が長期にわたって権力を保持する過程で権威主義的な傾向を強めた。後述するとおり、この政権による農業政策や食料安全保障政策は、遠隔地域にくらす人びとの生活に多大な影響を与えてきた。

だからといって、時代が下るにつれて国家による住民の統治が全面的かつ不可逆的に進展していくわけではない。また、統治の強化に資すると思われる政策が、住民に統治から逃れる手段を提供したり、統治の正統性を相対化する想像力を人びとに喚起することもある。本章では、主に国家と住民の関係の歴史的推移をたどりながら、序章で指摘された統治の可逆性や限定性、また統治をめぐる人びとの想像力に注目する。そのことを通して、人びとが国家空間のなかにその統治から逃れる空間を創出したり、国家への生活の依存を強めながらも国家の統治論理から距離を取ってきたことを示したい。

焦点を当てるのは、東アフリカの乾燥地域にくらす集団ダサネッチである。彼らの大部分は、ケニアや南スーダンとの国境付近に位置するエチオピアの西南端にくらしている。二〇一六年時点の人口は約六・五万人であり、総人口が一億人をこえるエチオピアでは圧倒的なマイノリティ集団である。彼らはエチオピア高地に発するオモ川がトゥルカナ湖に流れ注ぐ地域の周辺にくらしている。オモ川はほぼ毎年氾濫し、水が引いたあとの氾濫原は豊かな放牧地と農地を提供するため、近年まで彼らの主要な生業は牧畜と氾濫原農耕だった。

東アフリカ牧畜社会の多くは首都から遠く離れた国境地域に位置し、一九八〇年代までは国家統治の影響がきわめて希薄な地域とされてきた。だが、これは精度の荒い理解である。それ以前の時代にも、統治が強化された時期とそれが緩んだ時期があったからだ。その一方で、一九八〇年代からは牧畜社会が開発政策や市場経済化の影響をそれ以前よりつよく被るようになったことは事実である。特に二〇〇〇年代に入ると、国境付近の牧畜社会にも次々と巨大な開発事業が押し寄せるようになった。

以下では、まずダサネッチがフロンティア空間への移動を通して形成された集団であることを示す。つぎに、複数の国家がダサネッチのくらす土地をフロンティア空間として位置づけた一九世紀末から二〇世紀前半における国家と住民の関係を示す。そして、その後一度は中央政府から放置されたこの地域が、二一世紀に新たなフロンティア空間として同定されるなかで、ダサネッチが国家との関係をどのように調整しているのかを論じたい。特に注目するのは、国家主導の開発事業が人びとの国家に対する認識に与える影響である。近年になって、ダサネッチの生活には国家から給付される食料や現金が欠かせないものとなった。しかし、人びとが国家に対してつよい依存や負い目の感覚を抱いているわけではない。本章の最後では、国家の統治に完全には服従しないダサネッチの態度について検討しよう。

二　ダサネッチの生成史と移動

ダサネッチという集団が現在の形を成しはじめたのは、一九世紀初めごろだと推測される。ダサネッチは八つの地域集団から構成されている。地域集団とは居住地や放牧地をある程度同じくし、重要な儀礼をともに行う人びとの集まりである。八つのなかで規模が大きい地域集団はインカベロとインコリアであり、両者はあわせてシールと呼ばれる。シールは、もともと現在のダサネッチの居住地から二〇〇キロほど南に位置するトゥルカナ湖南岸の地ゲリオにくらしていたとされる。一九世紀の初め、シールと隣接する集団クゥオロとの間で対立が深まったが、その経緯は彼らの口頭伝承で以下のように語られている。

ある日、クゥオロの男がシールの男をアカシアのとげがある木陰に招いて「ここに座れ」といった。「とげがたくさんあるので座れない」というと、再び「座れ」といった。クゥオロはミルクが一杯に入ったひょうたんカップと、家畜の血が一杯に入ったカップを手に持っていた。そして、シールに二つを混ぜて飲むように要求した。シールの男は「両方のカップともひたひたに入っているので混ぜることができない。もし混ぜると地にこぼれてしまう」と答えた。クゥオロの男は「シールとわれわれはこのミルクと血のようなものだ。両方とも一杯で交じりあうことはできない」と言い残して帰っていった。のちにクゥオロはシールを攻撃してきた。（佐川 二〇一一）

「両方とも一杯で交じりあうことはできない」という表現に示されているように、衝突の原因は家畜を飼養するために必要な放牧地や水場が、干ばつや人口増加によって不足したことだとされる。このクゥオロからの攻撃を受けて、シールの一部は北方へ移動し、現在のオモ川下流地域にたどりついた。移動した先には、先住者であるマルレという集団が居住していたが、シールは自集団の呪術者の力を用いて彼らを追い払い、その土地を自分たちの居住地とした。また、主に漁労に依存するエレレという集団もそこにくらしていたが、彼らとは友好的な関係を築くことになった。エレレは現在のダサネッチを構成する地域集団の一つである。

シール以外の地域集団の多くも、似通った理由にもとづいて別の地域からダサネッチの地域へと移住してきた（佐川 二〇一一）。当時この地域には、国境は存在しないし、民族集団間の境界も流動的だった。そのため、紛争の発生や自然災害による被害、感染症の流行などを契機にこのような集団レベルの離合集散が頻繁に起きたし、個人レベルでの移動／逃避もなされていた。人びとは、新たな生活を営むという「実現可能性のある希望」を抱くことができるフロンティア空間へと足を向け、移動先で新たな政体を形成したり、移動先の集団へ統合された。特に、オモ川下流地域は、広大なサバンナの広がる空間のなかでオモ川という永久河川が流れる地だったため、多くの人びとに「実現可能性のある希望」を抱かせたのである。

三　帝国統治のフロンティア空間

エチオピア帝国による軍事征服

ダサネッチと近隣の牧畜に依存した諸集団は、もともと集権化された統治機構の存在しない「政府のない社会」を形成していたが、一九世紀末にダサネッチはエチオピア帝国の攻撃を受けた。それ以降、第二次世界大戦にいたるまで、エチオピアとイギリス、イタリアという三つの帝国がこの地域をフロンティア空間として同定し、進出を試みた。牧畜民にとって、異なる集団間には明確な空間的境界が存在せず、また放牧地は永続的な所有の対象ではなく一時的に利用する場所であった。それに対して、近代国家は空間にクリアな境界線を引き、その内部を自国の恒久的な領土として管理を及ぼすことを試みる点で、牧畜民とは異質な空間をめぐる想像力を有したアクターといえる。

エチオピアには二千年以上前から国家が存在してきたとされるが、その勢力圏は標高が高い現在のエチオピア北部地域から中部地域に限定されていた。今日のエチオピア国家の領域が形成されたのは一九世紀後半である。一八八九年に即位した皇帝メネリク二世は南部の低地地帯にまで軍を進め、今日のエチオピアの領域をほぼ画定した。帝国軍は、一八九八年にダサネッチがくらすオモ川下流地域にも進軍し、この地を征服した。その結果、ダサネッチの生活域の多くは、一九〇七年に結ばれた「イギリス・エチオピア協定」(Anglo-Ethiopian agreement) によりエチオピア領となった。

この軍事侵攻の背景には、ウガンダを植民地化したイギリス軍が、ダサネッチらがくらす低地地域を北上する準備を進めているとの情報をエチオピア側が得たことにあった。イギリス軍は、エチオピア高地への進出の足がかりを得る目的でこの北上を計画したとされる。メネリク二世は、国家中心部への緩衝地帯として低地地域をその領域に組み込む動機があったのである。軍事征服後、ダサネッチの地に軍隊が常駐することはなかったが、そこから二〇〇キロほど北に位置するマジという地に、エチオピア高地出身の軍人が移住してきた。彼らは、一九一〇年代から一九二〇年代にかけて、国境付近にくらすダサネッチや彼らと国境をこえて隣接する牧畜民トゥルカナらと協力して、イギリス領東アフリカへ襲撃を重ね、奴隷や象牙、家畜を略奪した。

ガイガーは、アジアとラテンアメリカにおける先住民コミュニティと外部からその地を訪れる人びととの遭遇を検討する際に、「居住（settlement）のフロンティア」、「抽出（extraction）のフロンティア」、「管理（control）のフロンティア」という三つのフロンティアの形態を同定した。居住のフロンティアは、外部地域の人がそこに移住して生活を営む空間である。抽出のフロンティアは、鉱物資源や農作物などの資源を外部へと抽出していくための空間である。そして管理のフロンティアは、政治的統治を新たに及ぼすための空間である（Geiger 2008）。[5]この分類を採用すると、一九世紀末以降、牧畜民がくらす国境地域は、エチオピア政府にとっては管理のフロンティア空間となり、一部の軍人や商人にとっては抽出のフロンティア空間となったといえる。

国境の設定とその利用

一方のイギリス植民地政府は、国境確定後も国境付近の治安確保のために一定の力を割く必要があった。トゥルカナはイギリスによる植民地化に一九一〇年代まで軍事的な抵抗を続けたし、上述したエチオピアの軍人らによる国境をこえた略奪も続いたからである。そこで、イギリスはトゥルカナとダサネッチへ軍事的なパトロールを行うとともに、領域化の強化、つまり国境付近での人やモノの出入りの管理を進めることで、住民への統制を強めようとした。

しばしば指摘されるとおり、アフリカ諸国の国境は住民の生活を考慮せず設けられたため、人びとの生活に否定的な影響を与えた。だが国境は、地域住民に新たな機会をもたらすこともあった（Nugent and Asjiawu 1996）。国境地域は、国家による統治の実行力が作用することで、異なる政治・経済圏が隣接する空間となる。地域住民にとっては、その実行力があくまでも限定的なものにとどまる点が重要だ。国家による監視の目を逃れて、複数の政治・経済圏を越境したり接合したりすることで、人びとの生活に新たな可能性が切り開かれるからである。

では、ダサネッチやトゥルカナに国境はどのような機会をもたらしたのか。一つは国家による軍事的脅威からの逃避先である。二〇世紀初め、トゥルカナが植民地政府の討伐対象とされたとき、彼らの一部はダサネッチの地へ逃げたし、ダサネッチがエチオピア政府から攻撃対象とされたときには、その逆のことが起きた。国境は国際条約で定められているため、隣国の領土に他国の軍隊はおおっぴらに侵入できない。国境の存在が、住民に抑圧から逃れる空間を提供したのである。もう一つは国境をはさんだ交易、特に銃の取引の進展である。イギリス植民地領内では銃の流通は厳しく管理されていたのに対して、ダサネッチはエチオピアの商人や軍人から家畜や象牙と交換に銃を入手できた。ダサネッチは、その銃をトゥルカナの家畜と交換することで経済的利益を得たし、トゥルカナは植民地政府への抵抗手段として銃を用いた。

イギリス植民地政府は、牧畜民が放牧に利用していた国境付近の広大な土地を「無人地帯」に設定することなどを通して、国境をこえた人とモノの出入りを管理しようとした。だが、ダサネッチとトゥルカナは協力しながらこの放牧地の利用を続けた。「無人地帯」で各集団がばらばらに放牧していると、政府のパトロール隊に発見されやすくなる。そこで、両者は家畜の群れを統合して、できるだけ目立たない形で放牧を行った。また発見された場合には、ダサネッチだけではなくトゥルカナもエチオピア側に逃避した。イギリスのパトロール隊はエチオピア領にまで深追いできないからである。

つまり、国家が国境を設定し、また国境付近の領域化を通して統治を強化しようとしたのに対して、人びとは国家の監視の目をかすめながらその国境を利用し、また近隣民族と協力することで、国家による抑圧から逃れたり、国家による領域化の営みに対抗しようとしたのである。

第二次世界大戦後の放置

エチオピアは一九三五年にイタリアの侵略を受けると、翌年からその占領下におかれた。国境地域は、イタリアとイギリスが領土の獲得と防衛をめぐってしのぎを削る前線となったため、イタリア軍はダサネッチの地に駐屯した。ダサネッチの若い男性は、この時期にイタリア軍による訓練を受けて、イギリス軍やトゥルカナと交戦した。当時この戦いに動員された男性は、イタリアはダサネッチに銃や食料の物資を供給したため、両者は協力的な関係を築いたと語る。

一九四一年にエチオピアはイギリス軍により解放される。すると、一九二〇年代までの両者の政治的な緊張関係は解消され、エチオピアの軍人による象牙や奴隷の略奪攻撃もなくなった。そのため、ダサネッチがくらす地域は、国家や軍人にとって政治的にも経済的にも重要性を喪失した。戦後に常駐することになった少数の警察官を除けば、首都から遠く離れ、暑い太陽の日差しが降り注ぐこの地に北方から移住してくる者もいなかった。定住農耕を基盤とした生活を営んできた高地の人びとに、この地域は新たな生活を送る「実現可能性のある希望」を抱かせる空間とはみなされず、居住のフロンティア空間とはならなかったのである。

一九六〇年代末にダサネッチの実施調査を行った人類学者アルマゴールは、当時の国家とダサネッチの関係を、「放置せよ（left alone）」という古代帝国による辺境統治になぞらえている（Almagor 1986）[6]。これは、自分たちに反抗するそぶりさえ見せなければ、人びとが従来からの生活をそのまま営むことを許容する国家側の姿勢である。一九世紀末から管理と抽出のフロンティア空間とされたこの地域は、第二次世界大戦後には国家中心部から地理的に離れたただの「辺境（periphery）」としてほぼ放置状態に置かれたのである。この時期、国境の存在によって、一九世紀末以前のような集団規模での移動や異なる民族への統合は起らなくなったものの、人びとは政府が設けた境界に様々な穴をみつけて、国境をこえた交易や共同放牧などを頻繁に行った。

四　二一世紀のフロンティア空間

開発事業と領域化の進展

国家とダサネッチの関係は、一九世紀末以降を接続の時代、第二次世界大戦以降を放置の時代と呼ぶとすると、二〇〇〇年代以降は再接続の時代と呼ぶことができる（佐川 二〇二〇）。この時期に、ダサネッチの利用してきた土地が、国家や企業によって再度フロンティア空間として位置づけられることになったからである。

二一世紀に入ってエチオピアは急速な経済成長を遂げた。首都では高層ビルの建設ラッシュが続いているが、牧畜民がくらす首都から遠く離れた地域でも、過去になかった規模とスピードで多様な開発事業が実施されている。これらの事業のあり方は、スコットが指摘した悲惨な結果をもたらす国家主導の開発事業の特徴によく合致している（Scott 1998）。つまり、進歩主義的な価値観と合理的な社会デザインへの楽観的な展望を有した権威主義的な政府が進める画一的なプロジェクト、という特徴である。地域の固有性に適切な配慮が払われることなく進められるこれらの事業は、しばしば住民のくらしに大きな犠牲を強いる。

二〇一〇年前後から、ダサネッチの生活に影響を与えている大規模な開発事業は、商業農場の開設と原油の試掘、オモ川上流部でのダム建設である。これらの事業は、道路建設などのインフラ整備と並行して進むため、多くの移住者を地域に招きよせる。ダサネッチ郡の行政庁が置かれた町オモラテは、二〇一〇年ごろから、高地の人が仕事を求めて移住する居住のフロンティア空間となった。

また、村落部では政府やローカルＮＧＯによる小規模な事業も進められている。二〇〇九年、私がダサネッチの友人とともに、彼の居住村からオモラテの町へ歩いて向かった際、彼は政府が建てた家やＮＧＯによりフェンスで囲われた土地などを指さし、「ここにも高地人（ウシュンバ）が来ている、あっちにもだ」と吐き出すように口にした。「高地人」とは、エチオピア高地からダサネッチに移住してきた人びとのことである。また、村にくらすダサネッチは、町に住み政治家や行政官となったダサネッチに対してもこの「高地人」という表現を用いる。一九世紀末にエチオピア帝国に軍事征服されて以来、ダサネッチは高地人を自分たちのことを支配し見下す国家の体現者であり、一方的になにかを奪っていく存在として捉えてきた。人びとは、高地人によって自分たちの生活空間が領域化されていることを、村にくらしていてもつよく意識するようになった。

村落部における領域化の進展を決定的に印象づけたのが、商業農場の建設であった。二〇〇九年、私が調査を続けてきた集落のすぐ脇に、エチオピア北部出身者が経営する大規模な商業農場が開設された。農場は、ダサネッチが主に一時的な放牧地として利用してきた土地を流用して建設された。ダサネッチがくらす土地の大部分は国家の土地登記がなされていなかったが、農場では先行して土地登記がなされ、企業が合法的な土地利用者とされた[7]。農場の周囲は、家畜が畑に入って穀物などを食べないよう、雇用されたダサネッチらが警備を行った。大部分のダサネッチは農場に対して否定的な反応を示したが、家畜をわずかしか持たない貧困化したダサネッチの一部は、農場からの給料で生活の改善を試みたのである。

「南」というフロンティア空間

では、村落部で進むよそ者によるこの領域化に対して、人びとはどのような対応を取ったのだろうか。以下では、近隣に農場が建設された村の若者に焦点を当てて議論を進めよう。この農場の契約面積は一〇〇〇ヘクタールであったが、二〇〇九年の時点ではまだ三〇ヘクタールしか整備は進んでいなかった。そのため、村人はこの地にとどまって従来の生活を続けることは可能だったのだが、二〇一〇年ごろから、若者の一部は村から離れて数十キロ南方に位置する空間へ移動していった。ほかの村人らは、この若者たちによる移動を、しばしば「彼らは南に行った」と表現した。「南」（*uro*）とはオモ川の氾濫原とトゥルカナ湖の北岸地域を指している。だが、「彼らは南に行った」という発話の文脈において、「南」という語は単なる地理的意味をこえた含意を有している（佐川 二〇一九ａ）。

ダサネッチは、自分たちの活動空間を主に四つに分類して説明する。彼らの居住域の北部に位置し、氾濫がおよばないオモ川沿いの土地は「バード」（*baad*）と呼ばれる。人びとはここに半定住村をかまえる。オモラテの町がある地もバードである。この地は男性年長者の管理のもとに重要な儀礼が開かれるため、特に若者の観点からは階層的な世代関係が強調される生活空間としてイメージされる。

それに対して、オモ川から東西に離れたところに位置し、標高がやや高くなっている空間は「ドゥッゴ」（*duggo*）と呼ばれる。ドゥッゴでは主に、若い男性が中心となってキャンプをかまえ、家畜とともに移動を重ねる。ここは、若者同士の対等性が重視される空間だが、トゥルカナなどの近隣民族の成員と遭遇して紛争が発生することも多く、生活に緊張を強いられる空間でもある。

三つ目の「ワルゲールレ」（*war geer le*）は直訳すれば「オモ川の中」という意味であり、オモ川の氾濫原を指す。オモ川はトゥルカナ湖に流れ注ぐ二〇キロほど北で分岐するが、分岐により構成されるデルタとその周辺地域が氾濫原を構成する。四つ目の「バスインノ」（*bas inno*）は「湖の縁」という意味であり、トゥルカナ湖の北岸地域を指す。オモ川の氾濫期にはここも増水した湖水に覆われる。

ダサネッチの生活空間で南方に位置するこの三つ目と四つ目の空間は、氾濫水が引いた後には緑にあふれた豊かな土地となり、主に若い男性とその家族が家畜キャンプや農耕キャンプを設ける。「南」に移動して生活を営む年長者もいるが、バードの半定住村にとどまる年長者も多いため、この地では多くの年長者の参加が不可欠な重要な儀礼は行われない。年長者のつよい管理がおよばず、また近隣集団が利用する土地から遠方に位置しているため、特に若者は「南」を開放的なくらしができる空間としてイメージする。

ダサネッチの土地には、上述した農場を含めて二〇一五年までに六つの商業農場が開設された。いずれも、川沿いの土地で灌漑に適していながらも氾濫水はおよばないバードが建設地となった。この建設に反発した若者の一部が「南へ行った」のである。彼らは「南」の氾濫原で牧畜を続けたのに加えて、新たにオモ川やトゥルカナ湖での漁労を始めた。従来、漁労はダサネッチにおいて「家畜をもたない貧しい者」だけが行う生業と見下されていた。しかし、都市部での魚の需要が増加し、ケニアとの国境をこえてソマリ人商人が魚の買い付けに訪れるようになったこともあり、若者らは次第に漁労への参入を始めた（佐川　二〇一九a）。

国家と企業による領域化が進むバードの土地に対して、「南」の土地は町からも遠いし、また氾濫原なので灌漑農業を行うことは困難である。そのため、もともと開放的な空間というイメージがあった「南」は、農場建設を境として、高地人によるつよい影響から逃れられる「自由な空間」というイメージが付与されるようになった。そしてその「南」では、従来からの牧畜や氾濫原農耕に加えて漁労が営まれることで、人びとに新たな生活を送る「実現可能性を有した希望」をもつ土地として想像されるようになったのである。

この空間イメージは、実際に「南に行った」若者だけが抱くものではなく、バードの集落にとどまった人にも共有されたものである。たとえば、二〇一五年に村落部で開かれた会合で、町から訪れた政治家がダサネッチへの支援食料の到着が遅延した理由を説明していた。その説明に不満を抱いたある高齢の女性は、「もしも食料がこないのならば、私は南の息子のところへ行ってしまえばよいのだ」と発言した。政府は定住化政策を進めているため、人びとが「南」に移動してしまうのは避けたいことだ。この女性は、自分たちには「南」という代替的な生活を送りうる自由な空間があると示すことで、政府が援助を適切な時期に配給するよう要求していたのである[8]。

食料安全保障政策が変える国家イメージ

だが、この「南」は短い時間経過のなかで「実現可能性のある希望」を抱かせる空間ではなくなっていった。その理由は、オモ川上流部に建設されたギベ第三ダムの影響である。二〇〇六年の建設開始時、ギベ第三ダムはサハラ以南アフリカで二番目に大きなダムとされ、二〇一五年一〇月から稼働を始めた。国際ＮＧＯらは、ダム建設によりオモ川の水量が減り下流に氾濫がおこらなくなること、またトゥルカナ湖の水位が下がりその塩化が進むことに対して、警告を続けてきた。実際、ダムが完成に近づいた二〇一五年と完成後の二〇一六年には氾濫はほとんど起こらなかった。そのため、氾濫原でかつてのような農耕や放牧を行うことは難しくなったし、魚も取れにくくなったと人びとは語る。氾濫の縮小ないし停止によって、「南」は代替的な生活空間を提供する場所ではなくなったのである。

エチオピア政府は、農場に利用する土地の流用やダム建設に対して、人びとへ公的な補償を支払っていない。ただし、別の政策が人びとから失われた資源や機会を部分的に埋め合わせる機能を果たしている。それは、エチオピア政府が二〇〇五年から開始した「生産的セーフティネット・プログラム」（ＰＳＮＰ：Productive Safety Net Program）という食料安全保障政策である。この政策では、食料へのアクセスに問題を抱える世帯に、公共労働に従事する対価として毎年六ヶ月分の食料や現金を給付する。給付と並行して、農業技術移転などを進め、安定的な食料を確保する手段を対象世帯に提供する。ダサネッチがくらす行政区は、二〇一一年の第三フェーズからこの政策の対象となったが、特にダムが稼働を始めた二〇一五年からの第四フェーズで登録者数が大幅に増加した。同郡の二〇一六年の推定人口は六五三五三人だったが、このうち二万四九六九人がＰＳＮＰに登録された。つまり、全人口の三八・二パーセントにあたる人が、半年分の食料ないしそれに相当する現金を政府から給付されていたのである（佐川 二〇一九b）。

この食料安全保障政策は、従来の国家と住民の関係を二つの点で変化させつつある。一つは定住化の進展である。ＰＳＮＰの給付を受けるためには、彼らが登録されている行政区で週五〜六回の公共労働に従事する必要がある。欠勤が続くとＰＳＮＰの登録から除外されてしまうため、人びとは基本的に同じ場所に定住して生活を続ける必要がある。ＰＳＮＰの実行を通して、生活の移動性の度合いが減少しているのである。国家はこれまでにも強制的な定住化政策を実施したことがあったが、人びととの反発にあい失敗してきた。しかし、ＰＳＮＰにおいて、人びとは食料や現金を得るかわりに、定住的な生活に重心を置くようおのずと促されていく（Alene et al. 2022 を参照）。

もう一つは、ダサネッチが抱く国家をめぐるイメージの転換である。上述したとおり、ダサネッチにとって国家とは、自分たちからいつもなにかを奪っていく高地人が体現している存在であった。それに対して、ＰＳＮＰは人びとに一年のうち六ヶ月のあいだ、食料や現金を提供する。歴史を振り返れば、時の皇帝や首相などがダサネッチの地を訪問した際に、食料や物資を大量にふるまったことがある。しかし、これはダサネッチにとっては国家というより、カリスマ的な個人の気前の良さによってもたらされた贈与だと認識されているし、その贈与はあくまでも一回かぎりのものだった。それに対してＰＳＮＰにおいては、カリスマ的な存在ではなく、ふつうの郡の役人が毎月定期的に粛々と食料を配分する。国家は一方的に奪っていくだけの存在から、生活に不可欠な物を継続して与える組織だという認識が人びとのあいだで生じているのである。

二〇一六年に最近の食料事情についてダサネッチの四〇代男性と話していた際、彼は片手を広げて前に出し、指を一つ一つ折り重ねながらつぎのように述べた。「ダサネッチが生活を頼るものは四つある。オモ川（の氾濫）、雨、家畜、国家。最初の三つはいまはなくなってしまった。神は遠すぎて、長老でも話すことができない」。ダサネッチによれば、オモ川の洪水と雨をもたらすのは、空ないし上方に遍在するとされる神であり、その神と交信できるのは長老である。だが、今日ではその神がどこか遠くへ行ってしまっており、長老の洪水や雨を求める願いも届かない。両者に依存した家畜もやせ細っていく一方である。そのため、今日、人びとは四つ目の国家が提供する食料や現金に頼るしかないとこの男性は話した。

人口増加と生活の苦境の関係

本章冒頭で触れたように、アフリカでは二〇世紀後半から急激な人口増加が続いている。この増加はときに「人口爆発」と呼ばれ、大規模開発や統治の強化の必要性を正当化する論拠として挙げられる。本節の最後に、近年のダサネッチの生活の苦境に、人口増加がどれほど関係しているのかを検討しておこう。

一九六八年から一九六九年にダサネッチの実施調査を行った人類学者のアルマゴールは、当時の人口を一万五〇〇〇人と見積もっている（Almagor 1978）。政府による一九九四年の人口統計ではダサネッチの人口は三万二〇四一人だった。また、二〇一六年の推定人口統計は六万五三五三人となっている。これらの数値を信頼した場合、二〇一六年の人口は一九六〇年代終わりと比較して四倍以上、一九九四年と比較してほぼ二倍となっている。

この人口増加は、人びとが生業経済に利用する土地の不足をもたらしたのだろうか。彼らの生活の基盤の一つとなってきた牧畜に関しては、人口一人当たりの所有家畜頭数に大きな変化は見られない。アルマゴールによれば、一九六八／六九年時点の一人当たり所有家畜頭数はウシ三～四頭、小家畜（ヤギとヒツジ）九～一〇頭であった（Almagor 1978）。政府統計によれば、二〇〇〇／一年の所有頭数はウシ四・四頭、ヒツジ四・九頭、ヤギ五・二頭、また二〇一四／一五年はウシ一〇・二頭、ヒツジ四・五頭、ヤギ六・四頭である。これらの数値に依拠すれば、一九六〇年代後半以降、人口は大幅に増加しながらも一人当たりの所有家畜頭数は維持ないし増加していることになる。つまり、ダサネッチの地には家畜を飼養するための放牧地と水場にもともとかなりの余裕があったということだ。ただし、この余裕はオモ川の氾濫原の存在に支えられてきたものであり、ダム建設による氾濫の減少ないし停止は家畜の放牧地や水場の確保につよく否定的な影響を与えつつある。二〇一五／一六年以降、人びとの家畜所有頭数は大きく減少していることが推測される。人口増加それ自体ではなく、政府の開発事業による利用可能な資源の減少こそが、人びとの生活に苦境をもたらしているのだ。

五　負い目を抱くのはだれか

統治の強化と生活の困窮

ここまでの議論をまとめよう。「政府のない社会」であったダサネッチにおいて、元来、移動する自由を人びとから強制的に奪う組織は存在しなかった。もちろん、近隣集団との関係が悪化すれば、その相手集団がくらす土地へ移動することは困難となっただろうが、集団間の緊張関係は一時的なものでしかなかった。そのため、緊張が緩和すると、人びとは他集団のもとへも移住したり、その集団の正式なメンバーとして受け入れられたりすることもあった。

一九世紀末のエチオピア帝国による軍事征服とその後の国境画定は、この移動と帰属の自由を制約する側面を有した。ただし、人びとは自らの生活空間が国境付近として位置づけられたことを利用して、国家の抑圧から移動／逃避する空間を見出した。国家から軍事的な攻撃を受けた際、ダサネッチは国境をこえることで、トゥルカナから庇護を受けて一定期間は生活できるという「実現可能性のある希望」を持つことができたのである。さらに、第二次世界大戦後には国家による統治が大幅に緩んだため、少なくとも個人レベルの移動は国境付近でかなりの程度、自由に行われていた。

二一世紀に入ると、政府主導の大規模開発が進み、もともとは「ダサネッチの土地」であった空間への自由な移動やその利用も、国家と企業による領域化によって困難となった。その状況下で、人びとは「南」を自分たちの内なるフロンティア空間として同定し漁労を始めることで、新たな生活スタイルを生みだした。しかし、このフロンティア空間は、ダム建設による氾濫の減少ないし停止によって、すぐに「実現可能性のある希望」を抱かせる空間ではなくなった。氾濫の停止と入れ替わりに、多くのダサネッチは国家から提供される食料と現金に依存した生活を送らざるをえなくなりつつある。

故地での生活が困難になった人たちには、新たな生活の可能性を求めて都市部へ移住したり出稼ぎに行く選択肢が存在する。だが、ダサネッチでは、外国の都市はもちろん、エチオピアの首都アディスアベバへ移動する人もごくわずかだ。二〇一三年時点では、三〇代の国会議員一人を除いて、首都に住んでいたダサネッチはいなかった。地元の町オモラテでの職を探している若者に話を聞くと、遠方の町に移動してもほかのダサネッチはほとんどいないし、いたとしても彼らは有力な社会ネットワークをもっていないので、仕事を紹介してもらうことは期待できないという。多くのダサネッチにとって、遠く離れた大都市は新たな生活のために「実現可能性のある希望」を抱かせる空間とはなっていないのである。

国家との関係をめぐる想像力と負い目

以上のようにまとめると、たしかにダサネッチにとっては国家の統治から移動／逃避するための空間は次第に狭まり、次第に「出口なし」の状況に追い込まれているかのように映る。しかし、このような理解は二つの点で不適切である。一つは、今日の国家や企業による領域化がどれだけ継続するのかはわからない点である。二〇〇〇年代後半以降に開設された農場は、二〇一五年の時点で少なくとも三つが閉鎖されていた。トウモロコシや綿花の収穫量が少なかったことや灌漑設備の故障が多発したこと、つまり、これらの事業が地域の生態環境に合致しなかったことが、閉鎖の原因とされている[9]。農場跡地は、かつてと同じようにダサネッチが家畜の放牧に利用するようになった。第二次世界大戦の前後を比較すれば明らかなように、統治の進展は時間の流れに応じて不可逆的に進むわけではない。そのことは、ダサネッチ自身が自分たちの歴史的経験からよく認識している。彼らは、高地人などのよそ者は「突然やってきて突然去っていく存在」とみなしている（佐川 二〇一六）。彼らが国家の実施する開発事業に積極的に協力するわけでも激しい抵抗運動をするわけでもないことの背景には、このような外部世界に対するクールな認識が存在している。

もっとも、過去の経験は商業農場に関してはあてはまる部分があるにしても、一度建設されたダムが破壊されてオモ川の氾濫がかつてと同じように発生する可能性は低い。その点で、ダサネッチはより継続的な形で国家との関係を持たざるを得ない状況に置かれることになったというべきだろう。この新たな状況下で、統治の進展の度合いを検討するために注目する必要があるのは、人びとが国家に対して抱く想像力であり、またその想像力が基盤となって形成される高地人に対する態度である。

前節で、国家から給付される食料や現金に生活を頼らざるを得なくなっていると話したダサネッチの男性を紹介した。ただし、ここで注意が必要なのは、人びとが政府からＰＳＮＰの物資を受けとることに負い目を感じているわけではないことだ。彼らは、地方政府との会合で、食料や現金を引き続き給付してもらえるよう「お願い」するのではなく、給付の量や登録者数が少ないことへの不満を述べたてる。給付が遅延した場合は政府へ抗議するとともに、高地人が適切な行政能力や十分な富を有していないとダサネッチ同士で語りあう。このような態度が示される一つの理由は、自分たちが公共労働に従事していることだが、それ以上に重要なのは、ダサネッチがＰＳＮＰで給付される食料や現金は「高地人のものではない」と認識していることだ。

ある男性は、二〇一六年に近年の食料事情の困窮をめぐってつぎのように述べた。「神も高地人も同じである。神は雨を降らさずに自分たちのためにとっておき、豊かとなる。高地人は白人からの食料を自分たちのものにして豊かになる。ダサネッチだけは家畜を失い貧しくなる」。この言明はつぎのような意味だ。神は本来であれば雨を大地にもたらしダサネッチに恵みをもたらすべき存在なのに、近年では雨を自分の手元にとどめているため、ダサネッチは干ばつに苦しめられている。また、高地人も本来であれば現在よりもっと多くの食料をダサネッチに与えるべきである。なぜならそれらの食料は、「白人」がダサネッチへ与えるために高地人へ預けたものでしかないからだ。だが、高地人は預かり物の食料のすべてをダサネッチに渡さず、その一部を自分たちのものにして豊かになっている。

実際、ＰＳＮＰの予算の九割以上はドナーから提供されたものである。だが、ここで男性が念頭に置いているのはその事実ではない。ダサネッチは、高地人が所有している車や銃などは「白人」がもたらしたもので、高地人はそれらをつくる知識や能力、富を有していないとよく語る。このような認識は、部分的に彼らの歴史的経験に依拠している。一九三七年から一九四一年まで、ダサネッチは彼らの地に駐屯したイタリア軍と友好的な関係を築き、銃など大量の物資を無償で手に入れることで、「白人」の豊かさを痛感した。またダサネッチによれば、エチオピアは単独ではイタリアの侵略に対抗することができず、イギリスからの助力を得てどうにか独立を回復できた。つまり、高地人が有している力とは、あくまでも「白人」からの支援や「白人」がもたらした道具に依存した二次的なものでしかないのである。人びとは、PSNPによってもたらされる大量の食料や現金もこれと同様の観点から捉えている。高地人ないしエチオピア国家は、あくまでも「白人」がダサネッチに与えた食料を媒介するだけの存在なのである。

人類学者のクラストル（二〇二〇）は、一見似通ってみえるメラネシアのビッグマン社会とポリネシアのチーフ制社会に、だれがだれに負い目の感覚を抱くのかという点で根本的な違いがあると指摘する。メラネシアにおいて、ビッグマンは常に住民に気前よく物を分配する必要がある。ビッグマンは人びとからの承認を受けることで初めてその地位を保持することができるからだ。その意味で、メラネシアではビッグマンが人びとに負い目を抱いている。それに対してポリネシアでは、人びとはチーフに様々なモノを貢納したり労働を提供したりする。与えているのは人びとの側なのに、彼らはチーフが原初に自分たちへ土地の権利などを与えてくれたという信念を抱き、自分たちこそがチーフに多くを負っていると認識している。クラストルは、リーダーが負い目を感じるメラネシアのような社会からリーダーに負い目を感じるポリネシアのような社会への移行に、統治する側とされる側という階層的な関係が固定化する「〈国家〉を持つ社会」の発生を見出している。

だれがだれに負い目を抱くのかという議論は、今日の国家と住民の関係を分析する際にも重要な視点を提供してくれる。人類学者のファーガソンは、貧者向けの社会的保護政策が広がる現代アフリカを事例に分配をめぐる新たな政治の可能性を検討し、その実現の障害となる一つの要素として、給付される人びと自身が自分以外の存在から物や現金を受け取ることを自己の劣位性の表現とみなす考えを抱いている点をあげる（Ferguson 2015）。

この指摘とは対照的に、ダサネッチは国家から給付を受けることを自分たちの劣位性の表れだとは考えていない。彼らは、PSNPによる食料や現金の給付を受けることで、国家への生活の依存をたしかに強めている一方で、国家こそが自分たちに負い目を抱いている、あるいは抱くべきなのだと認識している。国家はダム建設などによって自分たちの生活を苦境に陥れ、農場建設のために自分たちから土地を奪ったし、本来は「白人」がダサネッチに与えた食料の一部を懐に入れているからだ。だからこそ、食料の不足などに対して、自分たちは国家につよく要求を突きつける正統性を有していると考え、実際にそのような要求を折に触れてしているのだ。少なくともダサネッチの視点からは、自分たちと国家の関係は「ポリネシア的」なものではなく「メラネシア的」なものとして捉えられているのである。

ダサネッチの国家に対する関係を長く特徴づけてきたのは、国家の影響圏から「退出（exit）」することだった。だが、近年の大規模な開発事業とPSNPを通して、自分たちは国家に対する「発言」（voice）（ハーシュマン 二〇〇五）を行う正統性を有しているとの意識も生じつつある。国家統治の完全な外部を目指すのではなく統治の内部へ部分的に分け入ることで、人びとはいま在る土地空間にとりあえずとどまりながら、自分たちの生活に新たな可能性を切りひらく道を探っているのである。

注

［1］ 二〇世紀に「国家のない／に抗する社会」をめぐる人類学的研究が蓄積したのは、サハラ以南アフリカや中南米の社会であった。また東南アジアやサハラ以南アフリカの研究からは、近代西洋型の領域国家モデルとは異なる国家像が提示された（e.g. Tambiah 1977; Southall 1988）。これらの地域は、日本や中国、南アジア、ヨーロッパなどの「土地稀少／人口豊富」地域に比べて、「土地豊富／人口稀少」地域と特徴づけることができる（Herbst 2014を参照）。

［2］ 国家の視点から統治が難しいということは、住民の視点からすれば統治から逃れやすいことを意味する。住民の視点から国家の捕捉能力の弱さに着目した議論が、政治学者ハイデンの「捕捉されない小農（uncaptured peasant）」をめぐる議論である（Hyden 1980）。この「捕捉されない」という語の意味内容は、スコットの「視認不可能な《イレジブル》（illegible）」という語のそれに近い。ただし、スコットは小農の歴史的な経験に適切な目配りをしていないとして、ハイデンの議論へ批判的に言及している（Scott 1998）。

［3］ 前植民地期から植民地期、そして独立後の時代の連続性を強調するハーブストの議論には、植民地化以降の統治政策の影響を過度に低く見積もっているという批判が可能である。

［4］ ただしハーブストは、彼の著作の第二版が出版された二〇一四年時点においても、アフリカにおける人口密度の低さという政治地理的要因は基本的に変化していないと述べる（Herbst 2014）。

［5］ もちろん、この三つのフロンティア空間のあり方は明確に区分できるものではないし、一つの遭遇の際にこの三つの動きはしばしば並存するものだろうが、議論を整理するための分類としては有用である。

［6］ アルマゴールは、このような国家の姿勢が一九世紀末の軍事征服からハイレ＝セラシエ帝政時代まで続いたとしているが、これは不適切である。上述したとおり、一九世紀末から第二次世界大戦にいたる時代は、比較的つよい統治の試みが国家によりなされていたからである。

［7］ 近年の農場建設は、この地域の牧畜民にとって一九世紀末の軍事征服に次ぐ「第二の征服」だと位置づける論者もいる（Hurd 2016）。

［8］ なおこの時期には、ケニア側に移動して新たな生活を送る選択肢は失われた。一九八〇年代後半にこの地域に自動小銃が拡散して以降、ダサネッチとトゥルカナの間には何度も衝突が起きて緊張関係が継続した。また二一世紀に入ると、ケニア側のトゥルカナの土地で原油の試掘や風力発電所の建設などが進められ、国境をめぐってエチオピアとケニアの両国が緊張状態に置かれることになった。そのため、国境の往来は国家がつよい監視の目を光らせるようになったのである。

［9］ これにくわえて、政府と企業の関係性が悪化したことが企業の撤退の一因であるとの噂もあった。政府は、農業建設によって国境地域の治安を改善する目論見も有していたため、ダサネッチと近隣民族の紛争が発生する舞台にもなってきた土地を企業に貸し出したが、企業はそのことを事前に知らされていなかったことから対立が生じたというのである（佐川 二〇一九c）。

引用・参考文献

クラストル、P　二〇二〇『政治人類学研究』原毅彦（訳）、水声社。

佐川徹　二〇一一『暴力と歓待の民族誌―東アフリカ牧畜社会の戦争と平和』昭和堂。

佐川徹　二〇一六「フロンティアの潜在力―エチオピアにおける土地収奪へのローカルレンジの対応」遠藤貢（編）『武力紛争を越える―せめぎ合う制度と戦略のなかで』京都大学学術出版会、一一九‐一四九頁。

佐川徹　二〇一九ａ「漁労を始めた牧畜民―ダサネッチにおける生業をめぐる文化的評価とその変化」『社会人類学年報』四五：四一‐六二。

佐川徹　二〇一九ｂ「エチオピアにおける食料安全保障政策と激変する農牧民の生活―大規模開発事業との関係に注目して」『アフリカ研究』九五：一三‐二五。

佐川徹　二〇一九ｃ「現代世界におけるフロンティア空間の動態」『民博通信』一六四：一〇‐一一。

佐川徹　二〇二〇「関係性の記憶とその投影―大規模開発に直面したエチオピア農牧民の生活選択」五十嵐誠一・酒井啓子（編）『グローバル関係学七　ローカルと世界を結ぶ』岩波書店、一七九‐一九八頁。

ハーシュマン、Ａ Ｏ　二〇〇五『離脱・発言・忠誠―企業・組織・国家における衰退への反応』矢野修一（訳）ミネルヴァ書房。

峯陽一　一九九九『現代アフリカと開発経済学―市場経済の荒波のなかで』日本評論社。

Alete, G. D., J. Duncan and H. van Dijk 2022 Development, governmentality and the sedentary state: The productive safety net programme in Ethiopia's Somali pastoral periphery. *Journal of Peasant Studies* 49-6: 1158-1180.

Almagor, U 1978 *Pastoral Partners: Affinity and Bond Partnership among the Dassanetch of South-West Ethiopia*. Manchester University Press.

Almagor, U. 1986 Institutionalizing a fringe periphery: Dassanetch-Amhara relations. In (D. Donham and W. James eds.) *The Southern Marches of Imperial Ethiopia*. Cambridge University Press, pp. 96-115.

Ferguson, J. 2015 *Give a Man a Fish: Reflections on the New Politics of Distribution*. Duke University Press.

Geiger, D. 2008 Turner in the tropics. In (D. Geiger ed.) *Frontier Encounters: Indigenous Communities and Settlers in Asia and Latin America*. International Work Group for Indigenous Affair, pp. 75-215.

Herbst, J. 2014 *States and Power in Africa: Comparative Lessons in Authority and Control* (Second Edition). Princeton University Press.

Hirschman, A. O. 1978 Exit, voice and the state. *World Politics* 31-1: 90-107.

Hurd, W. 2016 Surviving the second conquest: Emperor Menelik and industrial plantations in Ethiopia's Omo valley, *Solutions* 7-1: 68-73.

Hydén, G. 1980 *Beyond Ujamaa in Tanzania: Underdevelopment and an Uncaptured Peasantry*. Heinemann.

Iliffe, J. 2017 *Africans: The History of a Continent* (Third Edition). Cambridge University Press.

Kopytoff, I. 1987 The internal African frontier: The making of African political culture. In (I. Kopytoff ed.) *The African Frontier*. Indiana University Press, pp. 3-84.

Kopytoff, I. 1999 The internal African frontier: Cultural conservatism and ethnic innovation. In (M. Rösler and T. Wendl eds.) *Frontiers and Borderlands: Anthropological Perspectives*. Peter Lang, pp. 31-44.

Nugent, P. and A. I. Asijawu eds. 1996 *African Boundaries: Barriers, Conduits, and Opportunities*. Bloomsbury USA Academic.

Scott, J. C. 1998 *Seeing Like a State: How certain Schemes to Improve the Human Condition Have Failed*. Yale University Press.

Southall, A. 1988 The segmentary state in African and Asia. *Comparative Studies in Society and History* 30-1: 52-82.

Tambiah, S. J. 1977 The galactic polity: The structure of traditional kingdoms in southeast Asia. *Annals of the New York Academy of Sciences* 293-1: 69-97.

第5章

大澤 隆将

開発され切らない熱帯泥炭地

——インドネシア、スマトラ島のリアウ州の一村落の事例を通して

インドネシア・リアウ州、火災で焼けた泥炭地に植えられたアブラヤシの苗：リアウ州を流れるカンパール川中流域には、繰り返される泥炭火災により広大な草原が広がる。焼け跡にアブラヤシを植栽するが、乾季の火災と雨季の洪水で見通しは明るくない。

一　はじめに[1]

熱帯泥炭地とは、熱帯地域において分解されずに炭化した植物遺骸（泥炭）が数千年にわたり水中で堆積した土壌を持つ土地である。全世界に四四一〇万ヘクタールにおよぶ広大な面積があるとされ、特に東南アジアにはその半分以上にあたる二四七八万ヘクタールが存在すると推計されている（Page et al. 2011）。熱帯泥炭地帯は、自然状態では湿地である場合が多く、その上に熱帯雨林が生育する。こうした泥炭湿地林の内部での居住や移動は困難である。湿地を排水することで利用が可能となるが、泥炭土壌に含まれる硫酸が放出され、土壌とそこを流れる水は強い酸性を示す。さらに有機物であることからミネラル分に乏しい貧栄養の土壌である。結果として、泥炭湿地は基本的に農業に不向きな土壌であり、潮汐灌漑[2]を行える一部感潮帯を除き、ほとんど利用されてこなかった（古川 一九九二：阿部 一九九七）。人びとは泥炭が堆積した地帯の周縁部に暮らし、その森林資源の一部を利用するのみであった。一九八〇年代にインドネシアにおいて低湿地を研究した農学者の古川久雄（一九九二：九四、二三六）は、泥炭地を含むインドネシアの湿地帯について人口過疎地や未開発地を意味する文脈で、「フロンティア」と形容している。

しかしながら、インドネシアの泥炭地が、本書において定義される「外部者の視点からは現在の居住者による管理や利用が希薄ないし過少に映る空間」としてのフロンティアの色彩を本格的に強めるのは一九九〇年代以降である。スハルト大統領政権下（一九六六－一九九八）で国土開発が急速に進展した結果、農業や林業で利用可能な土地は徐々に減少し、それまで利用されてこなかった泥炭地の産業開発が始まった。泥炭湿地林の伐採と木材の利用に続き、伐採跡地でのアカシア（パルプ用材）とアブラヤシ（実と種子から油脂を精製）の効率的な栽培技術が確立されると、一九九〇年代後半から二〇〇〇年代にかけて、国家と大企業による泥炭地の開発が進んだ。このような急激な泥炭地の開発により、環境問題——具体的には、泥炭土壌の乾燥劣化による炭素放出、火災の頻発、それに伴う煙害——が表面化する。この問題に対応するため、政府は二〇一〇年代に入ってから泥炭地と天然林の開発許可の新規発行を凍結し、泥炭地の乾燥劣化問題に対処する泥炭地回復庁を大統領直属の独立機関として設置した。

こうした泥炭地に対する完全な利用と管理を目指す政策が施行されているにもかかわらず、泥炭地の大部分は依然としてフロンティアであり続けている。すなわち、アブラヤシ企業は依然として泥炭地において合法・非合法な土地開発を続けており、都市居住者は泥炭地におけるアブラヤシ栽培を効率の良い投資先と考えており、泥炭地に暮らす地域住民はそれまで利用してこなかった泥炭地をブローカーへ売却するか自身のアブラヤシ園とするか、頭を悩ませている。泥炭地は依然として人間の管理や利用が完全には行き届かない土地空間であり続けており、土地利用をめぐる葛藤は、現在も続いている。

本章で描写されるのは、インドネシア、スマトラ島東部のリアウ州の一村落、ランタウ・バルにおける歴史である。この村落の住民は、国家や資本がもたらした想像力や実行力を受け入れながら、村落周辺の泥炭地のアブラヤシ園としての利用を志向している。しかしながら、こうした管理や利用は貫徹されていない。この村の後背泥炭地は、人びとが依然として自身の想像力を実現するべく試行錯誤を繰り返している土地空間であり、統治の貫徹されないフロンティア空間であり続けている。なぜ、こうした状況にあるのか？　住民が、村落の外部者とのコミュニケーションを通して泥炭地に対する想像力と実行力をダイナミックに変化させていく過程を描写しながら、泥炭地が開発され切らない理由と、泥炭地のフロンティア空間としての性質について、考察を行う。

二　森林開発の展開

本章の主題であるランタウ・バル村周辺の泥炭地利用の変化を描写する前に、インドネシアにおける泥炭地を含む森林域の利用の拡大について説明を行う。インドネシア共和国の成立後、最初に森林域の積極的な開発に乗り出したのは、中央政府と国際的な大企業を主体とする木材産業であった。一九六六年にスハルト大統領が国政の実権を握ると、一九六七年に林業基本法が施行される。この中で、インドネシアの全陸地面積の四分の三にあたる一億四三〇〇万ヘクタールが、国家が保有する「林地」（*Kawasan Hutan*）として分類されることが宣言された（Barr et al. 2006: 1）。こうして国家資産となった林地は国家主導で産業利用が進められ、一九六〇年代末以降、中央政府は国際的な大企業に対して林地内での森林伐採権（HPH: *Hak Pengusahaan Hutan*）の付与を開始する。こうした伐採権の付与は、広大な森林面積を有していたカリマンタンやスマトラで特に活発に行われ、日本や米国、ヨーロッパの企業が伐採権を獲得した（Peluso 1995: 388）。こうした森林伐採権に基づく伐採は常に合法的な手続きに則っていたわけではない。伐採現場では、伐採許可を得た区画をこえて伐採許可が下ってない林地の森林伐採が行われることもあった（Okamoto et al. 2023: 17–18）。

伐採された森林跡地は植林地として利用されることが企図された。一九七〇年代、政府は企業に対して産業植林権（HPHTI: *Hak Pengusahaan Hutan Tanaman Industri*）の付与を開始する。当初は様々な樹種が試験的に植栽されたが、一九八〇年代にはいるとアカシアをはじめとする幾つかの早生性の樹種が、主にパルプ原料として単一的に植樹されるようになり、林業プランテーションが急速に拡大した（Mizuno and Kusumaningtyas 2016: 48）。企業は広大な林地に植林権を獲得すると、その林地域内に林業プランテーションとパルプ工場を建設、さらにそれらをつなぐ大規模な道路を敷設していった。こうした産業植林権に基づく林地利用や木材調達も常に合法的であったわけではない。パルプ工場の周辺地域では天然の樹木が伐採されて工場へと持ち込まれ、違法なかたちでパルプ材として用いられることもあった（増田 二〇二二：七九–八〇）。

一九八〇年代以降、インドネシアではアブラヤシ農園が急拡大する。[3] アブラヤシ農園は、一九七〇年代まで国営企業により経営されていたが、一九八〇年代の半ばから、民営企業へと徐々に移管されていった。以降、様々な規制緩和や振興プログラムが施行され、大企業が操業する搾油工場の周囲に中小零細企業や個人の小農がアブラヤシ農園を経営するシステムが築き上げられる（河合 二〇二一）。今日までにアブラヤシ産業はインドネシアを代表する一大産業に成長した。こうしたアブラヤシ園を林地で造園するには、まず事業主体が林業省（一〇〇ヘクタール以上）か州知事（一〇〇ヘクタール未満）に申請を行い、当該の土地を林地分類から外す林業大臣決定を得る必要がある。その後、三五年間の長期事業用益権（HGU: *Hak Guna Usaha*）を国家土地庁から取得する必要がある（Mizuno and Kusumaningtyas. 2016: 52–53）。しかし、実際のアブラヤシ園の造園においては、造園許可を取った面積以上の林地の農園化が行われたり、そもそも手続きや権利取得を完了しないままに造園が行われたりするのがしばしばであった。

一九九〇年代の半ばまで、こうした林地の産業利用を主導したのは、強権的な中央政府とそれに結びついた一部の大企業であった。その後、一九九八年にスハルト体制が崩壊し、民主化と地方分権化がインドネシアの大きなスローガンとなる。これにより中央政府の権限は縮小したが、しかし、地方の林地の産業利用はむしろ加速した。これは、大きく権限を増した地方のエリートや権力者が領域内における自分たちの権益を競争的に追い求めた結果である（Okamoto et al. 2023: 25–27; Setiawan et al. 2016）。

国家や企業による林地の利用の拡大はインドネシアにおける森林の領域化の進行とみなすことができるが、二点特筆すべきことがある。第一に、森林域の領域化は必ずしも単線的ではなかったということである。上記のように、森林域は、木材伐採地、林業プランテーション、そしてアブラヤシ園という異なる利用法で領域化され、この動きは産品需要の増減や林業・農業技術の進展と連動している。たとえば、リアウ州のプララワン県のブトゥン村では、木材伐採について、一九七〇年代の当初は材木として商品価値のある樹種の大木のみが択伐されその後放置されたが、一九九〇年ごろに製紙工場が下流域で操業を始めると再び森林域の伐採利用が行われた。こうした伐採は違法なものであり批判を巻き起こしたが、パルプ企業の造林が伐採期を迎えた二〇〇二年ごろまで続いた（増田 二〇一二：七九－八〇）。領域化は、時に開拓した場所の放置をはさみながらも、断続的に進んでいく。

第二に、時代が下るにつれ、領域化は多様なアクターを巻き込みながら進行していくことである。当初、中央政府と国際企業が主体となり森林域は領域化された。その後、領域化の主体は徐々に下流のアクター、すなわち、地方政府や中小零細企業、また地域住民へと移行し、並行して作物の栽培・加工技術、資本、林地利用の権限も浸透していった。特にアブラヤシ農園は、小さければ一ヘクタールに満たないような小規模での経営も可能である。このため、リアウ州では二〇一〇年代を通して、地域住民が自前で農地を造成しアブラヤシを植えることや、ミドル・クラスの都市居住者が郊外に農地を購入し小作人を雇いながらアブラヤシ園を経営することが大流行した。[4] この過程では、大規模資本が開発した大区画に取り残された間隙を塗りつぶすように、中小零細企業や住民が小区画の領域化を展開している。この過程で領域化はより精緻に貫徹されていく。

こうした森林利用の拡大過程は、国家や資本が森林空間に対して抱いてきた森林の産業利用を試みる想像力と実際にそれを政治的・技術的に実現可能とする実行力を、地域住民が取り込みながら領域化を進めているように見える。このように見るならば、しばしば対立的に語られる国家や資本と地域住民の関係性は、共謀関係にあるといえる。そして、政府や大企業が有していた想像力や実行力が、地域住民にも共有されていく過程は統治性が浸透していく過程と解釈することが可能だろう（序章を参照）。

しかしながら、反対に、インドネシアにおける森林域の領域化は、歴史上、国家・資本と地域住民との対立のなかで行われてきた側面もあることを、強調しておく必要がある。中央政府は、スハルト権威主義体制下を通して、プランテーションや鉱山の造成を目的とした、住民の生活基盤を奪うような土地収奪を行ってきた。こうした土地収奪は、時に軍隊や警察を動員しながら住民に移住を強いるものであったが、権威主義体制下ではこうした国家による領域化に対して公に抵抗する方法はなかった（Duncan 2004）。スハルト政権崩壊後、収奪された土地に対する抗議運動が各地で頻発し、争議は現在でも継続している。リアウ州でも政府や企業と地域住民の土地空間をめぐる紛争は起こっており、たとえば二〇一〇年以降に同州のムランティ諸島県ではパルプ企業とそれを支持する地方・中央政府と、その開発に反対する地域住民・環境活動家のあいだで大きな土地紛争がおこっている（Salim 2017）。

インドネシアの森林域の領域化において、国家・資本と地域住民の関係性は共謀あるいは抵抗のどちらか一方の形に還元できない。住民は、国家や資本による森林域の産業利用という想像力を取り込みながら、そうした想像力を実現する実行力を行使し、より国家の土地空間の領域化を強めることがある。逆に国家や資本の想像力を拒絶し自律的な土地利用を宣言しながら土地争議などにつなげることもある。言い換えるなら、土地の領域化プロセスで、住民は、自分たちの暮らす環境や歴史の中で育まれた想像力を保持しながら土地空間利用を続ける場合もあれば、あるいは新たに外部の想像力を取り入れながら異なる土地空間利用を実現していく場合もあるということである。そして、こうした土地空間の利用と管理をめぐる葛藤は、複雑な社会関係と自然環境の変化のもと、ある一つの土地空間の中でも起こりうる。住民の土地利用に対する想像力と実行力は、国家による領域化を強化する方向に収束するとは限らず、異なる方向へと向かっていく可能性を秘めている。

本章の焦点である泥炭地は森林域の一部であるが、特に泥炭土壌が厚い後背地は、その交通の困難さや作物栽培の難しさから、歴史的に利用されてこなかった。しかしながら、アカシアやアブラヤシは、適切な管理を行えば、十分な収穫が見込まれる。泥炭地は、鉱物土壌の森林域の減少、栽培技術の発達、交通インフラの発達などを通して、十分な収穫と収益を見込める土地空間と化し、一九九〇年代以降に積極的に領域化されていく。同時に、泥炭地が抱える深刻な環境問題も顕在化する。そうした中で、ランタウ・バルの住民がどのような思惑や感情のもと、いかなる想像力や実行力を取り込みながら、いかなる土地利用を実現しようとしているのか、見ていきたい。

三　歴史的な泥炭地利用

調査地の概要

本章の舞台となるのは、インドネシア、スマトラ島東部に位置するリアウ州プララワン県のランタウ・バル村である。プララワン県は、リアウ州を横断して流れるカンパール川の中・下流域を管轄する行政区であり、ランタウ・バル村はカンパール川本流の沿岸部に位置する小規模な行政村落である。村役場の二〇一八年の統計資料によると人口は七一五名、面積は一万ヘクタールとある。ただし、この面積は概算であるうえ、後述する通り隣村と境界争いがある。慣習的な村落領域の大部分が中央政府から林地指定されている。村落内は大きく主集落と新集落に分けられる。主集落はカンパール川沿岸の河岸バンク上に作られた集落であり、一一六戸（二〇二〇年）の家屋が集まっている。毎年一二月から三月前後にはカンパール川の水位が増し河岸バンクは冠水するため、主集落の人びとは高床式の家屋に暮らす。一方、新集落は、主集落の八キロメートルほど北東内陸部の泥炭地帯に位置する四八戸ほどの集落であり、二〇〇四年に県政府の開発援助計画により建設された。住民のほとんどは、自分たちがリアウ州の歴史的な多数派である「マレー人」（*Orang Melayu*）であると認識している。しかしながら、彼らを含むカンパール川中流域一帯に暮らし母系制を基礎とする社会制度を持つマレー人は、多数派のマレー人とは異なり先住民としての立場が強調される「プタランガン」（*Petalangan*）と参照される場合がある（Effendy 1997; Effendy et al. 2005; 増田 二〇一二）。

統治されない後背地

カンパール川は、古代より穀倉地帯かつ鉱物の産出地であるミナンカバウ高地と国際的な航路であるマラッカ海峡をつなぐ交易路の役割を負ってきた（Kathirithamby-Wells 1993）。ランタウ・バルの原集落がいつごろ形成されたのかは定かではないが、この村落はこうした交易を中継点のひとつとして形成されたと考えられる。この村は北部から流れ込むボコル・ボコル川とカンパール川本流の合流点周辺に位置している。住民は、焼畑による陸稲の栽培、河川における漁業に携わることに加え、古くはカンパール川本流および周辺支流の上流からもたらされる産品の集積と輸送にも関わっていたものと考えられる。

カンパール川の中下流域一帯は、古代よりシュリーウィジャヤやマラッカといった海洋マレー国家の影響下にあったが、一八世紀中盤以降はプララワン王国が支配を確立する（Effendy et al. 2005）。プララワン王国はその領域を「首長域」（*pebatinan*）に分割し統治していた。ランタウ・バルはこうした首長域のひとつであり、古い呼び名である「ボコル・ボコル」という名前でオランダ植民地期の文献に登場する（Faes 1882）。各領域の首長であるバティン（*batin*）には、首長域内の土地と資源を自治管理できる権限が認められており、それぞれの首長域の領域は、バティン同士が地形や植生をもとに境界点を申し合わせることにより決定されていた。二〇世紀のオランダ植民地政府により制作された地図には、「ランタウ・バル」の名前が記されるとともに、境界点に基づいて引かれた境界線が示されている（Osawa and Binawan 2023: 45-46）。この首長域が一九四九年のインドネシア共和国の成立後、行政村落として再編された。

プララワン王国時代において特筆すべきことは、カンパール川の中下流域は人口密度が低く、後背地に統治の行き届かない土地空間が存在したことである。オランダ行政官による記録には、一九世紀初めから後半にかけて、プララワン王国の領域内の首長域の数が急速に減少したことが記録されているが、これは人口が減少したというより、住民が王家の圧政を逃れて後背地の森林域へと移動あるいは一時的に避難していたと考えられている（Faes 1882: 518-519; 増田 二〇一二：二四三）。プララワン王国は、カンパール川の主流や主要河川の沿岸は支配していたものの、後背地や上流部は支配出来ておらず、住民は暮らす土地をある程度は選択できた。後背地へ国家統治が届きにくかった理由には、スマトラ東部は歴史的に水上交通に依存しており上流・後背地の森林域へのアクセスは非常に困難であったこと、後背地は泥炭土壌に覆われており穀物栽培に不適で支配の対象とはなりにくかったこと、が挙げられる。

管理されない泥炭後背地

現在のランタウ・バルの村落の土地空間は、大きく沿岸域と後背地に分けられる。カンパール川本流の沿岸部は河岸バンクであり、上流から流されてきた土砂が堆積した鉱物土壌を持つ。この河岸バンクから内陸部へ数百メートル～数キロメートル進むと、そこは後背泥炭地帯であり炭化した有機物からなる泥炭土壌が支配的となる。

住民の伝統的な生活は沿岸域の土地空間と資源に大きく依存したものであった。昔から現在に至るまでもっとも重要な生業は漁業であり、カンパール川本流や支流において罠や網、はえ縄を用いて淡水魚を漁獲してきた。漁獲物は、塩干しあるいは燻製化され、近隣の都市へと輸出されている。村落域内の支流や水路、三日月湖の漁業権は、伝統的な母系組織によって管理されており、毎年四月、それぞれの漁場の独占的な利用者を決める入札会が開催されている。

歴史的には、焼畑がカンパール川本流の河岸バンク上で行われていた。ランタウ・バルの二つの集落はカンパール川の北岸に位置するが、南岸側の河岸バンクが焼畑地であった。村民は、毎年南岸に建てた仮住まいの小屋に四ヶ月間ほど滞在しながら、陸稲と野菜を栽培していた。しかしながら、一九九〇年代から、カンパール川で季節外れの洪水が頻発するようになり陸稲栽培が難しくなったため、二〇〇〇年ごろを最後に焼畑は行われていない（Osawa and Binawan 2023: 54）。

さらに、主集落の西側対岸の河岸バンクには、慣習林が存在している。慣習林には、村落の三つの母系制集団により相続・管理・保護されているミツバチが営巣した大木――シアランの木――があり、この大木の周囲の森林もミツバチが蜜を採集するために必要なスペースとして保護の対象となっている（Osawa and Binawan 2023: 54）。シアランの木とその周囲の森林の保護はカンパール川流域周辺でよくみられる伝統慣習であり、シアランの木とその周囲の森は祖先から受け継がれた財産として大切に扱われている（Effendy 1997）。

生計を立てるために利用されてきた沿岸域と対照的に、後背地はあまり利用されてこなかった。後述する通り、後背地の大部分が現在は草原あるいはアブラヤシ園となっているが、一九九〇年代以前は森林、それも人の手の入りにくい泥炭湿地林であったという。過去の泥炭湿地林の利用について、第一に、広大な泥炭地のなかに数本のシアランの木があり、たまに蜂蜜の採集が行われていたという。ただし、これらシアランの木は母系制集団が継承していたものではなく、漠然と村役場が所有・管理しているものであったとされている（Osawa and Binawan 2023: 57）。第二に、ランタウ・バル周辺は雨季に洪水に見舞われるが、その際に、小舟に乗って冠水した湿地林に侵入し、木材の伐採を行ったという。乾季のあいだは沼や水たまり、水路が無数に点在する湿地であり、立ち入ることは難しかったと言われている（Osawa 2023: 120）。こうした泥炭地の限定的な利用は、寺内（第六章）の描写するような、多様な産品の採集の場となってきたカリマンタンの非泥炭地の森林とは対照的である。

村の住民は、沿岸部と内陸部を含むランタウ・バルの慣習域全体を、祖先から受け継いだ村落民の財産として認識している。ただし、領域内の土地空間の利用には濃淡がある。河岸バンクと河川一帯は、居住空間であると同時に日々の糧を得るための空間であり、集中的に利用されてきた。一方で、同じ慣習領域であっても内陸の泥炭湿地林は、土地空間や資源の利用が非常に難しい土地とみなされ、資源の利用は限られており、継続的な管理や排他的な利用といった厳密な意味での領域化は行われてこなかった。集落や漁場をはじめとする日常の生活空間の外側に位置し、稀にアクセスを試みて資源を採取するが継続的に管理や利用を行うのは難しい。過去におけるランタウ・バル住民は、泥炭地を開拓し継続的に利用や管理するような想像力も、水路建設や排水を通して農園化するような実行力も持ち合わせていなかった。[5]

四　想像力の展開と実行力の限界

資本の進出と村の発展

ランタウ・バルにおいて、泥炭地のあり方が変化を始めるのは、一九八〇年代の末からである。一九八〇年代の中ごろ、パルプ産業の大企業である、アジア・パルプ・アンド・ペーパー社の傘下企業が、当時はカンパール県の一部であった現在のプララワン県内の広大な林地に事業権を獲得した。同企業は、ランタウ・バルの北東に位置するパンカラン・クリンチの町にパルプ工場を建設し、後背地にアカシアの林業プランテーションを造成する。[6] このアカシア・プランテーションが造られた地域には、ランタウ・バルの南方境界域の泥炭地、約四〇〇〇ヘクタールも含まれる。

これらプランテーションと工場を連結すべく、産業用道路が建造された。この道路は、後背の泥炭地を横断するように走り、ランタウ・バルの慣習領域の北西端を通過するものであった。これ以前、ランタウ・バルの住民には、内陸地を移動する手段はなく、カンパール川とその支流を使った水上交通・運輸に依存していた。産業用道路の完成からほどなくして主集落と産業道路を結ぶ小道も完成、ランタウ・バルは陸路によってほかの街や村落と連結されるようになった。

この産業道路の敷設は、それまで交通の難しさから利用が限られていた後背泥炭湿地へのアクセスを容易にするものでもあった。道路の完成後、沿道一帯で、前節で述べたような合法的であるかどうか定かではない木材の伐採が広く行われた。パルプ産業によってインフラ整備と森林の伐採が行われた土地空間に、アブラヤシ企業が進出する。そしてこの進出は、時として正当な行政手続きが行われない、急速なものであった。

一九九二年、アブラヤシ産業の大手アジアン・アグリ社の子会社がランタウ・バルの慣習領域三〇〇ヘクタールを含む北西部一帯の利用申請を行い、当時の林業大臣が周辺地域を林地指定から除外する大臣令を発出している。こうした林地指定に関する手続きは行われたものの、リアウ州周辺で活動を行う環境系ＮＧＯのレポートによると、当該企業が長期事業用益権を取得した事実は確認できていないという（Eyes on the Forest 2015a）。同様に、アブラヤシ大手であるプロビデント・アグロ社の子会社が、ランタウ・バルの南東部の領域一八〇〇ヘクタールを含む林地について利用申請し、一九九五年に林業省から林地分類を外す大臣決定を獲得している。同社は、一九九九年に長期事業用益権を国家土地庁から取得している（Eyes on the Forest 2015b）。

このように、ランタウ・バルの慣習領域は企業へと割譲され、集落を取り囲むような形で大規模なアカシアとアブラヤシのプランテーションが造成された。慣習領域の産業利用の意思決定に、ランタウ・バル住民はまったく関わっていない。スハルト権威主義体制下において、林地利用の意思決定の主体は中央政府と大企業であり、地域住民はおろか、地方政府でさえ介入することは難しかった。

泥炭湿地のプランテーション利用は、泥炭地火災の原因となる。アブラヤシやアカシアを泥炭湿地において栽培する際には、湿地に水路を掘削することで排水し、地下水位を下げ土壌をある程度乾燥させる必要がある。また、こうした水路は、乾季のあいだには貯水池の役割を果たす。結果として、乾季のあいだ、排水されて地下水位の下がった泥炭地や、貯水池の地下水脈上の下流に位置する泥炭地は乾燥し、火災に対してきわめて脆弱になる（嶋村 二〇一二）。

一九九〇年代半ばを境として、ランタウ・バルの後背森林域で大規模な火災が頻発するようになった。それまでも乾季のあいだに小規模な火災は起こることがあったが、さほど深刻なものではなかったという。こうした火災の規模と頻度は増加していき、一度焼けた森林の焼け残りが数年後にまた焼けるような状態が繰り返されるなかで、後背地の泥炭地を覆っていた森林は焼失した。湿地林に数本あったシアランの木は九〇年代の火災により焼け落ちてしまった。後背地の景観は、湿地林から草原へと変化した。

特に、降水量の減少からインドネシア全体で大規模かつ長期にわたる森林火災が頻発した一九九七－九八年ごろや、二〇一四－一六年ごろの火災は激しく、住民によると、煙により視界は十数メートルにとどまり夜間には家の裏手の泥炭地に赤い炎が見えたりもしたという。また、煙害のため、気管支炎を患う村民が続出したという。ただし、非泥炭地である河岸バンク上の集落や慣習林が、直接火災の延焼被害にあうことはなかった。

アカシアとアブラヤシ企業による一方的な村落領域の収奪が行われ、企業進出後は泥炭火災の影響下にありながらも、住民の企業に対する感情は悪くない。これは、まず、産業利用された土地が集落から遠い、後背泥炭地であったためである。先述した通り、一九九〇年代半ばにおいて、住民による泥炭地帯の利用や管理は限定的であった。さらに、一部の住民は、産業用道路と企業のおかげで、交通が発達し、村落が「進んだ」ことを強調する。交通の発達により町へのアクセスが容易になり、村落の生活は物質的に大きく向上した。以前は子どもが中等・高等教育を受ける際に町で下宿をする必要があったが、現在は多くの子どもが村から通いで教育を受けることも可能になった。また、一部の住民は河岸バンクの農地の上で収穫したアブラヤシを企業に納入している。同様の理由から、中央政府や県政府に対する反感も強くない。さらに、火災の増加の原因について、住民が企業の責任を問う声はほぼなかった。産業用道路の完成後、都市部からレクレーションを目的とする釣り人が頻繁に村落の周辺水路を訪れており、住民は、彼らの釣り場での火の不始末が火事の件数や規模の増加の最大の原因と考えていた（Osawa and Binawan 2023: 58）。

アブラヤシ園化と失敗

一九九〇年代の半ばに、それまで利用されてこなかったランタウ・バル周辺の泥炭地はアカシアやアブラヤシ産業の大規模資本にとって「管理や利用が希薄ないし過少に映る空間」（序章を参照）となった。そして、企業を主体とする泥炭地の領域化が猛烈な勢いで進められた。こうした企業による泥炭地への資本投入に導かれるように、住民の後背泥炭地に対する想像力も変化していく。それまで、住民にとって必ずしも利用価値のなかった泥炭地は、村落の役人や住民、そして効率の良い投資先を探す都市居住者にとって、それぞれの想像力の実現可能性を秘めたフロンティア空間となって立ち現れてきたのである。

まず、二〇〇四年ごろ、村役場が、慣習領域の内部でかつて森林であった泥炭地の数百ヘクタールを、土地ブローカーに売り渡した（Osawa and Binawan 2023: 60）。ランタウ・バルの領域は、上述のアブラヤシ企業が除外申請した土地を除いて林地に分類されており、正規の売買を行うには非常に煩雑な手続きが必要となる。しかし、リアウ州では法的根拠はあいまいながら村落長と郡長により発行される土地証明と譲渡証明を用いて事実上の土地売買が行われてきた（Dethia et al. 2020）。ブローカーに売却された土地は、小規模・零細のアブラヤシ企業や、資本の投資先を求める都市居住者へと転売された。こうした投資者は、アブラヤシ園での労働経験のあるジャワ人やバタク人の移民を雇いいれながら、アブラヤシ園を造成・管理し、収益を得ていた[7]。この際の土地の売買は、当時の村落長と役職者たちの独断で行われた売買で、収益の使い道などは明らかではなかった。

他村の役場により慣習領域内の土地が売却される事件も起こった。インドネシアではしばしば村落の境界が明確ではない。ランタウ・バル周辺においても、村落間で領域の慣習的な申し合わせが存在しているものの、一部の境界点は植生や地形の変化により失われ、場所によって正確な境界線は明らかではない。二〇一〇年ごろ、隣村の役場が土地証明と譲渡証明を発行し、ランタウ・バル住民が明らかに自分たちの慣習領域と認識している後背泥炭地の約二〇〇ヘクタールをアブラヤシ企業へと売却した。これに対してランタウ・バルの住人は隣村の役場に強く抗議し、関係役所に訴え出た。この土地紛争を扱うべく県政府のワーキング・グループと州の林業局が介入したが、問題は現在も未解決のままである。これは、当該区画を含む村落の大部分が環境林業省の分類上では林地であり、そのうえ県の土地空間計画上ではカンパール川の氾濫原に設定されているため、政府としては住民に対しても企業に対してもこの土地空間の居住権と利用権を認めなかったためである（Binawan and Osawa 2023: 229）。

これに加え、村役場は道路敷設によりアクセス可能となった泥炭後背地の一部を二度にわたり村落住民に分配した。まず二〇〇四年、主集落と産業用道路を結ぶ四キロほどの小道沿いの土地について、村役場は村各戸に一ヘクタールずつを分配した。続いて、村役場は新集落と主集落を結ぶ八キロほどの長さの小道の建設を進め、二〇一二年、この小道沿いの土地を、各戸に対して二ヘクタールずつを分配した（Osawa and Binawan 2023: 61）。これら分配された土地で、住民は、自分でアブラヤシを植え栽培すること、あるいは村落役場から土地証明と譲渡証明を取得したうえで売却することを選択できた。

一部の住民は、分配された土地をアブラヤシ企業や都市在住者に早々に売却した。こうした住民は、村内で漁業に従事する平均的な経済状況を持つ人びとであったが、まとまった現金が必要となり土地を売却していた。売却した理由とお金の使い道を尋ねると、子どもの結婚が控えていたためその披露宴の費用として使用した、子どもが中等教育や高等教育を受けることを希望していたため下宿費や学費として使用した、あるいは、より収入を増やすため新たな漁船や移動・運搬用のバイクを購入するのに使用した、との声が聞かれた。私が売却理由を尋ねるインタビューを行っている際には、慎重に言葉を選んだり、戸惑うような表情をしたりするなど、村落の慣習領域を売却する葛藤を感じさせられた。これは、積極的に利用してこなかったとはいえ、祖先から受け継いだ慣習域を売却した葛藤であったと考えられる。しかしながら、子や孫がこれからこの村で安定して暮らしていくため、つまり家族や村の共同体全体を維持していくための将来的な投資というロジックで、売却が正当化されていた（Osawa and Binawan 2023: 64–65）。

また、分配された土地を売却せず、積極的にアブラヤシ園として利用しようともしない住民もいる。こうした住民の多くも、売却した人びとと同じような経済状況にある漁業従事者である。時には藪として半ば放棄されているかに見えるこうした土地であるが、ある住民によれば、良い買い手がついたとき、大きなお金が必要になったとき、売却する意思があるとのことであった。また、ある住民は、村外で教育を終え結婚した子どもたちが将来村に帰ってくる際に、農地として利用する計画を話してくれた（Osawa and Binawan 2023: 65）。泥炭地は、将来的に現金化したり生業基盤として利用したりすることの可能な、可能性を秘めた土地空間としての価値を帯びるようになった。

一部の住民はアブラヤシを植えた。泥炭地にアブラヤシを栽培しようとする試みは、当初は、村外や河岸バンクにアブラヤシ園を所有するような比較的豊かな住民を中心に行われていた。しかし、二〇一八年頃からは、一般の住民が泥炭地に苗を植える試みが広がりつつある。住民がアブラヤシ農園の所有者を志す理由は、第一に彼らの親族のアブラヤシ園経営の成功である。一九九〇年ごろ、この村に暮らしていた一〇〇戸ほどの住民が、当時のバティン首長同士の申し合わせに基づき、ボコル・ボコル川の上流地域に土地を受け取り、移住した。移住の当初は非常に苦労したそうであるが、その後アブラヤシ園で成功し、彼らの多くが現在は裕福な生活を送っている。ランタウ・バルの住民は、こうした親族の成功を目の当たりにしており、アブラヤシ園の経営の魅力をしばしば語る（Osawa and Binawan 2023: 65）。第二に、将来への不安もアブラヤシ園拡大の大きな動機となっている。近年、住民はカンパール川のおける漁獲量が減少傾向にあると認識している（Nakagawa 2023）。この減少傾向の中で、住民は子どもや孫たちが自分たちと同じように漁業に従事するよりもアブラヤシ農家となることを望んでおり、そのためにアブラヤシ栽培を試みている。かつては利用が難しく顧みられることはなかった後背泥炭地は、住民にとって新たな生活を支える可能性を秘めた土地空間として想像されるようになった。

このように、アブラヤシ農園を軸としながら、泥炭地は新たな意義と価値を帯びた。しかしながら、アブラヤシの栽培は実際にはほとんどうまくいっていなかった。原因は、火災と洪水である。後背地はしばしば泥炭火災に見舞われ、苗木の一部は焼失し、一部は火災の熱で葉が煽られて生育不良となった。また洪水の激しい年には、アブラヤシの苗木が数ヶ月間にわたり冠水し枯死してしまう。逸話として語られるのが、州都に住むあるバタク人が、産業道路と主集落のあいだの道沿いに、住民から一〇ヘクタールほどの土地を買い取った。土地を造成し、数千本のアブラヤシの苗木を植えたという。しかしながら、二〇一八年にランタウ・バルは例年より大きな洪水に見舞われ、結果として苗木は五本ほどを残してすべて枯死してしまったという（Osawa and Binawan 2023: 61）。住民の農園も似たような状況にあり、分配された後背地に苗木を植えた住民に、アブラヤシからの収益はほとんどないとのことである。結果、後背泥炭地の大部分は、土地の好条件から成功しているひとにぎりの企業の農園を除き、火災に焼かれた草原か、放置され森に還りつつある藪か、植えはしたものの生育不良の苗木が立ち並ぶアブラヤシ園（本章扉頁の写真参照）という、荒涼とした風景が広がっていた。

後背泥炭地がアブラヤシ園の経営を志す人びとにとってフロンティアと化した背景には、住民の後背地に対する想像力の変化がある。外部の人びと、すなわち、アブラヤシ企業や都市部の投資家との接触の中で、少なくない住民はアブラヤシ園として後背地を利用する視点と知識を獲得・共有し、それを実現しようとした。しかしながら、彼らの実行力には、火災や洪水という自然・社会的な条件からの制約があり、結果として、ランタウ・バル村の住民の生業がアブラヤシに置き換わる状況は、これまでに実現されていない。泥炭地の開発にともない、村の交通アクセスや教育環境は大きく変化したが、村民のアブラヤシ農家への転換は停滞しており、村民の生計は依然として漁業に大きく依存している。

新たな想像力の導入

二〇一〇年代に入ると、インドネシアの泥炭地で繰り返される火災は、膨大な量の炭素排出や近隣諸国へも深刻な影響を与える煙害を生み出し、インドネシア政府は国際社会から批判を受けた。二〇一一年、当時のユドヨノ大統領は、泥炭地と天然林の林地において新規に事業権を付与することを一時的に凍結する。二〇一六年、泥炭地の乾燥・火災問題の解決に向けた専従組織として、泥炭地回復庁が独立機関として発足した。新規事業許可の凍結は繰り返し延長され、二〇一九年にはジョコウィ大統領の下で恒久化された。

政府のこうした動きにもかかわらず、ランタウ・バル周辺の泥炭地のあり方は大きく変わらなかった。泥炭地での新規事業許可は凍結されたが、既に事業権を獲得した大企業の営業は継続された。小規模企業と住民は、泥炭地をアブラヤシ園として開発することを模索していた。泥炭地回復庁は、要員を泥炭地帯の村落に派遣して住民を教育、啓蒙し、協力を促す泥炭地保護村落政策を実施した。しかし、こうした啓蒙活動の実施内容は担当要員の裁量によるところが大きく、ランタウ・バルには二〇一八年にファシリテーターが何度か村を訪れたものの、ワークショップなどは開かれなかったそうである。住民は泥炭地の火災問題の詳細を十分に説明されていなかった（Osawa 2023: 139-140）。

住民の泥炭地に対する新たなパースペクティブをもたらしたのは、著者を含む学術研究者とＮＧＯ関係者の合同調査チームであった[8]。二〇一八年に当村に初めて訪れて以降、ＮＧＯ関係者を中心に、泥炭地と慣習域を保護・維持していくことの重要性を住民に伝えていった。具体的には、泥炭湿地の排水による地下水位の低下が火災の大きな原因であること、土地の売却によりこうした火災がまだ増えるかもしれないこと、シアランの森を保護している同村の慣習は文化的にも自然保護的に有意義な営みであること、などについて住民と話し合う機会を繰り返し持った。また、このＮＧＯはプラワン県政府やプカンバルのマレー人の慣習組織などとのネットワークを活用しながら、この村を含む周辺地域が、国が土地利用の大幅な自治権を認める土地カテゴリーである「慣習域」（*wilayah adat*）と「慣習林」（*hutan adat*）として承認されることを目指して活動を展開している。

これに加えて、この合同調査に加わった生態学者である中川光は（Nakagawa 2023）、カンパール川の一部泥炭湿地を含む氾濫原・水没林が魚類資源の産卵・生育空間として非常に重要な働きをしている可能性を指摘している。多様な植物や動物が生息する自然の氾濫原・水没林は小型魚類へ食料を供給しており、沿岸域・内陸地の自然林を維持することは、魚類資源の増加、ひいては住民の生計向上につながりうる（Nakagawa 2023）。現在、調査チームは、住民の協力のもと、シアランの森の区域を拡大する形で、水没林・氾濫原の保護区の設定を模索している。

こうした活動の中で、調査チームと住民が泥炭地に対する新たなイメージを共有し、実際に空間の利用法を変えていけるかどうかは、現状のところ未知数である。新たな農業・林業技術や商品の開発や、更なる資本の投入、自然環境の予期せぬ変化により、泥炭地が今まで以上の開発にさらされる可能性もある。しかしながら、洪水や火災により泥炭地をアブラヤシ園に変えていく試みが停滞するなかで、研究チームの提案は住民から好意的に受け止められている。氾濫原を自然保護区として管理していくことは、アブラヤシ園化の目論見がとん挫する中で、人びとが泥炭地に対して抱き始めた新たな想像力の一つとなっており、継続的な交渉の中で、こうした自然保護区が実現していく可能性は十分にある。

五　おわりに

かつて国家や資本、また住民からも利用されてこなかったインドネシアの泥炭湿地林は、木材伐採から始まり、アカシア産業からアブラヤシ産業が隆興していく中で、集中的に利用され継続的に管理される土地空間としての開発が進んだ。泥炭地の利用が進展する中で特徴的なのは、住民が自分たちの伝統的な生活様式に基づく想像力と実行力に依拠しながら自律的に泥炭域の管理を確立していったのではなく、国家や資本が住民を巻き込みながら統治の領域を拡大させていったことである。政府や企業が泥炭地利用のノウハウや利用技術を発達させ、地域住民はそうした技術と知識を取り込みながら、泥炭地の開発を進めていった。

ランタウ・バルにおける泥炭地開発は国家・資本と住民の対立の中で行われたものではない。現在に至るまで住民と政府や企業の対立構造が表面化していないし、予兆となるような語りも確認できない。こうした状況がもたらされたのは、住民が泥炭地を継続的に利用してこなかったため、政府や企業と想像力を共有できたからだろう。住民にとって、後背泥炭地は、生活が営まれている河岸バンクとは対照的に、生活上大きな意義や価値を持たなかった空間であると同時に、利用や管理をより強化できる可能性を持った土地空間であった。住民のこうした想像力は、政府や企業が抱く後背泥炭地を産業用に利用しようとする想像力と容易に共鳴しうるものであり、対立や抵抗を引き起さなかった。

国家や資本と住民がある種の共謀関係にありながら開発を進めて行くプロセスは、序論で議論された通り、統治性の概念をもって説明が可能である。国家や資本が新自由主義的な経済活動へと向かわせようとする統治性を含む権力を行使し、地域社会の住民たちはそれを受け入れ、利用や管理の不十分な土地空間の領域化を強化していく。結果として予想されるのは、領域化が貫徹され、十分に管理や利用がなされた土地空間の現出——すなわち、フロンティア空間の消滅である。しかしながら、現実には、ランタウ・バルの泥炭地はフロンティア空間であり続けている。これはなぜか。

第一の理由は、容易な管理を許さない泥炭湿地という自然環境のためである。泥炭地は、人の利用を完全に拒絶するような厳しい自然環境ではない。しかしながら、開発により火災に対して極端に脆弱になるのに加え、特にランタウ・バル周辺のように数年ごとに大規模な洪水に襲われるような場合には、その土地空間の継続的な管理は不可能となる。こうした火災や洪水をコントロールしようとする知識や技術（すなわち、実行力）には限界があり、これは同時に国家の展開する統治性の浸透に限界をもたらしている（Corson 2011; Ferguson and Gupta 2002; Li 2007）。実行力の限界のなかで、ランタウ・バル周辺の泥炭地の領域化は貫徹されていない。

第二の理由として、様々なアクターが依然として様々な想像力と実行力を働かせているためである。泥炭地は、火災や洪水のリスクさえなければアブラヤシ農園の造営が可能な土地空間であり、企業や都市居住者は依然として条件の良い土地を求め続けている。ランタウ・バルの住民は、分配された土地の条件や将来の見通しを勘案しながら、売却したり、荒れ地のまま保持したり、アブラヤシの苗木の植栽を行ったりしている。こうした開発の動きとは別に、ここ数年でＮＧＯ関係者や研究者により慣習林として泥炭地周辺の自然林を維持するという想像力ももたらされた。あるいは、災害と呼べるような大規模な火災や洪水が起こり、これらの目論見はすべて根本から覆され、泥炭地は完全な放棄地となる可能性もある。泥炭地のあり方は固定化されず、将来的に実現されうる土地空間の姿は流動的である。このように、ランタウ・バル周辺の泥炭地は、人びとが管理や利用を目指した想像力を働かせながらも、その将来像を容易に予見できる土地空間ではなく、様々な形の利用や管理が実現しうる開かれた可能性を内包し続けている土地空間である。

泥炭地という土地空間の将来像を予測することの難しさは、ランタウ・バルの周辺のみならず、数年ごとに大規模な火災を引き起こす他地域の泥炭地においてもある程度共通するものである（嶋村 二〇二二 および Okamoto et al. 2023 を参照）。泥炭地は、その火災に対して脆弱な自然環境から土地空間の利用や管理は貫徹されていない。貫徹されていないがゆえに、泥炭地には、多様なアクターの想像力と実行力が発揮される余地がある。結果として、泥炭地は、多くの人びとが希望や可能性を抱きながらも、将来に向けた単直線的な見通しの成立しにくい土地空間――すなわち、フロンティア空間――であり続けている。

注

［1］　本章の研究は、総合地球環境学研究所の熱帯泥炭社会プロジェクト（プロジェクト番号 14200117）、科学研究費補助金「東部スマトラにおける民族の分枝・存続に関する比較研究：資源利用と生業選択を通して」（若手研究、代

表者 大澤隆将、課題番号：20K13293）、および京都大学東南アジア地域研究研究所インキュベーション・プログラム「グローバル共生に向けた東南アジア地域研究の国際共同研究拠点「インドネシア・リアウ州の熱帯泥炭地における氾濫原保護区の設定についての超学際的研究」による援助を受けている。

［2］　感潮帯で河川と内陸泥炭地を水路でつなぎ、水を入れ替えながら米やココヤシを栽培する灌漑方法（古川　一九九二）。カリマンタンや東部スマトラの感潮帯の泥炭地において行われている。

［3］　インドネシアのアブラヤシ農園の総面積は、一九八〇年までに一〇〇万ヘクタールを下回る面積で推移していたものが、二〇二〇年には約一五〇〇万ヘクタールまで増加している（林田　二〇二一：三五）。

［4］　こうした活発なアブラヤシ農園開拓の背景には、搾油工場を経営する中核企業による小農や中小零細企業への金銭的・技術的な援助がある。

［5］　こうした泥炭地の利用実態は、リアウ州の泥炭地周辺の共同体において、地域差はあれども相似したものである。リアウ州のインドラギリ・ヒリル県の泥炭地を調査した阿部健一（一九九七）や、スマトラとカリマンタンの泥炭地の広域調査を行った古川（一九九二）は、沿岸部における泥炭地の潮汐灌漑の利用法を紹介しながらも、継続的な利用や管理の難しさを繰り返し指摘している。

［6］　以下のアブラヤシ企業の事例を含め、各企業がランタウ・バルの村落領域に占める面積を推計する際の基準となる境界線は、住民参加のもと制作された地図をもとに計測した（Binawan and Osawa 2023）。

［7］　ランタウ・バル周辺において、企業のアブラヤシ園の従業員や都市居住者の農園で小作農として働く村民は、ほぼ国内移民ばかりである。なぜなら、企業従業員は高等学校卒業などの学歴を求められるため村民は応募できず、小作農は漁業に比べて収入が安すぎるためであるという。

［8］　このプロジェクトは総合地球環境学研究所と京都大学東南アジア地域研究研究所が合同で組織する熱帯泥炭地の乾燥・火災の緩和・回復を目指す「熱帯泥炭社会プロジェクト」の一環として行われ、専門分野の異なる日尼の研究者七名と、現地NGOのアラ・サティ・ハキキ（Ara Sati Hakiki）が参加するものであった。

引用・参考文献

阿部健一　一九九七「泥炭湿地―スマトラの開拓移民と開発の将来」『Toropics』六－三：二一五－二二六。

河合真之　二〇二一「インドネシアにおけるアブラヤシ農園企業による小農支援方式（PIR）の変遷」林田秀樹（編）『アブラヤシ農園の研究Ⅱ―農園開発と地域社会の構造変化を追う　ローカル編』晃洋書房、二三－四六頁。

嶋村鉄也　二〇一二「熱帯泥炭地の概観」川合秀一、水野広祐、藤田素子（編）『熱帯バイオマス社会の再生―インドネシアの泥炭湿地から』京都大学学術出版会、一〇四－一二八頁。

林田秀樹　二〇二一「アブラヤシ農園はなぜ拡大してきたか―否定的要素を越えた拡大の論理」林田秀樹（編）『アブラヤシ農園の研究Ⅰ―東南アジアにみる地球的課題を考える　グローバル編』晃洋書房、三四－五九頁。

増田和也　二〇一二『インドネシア―森の暮らしと開発』明石書店。

古川久雄　一九九二『インドネシアの低湿地』東南アジア叢選書七、勁草書房。

Barr, C., I. A. Resosudarmo, J. McCarthy and A. Dermawan 2006 Forests and decentralization in Indonesia: an overview. In (C. Barr, I. A. P. Resosudarmo, A. Dermawan, J. F. McCarthy; M. Moeliono and B. Setiono eds.) *Decentralization of Forest Administration in Indonesia: Implications for Forest Sustainability, Economic Development and Community Livelihoods*. CIFOR, pp. 1-17.

Binawan, A. and T. Osawa 2023 The value of participatory mapping, the role of the adat community (masyarakat adat), and the future of the peatlands. In (M. Okamoto, T. Osawa, W. Prasetyawan and A. Binawan eds.) *Local Governance of Peatland Restoration in Riau, Indonesia: A Transdisciplinary Analysis*. Springer Nature, pp. 211-237.

Corson, C. 2011 Territorialization, enclosure and neoliberalism: non-state influence in struggles over Madagascar's forests. *The Journal of Peasant Studies* 38: 703-726.

Dethia N. S., R. Agustina and F. X. Arsin 2020 Surat keterangan ganti rugi (SKGR) sebagai janiman dalam perjanjian utang piutang. *Indonesian Notary* 2-3: 425-447

Duncan, C. 2004 From development to empowerment. In (C. R. Duncan ed.) *Civilizing the Margins: Southeast Asian Government Policies for the Development of Minorities*. Cornell University Press, pp. 86-115.

Effendy, T. 1997 Petalangan society and changes in Riau. Bijdragen tot de Taal- Land- en Volkenkde 153-4: 630-647.

Effendy, H. T., M. Hasbi and S. Shomary 2005 *Lintasan Sejarah Pelalawan: dari Pekantua ke Kabupaten Pelalawan*. Pemerintah Kabupaten Pelalawan.

Eyes on the Forest 2015a Pemantauan pembakaran hutan dan lahan di perkebunan PT Pusaka Megah Bumi Nusantara. Retrieved from: https://www.eyesontheforest.or.id/uploads/default/report/Pusaka_Bumi_Megah_Nusantara_edit.pdf. Accessed 29 Nov 2021.

Eyes on the Forest 2015b Pemantauan pembakaran hutan dan lahan di perkebunan PT Langgam Inti Hibrindo. Retrieved from: https://www.eyesontheforest.or.id/uploads/default/report/Eyes-on-the-Forest-Laporan-Cek-Lapangan-PT-Langgam-Inti-Hibrindo-Karhutla-Desember-2015.pdf. Accessed 29 Nov 2021

Faes J. 1882 Het Rijk Pelalawan. *Tijdschrift Indische Taal- Land- en Volkenkde* 27: 489–537.

Ferguson, J. and A. Gupta 2002 Spatializing states: Toward an ethnography of neoliberal governmentality. *American Ethnologist* 29–4: 981–1002.

Kathirithamby-Wells J. 1993 Hulu-hilir unity and conflict: Malay statecraft in East Sumatra before the mid-nineteenth century. *Archipel* 45: 77–96.

Li, T. M. 2007 *The Will to Improve: Governmentality, Development and the Practice of Politics*, Duke University Press.

Mizuno, K. and R. Kusumaningtyas 2016 Land and forest policy in Southeast Asia. In (K. Mizuno, M. S. Fujita and S. Kawai eds.) *Catastrophe and Regeneration in Indonesia's Peatlands: Ecology, Economy and Society*. NUS press, pp. 19–68.

Nakagawa, H. 2023 Inferring recent changes in fish fauna in the middle reaches of the Kampar River: survey results from the fishing village of Rantau Baru. In (M. Okamoto, T. Osawa, W. Prasetyawan and A. Binawan eds.) *Local Governance of Peatland Restoration in Riau, Indonesia: A Transdisciplinary Analysis*. Springer Nature, pp. 71–98.

Okamoto, M., M. Ali, and K. Watanabe 2023 Contentious politics of mapping for (de) forestation in Indonesia: from the national to provincial and community levels. In (M. Okamoto, T. Osawa, W. Prasetyawan and A. Binawan eds.) *Local Governance of Peatland Restoration in Riau, Indonesia: A Transdisciplinary Analysis*. Springer Nature, pp. 13–39.

Osawa, T. 2023 Rethinking the local wisdom approach in peatland restoration through the case of Rantau Baru: a critical inquiry to the present-day concept of kearifan local. In (M. Okamoto, T. Osawa, W. Prasetyawan and A. Binawan eds.) *Local Governance of Peatland Restoration in Riau, Indonesia: A Transdisciplinary Analysis*. Springer Nature, pp. 119–145.

Osawa, T. and A. Binawan 2023 Selling peatland for the future: History, land management, and the transformation of common land in Rantau Baru. *Local Governance of Peatland Restoration in Riau, Indonesia: A Transdisciplinary Analysis*. Springer Nature, pp. 41–70.

Page, S., J. O. Rieley and C. Banks 2011 Global and regional importance of the tropical peatland carbon pool. *Global Change Biology* 17. 798–818.

Peluso, L. N. 1995 Whose woods are these? Counter-mapping forest territories in Kalimantan, Indonesia. *Antipode* 27–4: 383–406.

Salim M. N. 2017 *Mereka yang dikalahkan: Perampasan Tanah dan Resistensi Masyarakat Pulau Padang*. STPN Press.

Setiawan, E. N., A. Maryudi, R. H. Purwanto and G. Lele 2016 Opposing interests in the legalization of non-procedural forest conversion to oil palm in Central Kalimantan, Indonesia. *Land Use Policy* 58: 472-481.

第6章

寺内大左

焼畑民は国家と企業の土地開発を飼いならすことができるのか

――インドネシア東カリマンタン州の石炭開発の現場から

石炭開発の現場。インドネシアの石炭開発は地上から石炭層まで掘り進める露天採掘法が主流である。森林は開発され、誰も住めない土地になる。

一　はじめに

豊かな熱帯林が残り、焼畑民の生活が息づくカリマンタン。しかし、二〇〇〇年以降、石炭とパーム油（アブラヤシの実から採れる油）の世界的な需要が増加し、この商機に乗りたい企業と企業の開発をてこに経済発展を進めたい政府が協働することで、カリマンタンに巨大な土地開発のフロンティア空間が創出されるようになった。

石炭開発とアブラヤシ農園開発は熱帯林を皆伐し、カリマンタンの生態・社会を一変させる。スハルト独裁政権時代（一九六八～一九九八年）のインドネシアなら、焼畑民の声はないも同然に扱われ、企業の開発が優先されていたであろう。しかし、スハルト政権は崩壊し、二〇〇〇年以降、民主化・地方分権化が進展している。焼畑民の慣習的な権利は力を持つようになり、企業と焼畑民の政治的なパワー・バランスは変化した。土地開発フロンティアの中で焼畑民はどのような想像力と実行力を発揮しているのだろうか。

本章はインドネシア東カリマンタン州西クタイ県ダマイ郡のＢＳ村を事例に、この問いを明らかにする。結果を先取りすると、意外にも焼畑民は様々な想像力と実行力を発揮して土地開発を戦略的に受容し、生活を向上させている実態が明らかになる。では、このような想像力と実行力の発揮はなぜ可能になったのだろうか。焼畑民は国家と企業の土地開発を飼いならすことができているといえるのだろうか。本章ではこれらの問いにも答えていきたい。

まず次節では、焼畑民の森林資源・土地利用の特徴とその変遷を概観し、カリマンタンの焼畑民の生活を明らかにしていこう。

二　カリマンタンの焼畑民の生活

図 6-1　焼畑休閑林のようなラタン園（筆者撮影）

焼畑民の森林資源・土地利用の特徴

　カリマンタンの焼畑民の土地利用は、焼畑による食料生産と焼畑跡地の休閑林、あるいは樹園地の利用が主である。焼畑では、森林の伐採、倒木の乾燥、火入れ、陸稲や野菜の種の播種、収穫といった作業が行われる。陸稲や野菜を収穫した後は、焼畑跡地に商品作物・樹木が植栽され、樹園地が造成されることが多い。生産された商品作物・樹木は仲買人に販売され、村外に出荷される。ＢＳ村では焼畑跡地にラタンが植栽され、ラタン園が造成されてきた[1]。商品作物・樹木が植栽されずに、焼畑休閑林として保持されることもある。しかし、薪や薬草などの様々な林産物が採集されたり、野生動物が捕獲されたりしており、休閑林はただ休ませている土地ではない。

　焼畑跡地に植栽した商品作物・樹木は、焼畑跡地が森林に回復していく過程で他の樹木とともに成長していく。樹園地の管理作業は粗放で、商品作物・樹木の成長を妨げる雑草や雑木をナタで除去したり、雑木の樹皮を剝いで巻枯らしにしたりする程度である。農薬や肥料は使用されない。自然に生えてきた果樹や、材木や薪に利用できる樹木などは除去せず商品作物・樹木と一緒に管理されている。そのため樹園地では植栽した商品作物・樹木の生産のみならず、多様な林産物の収穫が可能になっている。また樹園地は焼畑休閑林のように多様な樹種で構成されているため、再度焼畑を行うことも可能である。すなわち、焼畑民が造成する樹園地は焼畑休閑林と同様の機能を有しているのである（図６－１）。焼畑で食料を生産し、焼畑跡地を休閑させ、森林に戻ってから再度焼畑をするのが一般的な焼畑サイクルの土地利用である。商品作物・樹木生産はその焼畑サイクルの中に取り込まれており、焼畑の休閑期間を確保することと、その期間に現金収入を獲得することの両方を可能にしているのである。

西クタイ県では一九八〇年代と一九九〇年代に県庁所在地周辺地域で政府のゴム農園開発事業が実施され、近代的ゴム農園（ゴムプランテーション）が拡大した。二〇〇〇年以降にゴム価格が上昇し、この地域の人びとの生活水準は向上した。このことを目の当たりにしたＢＳ村の人びとは、二〇〇五年頃から焼畑跡地にラタン園ではなく、ゴム園を造成するようになった。しかし、ＢＳ村の人びとは、農薬と肥料を使用しながらゴムノキだけを管理する近代的ゴム農園を造成するのではなく、ラタン園と同様の方法で多様な有用樹で構成される休閑林のようなゴム園を造成していたのであった。すなわち、ゴム生産を焼畑サイクルの土地利用の中に取り込んでいたのである。多様な有用樹から構成されるゴム園のほうが、様々な自給用の林産物を獲得することができ、生活の多様なニーズを満たすことができる。また、ゴム園を焼畑地として再利用することもできる。焼畑民は単一作物生産の土地利用ではなく、多様な資源利用が可能な土地利用方法を好んでいたのである。

県庁所在地周辺地域に住む焼畑民の中には、ゴム農園開発事業が終了した後、事業を通して造成した近代的ゴム農園の中にキャッサバや果樹を混植して、多様な作物・有用樹で構成されるゴム園に造り変える人がいるほどであった（Terauchi and Inoue 2011: 76–77）。このような焼畑民の実践は西カリマンタン州の焼畑民の村々でも確認されている（Penot 2004: 235–237）。単一作物生産の土地利用ではなく、多様な林産物を自給できる土地利用を好む志向はカリマンタンの焼畑民にある程度共通するようである。

ＢＳ村の主要民族はブヌア（Benuaq）と呼ばれる人びとである。[2] ブヌア社会では焼畑を行った人が焼畑地を所有することができるという慣習がある。そのため、焼畑、焼畑休閑林、樹園地は個人の私有地ということになる。このような土地は集落の周辺やアクセスしやすい川沿いや道沿いに広がっている。一方、BS村の上流域や、川や道から離れた奥地には、誰も焼畑を行ったことがない、大木からなる原生的な天然林が広がっている（以下、原生的森林と呼ぶ）。原生的森林は焼畑が行われたことがないので、特定の（慣習的な）所有者が存在しない森林ということになる。

原生的森林では、様々な林産物が利用されている。天然木が伐採され、材木（板材や柱材）が生産されたり、イノシシやシカなどの野生動物が捕獲されたり、果実や天然ラタン、沈香が採集されたりしている。[3] これらは村内で消費されるものもあれば、仲買人に売却して村外へ流通されるものもある。

調査当時（主に二〇〇九年から二〇一二年）、BS村の人びとは焼畑で食料を生産し、焼畑跡地には当時もっとも儲かる商品作物・樹木であるゴム園を造成していた。獣肉販売、材木生産、村内の雇用労働などに従事して現金収入を獲得しようとし、これらに従事できない時に労働が大変なラタン生産に従事するという森林資源・土地利用を行っていた。

森林資源・土地利用の変遷[4]

BS村の人びとの森林資源・土地利用は様々な変化を遂げて現在に至っている。ここでは国際レベル、国家レベル、地域レベルの政治経済の変動と関連づけながら、BS村の人びとの森林資源・土地利用の歴史的な変遷を説明していこう。

一九六〇年代後半まで、BS村の人びとの生活は東カリマンタン州の他の村々と同様に、焼畑で食料を生産し、森林で自給用または換金用の非木材林産物を採集するという生活であった。村人は村外からやってくる仲買人に換金用の非木材林産物を売り、その仲買人はより規模の大きな都市部の仲買人に集めた非木材林産物を販売する。このような仲買人のネットワークを通して村人は市場経済と緩やかにつながっていた。BS村を含むダマイ郡の村々がやや特異だったのは、クタイ王朝の指示により、かなり昔からラタン園を造成していたことである（井上 一九九一：二一〇–

二〇一二）。ダマイ郡の村々はラタン生産を通して他の村々よりも強く市場経済とつながっていたのであった。

一九六〇年代後半は、ラタン生産よりもダマール採集が現金収入源として優先されていた。ダマールとは特定のフタバガキ科の樹木から採取される樹脂のことで、ラッカーやワニスなどの塗料として利用される。原生的森林の中でダマールを採集して販売するほうが、樹園地でラタンを生産するよりも楽に多くの現金収入を獲得できたのであった。またインドネシア政府の森林伐採奨励策を背景に、原生的森林において丸太生産も行われるようになった。ただし、チェンソーが普及していなかった当時は、大木の伐採に労力と時間がかかることから、従事する村人は少なかったという。いずれにしても、ダマール採集も丸太生産も、村外から仲買人がやってきて、ダマールと丸太を買い付けるようになって開始されたのであった。しかし、一九七〇年頃にはダマールを買い付ける仲買人は来なくなり、ダマールは市場価値を失った。丸太生産も、一九七一年にインドネシア政府が村人の丸太生産を禁止したことで仲買人の買い付け量が減少し、違法な生産と取引が小規模に行われる程度になったのであった。

一九七〇年代と一九八〇年代は、ラタンの価格が上昇し、ラタン生産が活発に行われた時代であった。価格上昇の要因として、一九七〇年以降にタイ政府、マレーシア政府、フィリピン政府が未加工ラタンの輸出禁止策を実施し、未加工ラタンの世界的な需要が高まったことを挙げることができる。また、インドネシア政府も一九八〇年代に天然ラタンの枯渇防止と国内のラタン加工産業育成のためにラタンの輸出禁止策を段階的に実施し、それによって南カリマンタン州で加工産業が振興したことも要因として挙げることができる。一九八〇年代のBS村では、ラタン園から十分な現金収入を獲得できるようになり、焼畑を行わずに食料を購入する村人が出現するほどであった。なお、一九八〇年代後半には、蛇の皮を買い付ける仲買人が村外からやってきたことで、蛇の採集も行われた。しかし、一九九〇年頃に仲買人が買い付けなくなったことで、採集は行われなくなった。

一九九〇年代はラタンの価格が暴落し、ラタン生産の魅力が低下した時代であった。インドネシア政府がラタン織物の半加工製品の輸出禁止策とラタンのむしろの生産割当制度を導入し、南カリマンタン州のラタン加工工場が壊滅状態に陥ったことが主な原因と考えられている。村人はラタン生産ではなく、焼畑での食料自給を重視するようになった。

二〇〇〇年代前半には違法な丸太生産が大規模に行われるようになった。一九九七年のアジア通貨危機によるインドネシアルピアの価値の暴落によって丸太が高値で取引されるようになったこと、そして、一九九八年にスハルト政権が崩壊し、政治的混乱に陥ったことが主な要因である。丸太生産で得た現金収入で村人はチェンソーを購入し、そのチェンソーを使ってまた丸太生産に従事した。村人は焼畑を行いつつ、上流の原生的森林で丸太生産に従事し、多くの現金収入を獲得したのであった。

二〇〇〇年代後半になると丸太生産をまったく行えなくなった。二〇〇六年にユドヨノ政権が違法伐採の取り締まりを強化したからである。一方、中国とインドの経済発展を背景に、ゴム、パーム油、石炭の国際的な需要が高まり、それが西クタイ県の焼畑民の土地利用にも大きな影響を及ぼすようになった。西クタイ県においてゴム樹液の取引価格が上昇し、ＢＳ村の村人たちは焼畑跡地にラタン園ではなく、ゴム園を造成するようになった。また、大規模なアブラヤシ農園開発と石炭開発が企業によって計画されるようにもなった。このような企業の土地開発と並行して道路整備が進められ、ＢＳ村は西クタイ県の県庁所在地と道路でつながるようになった。それによって県庁所在地から獣肉を買い付ける仲買人がＢＳ村を訪れるようになり、獣肉の売買が始まった。原生的森林で多くの人びとが罠猟に従事するようになり、獣肉販売が主要な現金収入源になっている人も出現するようになっていた。

仲買人の資源収集フロンティアを飼いならす焼畑民

ここまで説明してきた焼畑民の森林資源・土地利用とその変遷の実態に基づいて焼畑民の生活の特徴とカリマンタン内陸部の地域的特徴について考察したい。

カリマンタン内陸部の熱帯林地域は焼畑民の生活領域である。しかし、その生活領域は仲買人を通して外部の市場経済とつながっていた。資源の市場価値は国際レベル、国家レベル、地域レベルの政治経済の変動を受けて頻繁に変化していた。外部の仲買人はその変動に応じて焼畑民から購入する資源を変化させ、自らの利潤を最大化しようとしてきたのであった。焼畑民の生活領域である熱帯林地域は、仲買人たちにとっては儲かる森林産物を収集できる領域、すなわち資源収集のフロンティア空間でもあったのである。

この外部の市場経済は、焼畑民の生活環境を両義的な不確実性に満ちたものにしていた。資源の市場価値の下落・消滅といった否定的な変化もあれば、上昇・出現といった肯定的な変化もあった。このような市場経済の両義的な変化に応じて、焼畑民はラタン生産、ダマール採集、丸太生産、蛇の皮の採集に従事したりしなかったりと対応を変化させていた。また二〇〇〇年代後半は、ゴム樹液と獣肉に市場価値が出現したことをうけ、新たにゴム生産と罠猟に従事するようになっていた。焼畑の優先度も、市場価値の高い森林資源・土地利用が存在するときは焼畑を休止して現金で食料を調達し、存在しない時は焼畑で食料自給を満たすというように変化させていたのであった。市場経済の否定的な変化を受けて森林資源・土地利用を消極的に変化させることもあれば、肯定的な変化に合わせて積極的に変化させ、生活水準の向上を図ろうとする対応も確認できたのである。市場経済の両義的な変化は、焼畑民にリスクのみならず、チャンスももたらしていたのであった。

焼畑と商品作物・樹木生産が一体化した焼畑サイクルの土地利用は、このような両義的に不確実な生活環境を生きるのに適していたといえる。メインの商品作物・樹木の価格が下落・消滅しても、樹園地は多様な有用樹で構成されていることから、自給用の林産物を採集することができる。また、樹園地を焼畑地として再利用し、食料を生産することもできる。市場価値の下落・消滅という変化を受けても、必要品や食料を自給し、生活を維持できる土地利用なのである。さらに、焼畑地として再利用したタイミングで、焼畑跡地にその時々の市場価値の高い商品作物・樹木を植栽し、より儲かる新たな樹園地へと転換することもできる。異なる商品作物・樹木の市場価値の上昇・出現にも対応できるのである。仲買人（外部の市場）がどのような商品作物・樹木を求めようとも、焼畑民は焼畑サイクルの土地利用の中で自給を確保しながら、仲買人（外部の市場）の要請に応じることができるのである。

原生的森林でも焼畑民は自給用の林産物を収穫して生活のニーズを満たすと同時に、様々な換金用の林産物（たとえば、丸太、ダマール、蛇の皮、野生動物）を収穫し、生活の向上を図っていた。林産物の採集に従事するかどうかは、焼畑の食料生産や商品作物・樹木生産の生産性との兼ね合いを考慮して、自律的に判断できていた。市場価値が上昇・出現した時に採集し、市場価値が下落・消滅したら放置するという対応が可能だったのである。

以上のように、焼畑民の焼畑サイクルの土地利用と原生的森林の林産物採集は、自給経済と市場経済の両立が可能な森林資源・土地利用であるといえる。市場経済がもたらす両義的な不確実性にうまく対応し、生活の維持のみならず向上をも図ることを可能にしていたのである。本章では、「外部システムを要素化し、内部システムに合うように自律的にその要素を選択し、内部システムを組み直すこと」を「飼いならし」と表現することにしよう。[5] 焼畑民は、仲買人の資源収集のフロンティア空間の中でも自らの生活システムに合うように市場経済を飼いならすことができていたといえるであろう。

最後に、このカリマンタン内陸部の焼畑民の事例を、東南アジア島嶼部全体の中に位置づけておきたい。カリマンタン内陸部は仲買人の資源収集のフロンティア空間でもあると述べたが、実は豊富な熱帯資源を有す東南アジア島嶼部一帯が外部者の資源収集のフロンティア空間であると既存研究によって論じられてきた。東南アジアは古くから商品作物・樹木や南海物産の交易の中心地であった。農民は農林産物を古くから外部の商人と交易し、商品経済になじみ、外部に開かれた社会を形成してきた。これが外部の市場経済に柔軟に対応する農民の性格を育んだのであろうと指摘されている（田中 一九九〇：二七二－二七八）。こうした東南アジア地域の性格は、アフリカの「内的フロンティア」との対比の中で「開かれたフロンティア」と表現されたりしている（掛谷 一九九九：四〇四－四〇六、四一五）。カリマンタン内陸部の焼畑民の事例も東南アジア島嶼部全体の中の一事例として位置づけることが可能なのである。

三　土地開発フロンティアの中の焼畑民の想像力と実行力[6]

ＢＳ村の石炭企業進出予定地で起こっていたこと

一九九〇年代後半以降、世界（特に中国とインド）のパーム油と石炭の需要が急増した。この国際的な需要の急増が誘因となり、二〇〇〇年以降、カリマンタン内陸部では企業によるアブラヤシ農園開発と石炭開発が拡大することになる。開発が拡大したもう一つの要因として、スハルト政権崩壊（一九九八年）以降の地方分権化の中で、鉱業分野と農園分野における企業への事業許可の発行権限が県政府に委譲されたことを挙げることができる。[7]県政府が企業からの利用料や税金、道路建設などのインフラ整備に期待して、石炭企業と農園企業へ事業許可を大量に発行したのである。すなわち、二〇〇〇年以降、焼畑民の生活領域は政府と企業によって土地開発のフロンティア空間として位置づけられるようになったのである。

仲買人の資源収集フロンティアと政府・企業の土地開発フロンティアとでは、森林資源・土地利用の主体、性質、規模という側面で大きな違いが存在する。前者では仲買人が行うのは林産物の収集だけで、森林資源・土地利用を行うのは焼畑民であった。焼畑民の焼畑サイクルの土地利用と原生的森林での林産物採取は、小規模に行われ、森林生態系を根本的に改変するものではない。しかし、後者では企業が土地利用の主体として参画する。石炭採掘では重機を使用して地表面から石炭層まで掘り進める露天掘り方法が一般的であり、採掘跡地は裸地となる（章扉の写真参照）。アブラヤシ農園開発は単一作物の大規模生産を基本としており、森林を皆伐し、農園（プランテーション）を造成する。石炭企業も農園企業も資本力と技術力を活かして、数千ヘクタール単位で開発を実施し、カリマンタンの熱帯林と焼畑社会を根本から改変する。このような企業の開発に対して焼畑民はどのように対応したのだろうか。本節では石炭企業の開発を取り上げ、ＢＳ村の焼畑民の対応を説明していく。[8]

調査当時（主に二〇〇九年から二〇一二年）、数多くの石炭企業がＢＳ村領域内で操業計画を立てている状況にあった。

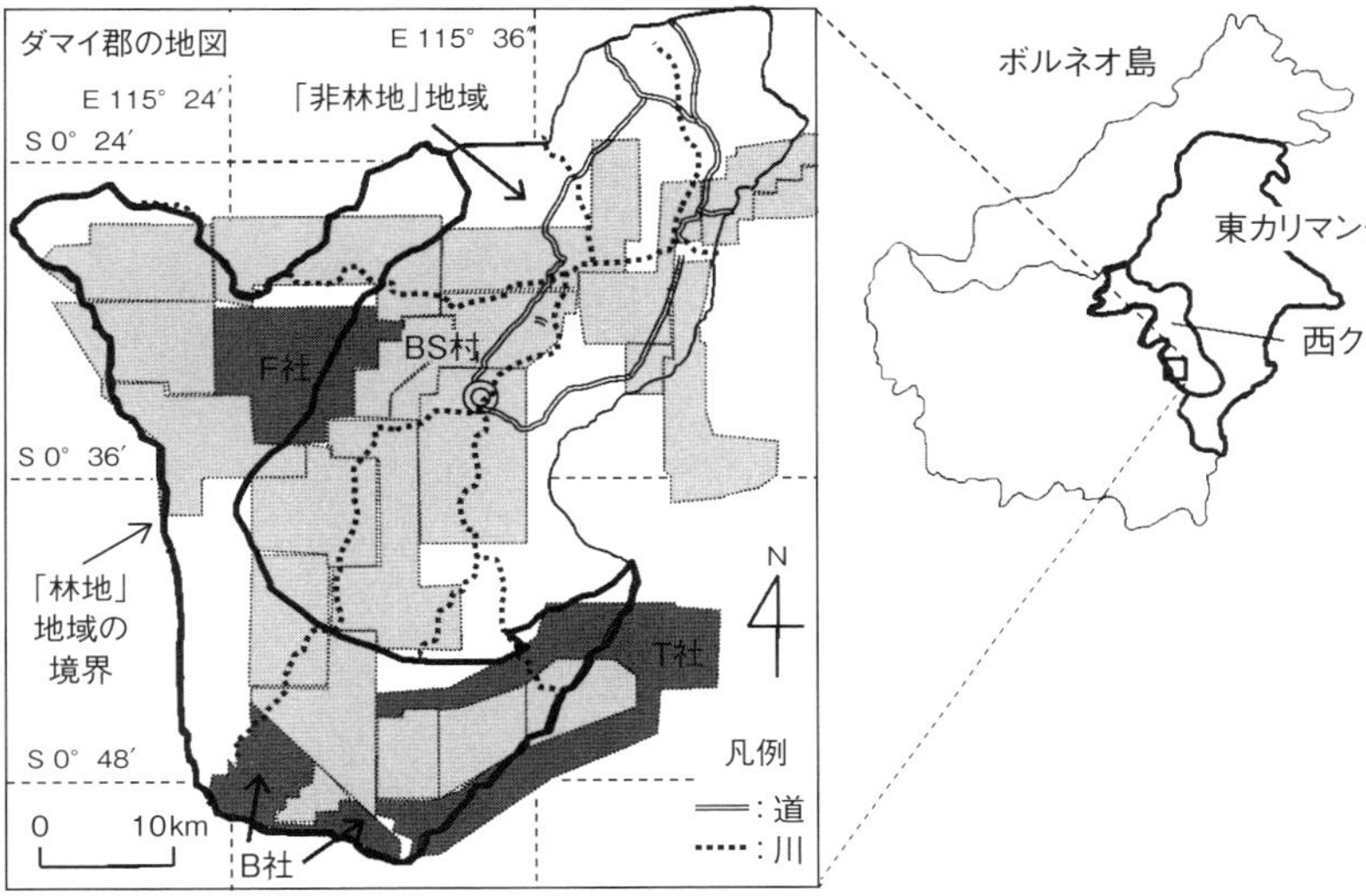

図 6-2　調査地の地図（西クタイ県鉱物・エネルギー局の資料より筆者作成）

注 1）2009 年にダマイ郡内で確認できた企業を掲載。濃いエリアの B 社、T 社、F 社が操業を開始し、薄いエリアの企業は計画中。村は BS 村のみを掲載。

注 2）調査を主に 2006 年から 2012 年に実施したため当時の行政区分に基づき作成。

その中で操業を開始していたのは外国資本の大企業B社、T社、F社の三社であった（図６－２）。この三社は、集落から離れた、アクセスが困難な上流の原生的森林地域で操業を計画していた。

ダマイ郡の隣の郡ではダマイ郡よりも早く石炭開発が行われ、開発対象地の慣習的な土地所有者に補償金が支払われていた。それを伝え聞いたＢＳ村の村人は石炭企業労働者、西クタイ県鉱物・エネルギー局職員、ＢＳ村出身の地方政治家から補償金に関する法律や石炭企業の進出予定地に関する情報を収集した。そして、石炭企業進出予定地内で焼畑を実施し、企業に対して焼畑跡地の慣習的な土地所有権を主張し、補償金を獲得しようとしていた。また、陸稲を生産せずに、伐採、あるいは伐採と火入れのみを行う森林開拓で慣習的な土地所有権を確保する村人や、森を囲い込むように境界の目印を作り、森の所有権を主張する村人も出現するようになった。焼畑跡地や森林開拓地、境界を付けただけの森が石炭企業の補償金の対象になる前に、村人はその土地・森を村外者や村内の有力者と非公式に売買したり、バイクと交換したりするようにもなっていた。
これからBS村（二八二世帯）の八五世帯を対象に実施した家計調査の結果と、五七世帯の七一筆の焼畑を対象に実施した焼畑調査の結果に基づいて、これらの対応（想像力と実行力）について詳しく説明していこう。

投機的な性格を帯びた焼畑

村人は石炭企業進出予定地内で意図的に焼畑を実施するようになっていたわけだが、焼畑の実施場所のみならず、焼畑そのものにも変化が起きていた。F社進出予定地内の焼畑三七筆およびPt氏の例外的に大きな焼畑一筆と、予定地外の焼畑三三筆の性格を比較することで焼畑の変化を明らかにしていきたい。

F社進出予定地内の焼畑三七筆の平均面積（四・九ヘクタール）は、予定地外の焼畑三三筆の平均面積（三・二ヘクタール）よりも大きいことが明らかになった。F社進出予定地内では「より多くの補償金を獲得したい」という動機がはたらき、大きな焼畑がつくられているのだと考えられた。村内の有力者であるPt氏の焼畑がこのことを象徴しており、Pt氏は三一・四ヘクタールもの巨大な焼畑を造成していた。この焼畑を「あれは（陸稲のための）焼畑ではない。（補償金のための）土地だ」と表現する人もいるくらいであった。

F社進出予定地内の焼畑三七筆のヘクタール当たりの労働投下量（延べ四二・五日）と陸稲生産量（三八〇キログラム）は、予定地外の焼畑三三筆の労働投下量（延べ五七・九日）と陸稲生産量（五二二キログラム）よりも低いことが明らかになった。このことからF社進出予定地内では全体的に粗放な焼畑が行われているといえる。慣習的な土地所有権の獲得を意識し、確保できる労働力以上に大きな焼畑を造成する傾向にあると考えられる。広い面積を伐採したが、播種できずに途中で作業を放棄した世帯や、伐採した面積の一部しか播種できなかった世帯が存在した。これらの事例ではヘクタール当たりの生産量は低くなるが、世帯は伐採した面積の慣習的所有権を獲得できるのである。一方、予定地内に巨大な焼畑を造成したPt氏は、有力者かつ富裕者であることから、雇用労働を多用したり、親族から多くの無償労働を受けられたりしたことで予定地外の焼畑と同等の労働投下量（延べ五五・四日）を確保することができていた。また、鎌と電動脱穀機を使用することで高い陸稲生産性（八五二キログラム）も実現することができていた。このＰｔ氏の事例は、次に説明するようにＦ社進出予定地内の焼畑が必ずしも陸稲生産を軽視しているわけではないことを象徴している。

Ｆ社進出予定地内の焼畑三七筆の一筆あたりの焼畑所有者の陸稲獲得量は平均一五九一キログラムで、予定地外の焼畑三三筆の平均陸稲獲得量（一三二〇キログラム）よりも多かった。予定地内の焼畑はヘクタール当たりの生産性が低くても、面積が広いことから予定地外の焼畑よりも多くの陸稲を生産することができていたのである。家計調査の結果、世帯の陸稲の年間必要量は平均八四四キログラムであることが明らかになった。予定地内の焼畑は約二年分もの陸稲を生産できていたのである。このことから、Ｆ社進出予定地内の焼畑は土地確保のためだけに行われているのではなく、従来通り陸稲生産も重視して実施されていることがわかる。

その他の特筆すべきことは、焼畑調査を行った五七世帯中三世帯が村外者の資金や労働を受けとりながらＦ社進出予定地内で焼畑を行っていたことである。村外者の資金は、バイクやチェンソーのガソリン代や大きな焼畑を造るための伐採作業時の雇用労賃に使用されていた。収穫した陸稲は、村人と村外者が共同で消費したり、均等に分けたりしていた。焼畑跡地の土地の権利は、名義上は村人だが、石炭開発の補償金を獲得できた場合、村人と村外者で折半する約束になっていた。重要な点は、村外者との協働焼畑を実施した三世帯は低収入世帯であり、村外者の資金と労働を受けとることで大きな焼畑（土地）と十分な量の陸稲を確保することができていたことである。低収入世帯は村外者との協働焼畑を通して生活水準の向上を実現していたのであった。調査時に確認できたのは三事例だけであったが、このような協働焼畑は頻繁に行われるようになっているという。協働焼畑の話を村外者がＢＳ村の村人に持ち込むこともあれば、ＢＳ村の村人が村外の協力者を探すこともあるという。村外者が補償金の獲得を目的に一方的に協働焼畑を模索しているわけではないのである。

焼畑跡地の利用方法（植栽された商品作物・樹木）を調査したところ、F社進出予定地内の焼畑跡地では三八筆中二七筆にゴムノキが植栽され、一一筆には商品作物・樹木が植栽されていなかった。予定地外の焼畑跡地では三三筆中二五筆にゴムノキが植栽され、商品作物・樹木を植栽しない焼畑は三筆のみであった。この結果から、F社進出予定地内の焼畑跡地でも当時もっとも儲かるゴムノキが植栽されていたことがわかる。村人は土地やゴムノキに対する補償金が十分なら石炭開発を受容し、不十分ならゴム園として利用し続ける意向でいた。多くの村人は焼畑で食料を生産して、焼畑跡地でゴム生産をするという従来の土地利用に、条件付きの選択肢として石炭開発の受容（補償金の獲得）を付加しているのであった。一方、F社進出予定地内で商品作物・樹木を植栽しない焼畑跡地が比較的多かったのは、石炭開発の受容や他者への土地売却が想定されていたからであった。一部の村人はゴムノキの苗・種を開発・売却対象地に植えるのではなく、継続してゴム生産できる土地に植えるという選択をしていたのである。

森林開拓と森の囲い込み

焼畑の次に森林開拓と森の囲い込みについて説明しよう。家計調査の結果、八五世帯中六二世帯がB社とT社の進出予定地に森林開拓地と境界をつけただけの森を所有していることが明らかになった。多くの世帯が森林開拓や森の囲い込みで土地・森を獲得していたのである。

森林開拓や森の囲い込みは、村人が個人で行うこともあれば複数人の協働で行うこともあった。また、村外者との協働で行うこともあった。石炭企業関係者や県庁所在地に住むBS村の親族や知人が、森林開拓あるいは森の囲い込みのための資金やバイクを提供し、BS村の村人たちが作業する。補償金が得られた場合、提供された資金とバイクの費用を補償金から差し引き、残りを資金提供者と村人で折半するという協働である。BS村の村人の中には、自らが作業するのではなく、提供された資金を原資に別の村外者を労働者として雇用し、作業に従事させる人もいた。

村外者との協働による森林開拓と森の囲い込みは、村外者がＢＳ村の村人に出資の話を持ち込むこともあれば、ＢＳ村の村人が村外に資金提供者を探しに行くこともあった。村外者だけでなく、ＢＳ村の村人も森林開拓や森の囲い込みにおける協働を望んでいたのである。たとえば、ＢＳ村のＳｙ氏は県庁所在地まで資金提供者を探しに行き、資金提供者を見つけると同時に、一緒に労働してくれる人を八人探し出した。そして、Ｂ社進出予定地に行き、森を取り囲むように約四メートルの幅を刈り払い、それを境界線として推定一〇〇ヘクタールの森を自分たちの森であると主張していた。一〇〇ヘクタールの森が補償金の対象になれば、資金提供者に資金を返済し、残りの補償金を自身と資金提供者、労働者八人で均等に分けるという。

補償金の獲得

Ｂ社は二〇〇八年に開発対象地五五二ヘクタールの土地計測とその土地の慣習的な所有者の確定を行い、二〇〇九年にヘクタール当たり八〇〇万ルピアの補償金を支払った。家計調査の結果、二〇〇九年の世帯の平均年収は二一八八万ルピアであることが明らかになっている。すなわち、三ヘクタール分の補償金を獲得できれば、約一年分の現金を瞬時に獲得できるのである。ＢＳ村の何世帯が補償金を獲得したのか定かではないが、確認できた一四世帯を対象に聞き取り調査を実施した結果、二世帯が二億ルピア以上、一〇世帯が数千万ルピア、二世帯が数百万ルピアの補償金を獲得していることが明らかになった。多額の補償金を獲得する村人が出現していたのである。

インドネシア語で補償金（損害賠償）を「ganti（代える）rugi（損）」という。この言葉にかけて補償金を「ganti（代える）untung（利）」だと表現する村人がいた。村人は石炭企業の開発で「損」をするのではなく、「得」をすると感じていたのである。Ｂ社、Ｔ社、Ｆ社の開発は上流の原生的森林地域である。そこは村人にとってはアクセスが悪く、利用困難な地域である。そこから多額の補償金を獲得できるメリットは大きいのである。

一方、企業の進出予定地に慣習的所有地を有していたとしても必ず補償金が手に入るというわけではない。企業が実際に開発する場所は進出予定地内の一部であり、そこに村人の慣習的所有地がなければ、補償金は支払われない。焼畑と森林開拓、森の囲い込みには費用がかかることから、村人は「ギャンブル」「宝くじのようなもの」「運」と表現していた。

土地売却、土地とバイクの交換

村外者あるいは村内の有力者への土地売却の事例を三八事例確認することができた。三八事例の土地の状況は、境界を付けた森林を売却した事例が七事例、焼畑跡地・森林開拓地を売却した事例が二九事例であった。残りの二事例は確認できていない。

森林の売却の事例では、最小二ヘクタール、最大七・三ヘクタール、平均四・二ヘクタールの森林が、ヘクタール当たり一〇〇万～二〇〇万ルピアの価格で売却されていた。焼畑跡地・森林開拓地の事例では、最小一・三ヘクタール、最大一七ヘクタール、平均五・〇ヘクタールの焼畑跡地・森林開拓地が、ヘクタール当たり二〇〇万～五〇〇万ルピアで売却されていた。焼畑跡地・森林開拓地の価格の方が高いのは、一度伐り開いており、土地所有権の明示に有利だからである。

土地を売却した三八世帯に土地売却の理由を回答（複数回答可）してもらったところ、「治療費のため」（九世帯）、「生活費のため」（五世帯）という差し迫った理由や、「教育費のため」（四世帯）、「借金返済のため」（二世帯）という明確な理由で土地を売却する事例がある一方で、「特に理由はなかった」（七世帯）という回答も多く確認された。村人にとって、土地売却はまとまった現金を手っ取り早く獲得することができる手段として位置づけられているようで、土地売却に対する抵抗感は高くないようである。

三八事例中一二事例が村内者への土地売却で、二六事例が村外者への土地売却であった。土地購入者の中には複数の土地を購入する人もいた。村内者への土地売却の一二事例中七事例が元村長であるＰｔ氏への売却であり、二事例が慣習法長の息子への売却であった。彼らは村内の有力者で、両者とも石炭開発の補償金を意識して、土地を買い集めていることで有名であった。また、村外者への土地売却の事例では、ある石炭企業労働者への土地売却が五事例、元ダマイ郡長への土地売却が三事例存在した。その他、西クタイ県庁職員への土地売却が三事例、西クタイ県鉱物・エネルギー局職員への土地売却が一事例確認された。村外の土地購入者は石炭開発の補償金についての情報を有し、かつ定期収入が得られる石炭企業労働者や行政関係者が主であるといえる。

土地とバイクの交換の相場は、八～一〇ヘクタールの土地と新品のバイク一台、二～四ヘクタールの土地と中古のバイク一台であった。土地とバイクを交換した事例を三〇事例確認することができた。三〇事例中二三事例が村外者のバイクと交換していた。主に村人と村外者の間で行われていたといえる。なぜBS村の村人がバイクの取得を希望するのかというと、バイクを取得すれば、伐採企業が建設した林道を使って奥地の原生的森林にアクセスできるようになるからである。村人は原生的森林で焼畑を行い、さらなる土地の獲得を希望していたのである。

なお、村外者が土地売買、土地とバイクの交換を希望するBS村の村人を探すこともあれば、BS村の村人が売買と交換を希望する村外者を探すこともあった。村外者だけが一方的に土地の獲得を模索しているのではなく、村人も土地売却金とバイクの獲得を模索していたのである。

消極的な開発受容と集落周辺での開発拒否

ここまでの説明にもとづけば村人は積極的に石炭開発を受け入れているように思えるだろう。たしかにその側面もあるのだが、一方で消極的に受け入れている側面も有していた。村人の中には、将来の焼畑のための原生的森林が減少することや、生活用水である河川の水が汚染されることに不安を感じる村人がいた。では、なぜ石炭開発に反対し、森を残そうという声がないのかというと、反対しても企業や政府は聞く耳を持たないであろうとあきらめているからであった。上流の原生的森林地域は集落から離れている。村人は時々訪れて、沈香採集や狩猟などを行う程度である。

焼畑を行ったり、樹園地を造成したりしていれば、土地利用を行っていることが一目瞭然となり、慣習的な権利を訴えやすい。しかし、沈香採集や狩猟を行う程度では、企業の目には「利用していない森」と映ることになる。「私たちの森で開発をするな」と主張しても、企業と政府に認めてもらえないと村人は考えていた。そして、何も得られずに原生的森林を開発されてしまうくらいなら、焼畑や森林開拓を行い、補償金を獲得した方がましと考えていたのである。得られた補償金を子どもの教育のために使い、子どもには焼畑以外の仕事で生活できるようにさせたいという人もいた。

原生的森林地域で石炭開発を受け入れる一方で、集落周辺の慣習的私有地では石炭開発を拒否する意向でいた。この地域は日常的に利用・管理している焼畑休閑林や樹園地であり、権利意識は特に強い。現在の焼畑の生活を維持するためになくてはならない土地と位置づけていた。石炭開発によって将来の焼畑のための森林が減少する中で、集落周辺の焼畑休閑林と樹園地の重要性が増しているのであった。

村の領域の使い分けと投機的対応

石炭開発フロンティアにおける焼畑民の想像力と実行力を小括すると次のようになる。村人は同じ村内の領域でも開発の領域と生活の領域を使い分けていたといえる。上流の原生的森林地域では石炭開発を受け入れる意向であった。石炭企業の進出は、補償金や土地売却金、バイクを獲得できる新たな経済的チャンスと想像され、村人はそれらを獲得するために石炭企業の進出予定地で焼畑や森林開拓、森の囲い込みを実行していた。一方、集落周辺の慣習的私有地（焼畑休閑林や樹園地）では開発を拒否し、従来の焼畑を基盤とする生活スタイルを維持する意向でいた。上流の原生的森林地域で開発を受容するという対応には、アクセス困難な利用頻度の低い地域から経済的利益を獲得するという積極的な意味と、アクセス困難な上流域だから現在の生活への開発の悪影響は少なくて済むというリスクヘッジの意味の両方が込められていると考えられる。村内の領域を開発領域と生活領域に分けることで、現在の焼畑の生活を維持しながら、開発の経済的メリットを引き出そうとしていたのであった。

また、石炭企業進出という新たな経済的チャンスをより多く獲得すべく開発領域では様々な投機的な対応がとられていた。まず大きな焼畑が造成されるようになっていた。また森林開拓や森の囲い込みを行う村人がいたり、土地を手放すことを想定して焼畑跡地に商品作物・樹木を植栽しない村人がいたりと、従来とは異なる投機的性格の強い土地利用が行われていた。一方で、多くの村人は焼畑で食料を生産し、焼畑跡地でゴム生産を行うという従来の土地利用に、条件付きの選択肢として石炭開発の受容（補償金の獲得）や土地売却、バイクとの交換を追加していた。石炭企業の開発対象地になるのか、土地購入を希望する人や土地とバイクの交換を希望する人が現れるのか、補償金・土地売却金は十分かという状況・条件を見ながら、開発領域の土地として手放すのか、生活領域の土地として維持するのかを判断しようとしていたのであった。開発領域として位置づけながらも、生活領域への転換可能性を確保し、投機的対応のリスクをカバーしようとしていたのであった。

四　焼畑民の想像力と実行力を支えた背景要因

なぜ焼畑民はこのような想像力と実行力を発揮することができたのだろうか。その背景要因として、①民主化・地方分権化以降の企業と焼畑民の政治的パワー・バランスの変化、②多様なアクターのサポートと協働、③仲買人の資源収集のフロンティア空間を生きてきた経験が考えられた。以下、順に説明しよう。

企業が補償金を支払うようになった背景に、実は確固たる国家法に基づく根拠があったわけではない。それよりも民主化と地方分権化が強く影響していると考えられる。「補償金を支払わないならデモを行う」と村長が述べていたように、スハルト政権崩壊後の民主化の風潮の中で、焼畑民は慣習的な権利を企業に強く主張できるようになった。また、地方分権化の中で、地元の焼畑民が地方（県）政府の要職に就くようになった。ＢＳ村からは三人の地方政治家が輩出されていた。当時、石炭企業への事業許可の発行権限は県政府にあったため、企業は焼畑民の要求を無視することが困難だったのだと考えられる。民主化・地方分権化の中で焼畑民の政治的パワーが向上したことが、想像力の幅を広げ、実行力を高めたのだと考えられる。

多様なアクターが焼畑民をサポートしたり、焼畑民と協働したりして、補償金を獲得しようとしていた。このサポートと協働が焼畑民の想像力と実行力を高めていたといえる。たとえば、石炭企業B社と慣習的土地所有者の間で補償金の金額をめぐる問題が生じないように、村行政と郡行政は開発対象地の慣習的な土地所有者の確定や土地面積の計測を行ったり、企業と会議を開き、補償金の金額の取り決めを結んだりした。補償金額はヘクタール当たり一〇〇〇万ルピアとなり、そのうち八〇〇万ルピアが慣習的な土地所有者に支払われ、残りの二〇〇万ルピアは村行政・郡行政への手数料と警察への警護費として支払われることになった。村行政、郡行政、警察の関与は企業の操業と焼畑民への補償金支払いを確実にし、問題を未然に防止するために職務上必要な関与だったといえる。しかし、二〇〇万ルピアの手数料と警護費がモチベーションになっていたことは明らかであろう。

また、石炭企業労働者や行政関係者から補償金に関する法律や石炭企業の進出予定地に関する情報を提供してもらえたことで、焼畑民は企業の進出予定地で焼畑、森林開拓、森の囲い込みを行うことができていた。村外の親族や知人から資金やバイク、労働を提供してもらえたことで、焼畑民は大きな焼畑の造成、森林開拓、森の囲い込みを行いやすくなっていた。さらに、石炭企業労働者や行政関係者、村外の親族や知人に焼畑跡地や森林開拓地、境界をつけた森を購入してもらったり、交換してもらったりすることで、焼畑民は土地売却金とバイクを入手することができていた。多様なアクターのサポートと協働があったことで焼畑民は企業の進出予定地で大きな焼畑や森林開拓、森の囲い込みを行い、そして補償金や土地売却金、バイクを獲得できるようになっていたのである。

最後に、そもそも焼畑民は石炭開発に対して強い関心を抱いていたのだが、その背景には焼畑民が仲買人の資源収集フロンティアを生きてきた経験、言い換えれば、両義的に不確実な生活環境を生きてきた経験が存在すると考えられる。外部の市場経済によって自然資源の市場価値は下落・消滅することもあれば、上昇・出現することもある。焼畑民は市場経済の否定的な変化（リスク）に対応するだけでなく、肯定的な変化（チャンス）に反応して生活水準の向上も図ってきたのであった。このような生活を営んできた経験が素地となり、石炭開発を既存の生活を破壊する脅威と認識するだけでなく、新たな経済的チャンスと認識することをも可能にしたのだと考えられる。

五　土地開発に付帯する国家と資本の統治

焼畑民は想像力と実行力を発揮して土地開発を戦略的に受容し、生活水準を向上させることに成功させていた。政府・企業の土地開発フロンティアを飼いならしているように見える。しかし、土地開発フロンティアには焼畑民には対処困難な政府と企業の統治が伴っている。本節ではこの統治の実態について説明していく。

焼畑民を開発受容に向かわせる統治構造[9]

原生的森林地域では焼畑や樹園地のような目に見える土地利用を行っていないことから、慣習的に利用してきたことを根拠に石炭開発の中止を訴えても、企業と政府は認めてくれないと村人はあきらめていた。主要な調査期間である二〇〇九年から二〇一二年の期間にも、短期調査を行った二〇一四年二月の時にも村人からこういった声を聞いた。

しかし、実際はたとえ焼畑や樹園地を造成していなくても、焼畑民は伝統的に利用・管理してきた森林を「慣習林」として、その法的所有権を政府に請求することが可能な状況にあった。環境林業省は二〇一三年七月一六日に二〇一三年第一号林業大臣通達を発行し、従来の国有林と私有林という所有主体別の森林類型に、「慣習林」を追加した（井上 二〇一四：二一四）。焼畑民は原生的森林を「慣習林」として申請することができ、政府から承認されれば、法的な権利に基づいて開発に対抗できるようになっていたのである。しかし、焼畑民の村々が存在する遠隔地域では、この法制度に関する情報を入手することは困難であり、情報源すら開発推進側のアクター（企業や政府）に限定されている。焼畑民は自らの権利に気づくことが困難な構造の中にいるのである。

では情報を有していれば、「慣習林」の権利を取得し、開発に対抗できるのだろうか。「慣習林」と承認されるためには厳しい要件や行政手続きが必要になり、手続き上の困難が伴う（井上 二〇一四：二四－二五）。手続きを焼畑民のみで行うのは実質的に不可能に近い。仮に「慣習林」申請を行えたとしても、企業の開発をてこに経済を発展させたい政府からすると「慣習林」申請を承認せずに、企業の事業許可を優先することも考えられる。すなわち、「慣習林」申請の選択肢を知っていたとしても、実質的にその実現は困難なのである。

また開発の状況設定も焼畑民の主体性を開発受容に方向づけていた。民主化・地方分権化以降、企業は焼畑民の同意を得てから開発に着手するようになった。しかし、同意を得る前に石炭企業は鉱業事業調査許可をすでに政府から取得し、操業に向けた準備を進めている。焼畑民が開発の受容・拒否の選択をする時には、どの企業が、どの場所で、どれくらいの規模の開発を行う計画でいるのかがすでに決まっているのである。すでに政府が部分的に許可を発行している状況が、焼畑民に対する圧力となり、「開発拒否は困難」という認識へと導いている側面があった。さらに、補償金といった焼畑民が主体的に開発を受容するよう仕向ける条件も整えられていた。焼畑民が石炭開発を拒否すれば、補償金を増額させて企業は再交渉するのであった。

以上のような状況から、上流の原生的森林地域においては焼畑民の想像力と実行力は開発拒否へと向かいにくい。焼畑民を開発受容に向かわせる政府と企業による統治構造が存在しているのである。

契約という統治

企業に対する政府の事業許可はコンセッションという形で発行され、石炭採掘は最大二〇年間、農園事業は三五年間の操業が許可される。石炭開発でもアブラヤシ農園開発でも、焼畑民は一度開発に合意し契約を結ぶと、この期間契約の統治を受けることになる。まず契約の統治に正当性を付与する企業の開発の許認可プロセスを確認しよう。

石炭開発でもアブラヤシ農園開発でも、企業は開発対象地の公式・非公式（慣習的）な権利保持者（村、および村人）から開発の合意を取得し、事前に権利保持者の有する権利を放棄させる必要があると法律に明記されている[10]。ＢＳ村の事例では、ほとんどの村人が慣習的な所有地に対する政府機関発行の土地証を有していなかった。農園企業も石炭企業も、まず郡長、村長、慣習法長のサインがなされたセミフォーマルな土地所有誓約書の作成をサポートしていた。そして、農園企業の場合は土地の譲渡に関する書類を、石炭企業の場合は土地の権利の放棄に関する書類を作成し、村人の合意（サイン）が得られてから補償金が支払われていた。アブラヤシ農園開発でも石炭開発でも村人の慣習法に基づく権利は、国家法に基づく手続きを踏んで譲渡・放棄されるというプロセスを経るのである。

このような許認可プロセスを踏んで企業に事業許可が発行されるわけだから、焼畑民が石炭開発とアブラヤシ農園開発の途中で契約を取りやめたいと主張しても、企業の操業が法規則に抵触していない限り受け入れられない。合意・契約を再協議できるような制度枠組みは整っていないのである。この点は仲買人の資源収集フロンティアと政府・企業の土地開発フロンティアの間にある大きな相違といえる。資源収集フロンティアにおいては、焼畑民は仲買人に森林資源・土地利用を指示されたり、制限されたりすることはなく、自律的に行うことができていた。新しい商品作物・樹木の生産に挑戦し、うまくいかなかったら別の商品作物・樹木生産に切り替えるという対応が可能だったのである。企業の土地開発の受容においては、このような状況に応じた柔軟な変更は法制度によって制約されることになる。土地開発の受容に伴う合意・契約は焼畑民の土地利用の自律性を長期にわたって奪い去る統治として機能するのである。

六　おわりに

仲買人の資源収集のフロンティア空間の中で、焼畑民は外部の市場経済と自給経済を自律的に往来しながら生活を組み立てることができていた。資源収集フロンティア（外部の市場経済）を飼いならすことができていたといえる。では政府と企業の土地開発フロンティアを飼いならすことができていたのだろうか。土地開発フロンティアでは、企業が土地利用に参画し、大規模に生態・社会を改変する点で仲買人の資源収集フロンティアとは性質が異なっていた。しかし、焼畑民は現在の焼畑の生活を維持するために慣習的私有地が広がる集落周辺地域では石炭開発を拒否する一方で、利用困難な上流の原生的森林地域では開発を受容し、投機的に対応することで様々な経済的利益を獲得していることが明らかになった。このような想像力と実行力を発揮できた背景要因として、①民主化・地方分権化の進展によって焼畑民が政治的な力を獲得したこと、②多様なアクターのサポートと協働が得られたこと、③両義的に不確実な生活環境を生きてきた経験があったことが考えられた。

このような戦略的な対応を踏まえると、焼畑民は石炭開発をうまく飼いならすことができているように見える。しかし、実際のところは上流の原生的森林地域における石炭開発の受容は、拒否の選択肢が実質的に閉ざされ、開発受容に方向づけられているという政府・企業の統治構造の中での選択なのであった。また、土地開発の受容に伴う契約は焼畑民の土地利用の自律性を長期にわたって奪う統治として機能していた。焼畑民の想像力・実行力・自律性を制約する統治が付帯している点で政府・企業の土地開発フロンティアは、これまでの仲買人の資源収集フロンティアと大きく異なる。この統治構造を克服しない限り、焼畑民は土地開発フロンティアを完全に飼いならすことはできない。カリマンタンの石炭開発とアブラヤシ農園開発に関しては、企業が大規模に生態・社会を改変する点に注目が集まりがちであるが、土地開発に付帯する政府・企業の統治の拡大にも注目する必要がある。

注

[1] ラタンは熱帯多雨林に生育するツル性の植物である。日本語では「籐」と呼ばれ、籐むしろ、籐椅子、籐かごなどの籐細工として日本を含め世界中で使用されている。

[2] ボルネオ島の先住民のうち、イスラーム教徒でもマレー人でもない人びとは「ダヤック（Dayaks）」と呼ばれている（King, 1993: 29-31）。ダヤックと呼ばれる人びとも実際は諸民族に分かれており、ダマイ郡をホームグランドとしているダヤック人は「ブヌア（Benuaq）」と呼ばれている。

[3] ジンチョウゲ科ジンコウ属の熱帯樹木は、木部に害虫などの外的ダメージを受けたとき、樹脂を分泌しダメージを防御しようとする。この樹脂の沈着した木部を「沈香」と呼び、熱すると芳香を放つ性質がある。沈香は仲買人に高額で購入され、世界に流通され、お香などとして利用されている。

[4] 本項は寺内（二〇二三：九一 - 一二二）の内容を要約したものである。

[5] この「飼いならし」の定義は、小田（二〇〇九）から着想を得て定義したものである。

[6] 本節は寺内（二〇二〇）と寺内（二〇一六）を部分的に使用し、加筆修正したものである。

[7] ただし、二〇一四年一〇月に制定された「地方行政法」（二〇一四年法律二三号）によって、中央政府、州政府、県政府の間の業務・権限の所在が再編され、石炭企業への事業許可の発行権限は県政府にはなく、州政府と中央政府にあると改定された。一方、「鉱物・石炭鉱業法」（二〇〇九年法律四号）では、石炭企業への事業許可の発行権限は県政府にあると定められており、法律間に齟齬が存在する状況にある。

[8] アブラヤシ農園開発に対する焼畑民の対応は、寺内（二〇一八）を参照していただきたい。

[9] 本項は寺内（二〇二三：四六〇 - 四六三）を加筆修正したものである。

[10] 石炭開発に関しては二〇〇九年法律四号鉱物・石炭鉱業法に、アブラヤシ農園開発に関しては一九九六年第四〇号インドネシア共和国政令および一九九四年第二一号農業省・国家土地局長決定にそのことが明記されている。

引用・参考文献

井上真　一九九一『熱帯雨林の生活―ボルネオの焼畑民とともに』築地書房。

井上真 二〇一四「黒子の環境社会学―地域実践、国家政策、国際条約をつなぐ」『環境社会学研究』二〇：一七－三六。
小田亮 二〇〇九「二重社会論、あるいはシステムを飼いならすこと」『日本常民文化紀要』二八：二二六－二五六。
掛谷誠 一九九九「東南アジアをどう捉えるか（5）―アフリカ世界から」坪内良博（編）『〈総合的地域研究〉を求めて―東南アジア像をてがかりに』京都大学学術出版会、三九九－四一五頁。
田中耕司 一九九〇「プランテーション農業と農民農業」高谷好一（編）『東南アジアの自然』弘文堂、二四七－二八二頁。
寺内大左 二〇一六「石炭開発に対する焼畑民の対応と認識―インドネシア・東カリマンタン州のベシ村を事例として」『林業経済研究』六二（一）：四一－五一。
寺内大左 二〇一八「焼畑民によるアブラヤシ農園開発の受容―インドネシア東カリマンタン州・ベシ村を事例として」『東南アジア研究』五五（二）：三二〇－三四五。
寺内大左 二〇二〇「東カリマンタンの石炭開発フロンティアにおける焼畑社会の再編―土地利用と労働・土地をめぐる社会関係に注目して」『東南アジア研究』五八（一）：三三－七六。
寺内大左 二〇二三『開発の森を生きる―インドネシア・カリマンタン　焼畑民の民族誌』新泉社。
King, V. T. 1993 *The Peoples of Borneo*. Blackwell.
Penot, E. 2004 From Shifting Agriculture to Sustainable Rubber Agroforestry Systems (Jungle Rubber) in Indonesia: A History of Innovation Processes. In (D. Babin eds.), *Beyond Tropical Deforestation: From Tropical Deforestation to Forest Cover Dynamics and Forest Development* (pp. 221-250). UNESCO/Cirad. http://hal.archives-ouvertes.fr/docs/00/17/33/02/PDF/BOOK_CHAPTER_unesco_2003_af_pENOT.pdf. Accessed 20 October 2021.
Terauchi, D. and M. Inoue 2011 Changes in cultural ecosystems of a swidden society caused by the introduction of rubber plantations. *Tropics* 19(2): 67-83.

第7章

鈴木 佑記

海のフロンティア

――タイ領アンダマン海域における国家・資本・海民の関係性を探る

色とりどりのナマコ。中国や世界の華人市場に運ばれる南海産品の一つ。モーケンが文献に登場した1825年から200年以上にわたって、主要な漁獲対象であり続けている。

一　はじめに

東南アジアの海域には、船を住まいとし、多島海を移動しながら漁を生業としてきた人びとがいる。そのような生活形態から、彼らはしばしば漂海民（Sea Gypsies）と呼ばれてきた。もちろんこの呼称は、陸地居住民の視点から一方的に名づけられたものであり、彼らは意味もなく海上を漂っていたわけではない。風向きを考慮して季節周期的に船の拠点を移したり、獲物を求めて適所を探したりするなど、彼らなりの合理的な理由があって移動してきた。

ここでいう「獲物」とは、魚介類だけでなく、ツバメの巣や蜜蠟などの陸地で採集できるものも含まれる。熱帯アジアを中心に広域踏査した鶴見良行は、ナマコ、夜光貝、ツバメの巣、タイマイ（ウミガメの一種）の甲羅、白蝶貝、高瀬貝、フカのヒレ、蜜蠟、香木、香料、オウム、ゴクラクチョウなどの熱帯地域でとれる産品を「特殊海産物」と呼んだ（鶴見　一九九九：一八二）。鶴見と東南アジア各地で共同調査していた村井吉敬は、鶴見が挙げる熱帯資源が必ずしも海産物のみではない点に注目し、「南海産品」という用語を代わりにあてている（村井　二〇〇九：一〇〇）。

本章でも取り上げるツバメの巣は、海藻を原料とするという説がかつてあったが、現在は学術的に否定されている。ツバメの巣以外にも、鶴見が言及する産品には海産物とは呼べないものも含まれているため、本章では村井に倣い南海産品と記述したい。上述した南海産品は、主に中国人と世界各地の華人が消費するものとして、アジア・オセアニアの熱帯海域を中心として採捕されてきた。特に、東南アジア海域で狩猟採集民[1]として主要な立ち位置を築いてきたのが、漂海民であった。

彼らの移動形態は多くの場合、生業に根付いた動態的なものであり、遊牧民ないし遊動民（Nomads）の生活スタイルに近い。現在ではネガティブな印象を与えがちな漂海民という名称ではなく、海の遊動民（Sea Nomads）と表現されることの方が多くなってきている（Bellina et al. 2021 を参照）。

それでもやはり、かつてのように船上居住による移動性の高い生活を送る人はほとんど存在しなくなっているため、読み手に誤解を与えかねない用語となっている。また近年――特に二〇〇〇年代以降――では漁業以外の仕事に従事する者も増えている。ここでは、従来は海上で移動性の高い生活を送っていたが、現在では島嶼や沿岸に居を構えて、多様な生業をもとに暮らす人びとを指すのに海民（Sea Peoples）という言葉を使用したい。

本章は、東南アジア海域が国家によってフロンティアとしていかに見出されてきたのかに着目する。なかでもアンダマン海域に焦点を合わせ、タイ政府とミャンマー政府が同海域をどのように領域化してきたのかを明らかにする。そして、そこに暮らす海民モーケンが国家と資本との関係性のなかで、いかにして自らのフロンティア空間を見出してきたのか、また新たに参入してきたのかについて論じる。

次節では、東南アジア各地のモーケン以外の海民を取り上げ、彼らが暮らす海域でいかなる領域化がすすめられてきたのかを確認する。第三節では、海民モーケンがアンダマン海域を長い間、ナマコやツバメの巣等の資源を生み出すフロンティアとして見出してきたことを説明する。第四節では、一九八〇年代以降に国家がアンダマン海域を資源管理と観光推進のフロンティアとして扱いはじめ、モーケンがスリン諸島に定住化していった過程を追う。また、二〇一〇年代以降にスリン諸島の海域がシュノーケリングのフロンティアとして注目を浴びる中で、多くのモーケンが観光業に従事するようになった状況を提示する。最後の第五節では、「採捕フロンティア（gathering frontier）」と「観光フロンティア（tourism frontier）」という造語を用いて、アンダマン海域に暮らすタイの海民モーケンが経験してきた出来事を整理し、「海の領域化」の特徴について考察したい。[2]

二　東南アジア海域の領域化

東南アジアの海民は大きく三集団にわけられる（図７‐１参照）。フィリピン、マレーシア、インドネシアの三カ国の広範に散在するバジャウ（Bajau）ないしサマ（Sama）と表記される人びと、インドネシアを中心にみられるオラ

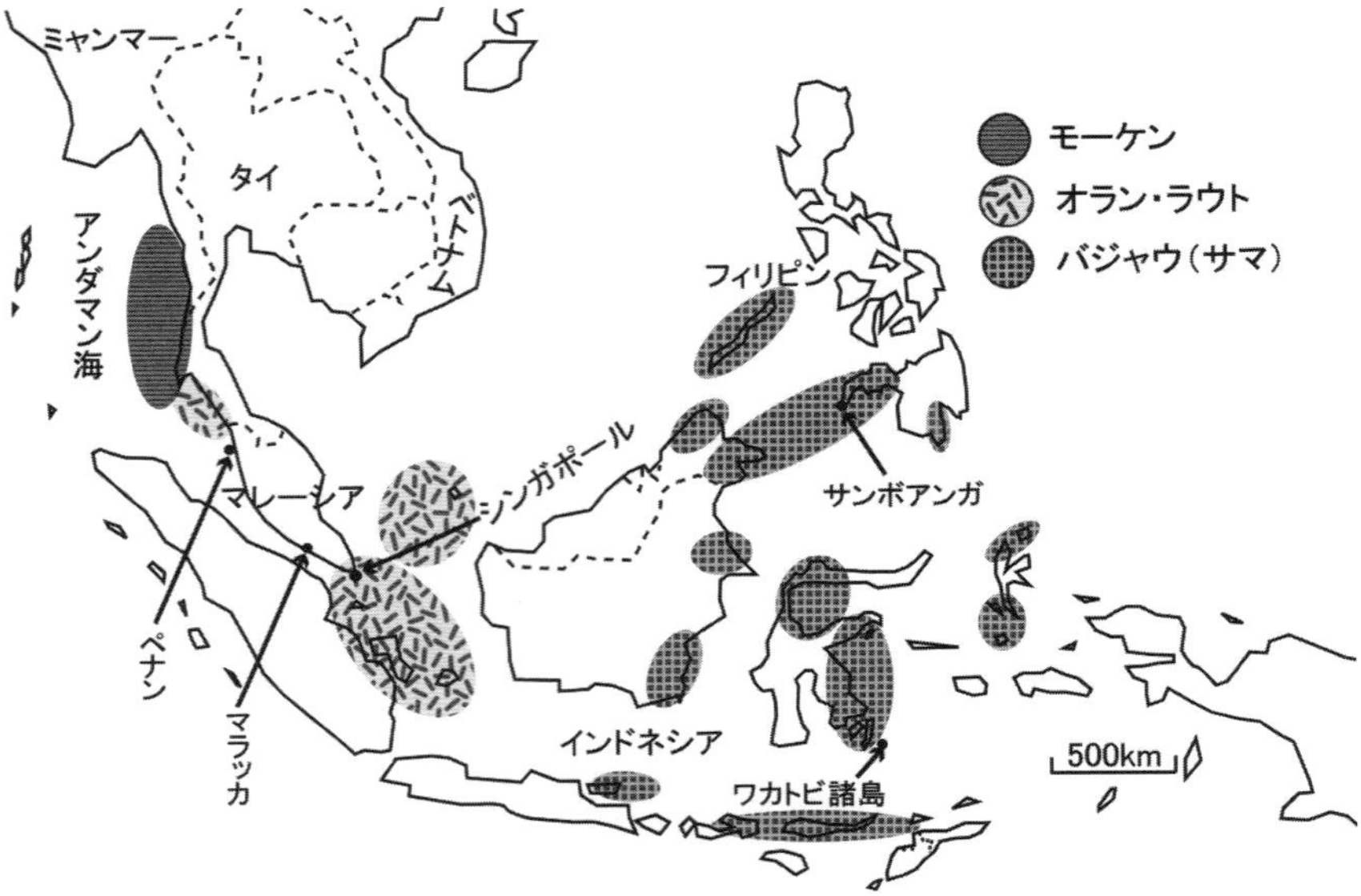

図 7-1　東南アジア海域の海民 3 集団（筆者作成）

ン・ラウト（Orang Laut）、タイとミャンマーの二カ国に跨って生活圏を築くモーケン（Moken）である（Sopher 1977 を参照）。

彼らに共通しているのは、島々が密集し造礁珊瑚のリーフが発達した比較的浅い海域に暮らしてきたという点である。中・大型船では座礁して通ることのできないような浅瀬を小さな船でたゆたいながら、[3] 海民は南海産品を採捕してきた。

また古くは、王権とのつながりが深い人びととしてよく知られている。マラッカ王国（一四〇二－一五一一）の官職に就き、ジョホール王国（一五二八－一七一八）とジョホール・リアウ王国（一七二二－一八二四）で軍事の中枢部にいたオラン・ラウト（海民化したブギス人も含む）や、スールー王国（一四五〇頃－一九一五）と連合軍を成していた一部のバジャウがよく知られているが、モーケンもまた、その出自集団と考えられる海民がクダ王国（Independent Sultanate の時代、一一三六－一八二一）の軍隊としてアンダマン海南方の海域で活躍していた（黒田 二〇二〇：三七）。いずれの集団も海域を知り尽くした海軍としての働きが時の支配者に認められたものである。

彼ら海民はしばしば独占的に南海産品を採捕することが王権により認められており、土地の有力者と交易関係を結ぶ特権的な立ち位置を築いていた。このことは長い間、陸に住む人間にとって海は容易に足を踏み入れられないフロンティアだったのであり、そこを自由に往来する海民の特異性を歴史的に際立たせている。このように海は長らく国家が掌握しきれない空間であった。さらに、現在でこそオラン・ラウトはインドネシアのリアウ・リンガ諸島に集中しているが、かつてはシンガポールの島々にもおり[4]、今でもタイ・マレー半島南西部に数千人[5]が、マレーシア・ジョホールバル（シンガポールと水道を挟んで北側に位置する）に少数ながら確認できるように（Katanchaleekul 2011）、国境を越えて散在している点もバジャウやモーケンと類似している。

しかし重要なのは、海民は東南アジアの海上に国境線が引かれる前から広域に暮らしてきたのであって、国境線が引かれてから各国に散らばったわけではないということである。東南アジア各国は、欧米による植民地化に対する交渉を行い、または植民地化からの独立過程や隣国同士の取り決めにおいて、自国と他国の境界線を決めてきた。その際、各国は主権範囲を国境線によって区分し、その区域を自らの領域として創出してきた。こうした領域化は陸域だけでなく海域でも行われてきた。そうではあるが、その過程で創られた国境は国家間の都合で恣意的に決められたものであり、現地住民の意向が反映されたものではない。いわば海民の生活空間を国境が――それを意識する人にとっては認識上――分断してしまったといえる。国家間による海の領域化が海民の生きる場所を区切ってしまった結果、地図上において海民の分布は国境を跨いだものとなっているのである。

国境線に関するもう一つの重要な点は、国境が海民の生活圏を完全に分かつわけではないということである。図面の上ではたしかに、国境は海民のそれまでの生活の場を分断してしまうが、むしろ国境が立ち現れることで両国間の資源管理のあり方を比較してより良い漁場を選んだり（鈴木 二〇一六b）、二国間の経済格差を利用した交易路を新たに切り開いたりするのは、これまでの海民研究によっても明らかにされている（たとえば長津 二〇〇一；床呂 一九九九を参照）。また本章でこれから明らかにするように、二カ国間で海上に国境線が引かれたからといって、即座に実効的な領域の支配や管理が行われるわけではない。国家間による海の領域化は漸次的に進む場合もある。海の領域化は国家間だけで進む現象ではない。それぞれの国内においても様々なかたちをとって海の領域化は進展しており、海民の生活を激変させている。たとえばシンガポールでは一九七〇年代後半に、本島の南方に浮かぶ一部の島々を軍事訓練するための特別地域に指定することで、シンガポール軍（Singapore Armed Forces, SAF）がこの地で生活してきた海民をその場から立ち退かせた[6]（Soh 2021/8/25）。

軍事目的を理由とする海の領域化は、政府によるものだけではない。反政府集団による土地の占拠という現象でも確認できる。一例を挙げるとフィリピンでは、モロ民族解放戦線が海民バジャウの多く暮らす海域を基盤に活動してきた。二〇一三年に、モロ民族解放戦線がミンダナオ島のサンボアンガ（図７－１参照）沿岸部のマリキ地区（Barangay Mariki）の集落を占拠し、政府軍との戦闘で村が焼き尽くされ、バジャウを含む住民が土地から追い出されるという事件が発生している（たとえば Olasiman and Bascar（2017: 94-97）、Conde（2016）を参照）。

そうした軍事を理由とする以外にも、タイのプーケット島やリペ島では（図７－２参照）、資本家によるリゾート開発が進んでおり、海民の暮らす浜辺が標的になり、土地の権利書を持たない海民が追い出されようとしている問題が現在進行中である[7]。そして各地の海民が直面している海の領域化は、国家による海洋保護区の設定や海洋国立公園の指定の動きである。インドネシアのスラウェシ島南東部に浮かぶワカトビ諸島は（図７－１参照）、一九九六年に海洋国立公園に指定され、二〇〇八年のゾーニングプランでは漁業禁止区域、海洋保護区域、観光区域、地元民利用区域などに区分けされ、古くよりこの海域に暮らしてきたバジャウの生業に大きな影響を与えている（Stacey et al. 2017）。

本章の事例研究で取り上げる領域化も、国家による海洋国立公園指定の動きである。海洋保護区の設定や海洋国立公園の指定は、海民の移動できる範囲に制限を加え、生業に制約を加えるものである。海民の視点からすると、こうした領域化推進のアクターは外部者である。海民にとっての東南アジアの海域は元来、漁を実践するフロンティアとしての意味合いが強いのだが、他方で国家や資本家などにとっての同海域は、軍事拠点や天然資源保全のためのフロンティアであったり、観光を推進するためのフロンティアであったりする。そうした重層的なフロンティア海域で生きるのが、現代の東南アジアの海民である。

図 7-2　アンダマン海域（筆者作成）

三　海民の海

現在、海民モーケンはミャンマー側に約二〇〇〇人、タイ側に約一〇〇〇人が暮らしているとされる（図７－２参照）（Narumon 2017 : 4）。ただしこの数値は、国境がモーケン社会にとって実効的な意味合いをもってあらわれるようになった近年のものである。古くはどちら側に何人のモーケンが生活しているかを知るのは困難であった。なぜならアンダマン海域におけるミャンマーとタイの国境が画定したといわれる一七九三年以後も、モーケンは長い間、船に乗って四方八方に各地を転々としていたからである。[8] 彼らはアンダマン海に浮かぶ一〇〇〇以上の島々の間を、少数の群れをなして移動しながら暮らしてきたのである。

モーケンが船で移動する理由については、海賊に捕まらないようにするためという記録を一部確認できるが（Hamilton 1828）、基本的には生活の糧である生物資源を探すためである。モーケンは多種の魚介類を自家消費するために動くが、それよりも枢要となる移動の理由はナマコ、夜光貝、ツバメの巣といった南海産品がきっかけとなっている。ナマコと夜光貝の個体は海底に棲息しており、活動範囲が狭くほとんど動かない。またツバメの巣も特定の洞窟の崖に定着するものである。そのため、特定の場所にいる／ある資源の大部分を採捕しつくしたら、新たな場所を目指して他の海域へ船を進めるのである。

アンダマン海域でナマコやツバメの巣などの南海産品が、海民によって本格的に採捕されるようになったのは、筆者は一九世紀初めのことだと考えている。現在確認できるモーケンに関する最古の記録が一八二五年のものであり、彼らがナマコなどの南海産品を大量に採捕している記述が残されている（Maingy 1928）。このことから、遅くともその頃にはアンダマン海域は狩猟採集のフロンティアとして隆盛していたと考えられる。

ビルマの戦史研究者チャーニー（Charney 2004：247-248）は、ミャンマー領アンダマン海[9]でツバメの巣が大量に採集されるようになったのは一九世紀前半だと明らかにしている。彼はその背景として、第一にイギリスがアンダマン海からマラッカ海峡にいたる交易網をおさえた点を指摘する。つまりイギリスは、一八二六年にビルマのアラカン（ベンガル湾沿岸）とテナセリム（アンダマン海沿岸）を英領インドに併合し、ペナン、マラッカ、シンガポールを統合して海峡植民地にしたことで、大量消費地である中国への流通ルートを確保したわけである（図7-1参照）[10]。第二に一八世紀におけるビルマ沿岸部の荒廃状況と厳格な管理体制を指摘する。一七五〇年代にコンバウン朝の創始者アラウンパヤーは戦争が拡大するなかで町を荒廃させ、その後継者は特別な場合を除いて海上貿易を禁止したという。要するに一九世紀前半に至る前の時代は、アンダマン海域で海産物を採捕する条件は整っていなかったことになる。第三に中国国内における需要の高まりを指摘する。中国でビルマ沿岸産ツバメの巣の需要があると知ったベトナム南部のコーチシナ太守が、一八二〇年にテナセリム産ツバメの巣の取引を目的とする使節団をビルマ宮廷に派遣（一八二一年に到着）した記録を挙げて、それ以前に同様の記録が確かめられないことから、この時期にアンダマン海においてツバメの巣が大量に採集されるようになったと推定している。

一八世紀半ば以降のビルマ沿岸の荒廃と海上貿易の禁止といった条件を勘案すると、他の南海産品もツバメの巣と同様に、アンダマン海域における採捕は、一九世紀前半以降に本格的に行われるようになったと考えてよさそうである。海産資源の保全と利用に関して体系的に研究をすすめる赤嶺淳（二〇一〇：一六七）は、中国では一八世紀後半までにナマコやツバメの巣などを乾燥させた南海産品が中国全土で消費されるようになったと述べている。先のコーチシナの事例から推測するに、一八世紀後半におけるこれら南海産品の中国における需要の高まりが各国に情報として広がっていったのだろう。アンダマン海では一九世紀前半にイギリスを介した流通網が整備された。しかし、消費地による需要があり、その流通経路が確保されても、それを採捕する生産者の存在がなければ、南海産品の交易は成立しない。そうした南海産品産出のフロンティアで採捕に従事していた主要なプレイヤーが海民モーケンであった。そしてそれは、国家によるアンダマン海域の領域化が進められる二〇世紀後半まで続く。

アンダマン海では、タイ－ミャンマー間の国境が決められたあとも、国家による海域管理はほとんどなされていなかった。序論で佐川・大澤・池谷が「統治の限定性」を説明する際に触れた石川（二〇〇八）の議論に倣えば、国境を設定しイデオロギーは提示されたものの、タイ政府とミャンマー政府は当該国家の領域として利用する制度設計も制度運用も実質的には行ってこなかったわけである。その結果として、サック（二〇二二：三四）が述べるところの「地理的区域を区分し、そこへの管理を主張することによって、個人または集団が人びと、現象、および関係に影響を与え、力を及ぼし、またはそれらを制御しようとする試み」である領域化は、国家によっては完全にはなされていなかったといえる。

一九七〇年代までの島嶼を中心とするアンダマン海は、すでに二〇〇年程前にタイ‐ミャンマー間の国境が決められていたにもかかわらず、海民モーケンが両国の海域を比較的自由に往来でき、南海産品を広域で採捕できるフロンティア空間であった。それはもちろん海民にとってのフロンティアであると同時に、中国への南海産品の流通を目指す一部の国家や、海民と南海産品を取引していた仲買人たちにとってのフロンティアでもあった。

フロンティア空間とは「自分たちにとってなんらかの機会や可能性を内包した場所」であり、「実現可能性のある希望」が見出せる空間でもある。そこでは国家や資本、住民などの多様なアクターが主観的に空間を想像し、各アクターが実行力を行使する。ところが、少なくとも記録が残されている一八二五年から約二〇〇年間のアンダマン海では、それを領有するミャンマーやタイといった国家による空間の想像と実行力の行使はなされていなかった。換言すれば、当時のミャンマーとタイの両国家は、アンダマン海を何らかのフロンティアとして見出していなかった。その一方で、中国と南海産品を通じた交易を目指すベトナム等の国家や、南海産品を牛耳る各地の仲買人による空間の想像と実行力の行使がなされていた。一九六〇年頃、ミャンマー南部から現タイのラノーン県に至る広大な海域で、何百人ものモーケンを従えて南海産品の生産に従事させていたというタイ人スギャム[11]の存在がある。彼に南海産品を卸すモーケンは、国境を意識することなくミャンマーとタイを縦横無尽に往来していた。モーケンは仲買人との取引を通じて、また彼らの視座を通して、アンダマン海を南海産品産出のフロンティアとして想像し、海に潜り採捕するという実行力を行使していた。

四　国家と資本の海

南海産品を求めて広大な海を移動しながら生活していたモーケンであったが、一九八〇年代に入ると、スリン諸島のような島嶼、または沿岸に陸上がりして暮らす者が増えていった。その大きな契機となったのは、タイおよびミャンマー両政府による実効的な領域化の動きである。タイ側では、国家による海洋国立公園指定によるアンダマン海域の領域化が急速に進んだ。まず一九八一年にスリン諸島（パンガー県）とその周辺海域が海洋国立公園として管理されるようになった。古くからモーケンが生活圏としてきた地域に限ってみても、スリン諸島のすぐ南に位置するシミラン諸島（パンガー県）が一九八二年に、スリン諸島の東方に位置するレームソン沿岸地帯（ラノーン県）が一九八三年に、シミラン諸島の東方に位置するカオラムピー・ターイムアン浜地域（パンガー県）が一九八六年に、そしてそのすぐ北に位置するカオラック・ラムルー海岸一帯（パンガー県）が一九九一年に、スリン諸島の北方に位置するパヤム諸島国立公園（ラノーン県）[12]が二〇〇九年に海洋国立公園に指定された[13]（図7-3参照）。いずれの指定区域も、一九七〇年代まではモーケンが自由に漁場として利用してきた海のフロンティアである。

他方でミャンマー側でも領域化が進んだ。一九八〇年代に当時のビルマ軍事政権が主要な輸出セクターの一つとして漁業を見出し、アンダマン海に関心を払うようになり、一九九六年に島嶼管理のため海軍基地をダウェー（タヴォイ）からベイッ（メルギー）に移している（Boutry 2005）（図7-2参照）。このことはメルギー諸島が地政学的に重要な位置にあると国家に認識されたことを示唆するものである。また同年には観光開発が政府主導で着手されるようになり（Boutry 2014）、モーケンの生活圏の一つであるランピ島が国立公園に指定されている。これはミャンマーで最初の国立公園であり、アンダマン海域で指定されているミャンマー唯一の海洋国立公園である。近年では、ランピ島を中心として、メルギー諸島の各島における観光開発が急速に進められている状況にある（図7-2参照）。このようにミャンマー側では、国家が漁業や観光開発を推進するためのフロンティアとしてアンダマン海を見出し、一九八〇年代以降に領域化が進行していった。

タイでは国立公園に指定された区域では、海域であろうが山域であろうが一般人が家を建てて住むことは許されない。またその区域内に棲息する動物を狩猟したり、自生植物を採集したりすることも法律上禁止されている（DNP 2004：13–14）。モーケンの住まいであり、移動手段でもある船の材料を集めることも、主生業である漁に出ることさえ

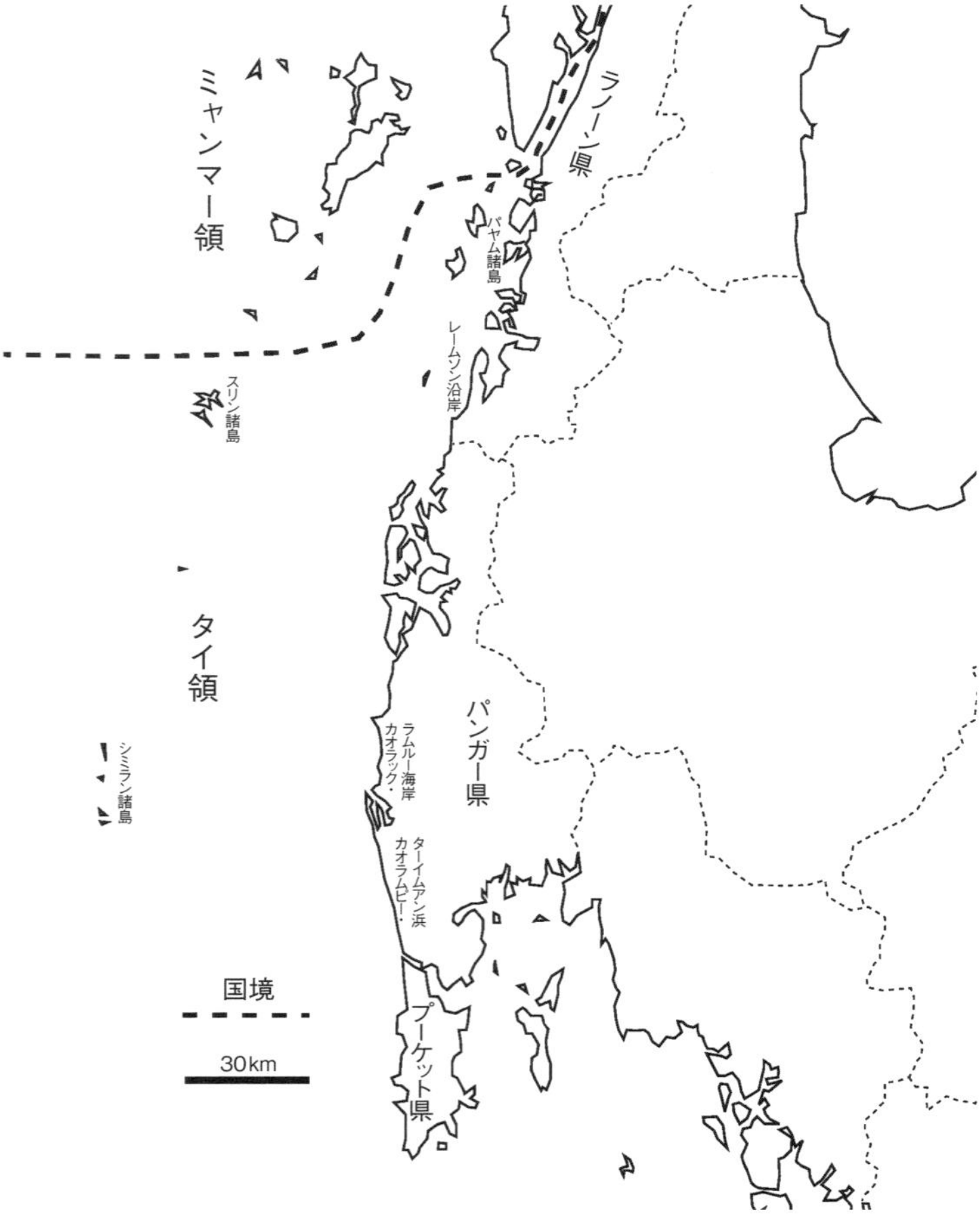

図 7-3　タイ領アンダマン海域北方（筆者作成）

も認められなくなった。公式には、海民モーケンのそれまで長く続いた生活は法律によって全否定されたわけだが、実際には各国立公園事務所の裁量的な判断のもと運用されている。スリン諸島国立公園事務所の場合、モーケンをその場から追い出すことなく、彼らが生活していくだけの漁業活動を黙認してきた。それでもほとんどの国立公園事務所は法律を厳格に適用しているため、スリン諸島のモーケンが他の海域で漁をすることはできなくなった[14]。またミャンマー領アンダマン海域ではミャンマー人による近代漁業が幅をきかしており、十分な漁獲が望めなくなっているだけでなく、軍による強制的な無給労働に従事させられる恐れがあるため、現在タイに暮らしているモーケンでミャンマー側に移動しようとする者は少なくなってきている。そうした理由のため、比較的管理の緩いスリン諸島で村落が形成され、ここに定住するモーケンが増えていったのである。漁が黙認されているとはいえ、基本的には自給自足できるだけの魚介類の採捕が認められているだけである。ただし、魚介類を摂取するだけで生命を維持することはできない。モーケンにもコメ等の食料や日常用品、そしてガソリンの購入のために現金収入が必要である。それゆえに、南海産品の採捕もしばしば黙過されてきた。とりわけモーケンによる漁が大目に見られている時期が、観光客に島を閉じている南西モンスーンの季節（五月〜一〇月）である。自家消費を目的とする漁の場合、素潜りによる銛漁や海上から獲物を狙うやす漁、また船上からの手釣りや浅瀬における投網で魚類を確保することが一般的である。商業目的の場合、素潜りによるナマコや貝類の採捕が主な漁の内容となる[15]。

それとは反対に、開園している北東モンスーンの季節（一一月〜四月）は、モーケンによる商業目的の海域利用を国立公園事務所が厳格に取り締まっている。なぜなら国立公園事務所は観光客の視覚を満足させることを優先しているためである。スリン諸島を訪れる観光客の最大の目的は、多くの場合は船に乗って複数のリーフを移動しながら、シュノーケリングをすることである。観光客はシュノーケリングで浅いリーフを泳いで、視界に入ってくる海の生物を見て楽しむ。南海産品を自由に採捕できない時期であっても、モーケンにとって現金収入は必須である。そこで新たにこの時期だけモーケンが従事するようになったのが観光業であった。

図７‐４は、データを入手できた一九九四年度以降のスリン諸島訪問者数の推移を示したものである。グラフにおける年はタイの年度のことであり、明記されている年の前年の一〇月一日からその年の九月三〇日までの入園数を指す（たとえば、二〇〇〇年度は一九九九年一〇月一日から二〇〇〇年九月三〇日までの期間となる）。一九九四年度から二〇〇四年度にかけて、右肩上がりで数を伸ばしていったことを確認できる。半年間に四万人近い観光客が訪れるようになり、国立公園事務所はモーケンを雇用することで、観光客に対するサービスを充実させていった。二〇〇五年度は急激に数を減らしているが、これは二〇〇四年末に発生したインド洋大津波の影響である。津波はタイのアンダマン海

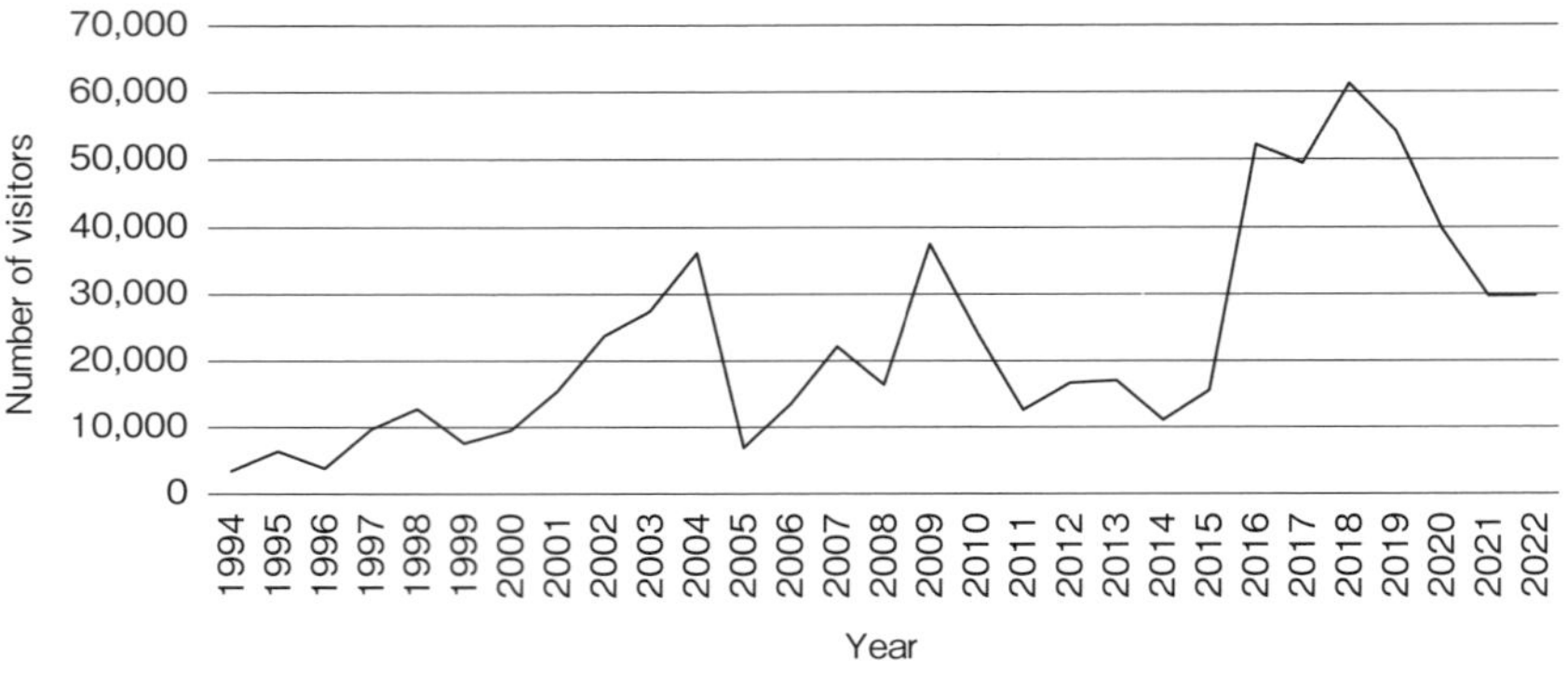

図 7-4　年度別スリン諸島訪問者数の推移（DNP Homepage）

沿岸・島嶼を襲い、多数の死傷者・行方不明者を出したため、被災地訪問をためらう人が多かった時期にあたる。その後、上下に変動しながらも最低でも一万人の観光客が訪れており、二〇一六年度から二〇一九年度までの四年間は約五万人から六万人もの人びとが島に上陸した。二〇二〇年度以降は、新型コロナ感染症（Covid-19）の世界的な感染拡大の影響で、その数を減らしている状況である。

国立公園指定による島の観光地化は、政府や企業によるアンダマン海域への資本投資を活発化させていった。スリン諸島へ移動するためには、移動手段の船が用意されなければならない。またバンコクなどの大都市から島へ訪れようとすると、プーケットや最寄りの港町などで最低一泊しなければたどり着くことはできない。観光客が増えるにつれて交通手段の選択肢が増え、宿泊施設が充実していった。

たとえばスリン諸島への交通手段に関しては、筆者が初めて島を訪れた二〇〇五年三月の時点では、小型フェリーによる運航のみがボートツアー会社一社によって担われていたが、二〇一〇年頃から競合他社が複数参入し、各社でスピードボートが新しく取り入れられるようになった。近年は各社とも、利用客が多い時は運航するスピードボートをより大きなものに変更するか、小型のスピードボートを複数台運航するようになっている。各会社は右肩上がりで増える観光客に対応できるように、施設整備やスピードボートの購入に大量の資本を投下していった。

とりわけ二〇一六年以降に隆盛しているのが、スピードボートを利用したシュノーケリング目的のデイトリップである。小型フェリーでは実現するのが難しかったが、スピードボートの出現により移動時間がそれまでの約三分の一に短縮され、毎日大量の観光客をスリン諸島に運ぶようになった。ツアー会社の施設は大型化し整備され、大量のガソリンが消費されるようになった。本書のテーマに照らして別言すれば、海民モーケンが長年利用してきた造礁珊瑚のリーフを中心とするアンダマン海は、国立公園指定の動きに伴い、観光客がシュノーケリングをするフロンティアとして見出され、ツアー会社によって大量の資本が注入されていったのである[16]。

ボートツアー会社の急増は、モーケンの雇用機会を新たに生み出した。それまでモーケンが従事していた観光業というと、国立公園事務所のもとで雇用されるものが主であった。モーケン男性は国立公園事務所が指定するシュノーケリングポイントへ観光客を船で連れて行ったり、本土から島に届く荷物を運んだりする。モーケン女性は観光客用の食事の下ごしらえや皿洗い、それに宿泊施設（主にテントサイト）の掃除を行う[17]。二〇一〇年以降、ボートツアー会社は急増する観光客に対応するため、また大型化した施設と増加したスピードボートの運用をはかるため、大量のモーケンを雇うようになったのである。

ここで本節の内容を簡単にまとめておこう。一九八〇年代に入り、タイとミャンマー両政府はアンダマン海域を観光開発のフロンティアとして見出した。モーケンが長年利用してきた空間を国立公園として制度設計し、運用を開始したのである。国立公園化と観光開発の動きは表裏一体であり、国立公園を訪問する観光客のための交通機関や宿泊施設を整備するために、大量の資本がアンダマン海域各地に投入されていった。モーケンにとっての漁のフロンティアであったアンダマン海は、国家や資本にとっての観光開発のフロンティアにとって代わり、漁だけで生活を維持できなくなったモーケンは観光業に従事するようになった。スピードボートを利用したデイトリップが隆盛すると旅行会社に雇われるモーケンも増えていった。

漁を自由にできなくなった点のみに焦点を合わせると、モーケンがアンダマン海から国家や資本によって、生活の場から強制的に「排除」されていったように読める。また、旅行会社にモーケンが「従属し」、安価な労働力として「搾取」されているようにもみえる。しかし、実態はそう単純な話ではない。一九八〇年代以降、アンダマン海は国家と資本の海としての存在感が強くなり、観光地として発展するなかで、モーケンもアンダマン海を「自分たちにとってなんらかの機会や可能性を内包した場所」ないし「実現可能性のある希望」ある空間として見出してもいる。モーケンが漁だけでなく観光業に従事することは、金銭確保の別ルートを確保し、より良い生活を切り開く彼らの実践でもあるのだ。

無論、二〇二〇年三月下旬以降、タイでもコロナ・パンデミックの影響で外国からの来訪者は途絶えた。二〇二〇年一〇月から二〇二二年五月までの二シーズンは、タイ在住の外国人かタイ人のみが訪れる程度であったが、タイがコロナ規制を完全撤廃し「開国」した二〇二二年一〇月以降、徐々に外国人が戻りつつある。各ボートツアー会社は、二〇二三年一月八日から続々と入国してくる中国人が再びサービスを利用するのに備え、体制を整えている状況にある。

五　おわりに

アンダマン海域は一九世紀前半から約一六〇年間、主に海民モーケンが南海産品を採捕するフロンティアとしての空間であった。一七九三年に引かれたというアンダマン海上のタイ‐ミャンマー国境は、現場に生きる海民にとって特別な意味を持つことはなく、モーケンは比較的自由に越境して両国間を移動しながら各地で南海産品を生産してきた。その状況に大きな変化が訪れたのは一九八〇年代に入ってからのことである。両国家がアンダマン海域の資源の豊かさに目を留め、自然保護と漁業・観光開発を推進するフロンティアとして見出したのである。タイ領アンダマン海域では、国家による海洋国立公園指定の動きに伴って領域化が進展し、海民モーケンによる南海産品産出のフロンティア空間は分断されていった。こうして一九八〇年代以降、モーケンは海上を自由に移動できなくなり、年間を通して漁に従事するのは困難になっていった。

その一方で、海洋国立公園に指定された地域には観光客が訪れるようになる。モーケンが村落を築いたスリン諸島にも乾季の間だけ観光客が訪れるようになり、モーケンはその時期だけ観光業に従事するようになった。二〇一〇年代に入ると、タイ本土にスリン諸島への日帰りツアーを運営する会社が次々と出現し、莫大な資本が投じられてスピードボートの購入や施設整備が進められていった。この頃よりアンダマン海域は、観光客がシュノーケリングを楽しむためのフロンティアとして本格的に開拓されていった。そして多くのモーケンもそのフロンティアに進出し、観光業に従事することで自らの生存空間を拡大しつつあるようにみえる。

アンダマン海域をフロンティアというキーワードで、一八二五年からの二〇〇年間を概括して捉えるならば、前半約一六〇年間の「採捕フロンティア（gathering frontier）」と後半約四〇年間の「観光フロンティア（tourism frontier）」の二つの時代に分けて考えることができそうである。タイ政府によるアンダマン海域の領域化は、名目上は天然資源の保護を目的としているが、それら天然資源の観光資源化も同時に視野に入れられてきた。事実、海洋国立公園指定後に宿泊施設や移動手段といった観光インフラが整い、それらを利用できるから観光客は訪れるようになった。その意味では、タイ国家によるアンダマン海域の領域化は、「観光フロンティア」拡大の契機をつくった動きとして捉えられよう。そこに資本家が乗じるかたちで次々とツアー会社を立ち上げていき、アンダマン海は「観光フロンティア」として急激に成長してきている。そしてモーケンにとっても、アンダマン海は漁に従事する空間としてだけでなく、観光に従事するための空間としても認識されてきており、旅行会社のもとで労働することで「観光フロンティア」の拡大に寄与している。

繰り返しになるが、アンダマン海が「観光フロンティア」として見出される端緒となったのは、国家による「海の領域化」である。では、タイ領アンダマン海で進められてきた海の領域化の特徴とはいかなるものであろう。以下、陸の領域化との違いに着目しながら若干の考察を行いたい。本章で取り上げた海の領域化とは、すなわち国家による海洋国立公園指定の動きに連なるものである。海洋国立公園化の推進は、第一義的には島嶼と沿岸、それに海洋の自然保護を目的とするものである。ただしそれと同様に重要な位置を占めているのが、国家を主体とした観光地化である。島全体を国立公園に指定した場合、その島が擁する自然資源の保全はもちろんのこと、同島に暮らす／訪れる人びとを管理する権利を持つのは国家である。[18] 特定の海域を国立公園として領域化することで、観光地として集中的に管理することが可能となる。島に訪れたり物資を運んだりするには必ず船に乗る／載せる必要があり、陸続きの場所にある本土の国立公園に比べると、入園するヒトとモノの管理が一層容易となる。島を海洋国立公園に指定することとは、空間とヒト・モノを一挙に観光地として領域化することでもあるのだ。

　他方で、海洋であるがゆえに、領域化を進める上で難しい側面もある。陸地であれば法律に則り境界線を設け、柵等を張り巡らすことで国家の領域を対外的に示すことができるが、海ではそうはいかない。理論上は、海底に届くよう長い杭を打ち込んで境界を張り巡らせることは可能であろうが、予算的にも工程的にも非現実的である。たとえば、アメリカとメキシコの国境沿いに密輸と密入国を防ぐための壁が設けられており、砂浜から海へと伸びている箇所もあるが、その長さはせいぜい数十メートルである。もちろん密輸と密入国のほとんどが陸地で実施されるがために壁を沖まで伸ばさないこともあろうが、海上に境界を視覚化させるのがいかに困難であるかがわかる。仮にアンダマン海上のタイ‐ミャンマー間の国境に沿って、数カ所の海底にケーブルを固定し、そのケーブルに繋げたブイを海上に浮かべて領域を示したとしても、海流や潮汐でブイは動き、一定の境界を変わらず指し示すことは不可能である。タイとミャンマー間におけるアンダマン海における国家間の領域化——国境線策定——が一七九三年に行われたにもかかわらず、両国では一九八〇年代に入るまで国内における領域化が進まなかった背景には、海が陸とは異なり境界を可視化しづらいことも関係していたかもしれない。

　陸の領域化は山岳の頂点や川や谷といった地形的な境界を基点に領域化を進めていくのに対し、海の領域化は地形的な境界を見出しにくく、領域化は島を中心としたものになりがちである。また、前者の領域の場合、森林資源を地上や上空から視認できるのに対し、後者の領域に眠る海底資源は特殊な道具を使用して海中に潜らなければ確認が困難である。海に棲息する多くの動物が、森に棲息するそれに比べると、行動範囲が広くなるために、特定の地域に棲む動物として空間を指定しにくい面も考えられる。海ではその動物（主に魚類）を追って他者の領域に気づかず入り込んでしまうのも、決められた区画の中で狩猟する陸よりも発生の可能性は高いであろう[19]。

以上のような領域設定や管理の困難さはあるが、国家によるアンダマン海域の領域化はある程度順調に遂行されたといえるだろう。軍が一方的に島を奪取して海民オラン・ラウトを追いやったシンガポールの事例（本章第二節）とは異なり、島の観光地化を通して海民モーケンを「観光フロンティア」に組み込むことで、タイ政府は資源とヒトの管理を同時に、しかも一元的に掌握するのに成功した。現在では多数のモーケンが主体的に「観光フロンティア」に入り込み、自らの生活空間を拡大していることも見逃せない。

ただし注意しなければいけないのは、アンダマン海域に「採捕フロンティア」の余白がなくなったわけではないということである。国立公園閉園期間中の雨季（南西モンスーンの時期）には、スリン諸島が今でもモーケンにとっての「採捕フロンティア」であり続けているように、「採捕フロンティア」と「観光フロンティア」は重なり合いながら、時期や場所によってその範囲と関与するアクターを変化させている。特に、コロナ禍で「観光フロンティア」が不活性化したのとは反対に、モーケンによる「採捕フロンティア」での活動が活発化した事例を筆者はかつて報告した（鈴木 二〇二二）。しかし、二〇二二年一〇月に入りコロナによる入国規制が完全に撤廃されて以降は、アンダマン海域に観光客による賑わいが再び戻ってきており、「観光フロンティア」が再び勢いを取り戻している。「採捕フロンティア」と「観光フロンティア」が重なり合う空間の中で、モーケンがいかにして自らの生存空間を確保し拡張していくのか、あるいは新たな別のフロンティアが立ち現われる中で彼らがどのように対応していくのか、引き続き注目していきたい。

謝辞

本章は、筆者を代表とする科学研究費補助金の若手研究（研究課題番号18K18258）および国際共同研究加速基金（研究課題番号20KK0267）による研究成果の一部である。記して感謝申し上げる。

注

［1］本章で取り上げる海民モーケンは漁撈を中心に生計を立ててきたが、ときにイノシシを狩り、野生の果物も採る。そのため、狩猟漁撈採集民（hunter-fisher-gatherer, hunting-fishing-gathering people）と呼ぶのが相応しいかもしれないが、漁撈民を含めて狩猟採集民として扱うことが多い（e.g. 梅棹 一九七六：一七‐一九）。そのため、ここでは狩猟採集民と表記している。

［2］モーケンは商品としての南海産品だけでなく、自家消費するための魚介類や陸地に棲息する野生鳥獣をも捕獲する狩猟採集民である。ただし本章では主にナマコとツバメの巣という南海産品に注目するため、採集を意味するgatheringを英語としてあてた。ただし、南海産品にはウミガメやサメなどの海の大型動物も含まれるため、日本語では捕獲の意味合いを持たせて「採捕」とした。

［3］筆者はかつて、ジェームズ・C・スコット（二〇一三）による「陸域のゾミア論」を書評するなかで、海域のゾミアを「水のゾミア試論」というかたちで論じたことがある（鈴木 二〇一六a）。そこで重要な地形として、無数の島々をかけめぐる複雑な水路と潮汐の影響を受けやすい浅瀬を指摘した。かつて東南アジアの海民はそのような場所に生活圏を築くことで、外敵から身を守りながら、自らのフロンティアを開拓してきた。なおスコットは、上記のような海域世界をWatery Zomiaという言葉で表現しているが、彼の研究に刺激を受けた他の研究者のなかにはWet ZomiaやSea Zomiaを用いる者もいる。

［4］正確にはオラン・ラウトの子孫は現在もシンガポールにいるが、内陸のＨＤＢ住宅に住み、言語や文化面でもマレー系シンガポール人として生きているため、ここでは過去形で表現している。シンガポールの島々では、かつてはセマカウ島（Pulau Semakau）やスドン島（Pulau Sudong）などを生活の拠点にしてきた（BBC 2021/9/12）。

［5］タイではウラク・ラウォイッ（Urak Lawoi'）と呼ばれている。

［6］スドン島（Pulau Sudong）、スナン島（Pulau Senang）、パウィ島（Pulau Pawai）のことを指す。

［7］プーケット島にはモーケンも一部暮らしているが、その多くはウラク・ラウォイッという異なる海民集団である。二〇二三年一月現在、筆者はそれら二つの村落で発生している土地問題について現地調査を行っており、その成果の一部（リペ島の土地問題）は別稿にて発表する。印刷媒体の雑誌の前にまずは、アジア平和構築イニシアティブ（Asia Peacebuilding Initiative, APBI）のインターネット上に三部作の記事として二〇二四年に公表した。https://www.spf.org/apbi/writer/writer_61.html（最終確認日：二〇二五年一月二九日）

［8］タイ海軍作成の「タイ失地地図」（一九三五年）や中高等学校地図帳掲載の地図では、ラノーン県より北方のアンダマン海域が一七九三年にビルマへ割譲され、両国間の国境が画定したかのように図示されているが、筆者はこの点に疑問を持っている。なぜなら一八世紀のタイにはまだ、近代国家が想定するような国境線の概念はなかったからである。タイが西欧式の国家の概念を持たず、一九世紀においてイギリスとの国境線確定作業に苦労したことは、トンチャイ（二〇〇三：一二二-一五三）に詳しい。

［9］チャーニーはベンガル湾東部と表現しているが、現在ベンガル湾はアンダマン・ニコバル諸島以西の海域を指すため、一八〇〇年代初頭のメルギー（Mergui、現在のベイッ）やタヴォイ（Tavoy、現在のダウェー）などを主な対象にしている彼の論文では、ビルマ領ないしミャンマー領アンダマン海と表記する方がより正しいと思われる。

［10］チャーニーは海峡植民地の出現を一七九〇年代以降と記述しているが、おそらくイギリスによるペナン、マラッカ、シンガポールの実効支配が開始された、一七九五年のマラッカ占領以降の時期を意図して書いた年代だと考えられる。

［11］スア・ギムを短縮してスギャムやサギャムと呼ぶモーケンが多い。ギムがあだ名で、その前についているスアはタイ語で虎を意味する。だがこの場合は、海賊であることを示す「称号」のようなものになっている。ミャンマー南部一帯の海を仕切っていた海賊であり、仲買人でもあった。彼の手下にはモーケンだけでなく、多数のタイ人やムスリムのマレー人（モーケン年長者はバタック人と呼ぶ）がいたとされる（二〇二四年二月一八日にスリン諸島で実施した年長者のモーケン女性ヤンからの聞き取りによる）。

［12］パヤム諸島国立公園が国立公園に指定されたのは二〇〇九年一二月二三日のことである。二〇一〇年二月二三日にラノーン諸島国立公園に改称された。

［13］これらの国立公園は、二〇〇二年以降は天然資源環境省の国立公園・野生動物・植物保全局が管理するようにな

っている。

[14]　タイ国内における海洋国立公園とその区域内に位置する海民村落すべてを調べきれていないが、スリン諸島国立公園が例外的な措置をとっている可能性が高い。二〇二二年一二月にパヤム島のモーケン村落で聞き取り調査をした時点では、国立公園事務所の締め付けが厳しく、商業目的の漁業が固く禁じられていた。このことは、海洋国立公園指定による海の領域化にもバラエティがあることを示唆するものである。いかなる背景があって相違なるのか、その点に関しては今後の課題としたい。

[15]　南西モンスーン期におけるモーケンの、より詳しい漁撈活動についてはSuzuki (2015)、鈴木（二〇一六c）を参照されたし。

[16]　スリン諸島へのデイトリップを展開するボートツアー会社が急増した背景については、二〇二五年刊行の『脱観光化の人類学』（ミネルヴァ書房）所収の拙論「あわいを生きる―コロナ前後のタイ領アンダマン海におけるモーケンの観光業への従事」において詳述している。

[17]　二〇〇九年までの乾季におけるモーケンの観光業への従事の様子は鈴木（二〇一一）に詳しい。

[18]　ただし、島の一部のみを海洋国立公園に指定した場合、同じ島であっても指定外地域では資本家による観光開発が進められることに注意されたい。その際は国家と資本家による領域化が同時に進行することになる。

[19]　もちろん、陸上動物を国境の森林地帯で追っていても、意図せず別の領域に足を踏み入れることはある。ただし、他意なく他領域を侵犯する可能性は、森林の密度や地形によってその高低が変化するであろう。他方で、海上ではどこにいようが海水面の高さは概して同等であり、海中の見えない／見えづらい獲物を追って思いがけず越境する可能性は陸に比べると高いと考える。

引用・参考文献

赤嶺淳 二〇一〇『ナマコを歩く―現場から考える生物多様性と文化多様』新泉社。
石川登 二〇〇八『境域の社会史―国家が所有を宣言するとき』京都大学学術出版会。
梅棹忠夫 一九七六『狩猟と遊牧の世界―自然社会の進化』講談社。
黒田景子 二〇二〇「ムソビシの時代―一八二一年‐一八四二年のシャムによるクダー占領期」『鹿児島大学総合教育機構紀要』三：二七‐四〇。

サック、ＲＤ　二〇二二『人間の領域性―空間を管理する戦略の理論と歴史』山﨑孝史（訳）、明石書店。

スコット、ＪＣ　二〇一三『ゾミア―脱国家の世界史』佐藤仁（監訳）、みすず書房。

鈴木佑記　二〇一一「交錯する視覚―観光のグローバル化が「漂海民」モーケンに与えた影響に注目して」『AGLOS Journal of Area-Based Global Studies』二：四七―八二。

鈴木佑記　二〇一六a「水のゾミア試論―東南アジアの海民を事例として」『東南アジア研究』五四（一）：一一七―一二六。

鈴木佑記　二〇一六b「海民と国境―タイに暮らすモーケン人のビルマとインドへの越境移動」甲斐田万智子・佐竹眞明・長津一史・幡谷則子（編）『小さな民のグローバル学―共生の思想と実践をもとめて』上智大学出版、三四六―三六九。

鈴木佑記　二〇一六c『現代の〈漂海民〉―津波後を生きる海民モーケンの民族誌』めこん。

鈴木佑記　二〇二二「奪われた権利、取り戻す生活―コロナ禍で海に回帰するタイのモーケン人」『ハリーナ』四八：七―八。

鶴見良行　一九九九『ナマコ』（鶴見良行著作集9）みすず書房。

床呂郁哉　一九九九『越境―スールー海域世界から』岩波書店。

トンチャイ・ウィニッチャクン、二〇〇三『地図がつくったタイ―国民国家誕生の歴史』石井米雄（訳）、明石書店。

長津一史　二〇〇一「海と国境―移動を生きるサマ人の世界」尾本恵一・濱下武志・村井吉敬・家島彦一（編）『島とひとのダイナミズム』岩波書店、一七三―二〇二頁。

村井吉敬　二〇〇九『ぼくが歩いた東南アジア―島と海と森と』コモンズ。

BBC 2021/9/12 'Orang Laut', Penduduk Asli Singapura yang Terlupakan. Retreived from https://www.bbc.com/indonesia/majalah-58459316（最終確認日：二〇二五年一月二九日）

Bellina, B., R. Blench and J.-C. Galipaud eds. 2021. *Sea Nomads of Southeast Asia: From the Past to the Present*. Singapore: NUS Press.

Boutry, M. 2005. The Sea a New Land to Conquer: Appropriation of the Marine and Insular Environment by the Myanmar Fishermen of the Myeik Archipelago. *Myanmar Historical Commission Conference Proceedings Part 2*. Yangon: U Kyi Win, the Universities Press, pp. 272–293.

Boutry, M. 2014. The Maung Aye's Legacy: Burmese and Moken Encounters in the Southern Borderlands of Myanmar, 1987–2007. In（W.-C. Chang and E. Tagliacozzo eds.）*Burmese Lives: Ordinary Life Stories under the Burmese Regime*. New York: Oxford University Press, pp. 147–173.

Charney, M. W. 2004. Esculent Bird's Nests, Tin, and Fish: The Overseas Chinese and Their Trade in the Eastern Bay of Bengal（Coastal Burma）in the First Half of the Nineteenth Century. In（W. Gungwu and N. Chin-Keong eds.）*Maritime*

China in Transition 1750–1850. Harrossowitz Verlag, pp. 245–259.

Conde, Carlos H. 2016 Dispatches the Philippine Picture of Badjao Displacement. Retreived from https://www.hrw.org/news/2016/05/27/dispatches-philippine-picture-badjao-displacement（最終確認日：二〇二五年一月二九日）

DNP［Department of National Park, Wildlife and Plant Conservation］n.d. Homepage. Statistical Data. Retreived from https://www.dnp.go.th/statistics/dnpstatmain.asp（最終確認日：二〇二五年一月二九日）

DNP［Department of National Parks, Wildlife and Plant Conservation］. 2004. *Phraratchabanyat Utthayan Haeng Chat Pho. So. 2504. Lae Kot Rabiap thi Kiaokhong kap Utthayan Haengchat*（一九六一年国立公園法および国立公園関連規則）. Bagnkok: DNP.（in Thai）

Hamilton, W. 1828. *East India Gazetteer Vol.II*. Parbury, Allen and Co.

Katanchaleekul, S., 2011. Phaplak thi Lueanlai khong Klumchatiphan Chaole nai Khapsamut Malayu（マレー半島の海民集団のアイデンティティの変遷）. *Journal of Social Research* 34(2): 1-36.（in Thai）

Maingy, A. D. 1928（1825）. Enclosure No. 7. In（Superintendent, Government Printing and Stationery, Burma ed.）*Selected Correspondence of Letters: Issued from and Received in the Office of the Commissioner Tenasserim Division for the Years 1825–26 to 1842–43*. Rangoon: Superintendent, Government Printing and Stationery, Burma.

Narumon A. 2017. *Hopeless at Sea, Landless on Shore: Contextualizing the Sea Nomads' Dilemma in Thailand*. Institut für Sozialanthropologie Österreichische Akademie der Wissenschaften.

Olasiman, C. and J. Bascar 2017. Providing Shelter, Understanding Culture, and Anticipating Needs of the Displaced. *Social Science Asia* 3(2): 91–101.

Soh, W. L. 2021/8/25 The forgotten first people of Singapore. from https://www.bbc.com/travel/article/20210824-the-forgotten-first-people-of-singapore（最終確認日：二〇二五年一月二九日）

Sopher, D. E. 1977（1965）. *The Sea Nomads: A Study of the Maritime Boat People of Southeast Asia*. Singapore: National Museum.

Stacey, N., G. Acciaioli, J. Clifton and D. J. Steenbergen,. 2017. Impacts of marine protected areas on livelihoods and food security of the Bajau as an indigenous migratory people in maritime Southeast Asia. In（L. Westlund, A. Charles, S. M. Garcia and J. Sanders eds.）, *Marine Protected Areas: Interactions with Fishery Livelihoods and Food Security*. Rome, Italy: Food and Agriculture Organisation of the United Nations. pp. 113–126.

Suzuki Y. 2015. Sea cucumbers, seashells, and "Sea Nomads": An ethnographic study of Moken's dive fishing before and after the 2004 Indian Ocean tsunami. *The journal of Sophia Asian studies* 33: 141–162.

第Ⅲ部

移動を継続させる想像力と実行力

第8章

ゾミアに引かれた国境線を越える

――タイ＝ミャンマー国境地帯におけるシャン人移民の歴史的変遷

岡野 英之

かつてタイ＝ミャンマー国境を拠点としていたシャン人武装勢力。五節に登場するＸ氏は昔のシャン人勢力の写真を見せながらＡ村の歴史を語ってくれた。

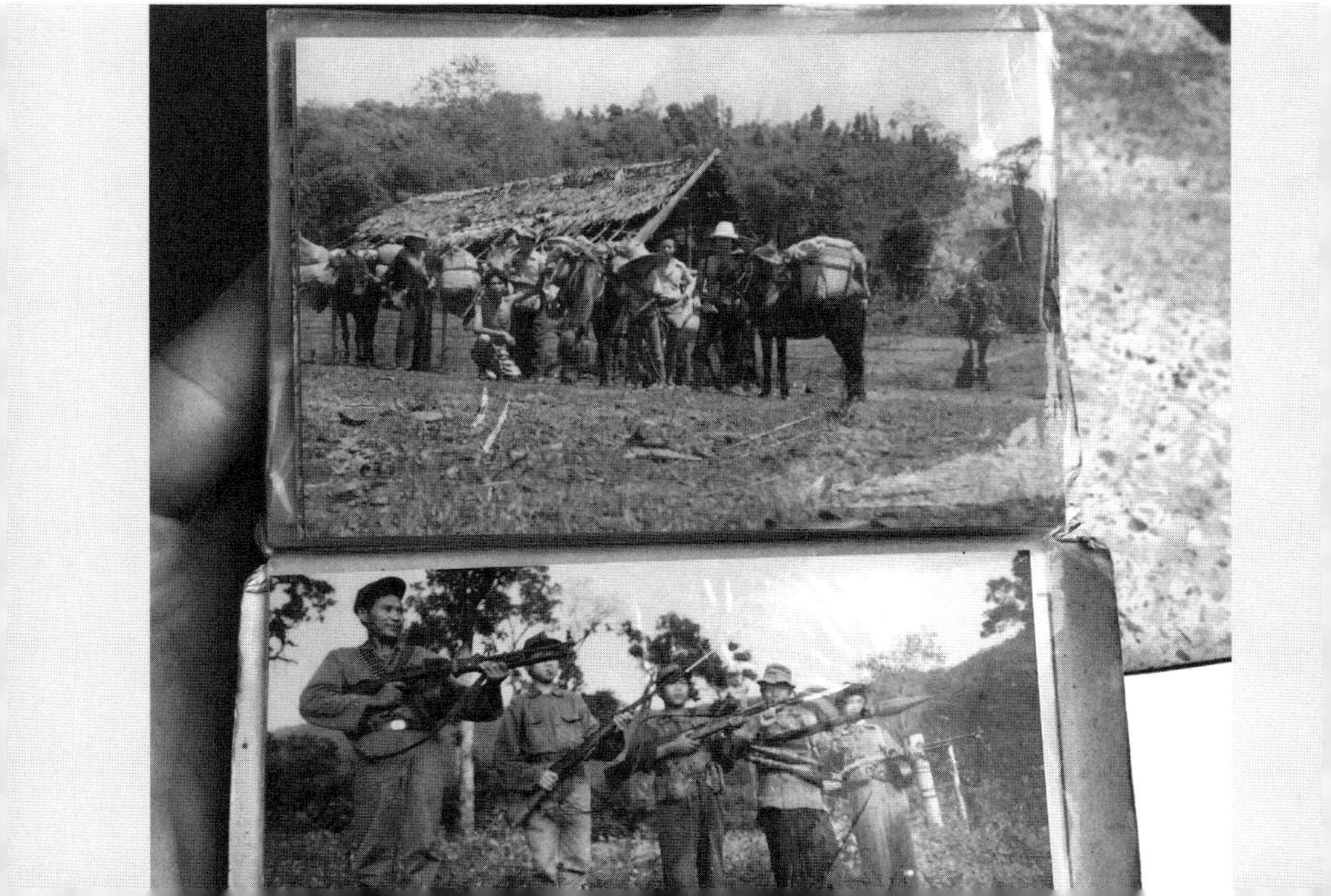

一　はじめに

本章では、東南アジア大陸部に住むひとつの民族、シャン人（Shan）に焦点を当て、彼らがいかにミャンマー（旧称：ビルマ）[1]から隣国タイ（旧称：シャム）[2]へと移り住んできたのかを明らかにする。いわばシャン人の移民史を辿りたい。

シャン人とは、タイ（Tai）系民族のひとつで、主にミャンマーおよびタイに分布する。いずれの国でも少数派の立場にあるといえよう。この二〇〇年間にわたりミャンマーにいるシャン人は断続的にタイへと移り住んできた。ゆえに考察の対象期間は、一九世紀前半、すなわち両国が近代国家として成立する以前（＝国境線が確定される以前）から二〇二〇年まで（新型コロナウイルス感染症が世界的に流行する前まで）とする。[3]本章の分析対象とするフロンティア空間は、タイ＝ミャンマー国境地帯の中でもタイ側（とりわけ、タイ北部）である（図８－１）。

筆者は二〇一七年以降、タイ北部においてシャン人移民についての調査を断続的に実施してきた。現在、タイ北部には古くからのシャン人入植者が住む村々が点在している一方、近年ミャンマーからやってきたシャン人出稼ぎ労働者も多数働いている。同地域には、「旧世代の移民」と「新世代の移民」がまじりあって暮らしているといえよう。本章で描き出す移民史は、こうした新旧の移民に対する聞き取り調査と文献調査に基づいている。

本章で強調したいのは、本章におけるフロンティア空間の性質が様々なアクターの介入によって変容し続けてきたことである。当地には、ランナー朝、シャン人武装勢力、タイ政府（そしてその前身でもあるチャクリー朝）がそれぞれの意図に基づき介入を重ねてきた。シャン人移民にとってのフロンティア空間は、これらのアクターにとってもフロンティア空間であった。こうしたアクターがそれぞれのやり方で領域化を実行することで統治の性質は変容し、それに伴いシャン人移民もまた変容を重ねてきた。本章では、複数のアクターの想像力と実行力が絡み合うことで同地域が変容するさまに注視しながら、シャン人の移民史を描き出す。

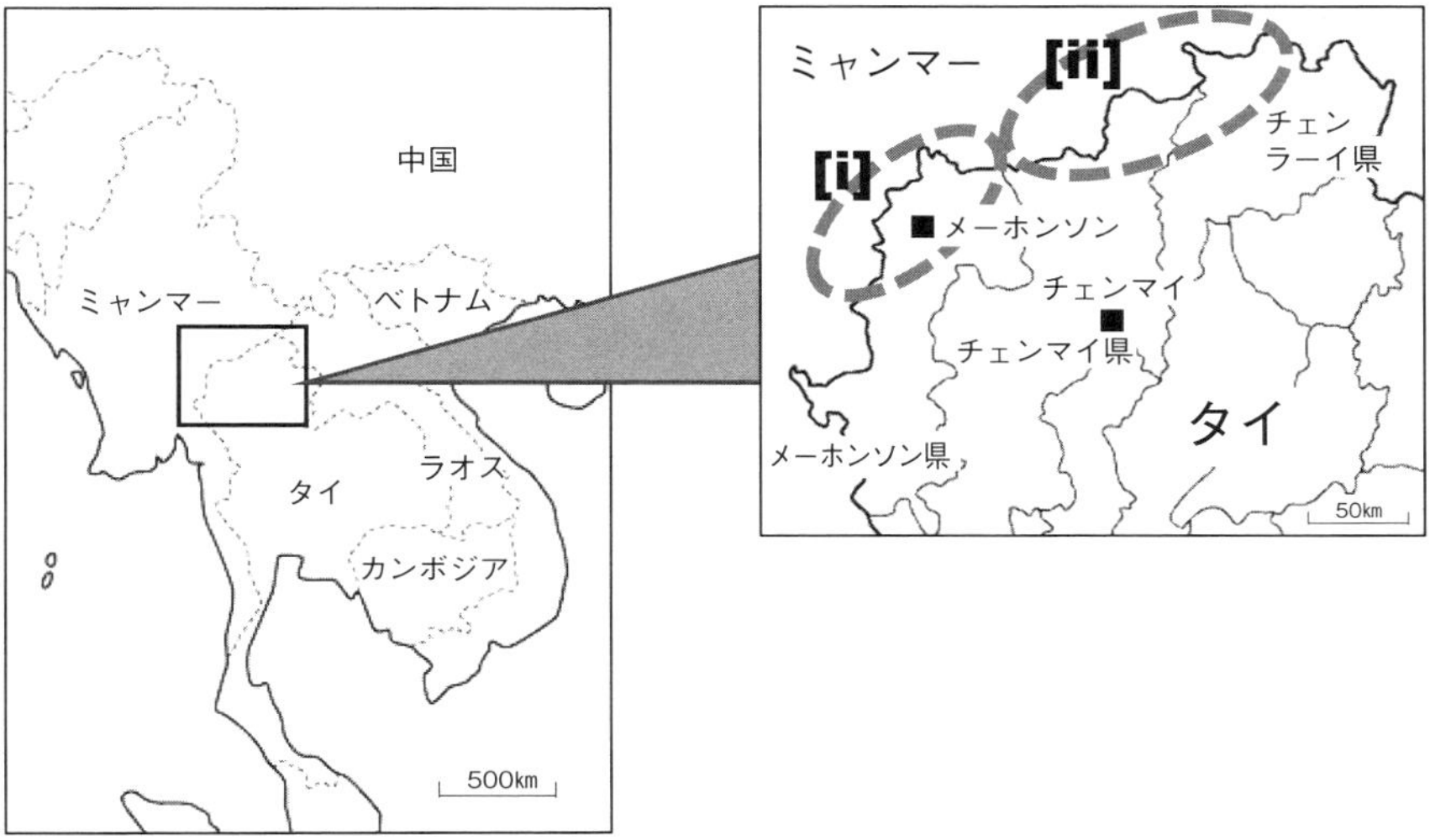

図 8-1　本章におけるフロンティア空間（筆者作成）

二　議論のスタート地点としての「ゾミア」

本章にとってのフロンティア空間は、政治学者ジェームス・スコット（James C. Scott）が「ゾミア」と呼んだ空間の一角にあたる。序章でも論じられたようにゾミアとは東南アジア大陸部に広がる広大な山岳地域のことを指す。とりわけ、この概念が強調するのは、同地域が平地国家による統治を阻んできたことである。すなわち、同地域は山岳地帯ゆえの険しさから平地国家にとってはアクセスが困難な地域であり、そのため、平地国家の支配から逃げてきた人びとが暮らす「統治されざる空間」であった（スコット 二〇一三）。スコットによるこの議論は、平地が「統治される空間」でゾミアが「統治されざる空間」という明確な二分法を用いており、やや単純化され過ぎているきらいがあるものの、現実からかけ離れているわけではない。さしあたり議論のスタート地点することは、本章におけるフロンティア空間を理解するために妥当であろう。

　スコットは、第二次世界大戦後、ゾミアにも国家の統治が及ぶようになったと指摘する。本章もその意見に異論はない。タイでは国境地域まで政府による実効支配が貫徹し、国境沿いに住む人びとも政府による統治を受け入れるようになった。その一方で、ミャンマーでは内戦が続き、政府による領域化が十分達成されているわけではない。ただし、少数民族が民族主義を掲げて分離独立や自治権の向上を訴えていることを考えると、ミャンマー側では少なくとも近代国家にまつわる概念は、人びとの間に受け入れられているといえよう。

中央政府による領域化がほぼ貫徹されたタイ

二〇世紀後半以降、タイでは国家形成が進展し、国境地帯まで領域化が進んだ。国家形成とは、近代国家を作り上げる試みであり、①国境線を定めることで領土を確定し、②その中に住む人びとを国民に作り替え、③その領土や国民を統治するための中央政府を中心とした集権的な行政制度を確立するという要素を持つ。

一九世紀後半以降、シャム（現タイ王国）ではバンコクを中心とするチャクリー朝が伝統的な王政を改革し、近代国家への転換を図った。伝統的な支配ではチャクリー朝が、周辺の小王国を従属させるという分権的な統治形態を取った。それを中央集権的な行政体系に作り替えた。属国の王政を廃止し、中央から行政官を派遣した。そして、周辺に植民地を有するフランスやイギリスと交渉し国境を画定させた。さらに、国境の内側では学校教育を導入したり、住民登録を実施したりすることで「国民」を創出した。そうすることにより、シャムはヨーロッパを起源とする近代国家に則した統治体系へと転換を進めたのである（トンチャイ 二〇〇三；村嶋 一九八七）。その取り組みは平野部で、ある程度の成功を収めた後、一九五〇年代後半には国境付近の山岳地域にも及んだ。この地域に住む非タイ系の住民は、少数民族（すなわち、主要民族タイ人とは異なるもののタイ王国に統合されるべき存在）と位置づけられ、定住化や住民登録が進められた。少数民族の子どもたちも学校教育を受けるようになった。こうしてタイ政府は山岳地域に住む多様な「少数民族」をタイ国民となるように誘導した（尾田 二〇一五；片岡 二〇一〇：二七八－二八〇；Jonsson 2005）。その試みはかなりの程度成功しており、タイ政府は現在に至るまでに国境地域の領域化を少なからず貫徹したといってよい。

内戦が続くミャンマー

その一方、ミャンマー側の山岳地域は中央政府による領域化が貫徹されているとはいい難い。なぜなら国境周辺の山岳地域はミャンマー政府に反旗を翻す武装勢力が複数活動しているからである。いわゆるミャンマー（ビルマ）内戦である。

同国では一九四八年の独立以来、複数の少数民族が民族自決を掲げ、武装闘争を続けてきた。ミャンマーは多民族国家であり、主要民族ビルマ人が人口の約七割を占める。その残りは少数民族であるが、その数はかなり多い。ミャンマー政府の公式見解では国内に一三五の少数民族がいるという（中西 二〇二二：一一）。その一部が民族自決を主張して武装蜂起をした。すなわち、「独立して自らの国を持つべきである」あるいは「ビルマ国内で自治権をもつべきである」という考えのもと、武装勢力を作り上げた。政治的意見の違いや利権争いから一つの民族に複数の武装勢力がある場合も少なくない。主要な武装勢力だけでも五〇近くあるという指摘もある（中西二〇二二：一一；South 2008）。平野部ではミャンマー政府の領域化がかなり進んでいる一方、少数民族は主に山岳地帯に分布しているため武装勢力の活動領域も山岳部が中心である。山岳地帯では統治の貫徹は不十分といわざるを得ない[4]。

ただし、武装勢力が政治的な目標を掲げて活動していることが意味するのは、近代国家に関わる想像力がこの地域にも浸透していることである。すなわち、少数民族は近代的な民族概念を有し、その民族概念を根拠に独立や自治を求めてきた。本章がとりあげるシャン人も例外ではない。一九五八年以降、シャン人の名を冠する武装勢力はこれまで複数台頭してきた。そうした勢力の中には、タイとの国境に拠点を構えた勢力も少なくない（Ferguson 2021: 62-84）。

タイ側の国境地帯ではタイ政府による領域化がかなりの程度進んでいるとはいえ、ミャンマー内戦の影響を受けていないわけではない。なにせ武装勢力の拠点が国境沿いにある。こうした拠点は、タイからミャンマーへと物資を運び入れたり、戦闘員がタイ側へと避難したりするために使われてきた。国家によって管理されない人やモノの移動が続いており、その結果、国境の周囲には「境域」ともいえる独自の社会空間が維持されている（長津 二〇一七：八四）。

本章にとってのフロンティア空間とは、そうした境域の中でも、シャン人が深く関与している地域である。

三　シャン人とは

シャン人とは、タイ（Tai）系民族のひとつで、ミャンマーからタイへと広がる山岳地域に分布しており、その他にも中国雲南省の一部にも居住域がある（村上 一九九八）。これらの地域は、スコットがゾミアと呼んだ山岳地域に重なる。国境線が引かれたからこそ、彼らは三国にまたがる存在となった。その中でも、本章が注目するのはミャンマーとタイの二国である。

ミャンマーにおいてシャン人は主要民族ビルマ人に次ぐ人口を持つ最大の少数民族であり、人口の約九パーセントを占める。ミャンマーの人口が約五八〇〇万人であることから、約五〇〇万人がシャン人であるといえよう。その大半がミャンマーの中でもシャン州に集中している。シャン州の大半が山岳地帯であり、その山岳地帯はタイ北部や中国・雲南省へと広がっている。そのシャン州の人口のおよそ半数がシャン人であるといわれている。すなわち、シャン州では彼らは多数派であり、残りの半分を占める多様な少数民族を大幅に凌駕する人口規模を有している（Seekins 2017: 484）。

その一方、タイでは、シャン人の人口規模を示すデータは存在しない。シャン人はタイ王国の主要民族「タイ人（Thai）」と同じ「タイ系民族」に属するからである。タイ国籍を持つ場合、シャン人は統計上、「タイ人」としてカウントされてしまう（村上 一九九八：六二）。その一方、ミャンマーからやってきたシャン人出稼ぎ労働者は、「ミャンマー国籍」あるいは「無国籍者」[5]に分類される。そのため、タイにシャン人がどれだけいるのかはわからない。

ミャンマーからタイへのシャン人の移動は少なくともこの二〇〇年間、断続的に続いてきた。かつてはタイの国境地帯に入植していたものの、近年では「外国人労働者」という形を取るようになった。次節以降では、そこに至るまでの歴史的経緯を探りたい。まずは一九世紀前半、シャン人がどのような統治体系の下に置かれていたのかを確認する。

四　シャン人を取り巻く伝統的な統治体系

スコットはゾミアを「統治されざる空間」であり、国家から逃れた人びとが住む場所であると位置づけた。しかし、それはいささか不正確である。なぜなら、その空間にはシャン人の小王国が林立し、その他の民族を従属させていたからである。その一方、これらの小王国は強大な力を持つ平地国家に従属する存在でもあった。シャン人の小王国は平地国家とゾミアとを架橋する存在だった。

ゾミアの「統治者」

シャン人の住む山岳地域には、シャン人だけが住むのではない。多数の少数民族がいる。東南アジア研究者クリスチャン・ダニエルスは同地域を「鮮明な相違を有するいくつもの［…］民族が共生しており、複雑な言語・文化モザイクが交差する複合文化圏を構成」していると表現する（ダニエルス　二〇〇四：九五）。その中でも、シャン人を除く民族は、おおむね山の上に住み、焼畑耕作に従事してきた。そのため大規模な集落を組織するだけの生産力を持たず、政治的なまとまりも小規模なものに留まった。それに対してシャン人の集落は「ほとんど例外なく、水稲耕作のために灌漑を施された平地」に作られていた（リーチ　一九九五：二四二）。ここでの「平地」とは、山地の中の平地、すなわち、盆地と言い換えることができよう。シャン人は、盆地において稲作に従事することで比較的高い生産力を保ち、その生産力に依拠して比較的規模の大きい集落を築いてきた。ゆえに他の民族に対して優位に立つことができ、権力を行使することができた。シャン人の小王国とは、こうした盆地集落が複数集まった連合体であり、その中でも最も大きな権力を持った集落がその頂点に立った。そのリーダーは「チャオファー（chao faa）」と呼ばれ、これらの盆地集落に住むシャン人、ならびに、その周辺に住む他民族を統治する存在であった（ダニエルス 二〇〇四：九七－九八）。

とはいえ、こうした小王国による他民族統治は緩やかなものに留まったといえる。なぜなら、山に住み焼畑耕作に従事する民族は、生産が不安定であり、しばしば居所を変えたからである。もし徴税を厭えば村を捨てて逃散することもできる。ゆえに統治といっても「特産品の献上と、その反対給付としての山地での自由行動の承認」というゆるやかなものに留まった（片岡 二〇〇七：九二）。こうした統治体系は後述するような平地国家の統治体系とは大きくかけ離れていた。

平地国家とゾミアを架橋するシャン人

では、当時の平地国家とはどのような存在だったのだろうか。シャン人の小王国は、山岳地帯を統治する存在ではあったが、それと同時に現ビルマやタイにある「平地国家」に従属する存在でもあった。以下ではその事例のひとつとして、ビルマ人の王朝であるコンバウン朝（一七五二－一八八五年）を取り上げ、シャン人による小王国との関係を記していきたい。コンバウン朝とは、現ミャンマーの平野部を中心に成立した王朝であり、隣接する地域において勢力を拡大した。清朝やアユタヤ朝（現タイにあった王朝で、チャクリー朝成立以前にタイ平野部に大きな影響力を持った）と戦火を交えたこともある。さらにはインドから影響力を伸ばすイギリスと三度にわたり戦争をし（第一次～第三次英緬戦争）、一八九五年にイギリスによって滅ぼされた（その後、ビルマはイギリスの植民地となる）。

一九世紀初頭におけるシャン人の小王国の数は、現シャン州一帯だけで四〇ほどといわれる。そのほとんどはコンバウン朝に従属しながらも自立した統治を敷いていた。すなわち、両者は朝貢関係にあった。ビルマ王はチャオファー（王）に対して娘・姉妹の献上、毎年の貢納、戦争の際の従軍を求めた。さらに、その地方の特産物の献上を特別に命じたり、戦争の際に糧食の供給を割り当てたりした（渡邊 一九八七：六〇九）。こうした負担を担う一方、ビルマ王に従属することはチャオファーにとってメリットもあった。ビルマ王は周辺諸国の王を支配する「諸王の王」だという世界観を持つ（渡邊 一九八七：五九七）、チャオファーたちもその世界観を共有した。「諸王の王」によって「諸王」のひとりであると認められることは自らの権威を高めることにつながった。こうした理由からシャン人の諸王国はビルマ人王朝と従属関係を維持した。

ただし、ビルマ王とチャオファーたちの関係は不変ではない。ビルマ人王朝の力が弱まると、チャオファーたちは別の諸王と関係を結んだ。シャン人のチャオファーたちはビルマ王を仰ぎながらも、他方で多方位外交をしていたといえよう（高谷 二〇〇八：九五‐九七：渡邊 一九八七）。

平地国家の連合体に接続されるシャン人の小王国

こうしたシャン人小王国と平地国家との従属関係を二者関係だけで捉えるのは適切ではない。なぜなら両者の関係はこの地域で維持されていた統治体系の一部を構成しているに過ぎないからである。では、その統治体系とはどのようなものなのだろうか。

東南アジア大陸部における伝統的な支配体系では、国家は明確な国境を持つわけではない。国家の支配力は王都においてもっとも強く、そこから離れるほど低下した。すなわち、ある国家の影響力は、王都から離れたどの集落まで従属と朝貢を強いることができるかを意味した。国家に国境があるわけではなく、その影響力は国家の盛衰に応じて伸縮した（岩崎 二〇一七：四三）。

こうした状況下で可能な限り多くの国を従属させるためには、複数の王国を従属させている比較的大きな王国を従属させてしまえばよい。「ある国が別の国を従属させようとする」、あるいは、「すでに複数の国を従属させている国が、複数の国を従属させている別の国を従属させようとする」、といったように様々なレベルで従属を求めての競合が繰り返され、それはたびたび戦争にもなった。こうした競合の結果、権力の図式は、地方レベルの小さな連合体、それをまとめる中規模な連合体、更にそれをまとめる大規模な連合体が入り混じる様相を呈した。こうした国家が影響力を及ぼす範囲は往々にして重複し、連合体は戦争を繰り返すことで再編を繰り返した。その結果、平野部では領域が不明確で多層的な統治体系が構築された（桃木　一九九六：五八－六六）。

これらの平地国家の特徴といえるのが、人びとを支配地域に定住させ、稲作に従事させることで国力を増大したことである。当時、この地域の平野部は人口が少なく、国と国との間には無主地が広がっていた。なぜなら雨季には人が住めなくなるほど冠水し、乾季にはほとんど雨が降らずに真水が得られないからである（桃木　一九九六：四四－四七）。それを克服して国力を増大させるためには灌漑網を作り上げて稲田を増やす必要があった。そのために人々を王都周辺へと移住させたのである。たとえば、タイ北部を中心に複数の王国を従属下に置いたランナー朝は、従属国から献上された農民や、周辺諸国との戦争で獲得した奴隷を王都チェンマイ近郊に入植させることで生産力を増大した（Thanyarat 2016: 32-65）。同様の状況は現ミャンマー、タイ、カンボジアの王国に広く見られる（Grabowsky 1999）。上述したビルマのコンバウン朝や、ランナー朝、そして現タイ王国につながるチャクリー朝はそうした王国の代表的なものといえよう。これら強大な王朝は、大小の王国が作り上げる連合体の頂点に立つことになった（橋本　一九九六：渡邊　一九八七）。

上述したシャン人の小王国とビルマのコンバウン朝との関係は、こうした統治体系の一端をなす。すなわち、シャン人の小王国は平地国家の統治体系の末端に組み込まれていた。ただし、シャン人の王国は、平地国家が取るような統治方法とは大きく異なっていた。人びとを容易に捕捉できなかったからである。山岳地域にあるシャン人国家は、山岳地域に位置するという地理的要因のゆえ、平地国家のように住民を強制的に定住させることで生産力を増大することはできなかった。

五　シャン人移民の流れ

シャン人を取り巻く統治体系がどのようなものであったかは上述の記述から理解することができた。本節では、それを踏まえた上でシャン人の移民史を見ていく。本章が考察する約二〇〇年の間、タイやミャンマー（ビルマ）では伝統的な統治体系が撤廃され、近代国家の概念に基づく統治体系へと転換した。そんな中で、シャン人はどのように移住を繰り返したのか。

その流れをまとめると以下の通りとなる。本章の冒頭にある図8-1をみながら確認してほしい。まず、①一九世紀前半にはメーホンソン県にシャン人の入植がみられた（図8-1、［i］の部分）。②同じ頃、シャン人の入植はチェンマイ県やチェンラーイ県にも広がり、その後も入植は続いた（［ii］の部分）。③一九五〇年代末以降、ビルマにおいて武装蜂起したシャン人武装勢力が国境のタイ側に軍事拠点を設けることで、シャン人がタイ側に入植した。④一九九〇年代半ば以降、ミャンマー（ビルマ）側で内戦が激化したことで、大量のシャン人避難民がタイ側へと押し寄せ、彼らは生活のために農村部・都市部で低賃金労働者となった。その後、彼らが親族や知人を呼び寄せることで外国人労働者としてのシャン人移民の流れが定着することになる。以下では、この変遷を詳しく見ていく。

無主地への入植――①の流れ

タイ＝ミャンマー国境地域にいつ頃からシャン人が住むようになったのか、詳しいことはわかってはいない。なぜなら、この地のことを記した歴史資料は一九世紀前半までしかさかのぼれないからである（村上　一九九八）。ただし、一九世紀初頭にはミャンマー側を流れるサルウィン川流域からタイ側への入植が進んでいたという（Bunyong 2020: 147）。それを裏付ける出来事がタイ北部に版図を有するランナー朝の記録『チェンマイ年代記』（Thmannan phuenmueng Chiang Mai）に記されている。[6]

一八三一年、ランナー朝のプッタウォン王（Phuttawong）が、当時未踏査であった現メーホンソン県に調査隊を派遣した。当地に到達した彼らはシャン人やカレン人（Karen）の村々が点在していることを「発見」した。このシャン人やカレン人は戦争から逃げて、この地に至り、新たに集落を築いたのだという。当時、この地域に近いミャンマー側ではカヤー人（Kayah）の王国が影響力を拡大させており、周辺国との争いが繰り返された。彼らはそうした戦乱から逃げ、どの国の影響力も届かないこの地へと逃げてきたのだという。

ランナー朝からの使者は、彼らを一か所に集住させて村を作り、一人のシャン人を村長に任命した。その村が現メーホンソン県の県都メーホンソン市だという（Renard 1987: 86）。当時、この地に対してカヤー人の王国の他にもシャン人の王国も影響を及ぼしつつあった（Renard 1987: 86）。そうした状況があったからこそ、ランナー朝は先んじてこの地の集落を従属下においたといえよう。ランナー朝からの使者が村長を任命したのは、当地がランナー朝の従属下にあることを示すためである。

その後、メーホンソン県一帯では以下の四つのパターンで入植が進んだ。

第一に、戦争から避難した人びとが入植した。前述したような王国間の戦争を避けて無主地へと人びとが入植した。第二に、農地を求めての入植があった。人びとは新たな土地を求めて移動した。もちろん、シャン人が求めたのは稲作ができる盆地である。第三に、交易路に沿っての入植である。現メーホンソン県は、ビルマ側の諸王国とランナー朝を行き来するための交易路となっていた。そこに人びとが住みついた。第四に、材木を求めての入植があった。ビルマがイギリスによって植民地化されると、イギリス企業が参入し、周辺地域から材木を買い集めた。メーホンソン県周辺にもイギリス企業に売るための材木を求め、カヤー人やシャン人の伐採者が入り込み、人口は増えていった（Renard 1987: 88）。これらのパターンが重なり合うことでメーホンソン県への入植が繰り返されたのである。

話はそれるが、森林が経済資源とみなされるようになったことは、この地域の国境線画定につながった。というのは、材木が資源となったことから森林の所有権を確定する必要がでてきたからである。一八九〇年代以降、バンコクのチャクリー朝はイギリスと交渉を重ね、一八九四年には三つの地図を交換することで国境線を画定した（Renard 1987: 91; トンチャイ 二〇〇三：二〇〇）。地図上で国境線を画定させたのである。両者とも実効支配が伴っていたわけではない。

なぜランナー朝が交渉主体ではなかったのかというと、一九世紀末はチャクリー王朝が中央集権化を目指した時期であったからである（橋本 一九九六）。ランナー朝は多くの小王国を従属させると同時に、チャクリー朝に従属していた。そのチャクリー朝がこの時期に近代化を推し進めたのである。中央集権化が試みられる中で各地の王の権限は撤廃された。ランナー朝にも次々と中央から官吏が送り込まれ、ランナーの王はそれを承認するだけの象徴的な存在に成り下がった。一九三九年にはその王位も廃止されることになる（Sarassawadee 2005: 179-213）。ランナー朝は、シャム（タイ王国）の国家形成の中で消滅したといえよう。

チェンマイ県やチェンラーイ県への入植――②

シャン人に話を戻す。上述のパターンでタイ側への移動を繰り返したシャン人たちは、人を呼び寄せては村を拡大したり、新たな村を作ったりした。同様の流れは、チェンマイ県やチェンラーイ県でも見られた。こうした形での入植は第二次世界大戦後まで続いた。現在でも、同地にはシャン人の村々が点在している。

シャン人武装勢力――③の流れ

第二次世界大戦が終わり、一九五〇年代も末になると、新たな形での入植が見られるようになった。シャン人武装勢力がタイ＝ミャンマー国境沿いに拠点を置いたことにより、その後方、つまりタイ側に人びとが移り住むことになった。当時、タイ政府の実効支配はまだ国境地域に及んでいなかった。

前述のようにビルマ（ミャンマー）内戦は、主要民族ビルマ人を主体とする中央政府と、分離独立や自治権の拡大を求める少数民族との対立が主軸となっている。その始まりは一九四九年、すなわち、独立の翌年に、カレン人が武装蜂起したことに始まる。その後、いくつもの少数民族がそれに続いた。シャン人も一九五八年に蜂起する。最初に武装蜂起したのはヌムスックハーン（Num Suk Harn）と呼ばれる武装勢力である。シャン語で「勇気をもって戦う若者たち」を意味する。シャン州の独立を求めての武装蜂起であった（Lintner 1984）。

ヌムスックハーンがシャン人の独立を掲げたことからもわかるように、この時までにシャン人の間に近代的な民族概念が受け入れられるようになっていた。従来、この地域における民族概念は流動性があった。たとえば、一七世紀から一九世紀に現シャン州へと入植した漢人が、その地に住むワ人と同化したという記録がある（Wang 2010）。また、エドムンド・リーチも、分権的な社会を築き、焼畑に従事してきたカチン人が、集権的なシャン人の社会体系を採用する場合があると指摘している。その場合、そうした集落の人びとは「シャン人になった」と思うという（リーチ 一九九五）。このように流動的な民族概念を有した空間にも、近代的な民族概念が入ってくることになった。すなわち、政治的権利を有する集団として民族が意識されるようになった。

とりわけシャン人の間で民族意識が共有されたのはビルマが独立してからのことであった。一九四八年にビルマが独立した際、シャン人の諸王国が林立する地域は同国へと組み入れられシャン州となった。その背景には、当時、三三あったシャン人の小王国が、新生ビルマに加わることに同意したことがあった。ビルマ人が主導する国家へと参加し、少数民族となることを受け入れたわけである。ただし、その条件として、シャン州に自治権を付与すること、ならびに、独立してから一〇年後には同州が合法的にビルマから離脱する権利を持つことを承認させた（Lintner 1984: 407–408）。いわば、自分たちの権利を侵害されないように制度設計をした上で新生ビルマに加わったといえよう。

しかし、独立後、シャン州に与えられたはずの自治権は十分機能しなかった。というのはシャン州の治安が安定しなかったからである。ビルマ人の政治組織がシャン州に逃げ込み、武装闘争を展開したほか、カレン人やカチン人（Kachin）、パオ人といった少数民族の武装勢力もシャン州各地で町や村を占拠した（Lintner 1999）。さらには、中国から侵入した国民党軍もシャン州の一部を占拠して軍閥化した（Gibson with Chen 2011）。

こうした状況に対処するために派遣されたビルマ国軍は住民に対して横暴に振る舞い、人権侵害を繰り返した。シャン州に住む一般的なシャン人にとっては、そうした国軍兵士が初めて見るビルマ人であったともいわれる。こうした状況を受けて「我々はビルマ人に虐げられている。それよりも分離権を行使し、自らの国を持つべきである」という民族意識が広がり、独立の機運が高まった。とはいえ、合法的な独立プロセスは政治的に阻まれ、それであれば武装闘争を通して独立を勝ち取ろうという考えを持つ人びとが現れた。そんな人びとによって武装勢力ヌムスックハーンは設立された（Yawnghwe 1987: 110–121）。

ヌムスックハーンの指導者であるソウ・ヤンダ（Saw Yanda）は隣国タイの警察や政治家に了解を取り付け、国境沿いに軍事拠点を設置した。そして、蜂起を志す者はそこに集まれと呼びかけた。その呼びかけは口づてに広がり、それを聞きつけたシャン人の若者たちが集まった。その中にはごく一般的なシャン人農民も、ヤンゴン大学やマンダレー大学の学生といったエリートたちも含まれていたという。しかしながら、ソウ・ヤンダは集まってきた志願者をまとめ切ることができなかった。政治的意見の対立や資金源をめぐる内部争いから、ヌムスックハーンは数年も経たないうちに分裂した（Lintner 1984）。

本章が注目するのは、そんな中で武装闘争をあきらめ、タイ側へと入植した者たちである。チェンマイ県ファーン郡にはそうした入植者によって発展した村がある。仮にA村としよう。A村は国境から近く、村から見える山の稜線の向こうはミャンマーであった。A村に入植した者の多くはすでに亡くなっており、話を聞くことはできない。幸いA村に住むXさん（四〇代・男性）が、父がヌムスックハーンに入っていたといい、知っていることを教えてくれた。

ヌムスックハーンはA村の近くに拠点を築き、そこでコメを育て、ビルマ領へと戦いに出た。父はソウ・ヤンダと同じ村出身で、一六歳の頃、彼といっしょにタイ側にやってきた。その後、武装闘争に見切りをつけ、タイ側で暮らすことに決めた。父はバンコクに行って工場で働いたそうだ。母とはバンコクで出会った。母の出身は、A村から六キロメートル離れたところにある。その村は昔からのシャン人村でその集落の王の家系は今でも続いている。この村はタイの内陸にだいぶ入ったところにあるので母はタイ国籍を持っていた。結婚後、両親はA村に住むことになった。父と母が移り住んだ一九七八年頃、この辺りは空き地で、人びとはそこで牛を育てていた。今はすべてがオレンジ畑になっている。

（二〇二〇年二月、チェンマイ県A村にて）

この事例のように武装勢力の活動に見切りをつけてタイ側へと入植した者は少なくなかった。この例ではタイの大都市へと出稼ぎに出ているが、土地を開墾し、自らの農地とした者も少なくなかったという。

ヌムスックハーンの分裂以降も、新たなシャン人勢力が次々と作られ、離合集散を繰り返した（Lintner 1999: 184–191）。その一部はヌムスックハーン同様、タイとの国境沿いに軍事基地を作った。そうした場所でも同様にシャン人の入植が繰り返された。そのうちの一つを紹介しよう。チェンマイ県ウィアンヘーン郡のB村である。

B村には、大きなシャン人勢力「シャン革命統一軍」（Shan United Revolutionary Army: SURA）の拠点があった。SURAを組織したのはモーヘン（Moherg）という人物である。モーヘンはヌムスックハーンに参加した後、そこから離脱し、いくつかの武装勢力を渡り歩いた後、自らが指導者となりSURAを設立した。SURAは一九六九年にB村に拠点を構えた（Lintner 1999: 303; Yawnghwe 1987: 209）。ある研究者はB村の歴史を次のように記す。

B村がSURAの拠点となったのは、ビルマへと通ずる山道があったからである。かつてB村には、商人が住んでいた。彼らはこの山道を使って牛の交易に従事した。SURAが基地を設置して以降、B村は大きく変わった。まずSURAの軍人やその家族が集まった。商人もやってきた。ビルマからは牛と宝石が持ち込まれ、タイからは日用品が輸出された。最盛期（一九九三年頃）には年間八万頭の牛がタイ側にやってきた。ＳＵＲＡは商人から税金を取ることで利益を得た。（Wandii 2002）

この記述からもわかるようにＢ村はＳＵＲＡの軍事拠点であると同時に交易拠点でもあった。そこに多くの人びとが移り住んだのである。現在、ＳＵＲＡは解体され、国境交易もすたれた。安全保障上の理由からタイ政府も国境を閉鎖したままである。かつての賑わいはもはやない。しかしながらＢ村では今でも当時移り住んだ人びとが住み続けている。

筆者は、一九七〇年代にＢ村に移ってきたという九〇歳代の女性から話を聞いた。彼女はビルマ側に住んでいたが、兵士である夫を頼ってＢ村に移り住んだという。

私はライカ［シャン州のビルマ政府の支配地域にある町］で生まれ、ライカで結婚しました。結婚したのはＳＵＲＡの兵士です。結婚した後もライカに住みつづけていました。夫は普段、Ｂ村を拠点としており、ライカにはたまに帰ってくるくらいでした。子どもには恵まれました。息子が成長し、ビルマ軍に徴兵されそうになった時、私たちもＢ村に移ることに決めました。軍人の家族には軍［ＳＵＲＡ］から支給される支給米があります。息子たちは僧侶になったので家にいませんでした。食べきれないくらいの支給米がありました。私はそれを使って米麺を作り、生計を立てました。

（二〇一九年九月一二日、聞き取り）

彼女が移り住んだのは一九七〇年代のことである。ミャンマー（ビルマ）内戦では、政府の支配地域と武装勢力の支配地域がはっきり分かれているわけではない。平服を着て村人に紛れてしまえば、武装勢力の兵士であっても政府の支配地域へと入りこむことができる。彼女の夫もそうやって妻のもとへと帰っていたのだろう。

当時、ＳＵＲＡの兵士たちは武器を携帯したままタイ側へ入ることができた。タイ側（すなわちB村）にもビルマ側にもＳＵＲＡの施設があったという。その後、タイ政府が介入し、ＳＵＲＡの施設は、すべてビルマ側に移せとの要求があった。国境の行き来はフリーパスであったものの、武器を携帯したままでのタイ側への入国は禁じられた。軍服を着たままでの入国も許されなかった。

その後、ＳＵＲＡはビルマ（ミャンマー）側の基地を拠点に活動を続けたものの、その拠点は一九九六年に放棄されることになった。ＳＵＲＡは一九八五年に別のシャン人勢力と吸収合併し、シャン人武装勢力「モンタイ軍」（Mong Tai Army: ＭＴＡ）の一部となっていた。ＭＴＡはシャン州で広大な支配地域を有したもののミャンマー軍の攻勢に負け、一九九六年に降伏した。B村のビルマ側にあるＭＴＡの拠点では直接の戦闘があったわけではないが、ＭＴＡの降伏後に解体された。人びとはタイ側に移ったり故郷へ帰ったりし、ビルマ側は小さな村が点在するばかりになったのだという。それによって生活が大きく変わったと語るのがYさん（四〇代後半）である。先ほどの老女の孫にあたる女性である。B村の軍事拠点が無くなった時、Yさんは一〇代であった。当時、彼女はミャンマー側でＳＵＲＡの運営する学校に通っていたという。ＳＵＲＡの拠点が放棄された後、彼女の生活拠点は完全にタイ側へと移った。彼女は次のように語った。

当時、国境は今のようにはっきり分かれているわけではありませんでした。ビルマ側とタイ側は行き来できました。ビルマ側にはＳＵＲＡの運営する学校があって、私はそこに通っていました。シャン語や英語を習ったのを覚えています。子どもにタイ語を習わせたい家庭はB村の公立小学校［タイ政府の運営する小学校］に通わせていました。しかし、ビルマ側の拠点がなくなったことで、皆、タイ側に移ってくることになりました。私もタイ側に移りました。その後は私もB村の小学校に通いました。

（二〇一九年九月一二日、聞き取り）

その後、Ｙさんはタイで高校まで進学し、卒業した。その後はチェンマイへと出て就職し、会社員になったという。筆者がＹさんと知り合ったのも、チェンマイの知人（タイ人）が、昔の職場の同僚にシャン人がいたと紹介してくれたからである。チェンマイに出た後、彼女はごく一般的なタイ人のように暮らしていた。その後、祖母の面倒をみる必要からＢ村に帰ったのだという。

彼女のように国境沿いのシャン人村で育った人の中には、タイ人として生活するようになった人も珍しくない。彼らは学校教育を通して標準タイ語を身に着け、タイ社会における適切なふるまいを会得していった。こうした者たちは大抵の場合、タイ国籍を持っている。とりわけ、一九八〇年代まではタイ国籍を取得するのは比較的簡単であったようである。筆者の聞き取りでも、「我々はこの地に昔から住んでいた」と主張することでタイ国籍を取得できたと語る者もいたし、「少しばかりの金を出せば簡単に国籍は買えた」と話す者もいる。共通するのは、ビルマからやってきたばかりでもタイ国籍を取るのはそれほど難しくなかったということである。

しかしながら、一九九〇年代以降は、ミャンマーからやってきたシャン人がタイ国籍を取得することは難しくなった。国境地域における住民登録作業がおおよそ一九九〇代頃までに一段落したからである。その後、やってきた者は外国人労働者という地位に甘んじざるを得ない。タイ国籍を取得できたシャン人とできなかったシャン人を時期によって明確に区別できるわけではないが、およそ一九九〇年代に境がある。以降、前者を「旧世代の移民」、後者を「新世代の移民」と呼びわけることにする。

外国人労働者となった「新世代の移民」――④

「新世代の移民」が増えたのは一九九〇年代後半のことである。そのきっかけは、シャン州での内戦が激化したことにより、多くの避難民がタイへと越境してきたことであった。

一九九六年、シャン州で広大な支配地域を有したシャン人武装勢力MTAがミャンマー軍に降伏した。しかしながらMTAの兵士の一部は投降を拒否し、シャン州内を転々としながら武装闘争を続けた。そのためミャンマー国軍の掃討作戦が続くことになった。大量の避難民を出したのは、ミャンマー国軍がシャン人の村々を強制移転したためである。村があればシャン人武装勢力が食料や隠れ家を要求できる。それをさせないための措置であった。

一九九六年からの二年間で一四〇〇の村、三〇万人以上の人びとが強制移住を命じられたという(SHRF and SWAN 2002)。当時のタイ側の状況を知るシャン人(チェンマイ在住・六〇代女性)は「当時はインフォーマルな避難民キャンプが国境沿いに点在していた」と語る。[7] 英語を話せた彼女は、視察にやってきたNGOや取材にやってきたメディアの通訳として、そうしたキャンプを回ったとのことだ。このように大量の避難民が越境してきたものの、十分な支援が提供されたわけでもなく、公式の難民キャンプが作られたわけでもなかった。[8] そのため、こうした避難民は生活のために労働者としてタイ社会で働くことになった。

二〇〇〇年代に入ると、内戦とは関わりなく、経済的な理由で出稼ぎに来る人びとが増えた。その背景には、避難民としてやってきた人びとが、親族や知人を呼び寄せたということがある。その後、すでに移り住んだ移民が新しい移民を呼び寄せることで出稼ぎ移民の流れが定着し、現在に至る。彼らの大半は一〇代後半から二〇代前半でタイへとやってきては、建設労働者や工場労働者、店舗での店員や掃除夫といった低賃金の仕事に就く。パートナーを見つけて、子どもをもうけ、タイに住み続ける者も少なくない。その数は多く、タイ北部の大都市チェンマイでは、都市圏人口一二〇万人のうち二〇万人がシャン人だという推計もある(Ampon 2015: 1)。現在、チェンマイ都市圏には、ところどころにシャン人を対象とした雑貨店がある。ミャンマーから輸入した食材や日用品を売っている他、シャン人の間で食べられている惣菜や手作り調味料が売られている。さらには、シャン人が集まる寺院ではシャン人の伝統行事に則った祭りが開催され、彼らを対象とした屋台が出る(Ampon 2015)。

シャン語とタイ語は近いことから、シャン人の中には標準タイ語を操る者も少なくない。とりわけ、サービス業に従事する者にとって標準タイ語を話すことは不可欠である。しかし、工場労働者や建設労働者には標準タイ語が苦手なものがかなりいるし、訛りが抜けきれない者も少なくない（Ferguson 2021: 147–176）。

こうしたシャン人移民は、かつては不法に国境を越え、不法に就労していた。タイ政府が出稼ぎ移民を管理しきれず、無許可で住み着くことができたからである。しかしながら、現在ではそれは難しく、外国人労働者として就労許可を取るようになっている。彼らは「タイ国民」と「外国人」というタイ政府による人びとの分類を受け入れざるを得なくなっている。

六　おわりに

本章では、ミャンマー＝タイ国境のタイ側をフロンティア空間と位置づけ、シャン人移民の入植の歴史を考察した。その流れを見るとシャン人が入植した地域は、複数のアクターの想像力と実行力に大きく影響を受けながら変わってきたことがわかる。最終的にはタイ政府による領域統治が国境地帯にまで貫徹し、シャン人は「タイ人」と「外国人」という区分を受け入れざるを得なくなった。

本章では結果的にタイ政府が統治の貫徹を目指す「単線的で不可逆的」なプロセスを強調することになったものの、解像度を上げるならば、異なる側面も見えてくる。最後にそんな一例を出して本章を閉じることにする。

二〇二三年三月、筆者は三年ぶりにタイ北部の都市、チェンマイを訪れた。数年間、猛威を振るった新型コロナウイルス感染症は収束の兆しを見せはじめ、かなり日常が戻ってきた。久しぶりにお世話になっているシャン人の友人（四〇代・女性）を訪ねると、半年前から一人の女性が居候しているという。その子は姪にあたり、シャン州から出てきたばかりだという。私の友人はこう説明した。

兄がどうしても娘をチェンマイで働かせたいというのよ。シャン州にいても農業の仕事しかなくて人生経験にならない。だから、一度、チェンマイで働かせたいんだって。当時、まだコロナ禍のせいで国境も閉鎖されていたので「危険だからやめとけ」って言ったんだけど、ヤミのブローカーを使って無理やりチェンマイに来ちゃった。来たのであれば、受け入れないわけはいかないでしょ。

シャン州からやってきた姪は幸いにも数ヶ月前に仕事を見つけ、いまでは外国人向けの観光ホテルで働いているという。タイ語の読み書きはできないものの、話したり聞いたりすることに問題ない。さらには英語が流暢だった。それが採用されたきっかけだったという。彼女は内定後、闇業者にお金を払い、不法に労働許可証を取得した。そこに記されている雇用主はホテルの経営者ではなく、誰か知らないタイ人の名前である。そもそも彼女はタイ文字が読めないため何が書いてあるかわからない。筆者は彼女たちとの雑談の後で、この姪に将来はどうするのかと聞いてみた。すると「父と母はタイで出会ってからシャン州に帰って一緒に暮らすようになったんだけれど、私はどうするかわからない」という答えが返ってきた。賃金が高い仕事、あるいは、楽しそうな仕事があれば別の町でも暮らしてみたいという。

彼女を居候させている筆者の友人も、若い頃にシャン州の実家を飛び出し、タイの町を転々とした。バンコクで働いたこともあるという。十数年前にチェンマイに移ってからは、チェンマイに住み続けている。

おそらく本章が描き出した移民史の中にも、彼女たちのような個人の決断が数多くあったことだろう。一度定住した場所から元の場所へと戻る者もいるし、別の場所に移る者もいる。居付く人もいる。こうした人の動きは移民史の中で繰り返されてきたに違いない。本章では、国境地帯のタイ側をフロンティアと捉えたが、それはシャン人にとってのフロンティアのごく一部に過ぎない。広い文脈で見るとシャン人のフロンティアは各地に広がり、人びとの行き来は繰り返されている。

注

［1］ミャンマーは、一九八九年まで「ビルマ」（Burma）と呼ばれていたが、当時の政権が対外的な呼称をミャンマー（Myanmar）に変えた。その政権が軍事政権であり、統治の正統性に疑問を持たれていたことから、この国の呼称（ビルマと呼ぶか、ミャンマーと呼ぶか）に政治的な意味を持たせる論者もいる（軍事政権を認めないという意味を込めて「ビルマ」を使い続ける論者もいる）（根本 二〇一四：五‐九）。しかし、本章ではその立場を取らず、時代に添って使い分けることにする。

［2］シャムは一九三二年に絶対君主制から立憲君主制に移行し、その際に国名もタイ王国へと変更した。

［3］二〇二〇年初旬からは新型コロナウイルス感染症が世界的に流行し、二〇二一年二月にはミャンマーでクーデターが発生し、その後、ミャンマー国内は混乱している。これらの出来事はシャン人に対しても大きな影響を与えた。

［4］二〇二一年にミャンマーで軍事クーデターが発生して以降、各地で武力を用いて民主主義の復権を目指そうとする動きが現れた。その状況は新たな内戦ともいえる（中西 二〇二二）。本章では、クーデター以降の新たな状況についでは考察対象外とする。

［5］無国籍者と登録されるのは、ミャンマー側で住民登録を受けておらずに国籍を証明できない者、あるいは、タイで生活する都合上、ミャンマー国民として扱われたくない者である。

［6］本逸話は以下の資料に基づいたものであり、原典を参照したものではない（Samnakgan wattantham chanwat mae hong son 2006: 23-24; Renard 1987: 88）。

［7］二〇一九年三月八日、チェンマイにて聞き取り。

［8］本書、久保論文で論じているように、ミャンマーからの避難民を収容するための避難民キャンプが作られた地域もあった。しかしながら、シャン人を対象とした避難民キャンプは作られなかった。

引用・参考文献

岩崎育夫 二〇一七『入門・東南アジア近現代史』講談社。
尾田裕加里 二〇一五「「国籍法の周縁部」から再びタイ人への道のり―チェンライ県メーサイ郡Ａ村のタイ・ルーの国籍問題と

ID番号に関する社会的事象について」『年報タイ研究』一五：五九－八〇。

片岡樹　二〇〇七「山地から見た中緬辺疆政治史―一八－一九世紀雲南西部における山地民ラフの事例から」『アジア・アフリカ言語文化研究』七三：七三－九九。

片岡樹　二〇一〇「アジア周辺社会における移住と国家権力―華南・東南アジア山地民ラフの事例から」塚田誠之（編）『中国国境域の移動と交流―近現代中国の南と北』有志舎、二六一－二八四頁。

スコット、ジェームスＣ　二〇一三『ゾミア―脱国家の世界史』佐藤仁（監訳）、みすず書房。

髙谷紀夫　二〇〇八『ビルマの民族表象―文化人類学の視座から』法藏館。

ダニエルス、クリスチャン　二〇〇四「雍正七年清朝によるシプソンパンナー王国の直轄地化について―タイ系民族王国を揺るがす山地民に関する一考察」『東洋史研究』六二（四）：六九四－七二八。

トンチャイ・ウィニッチャクン　二〇〇三『地図がつくったタイ』石井米雄（訳）、明石書店。

中西嘉宏　二〇二二『ミャンマー現代史』岩波書店。

長津一史　二〇一七「境域」山本信人（編）『東南アジア地域研究入門3―政治』慶応義塾大学出版会、七一－九一頁。

根本敬　二〇一四『物語ビルマの歴史』中央公論新社。

橋本卓　一九九六「チャクリー改革期における地方統治改革」『総合的地域研究の手法確立―世界と地域の共存のパラダイムを求めて』一一、一－三三頁。

村上忠良　一九九八「タイ国境地域におけるシャンの民族内関係―見習僧の出家式を事例に」『東南アジア研究』三五（四）：五七－七七。

村嶋英治　一九八七「タイにおける公的国家イデオロギーの形成―民族的政治共同体（チャート）と仏教的王政」『国際政治』八四：一一八－一三五。

桃木至朗　一九九六『歴史世界としての東南アジア』山川出版社。

リーチ、ＥＲ　1995『高地ビルマの政治体系』関本照夫（訳）、弘文堂。

渡邊佳成　一九八七「ボードーパヤー王の対外政策について―ビルマ・コンバウン朝の王権をめぐる一考察」『東洋史研究』四六（三）：五九一－六二五。

Ampon Chirattikon 2015 Phuen thi satharana kham chat: Kan mueang rueang phuenthi khong raeng ngan opphyapop thaiyai nai chang wat chiang mai. Sung Wichai lae borikan kana sangkhomsat mahawithayalai chiang mai.

Bunyong Ketthet 2020. *Rakgao phaophan nai sayam.* Inthanin Press.

Ferguson, J. 2021 *Repossessing Shanland: Myanmar, Thailand, and A Nation-State Deferred.* The University of Wisconsin

Press.
Grabowsky, V. 1999 Forced Settlement Campaign in Northern Thailand during the Early Bangkok Period. *Journal of Siam Society* 87-1 and 2: 45-86.
Gibson, R. M. with W. Chen 2011 *The Secret Army: Chiang Kai-shek and the Drug Warlords of the Golden Triangle*. John Wiley and Sons.
Jonsson, H. 2005 *Mien Relations: Mountain People and State Control in Thailand*. Cornell University Press.
Lintner, B. 1984 The Shans and the Shan State of Burma. Contemporary Southeast Asia 5-4: 403-450.
Lintner, B. 1999 *Burma in Revolt: Opium and Insurgency since 1948*. Silkworm Books.
Renard, D. R. 1987 Delineation of the Kayah States Frontiers with Thailand: 1890-1984. *Journal of Southeast Asian Studies* 18-1: 81-92.
Samnakgan wattantham chanwat mae hong son 2006. *Prawattisat wattanatham chanwat mae hong son*. Charoenwatkanphim
Sarasawadee Ongsakul 2005 *History of Lan Na*. Silkworm Books.
Seekins, D. M. 2017 *Historical Dictionary of Burma* (*Myanmar*). Second Edition. Rowman and Littlefield.
Shan Human Right Foundation (SHRF) and Shan Women's Action Network (SWAN) 2002 *License to Rape: The Burmese Military Regime's Use of Sexual Violence in the Ongoing War in Shan State*. SHRF and SWAN.
South, A. 2008 *Ethnic Politics in Burma: States of Conflict*. Routledge.
Thanyarat A. 2016 *Thai Borders and Burmese Migrants in Chiang Mai, 1880s-1980s*. Unpublished PhD Thesis, Department of History, The School of Oriental and African Studies, University of London.
Yawnghwe, C. T. 1987 *The Shan of Burma: Memoirs of a Shan Exile*. Institute of Southeast Asian Studies.
Wandii S. 2002 Krabuankan sang attarak tangchatiphan khong chaotaiyai chaiden Thai-Phama karanisukusa: muban piangluang amphoewianghaeng chanwat chiang mai, Master Thesis, Department of Sociology and Anthropology, Thamasaat University.
Wang N. 2010 Changes in Ethnic Identity among Han Immigrants in the Wa Hills from the Seventeenth to Nineteenth Centuries. *The Asia Pacific Journal of Anthropology* 11-2: 128-141.

第9章

池谷 和信

フロンティア空間の発見と消失

――カラハリ砂漠の事例から

カラハリ砂漠でのサンによるヤギの放牧。もともとヤギは、カラハリ砂漠に移住してきた農牧民カラハリからサンに導入されたとみられる。現在でもサンは、ヤギのミルクを飲むことはあまりない。肉は好みの一つである。

一　はじめに

近年における東南アジアの地域研究では、「ゾミア」と呼ばれる地域概念がよく知られている。それは、一九四五年以前の東南アジアを対象にしたものであるが（スコット 二〇一三：xii）、東南アジアの内陸部とその隣接地域において、当時の諸国家に統合されない人びとが暮らす地域のことを示す。具体的には、山地民、逃亡者や避難民などの様々な人びとから構成されている。

それでは、「ゾミア」は東南アジアに限定された地域に当てはまる概念であるのだろうか。世界的にみると統治されない人びとが暮らす辺鄙な奥地には、森のみならず沼沢地、湿地、乾地草原、砂漠なども挙げられる（スコット 二〇一三：六）。これらの辺境は、国家から逃げる理由をもった人びとにとってつねに潜在的な避難先であったという（スコット 二〇一三：一〇）。

そこで本章では、このようなゾミア研究の動向をふまえて「ゾミア」という概念をアフリカ南部に位置するカラハリ砂漠の事例に当てはめてみたい。カラハリ砂漠は、ボツワナ、ナミビア、アンゴラ、南アフリカ、ザンビアをまたがる地域に位置しており、日本のおよそ2倍の面積を有する地域である。また、地域の名称は砂漠を示しているが、イネ科の植物と灌木からなるサバンナ景観でおおわれている（図９－１）。まさに、ここは特に乾季において水の入手の難しい地域が占有する、ジェームス・スコットの分類する乾地草原に該当するとみてよいだろう。

その一方で、国家に統合されない人びとは誰を指すのであろうか。ボツワナ中央部に位置する中央カラハリ動物保護区（以下、リザーブと呼ぶ）の場合、コイサン系狩猟採集民のサン人（ブッシュマン）やバントゥー系農牧民のカラハリ人（Kgalagadi）である。彼らは、いつの時代にどのような経緯でその土地に住み着いたのかは不明な点が多いが、一九世紀の中ごろにバクウェナ首長国が成立する以前からその土地に暮らしていたといわれる。そして、彼ら彼女らは必ずしも首長国のような主流派社会からの避難民としてこの土地に移住してきたか否かは十分に明らかになってい

図 9-1　カラハリ砂漠の乾季の景観
前方にみえるのはサンの季節的キャンプで、ドーム状の家屋とヤギ囲いと野生スイカの貯蔵庫から構成される。（撮影：池谷和信　1991 年 9 月）

ない。

本章では、一九世紀から現在までの期間を対象にしてボツワナのカラハリ砂漠に暮らすカラハリ人の新たな環境への適応過程とその変遷を把握することを目的とする。はたしてカラハリ人は、それぞれの時代における国家に対して距離をとるという意図的な選択をしてきたのか否かを明らかにする。研究の方法は、英国の社会人類学者のアイザック・シャペラやアダム・クーパーによる既存の刊行物に加えてボツワナ国立古文書館（B. N. A.）に保管されている文書資料を利用する。同時に、カラハリ砂漠の複数の村で一九八七〜二〇一〇年に行った筆者による古老からの聞き書き資料が使用される。

研究対象地は、現在のボツワナの中央部に位置する中央カラハリ動物

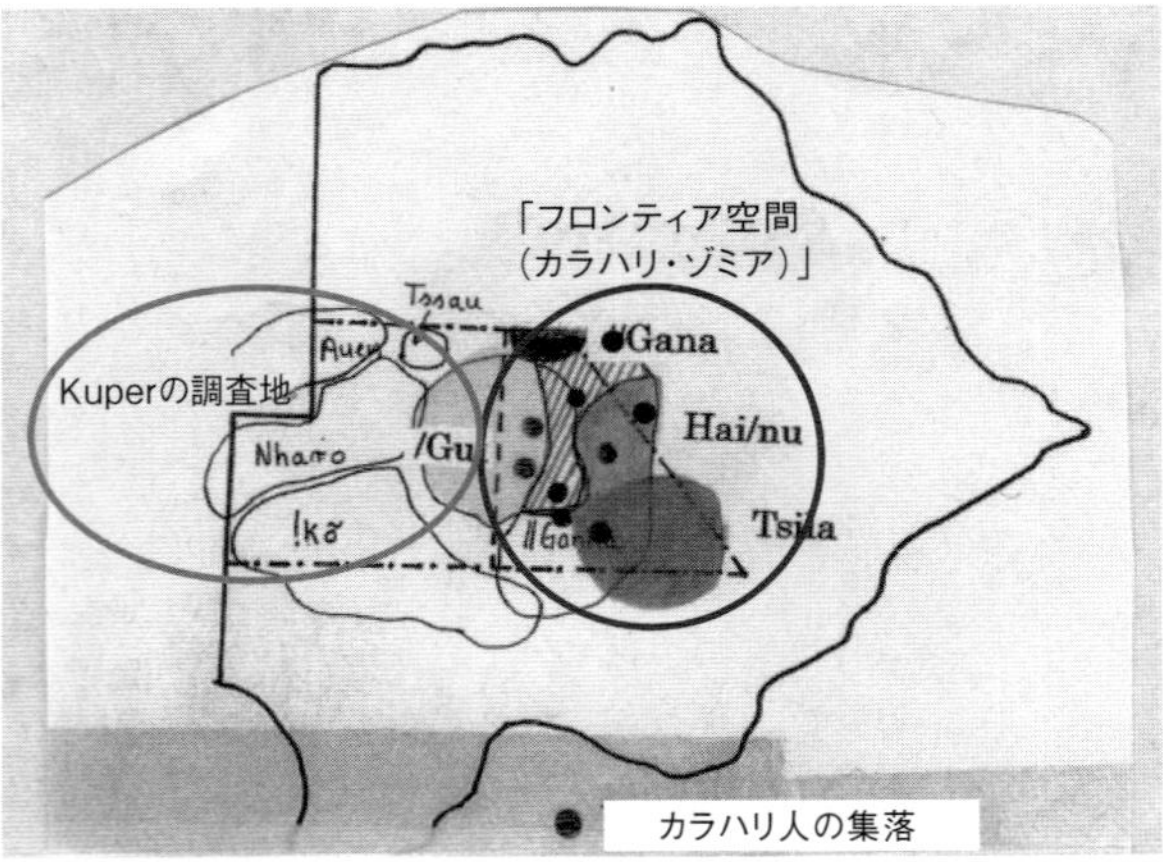

図 9-2　1970 年代のボツワナの中央部およびその西部の民族集団「西のカラハリ」（アダム・クーパーの調査地）と「東のカラハリ」（本章の対象地）。

保護区に対応する。

ここには、カラハリ人が中心に暮らす集落が散在して分布する（図9－2参照）。同時に、サン人の言語集団であるガナ（//Gana）、グィ（/Gui）、ハイヌー（Hai/nu）、チラー（Tsila）の人びとも暮らしていることから、カラハリ集落のなかにはカラハリ人とサン人が社会経済的に密接に関わる集落も見出せる。つまり、もともとはサン人のみが暮らしていた地域にカラハリ人が移住した空間であると地名の由来などから推察されることから、これらの空間はカラハリ人にとってはおそらくはフロンティア空間であり、彼ら彼女らがこの土地に避難してきた可能性も高い。このため筆者は、上述したように東南アジアの大陸部の山地のようなゾミアとのアナロジーから、この地域を「カラハリゾミア」と呼ぶことにする（図9－2参照）。

二　一九世紀のバクウェナ首長国（一八三一－一八八四年）とカラハリ人の移動

ここではまず、カラハリ人の居住域に関わるアフリカ南部の内陸部の歴史を概観する。この地域の地形は、現在の南アフリカのヨハネスブルグ周辺域のような一五〇〇メートルを超える高地とその北西部に広がる標高一〇〇〇メートル前後の平坦地であるカラハリ砂漠から構成されている。図9－3のうっすらと灰色の部分が、カラハリ人を含むソト・ツワナ語を話す集団の分布を示す。これらの集団は、現在の南アフリカ共和国からレソトやボツワナのカラハリ砂漠に至るまでの広い地域を占有していた。

この言語集団は、ソト・ツワナ語を話すカラハリ人、ツワナ人、ソト人の三つの集団に分かれている。このなかでカラハリ人のカラハリ砂漠への北西方向の最初の移動は、一五世紀に生じたといわれるが、その詳細はわかっていない。その後、一八二〇年代の中ごろに南アフリカの南東部に位置するズールーランドでのズールー王国の勢力の拡大にともない隣接する領域に暮らすツワナ人、さらにツワナ人の領域に接するカラハリ人は影響を受けて、カラハリ人はカラハリ砂漠の奥深くにまで移動してきたと推察されている（池谷 二〇〇二a）。

一方で、ツワナの多くの氏族（クラン）は、一八世紀の前半に現在の南アフリカ共和国のトランスバール地方からベチュアナランド（現在のボツワナ）に移住してきたといわれる（Schapera 1947: 3）。そして、一八二九年には、その南東部で象牙やダチョウの羽や毛皮を対象にした「トランス・カラハリ交易」が盛んになるのをきっかけとして、ツワナの一氏族のバクウェナのセチェレ（Sechele）一世が即位して[1]、バクウェナ首長国を成立させた（図9-4）（池谷 二〇〇二a）。

この年代以降に、ヨーロッパ人の狩猟者、宣教師、商人などがベチュア

図 9-3　19 世紀の南部アフリカにおけるソト・ツワナ語の分布と人の移動　灰色部分が、ソト・ツワナ語の話者の分布を示す。

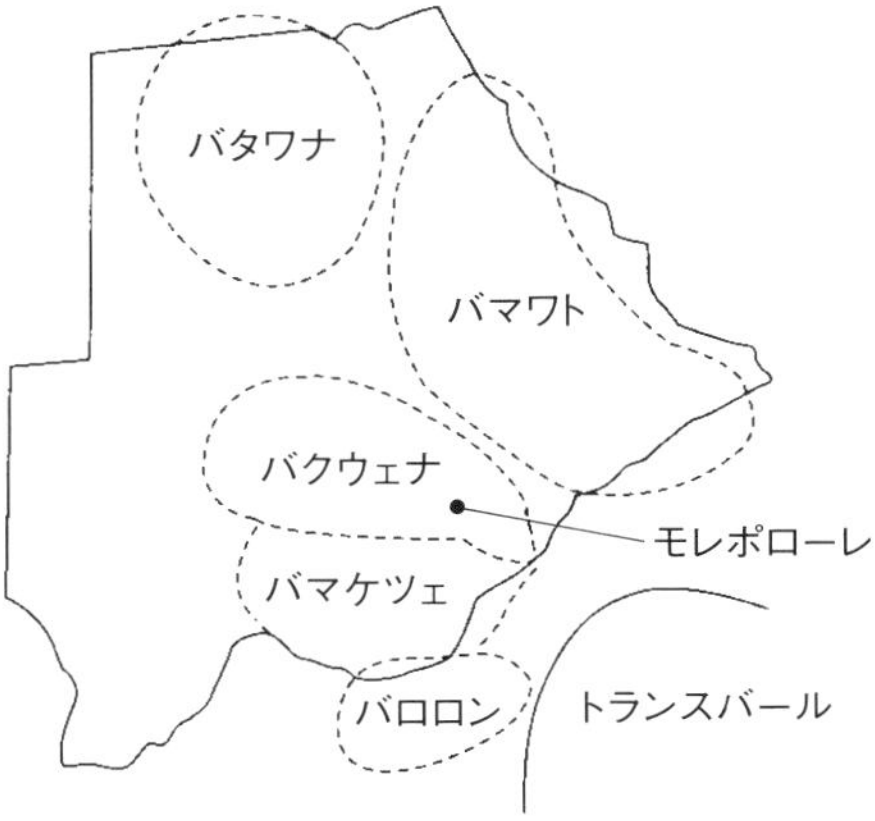

図 9-4　1880 年代のツワナの氏族のつくる首長国の分布（池谷二〇〇二a）

ナランドに訪れ始めた。なかでも商人は、西洋文明の品と当時ヨーロッパで経済的価値のあった象牙やダチョウの羽のような地場産品を入手するために希少品との交換をしていた（Schapera 1947: 7）。

しかし、この中で毛皮の商品化がよりすすむと、動物資源が枯渇してしまい、毛皮の新しい供給地として、カラハリ砂漠の奥地のフロンティア空間に眼が向けられていく（池谷 二〇〇二a）。その結果、毛皮の交易ルートが、バクウェナ首長国内の主なツワナの町とカラハリ人やサン人の集落を結びつけることを通して、カラハリ砂漠のなかに伸びていった（Okihiro 2000）。こうして、バクウェナによって政治的に主張された後背地が拡大していったのである。

具体的には、バクウェナは、カラハリ人をサーバントとして使い、象牙、ダチョウの羽、毛皮を入手するために、西部の砂漠地域（現在のリザーブ）に拡大していった。また、東部や南部では、アフリカ人やヨーロッパ人の商人と交易をした。彼らは、ガラスビーズ、金属製品、のちに銃やヨーロッパ製品と毛皮などのカラハリ砂漠の産物とを交換してきた（Okihiro 2000）。つまり、バクウェナは、ヨーロッパ地域と砂漠との中間に位置して、交易活動を通して首長国を維持していたのである。

当初、サン人やカラハリ人には、毛皮という形でバクウェナの首長に貢ぎ物を支払う習慣があった。二〇世紀の初めまで、バクウェナ地域のなかのカラハリの貢ぎ物は、キツネ、ジャッカル、ワイルドキャットなどで作られた一枚の敷物に等しかったという。ヒョウやライオンの毛皮も、一二－二四枚の毛皮に代用された。時には、エランドの胸の肉やダチョウの羽と卵、豆類や芋虫のようなものも貢ぎ物になったといわれる（Schapera 1955）。たとえば、クウェネン・ディストリクトでは、ヘッドマンが、貢ぎ物を集めるために送られ、それを支払うようにうながした多数のバクウェナが、カラハリ交易に参加し、砂漠で集めた毛皮を、モレポローレの店で売った（Okihiro 2000）。この際に、マスターが猟をすすめるために銃や犬を彼らに与え、毛皮とダチョウの羽で貢ぎ物を支払ったといわれる。なお、ここでマスターとはカラハリ人のことを示す。

当時、バクウェナの交易人が生まれている。彼らは、南アフリカのヨハネスブルクの鉱山へ出稼ぎに行って得た金をもとに、タバコ、マリファナ、ビーズ、オノなどを購入してきた。彼らは、それらを雄牛で引かせたワゴンに載せ、雨季の初めにカラハリ砂漠に向けて出発した。その結果、交易センターが、レフェフェ（Lephephe）、キカオ（Kikao）、レタケン（Letlhakeng）、カン（Kang）に発達した。そこでは、カラハリ人とサン人とが季節的に集まっていた（Okihiro 2000）。たとえばレタケンでは、ポケットナイフに対して一枚のキツネの皮や一枚のジャッカルの皮が等価であったという（Okihiro 2000）。なお、一九〇〇年までは、一枚の毛皮の敷物が一頭の雌牛と等しいほどに、毛皮の価値は高かった。

図 9-5　イギリス保護領ベチュワナランド（1985–1966 年）の土地所有形態
（池谷 二〇〇二ａ）

その後一八七〇年代には、「トランス・カラハリ交易」が衰退したことが原因の一つとなって、セチェレ一世の政治的力が衰えていく。一八八〇年代初めには、バクウェナを含むツワナの首長国がイギリスの植民地支配に初めは抵抗をするが、その後屈服して、一八八五年に、イギリスによってベチュアナランド保護領が宣言される。なお、この保護領では、イギリスが軍事や外交をにない、ネイティブ・リザーブ内での権利はツワナの各首長に認められ、ネイティブ・リザーブは首長の管理のもとでの部族の土地なので土地の販売は禁じられる（図9-5参照）。またそれ以外の土地は、イギリスの王室直属領やヨーロッパ人保有地に指定された。

このようにバクウェナは、カラハリ人やサン人に対して犬や罠や銃を供給した。これらは、彼らが狩猟をして、銃や他の装備の所有者に毛皮をもたらすことが期待されていたからである。彼らは、毛皮を獲得できる犬を使った狩猟や鉄製の罠をつかう猟を発達させる一方で、彼らのなかには、犬を持たないために、ジャッカルやキツネの毛皮を入手できない人もいた。そして、毛皮の価格が上昇するにつれて、カラハリ人やサン人の猟師は、直接、ヨーロッパの交易人と交換をし始めた。

以上のことから、一九世紀のバクウェナ首長国の時代におけるカラハリ中部の生業活動をまとめると、サン人の中には、ダチョウの羽を供給するための罠猟や小動物の毛皮を供給するための犬猟や罠猟に従事していた人がいたことがわかる。さらには、文書資料には明記されていないが、弓矢猟に従事していた人、あるいは両者の猟法を組み合わせていた人がいたと推察される。

三　二〇世紀のイギリス保護領（一八八五－一九六六年）におけるカラハリ人の生活の再編

一八八五年に、イギリス保護領ベチュアナランドが成立した。図９－５は、当時の土地所有形態を示す。この領内は、上述したように首長の権利が認められているネイティブ・リザーブ、イギリスが直接統治する王室直属領、ヨーロッパ人保有地とに三分割されている。このなかでカラハリ人の大部分が暮らすのは、サン人とともに王室直属領に当たる。

このベチュアナランドでは、牛と毛皮は重要な輸出産品であった（池谷 二〇〇二ａ）。牛はハンシー・デカール農場において生産され保護領の南東部に位置するロバツェでとさつされ、毛皮はカラハリ砂漠で獲得されモレポローレで加工された。そしてモラポとカデを含めたカラハリ中部に生活するカラハリ人とサン人は、そのとの社会経済的な結合関係をもっていた。彼らは、首長に毛皮を朝貢するかわりに、犬やマリファナなどを受け取っていた（池谷 一九九七）。

筆者は、これまでイギリス保護領ベチュアナランドを対象にして、そこでの中央カラハリ動物保護区の環境と社会史の復元を研究してきた（池谷 二〇〇二a参照）。その結果、毛皮交易をめぐるサン・カラハリ関係の変化から、次の五つの時期の特徴が明らかになった。第一はマウンやモレポローレ方面からリザーブへのカラハリの流入したあとに、カラハリがリザーブ内のツゥーシからカオチュエやコウトウへの移住にともない両者の関係が形成された時期、第二は一九三〇年から一九四〇年代にかけて徴税システムがなくなりバンドの配置が変化するがサン・カラハリ関係の継続する時期、第三は一九五一年の天然痘の流行や農場への労働力移動によってリザーブ内の人口の減少が生じて両者の関係が崩壊する時期、第四は一九六一年のリザーブの指定以降に、カラハリのサンへの同化が進む時期、第五は民芸品の生産のために再び毛皮の商品的価値の増加した時期である。そして、このなかで毛皮生産は常に実施されてきているが、それが商業的色彩を帯びるのは、第二と第五の時期であることが明らかになった（池谷 二〇〇二a）。

「西のカラハリ」と「東のカラハリ」

一九世紀におけるカラハリ砂漠へのカラハリ人の移動は、ボツワナ中西部に焦点をあててみると、「西のカラハリ」と「東のカラハリ」のように二つのタイプに分けて考えることができる。まず、西のカラハリにおけるカラハリ人の生活適応の結果を一九七〇年前後に現地調査をしたアダム・クーパーによる資料をもとに示す。

表９-１は、ハンシーディストリクおよび北カラハリディストリクトにおける一〇ヵ所のカラハリ村を示す。個々の村の人口は、三八九から二〇三〇人まで村によって異なる。また、九ヵ所の村にてカラハリ人がヘッドマンになっている。さらに、民族構成では、カラハリ人のみの村もあるが、ヘレロ人、ツワナ人、ブッシュマン、ホッテントットが混住している。なかでもブッシュマンは、マクンダ（Makunda）、クリ（Kuli）、ノジャネ（Nojane）、シャネ（Tshane）、レフツツ（Lehututu）などの5集落に暮らしている。

このようなことから、西のカラハリにおけるカラハリ人は、ブッシュマンやホッテントットの人びとがいた地域に、北部から移動してきたヘレロとは異なり、南東部から移住してきて定住村をつくったとみなされる。

表 9-1　1970 年頃のカラハリ人の村の名前、人口、民族構成（Kuper 1970）

	村の名前	人口	民族構成
			ハンシー県
1	Kalkfontein	1,470	カラハリ　ヘレロ
2	Karakobis	831	カラハリ　ツワナ　ヘレロ
3	Makunda	1,035	ヘレロ　ブッシュマン
4	Kuli	448	カラハリ　ブッシュマン
5	Nojane	1,480	カラハリ　ツワナ ホッテントッド　ブッシュマン
			カラハリ県
6	Tshane	630	カラハリ　ホッテントッド　ブッシュマン
7	Hukuntsi	2,030	カラハリ　ツワナ
8	(a) Lehututu	1,350	カラハリ　ブッシュマン
	(b)Hamplets of Lehututu	389	カラハリ　ブッシュマン
9	Lokgwabe	964	カラハリ　ホッテントッド
10	Kang	647	カラハリ

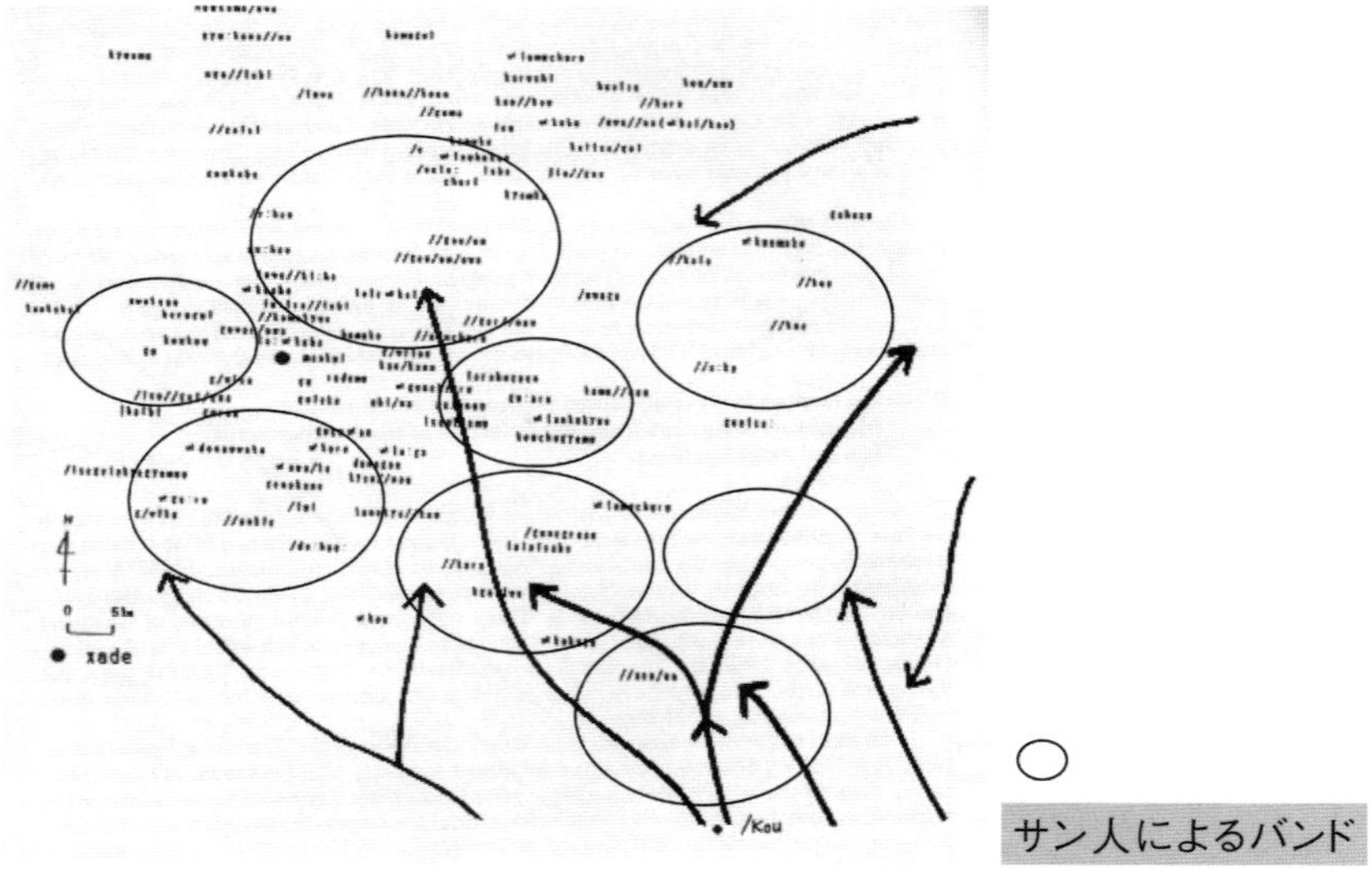

図 9-6　19 世紀におけるカラハリ中部（リザーブ）へのカラハリ人の移動ルート（推測）（リザーブに居住するカラハリ人からの聞き取りによる）

表9-2　カラハリ人と個々のサン人との関係（筆者の聞き取り調査による）

サンの名前	M1	M2	M3	M4	M5	M6	M7	M8
ヤギ狩猟	×	×	○	○	○	×	○	○
農耕	×	×	×	○	×	○	○	○
毛皮の加工	×	○	○	×	○	○	×	○
毛皮の運搬（交易）	×	×	×	×	×	×	×	○

その一方で、東のカラハリへのカラハリ人の適応を示す。図9－6は、あくまでも筆者により推定したルート図を示す。矢印の先は、リザーブ内でカラハリの村のあったところである。モナツェ、コウ、キカオ、メッァマノー、グーカンバー、モラポが挙げられる。そして、ここで重要なのは、移動したカラハリ人と先住のサンとの人口比や通婚のあり方である。カラハリ人が占有した村では毒を使用する弓矢猟のようなサンの伝統文化がみられないが、両者の人口比のバランスがよい場合には両者の文化が共存してきた。

これらの村では、西のカラハリの村々と異なり、年中、人びとが依存できる水資源を得ることができない。カラハリ人の集落は、雨季の降雨後に水がたまる場所であるパンに近接する場所に限られている。その結果、カラハリ人もまた先住のサンの生活を取り入れて野生スイカに水源を依存する時期がみられる（池谷 二〇〇四）[2]。また、カラハリ人の村の人口総数は、西のカラハリのそれに比べて大きくはない。

「東のカラハリ」のカラハリ人――「融合型」、「共生型」、「独立型」

上述したように移動したカラハリ人は、先住者のサン人との関わりのなかで三つの形を構築していった。まず、カラハリ人とサン人との「融合型」である。たとえば、一九三〇年頃のダーナウ（da//nau）の状況が該当する。当時、カラハリ人のケイギョムがこの地域でヤギや牛を飼育したという。同時に、スイカや豆類を対象にした小規模な農耕にも従事していた。そして、野生動物の毛皮をクェネン・ディストリクのレタケンに交易品として運んで、タバコやオノなどを入手していたという。この場合、ケイギョムが複数の妻がいてなかにはサン人の妻もいてヤギ飼養や農耕や運搬にはサン人が使用されていた。

当時、この地域に雨季中心とはいえ牛が飼育された点は驚きである。全体としてみるとカラハリ農牧民の生活様式を示している。これを、カラハリ人とサン人の「融合型」と呼ぶことにする。

つぎは、カラハリ人とサン人との「共生型」である。一九七〇－一九九〇年代のメッツァマノーの事例を紹介する（表9－2）。ここは、図9－2の地図にも明記されるカラハリ村であるが、実際に現地へ行ってみるとカラハリ人の集落の周辺にはサン人のドーム型の家屋が集まっている。つまり、サン人がカラハリ人とは空間的な距離をおいて暮らしている。そして、八名のサン人の男性とカラハリ人との関係をみてみると、ヤギ飼養、農耕、毛皮の加工や交易すべてカラハリ人からまかせられているサン人もいれば、ヤギ飼養のみ、農耕と毛皮の加工、ヤギ飼養と毛皮の加工など、個々のサン人で異なっていることがわかる。この場合は、カラハリ人とサン人との「共生型」と呼ぶことができる。

さらに、カラハリ人の「独立型」が挙げられる。一九七〇－一九九〇年代のグーカンバの事例を紹介する。ここもまた、図9－2の地図に明記されるカラハリ人の村であるが、実際に現地に行ってみると、カラハリ人の集落であり、ほかの集落では通じたサン語が通じないことがわかった。サン人のいないカラハリ人の村である。彼ら彼女らは雨季にはスイカや豆類の栽培をしており、年中、ヤギを飼養している。

以上のように「東のカラハリ」に焦点を当ててみると、個々のカラハリ村ごとに生業の形は類似しているもののサン人との関わり方など、カラハリ人の適応の仕方が異なっていることがわかる。しかも、「共生型」にみられたように世帯レベルで両者の関わり方が異なっている。また、三つのタイプの違いは、どうして生まれたのだろうか。それには、移住者であるカラハリ人の人口数の大小、個々のカラハリ人の個性が関与しているようにみえる。

四　ボツワナ独立後（一九六七-二〇一〇年）のカラハリ人の移動と適応

前節で述べたようにイギリス保護領の時代には、国土の大部分がカラハリ砂漠であったこともあり、灌漑農耕はほとんど行われておらず、天水による農耕と牛飼育が経済の中心であった。当時のアフリカのほかの植民地などと比べて貧しい国であった。それが、一九六七年の独立後に、国内でダイヤモンドが発見されると国の経済が豊かになった（池谷 二〇〇二a）。その結果、国内の周辺地域にも政府による領域統治政策が浸透することになる。

その一つが、一九八〇年前後から国内の遊動民であるサンを定住化させる政策である。各地に井戸を建設をして恒常的に水を獲得できること、水場のある拠点には小学校やクリニックを建設することになった。同時に、定住化してきた住民には、ボツワナの主食となるトウモロコシの粉ほかを毎月、各世帯に配布するようになる。たとえば、カラハリ砂漠におおわれているハンシーディストリクトでは、年中、水の利用できる水場の整備があちこちでみられた。このほかにもクリニックや小学校をつくることでいわゆる近代化政策を進めてきた。カラハリ人の場合、西のカラハリの場合、すでに定住化している社会が多かったのであるが、東のカラハリの場合、中央カラハリ動物保護区（リザーブ）のなかに位置することもあってサン人とともに政府の政策の影響を受けた。そこでの詳細は、次のように三つの段階でまとめられる。

まず、一九八〇年前後の定住化政策が、サン社会やカラハリ社会に大きな影響を与えた。この時期には、リザーブ内のカデとトメローの二ヵ所に井戸が設置された。同時に、カデにはクリニックや小学校が建設された。その結果、リザーブ内の複数の集落からカデに多くの人が移動してきたと同時に、井戸のない集落に給水車で水が運ばれたこともあって、図9-2のようにカラハリの村は維持されていた。

つぎは、一九九七年から始まる集住化政策である。当時、リザーブ内に住んでいた約一七〇〇人のうち一一三〇人がニューカデ地区に移住して、五七五人が移住しなかった（池谷 二〇〇二a、Ikeya 2001）。また、リザーブ内のモラポやカデを含む七つの集落において移住のプロセスが違っていた。これらの違いの背景には、補償金を求める経済論理に基づきリザーブから出る人と、土地と深く結びついた生活論理に基づきリザーブにとどまる人との価値観の違いが認められる。さらに、移住地での生業は、狩猟、採集、農耕、牧畜、賃労働を組み合わせたものである。これらから、牛飼養を除いて、移住の前後にサンやカラハリの生業は変化していない（池谷 二〇〇二a、丸山 二〇一〇）。

最後は、二〇〇七年前後における集住地からリザーブ内へもどる動きである（池谷 二〇一二、Ikeya 2016）。この動きは、廃村になっていたカデ集落以外の集落で生じている。この移動には、カラハリ人の役割が大きい。彼らは、集住化の際に多数のヤギを所有していたことから政府からの保証金も多額であり、車を購入するカラハリ人が現れた（Ikeya 2016）。その結果、自らの車を使用してリザーブ内の村に移動できたのである。その際に、同じ村に暮らすサン人が便乗することもあったことから、カラハリ人とサン人から構成させる村になったのである。

五　まとめと考察——カラハリ砂漠からの展望

本章では、一九世紀から現在までの期間を対象にしてボツワナのカラハリ砂漠におけるカラハリ人の新たな環境への適応過程とその変遷を把握することを目的とした。はたしてカラハリ人は、それぞれの時代における国家に対して距離をとるという意図的な選択をしてきたのであろうか。その結果は、以下のようにまとめられる。

ボツワナの中西部では、一九世紀に戦乱の影響を受けてカラハリ農牧民は、砂漠の厳しい環境への移動と適応を余儀なくされた。その際に、先方の土地にはサン人が暮らしていた。その際に、カラハリ人はサン人との「融合型」や「共生型」を構築する一方で、サン人が不在の場所では「独立型」をつくっていた。そして、これらの関係の仕方は、「融合型」から「独立型」のように時間とともに変化していった。

ここで重要な点は、カラハリ人は、前植民地時代から植民地時代への移行のなかで主流派のツワナ社会との関わりを維持している点である。それは、毛皮の形ではあるがカエキョと呼ばれる徴税の行動でも見出せる。カラハリ人は、ツワナ人のように国家をつくることはなかったが、国家との関わりをもって生きてきた。この点は、近隣民族との関係を維持してきたサン人との違いである。そして、一部のカラハリ人は上述した二〇〇七年の移住先からリザーブへの移動のように国家に抵抗する力を持っている。

そして、カラハリ人の抵抗する力は、冒頭で言及したジェームス・スコットの提唱するゾミア論との異なる点として注目してよいであろう。つまり、スコットは、一九四五年以前の東南アジアの内陸部とその隣接地域を対象にしているのであるが、本章で言及する「カラハリゾミア」の場合には、少なくとも二〇〇〇年代まで一部のカラハリ人による国家政策への抵抗が維持されている点である。ただ、サン人の場合は、国家に対する抵抗という表現がふさわしくない。彼ら彼女らは、国家との関係ではなくてカラハリ人との共生関係のもとにいっしょに行動をしてきたようにもみえる。

ここで、本章のカラハリ人の事例をアフリカ地域のフロンティア空間論のなかで位置づけてみたい。筆者は、①資源開発型フロンティア、②内的フロンティア（掛谷 一九九九）、③スワヒリ化フロンティア、④王国フロンティア、⑤ヨーロッパ人フロンティアという五つのフロンティアに分類した（池谷 二〇〇二b）。そして、①から⑤までの組み合わせによってアフリカ地域のフロンティア空間の形成過程が理解できるとした。ここでは、このような研究枠組みをカラハリ砂漠におけるカラハリ人の事例に当てはめる。

まず、一九世紀におけるカラハリ砂漠への移動は、④王国のフロンティア空間への移動としてみてとれる。その後、二〇世紀前半における毛皮資源の流通は、①資源開発型のフロンティアに変わったことを意味している。さらに、カラハリ人はサン人との関係を構築しながら融合型と共生型に加えて独立型を構築していった。これらは、②内的フロンティア空間への移動を示す。その後、いったんは政府の建設した新しい町に移動するものの、もとのリザーブ内の集落にもどった。これは、カラハリ人にとって町はフロンティア空間であったが、そこに適応できずにもどったとみることができる。なお、サン人の一部はヨーロッパ人（オランダ系）の農場において牛の世話をする移動もみられる。これは、⑤ヨーロッパ人のフロンティアとなっている。

最後に、このようなカラハリ人のフロンティア空間の変遷は、本章の冒頭で言及した「ゾミア」概念とどこが類似しているのであろうか。まず、東南アジア大陸部のゾミアは、数百の民族集団からなる世界最大の無国家空間であるという。この点では、カラハリ人の場合も同様である。南アフリカにおけるズールーの王国の拡大にともなう人の移動がもとになってカラハリ人の移動が生まれている。また、周縁の社会では、多様な自給自足的生業手段が可能であり、柔軟で平等主義的であり、移動性や社会的流動性が高いという（スコット 二〇一三：一八）。この点も、カラハリ人の社会に当てはまるであろう。

その一方で、両者の違いは何であろうか。「ゾミア」の地域では、「独立型」はみられるが、「融合型」や「共生型」は存在するのか否かが不明瞭である。東南アジアの大陸部の山地には、ラオスやタイの狩猟採集民ムラブリを例外としてサン人のような狩猟採集民が暮らしていないので独立型をつくりやすい。また、東南アジアと南部アフリカでは国家の力の大きさが異なる。この地域では、穀物農業は拡張する傾向をもっていて、余剰人口を生み出す（スコット二〇一三：一〇）。同時に、支配者の力が大きいと強力な国家をつくる過程で避難民を生み出しやすい。これは、乾燥地帯におけるボツワナにおける牛飼育を中心とする農牧業との違いである。

最後に、一八世紀の末までに「無国家」民は世界人口の過半数を割ったといわれるが（スコット 二〇一三：一〇）、二一世紀の現代社会では、ソマリアの一部を例外として「無国家」民はほとんど存在しなくなっている。現在、ボツワナのように国家では、国の外に生きるという選択肢は急速に消滅しつつある。しかしながら、今後の政治の動向においては、国家の統治能力の減退により、フロンティア空間に回帰することがある可能性を指摘できる。

本章は、一九世紀から現在までのカラハリ砂漠（特にボツワナ共和国）を事例にしたものにすぎないが、国家の動向と周辺に暮らす住民との関わり方の歴史的動態を具体的に把握することができたと考えている。

注

［1］　筆者は、一九八七年の現地調査でモナツェ村のカラハリ人のヘッドマンに出会ったことがある。家屋は、パンの近くに位置していた。その後、カデやモトメローのような井戸のある集落に人びとは移動してモナツェ村は廃村になった。

［2］　野生スイカに依存する暮らしは、年降水量によってスイカが自生しない年には困難になる。その場合は、リザーブの内外に位置する井戸のある集落に一時的に移動することになる（池谷 二〇一四）。

引用・参考文献

池谷和信 一九九七「イギリス植民地ベチュアナランドにおける毛皮をめぐるエスノネットワーク」『社会人類学年報』二三：二九－五三。
池谷和信 一九九九「狩猟民と毛皮交易―世界経済システムの周辺からの視点」『民族学研究』六四（二）：一九九－二二二。
池谷和信 二〇〇二a『国家のなかでの狩猟採集民―カラハリ・サンにおける生業活動の歴史民族誌』国立民族学博物館研究叢書（四）。
池谷和信 二〇〇二b「アフリカのフロンティア論について―「商業・牧畜民」の資源利用からのアプローチ」『フロンティア社会の地域間比較研究』（代表：田中耕司）科学研究費補助金（基盤研究（B）（二））研究成果報告書、一四三－一五五頁。
池谷和信 二〇〇九「南部アフリカ―コイサン、バントゥ、ヨーロッパ人」川田順造（編）『新版　世界各国史　10』山川出版会、三〇九－三四九頁。
池谷和信 二〇一二「カラハリ先住民の静かな戦い―南部アフリカの先住民運動と政治的アイデンティティ」太田好信（編）『政治的アイデンティティの人類学―二一世紀の権力変容と民主化にむけて』昭和堂、二二五－二四七頁。
池谷和信 二〇一四『人間にとってスイカとは何か―カラハリ狩猟民と考える』臨川書店。
池谷和信 二〇二二「狩猟採集民の生存戦略―移動と環境適応」稲村哲也ほか（編）『レジリエンス人類史』京都大学出版会、二二七－二四二頁。
掛谷誠 一九九九「「内的フロンティア世界」としての内陸アフリカ」高谷好一（編）『〈地域間研究〉の試み―世界の中で地域をとらえる』京都大学学術出版会、二八五－三〇二頁。
佐藤仁 二〇一三「小さな民に学ぶ意味―あとがきに代えて」ジェームス・C・スコット『ゾミア―脱国家の世界史』みすず書房、

三五一-三六三頁。

スコット、J C 二〇一三『ゾミア―脱国家の世界史』佐藤仁（監訳）、みすず書房。

丸山淳子 二〇一〇『変化を生きぬくブッシュマン―開発政策と先住民運動のはざまで』世界思想社。

Ikeya K. 1999 The Historical Dynamics of the Socioeconomic Relationships between the Nomadic San and the Rural Kgalagadi. *Botswana Notes and Records* 31: 19-32.

Ikeya K. 2001 Some Changes among the San under the Influence of Relocation Plan in Botswana. *Senri Ethnological Studies* 59: 183-198.

Ikeya K. 2016 Interaction of the San, NGOs, Companies, and the State. *Senri Ethnological Studies* 94: 255-267.

Kuper A. 1970 *Kalahari Village Politics: An African Democracy*. Cambridge University Press.

Okihiro, G. Y. 2000 *A Social History of the Bakwena and Peoples of the Kalahari of Southern Africa, 19 Century*. New York: The Edwin Mellen Press.

Schapera, I. 1947 *Migrant Labour and Tribal Life*. Oxford University Press. Routledge and Kegan Paul. The Tswana. London: Routledge and Kegan Paul

Shapera I. 1953 *The Tswana*, Routledge and Kegan Paul, London.

第10章

新天地を目指す躍動

——ガーナにおける移民コミュニティ「ゾンゴ」の変容と移民の農地獲得

桐越 仁美

テチマン近郊の農地では、サバンナ帯出身の人びとがカシューナッツ畑のなかでヤムイモを生産している。ヤムイモを栽培する際は、マウンドをつくり支柱を立てる。

一　はじめに

本章がフロンティア空間として着目するのは、ガーナ中部の植生移行帯（半落葉樹林－サバンナ移行帯）である。西アフリカのサバンナ帯（乾燥サバンナ帯および湿潤サバンナ帯）の人びとは、近年の急速な人口増加や土地荒廃、気候変動などを原因とした慢性的な食料不足の問題を抱えている。この食料不足の問題を解決するために、生活域の外側における土地取得を目指す者も少なくない。ガーナの植生移行帯にあたる地域は多様な作物生産が可能なうえ土地の余剰があることから、ガーナ国内外のサバンナ帯の人びとが次々に流入している。

西アフリカはギニア湾の沿岸ほど降水量が多く、北上するほど乾燥が強まるという気候的な特徴をもつ。西アフリカのサバンナ帯などの半乾燥地域は元来、土地の生産性が低く降水量の変動が大きいことから食料が不足することも多い地域であった。それゆえに、相互扶助の関係性とともに不足を補い合う商業交易などが発達し、それが内陸乾燥地域における巨大国家の形成基盤にもなってきた（嶋田 二〇一二）。歴史的にみれば、内陸の乾燥地域はサハラ砂漠を越える交易網を通じてアラブ世界と結ばれてきた地域であり、沿岸の湿潤な地域に比べ、人の交流が活発な、より発展した地域であった。

しかし一五世紀に入ると、西アフリカとヨーロッパ諸国とのあいだで海上交易が始まったことを契機に、それまで交易の後背地であったギニア湾岸の森林地帯に王国群が形成されるようになった。長距離交易の中心は、次第に内陸の乾燥地域から沿岸の森林地帯へと移行していった（Hopkins 1973、阿久津 二〇〇七）。交易の中心が変化するなかで、乾燥地域は海岸からやってきたヨーロッパ植民地主義により内陸化され、後進化していった（嶋田 一九九二）。後進化したとはいえ、乾燥地域の人びとの他地域との交流が衰えることはなかった。乾燥地域の人びとは、一六世紀にはじまる奴隷貿易で勢力を拡大させていた森林地帯の王国群との交易を発展させ、森林地帯へのアクセスを確立させていった。この交易のなかで森林地帯の各地に形成された交易拠点ゾンゴには乾燥地域の多様な民族が滞在し、人びとはゾンゴを拠点に乾燥地域と森林地帯のあいだを往来した。

ヨーロッパ植民地主義の影響で、各種インフラの整備は沿岸地域から進行し、乾燥地域は次第に周縁地域として位置づけられるようになった。それ以来、乾燥地域の人びとはよりよい生活や商業活動、教育の機会を求めて森林地帯（沿岸地域）へのアクセスを試み、ゾンゴのコミュニティを基盤とした移動を続けてきた。現代ガーナにおいては季節労働（出稼ぎ）による移動が主流ではあるが、本来の生活域の外側に土地を取得し農業生産に従事することで、不足しがちな食料を補うという移動の事例も多い（桐越 二〇二二：Kirikoshi 2022）。本章で取り上げるガーナ中部の植生移行帯は、農業生産に従事している人の大半がサバンナ帯の出身者という状況にあり、彼らによる土地の取得も進んでいる。イゴール・コピトフは、アフリカ大陸の人びとはなんらかの生活の問題に直面したとき、生活域の外縁に位置する空間（フロンティア）に移動する選択肢をもっていたことを指摘する（Kopytoff 1987）。コピトフの指摘に依拠すれば、現代のガーナでみられる農地取得の事例もまた、フロンティア空間への移動による対処と捉えることができるのではないだろうか。

現代ガーナのフロンティア空間について議論するにあたり、本章ではまず、移民の流入と深く関わるゾンゴに着目する。ここでは、近代国家が形成されるなかで生じたゾンゴの変容を概観することで、人びとの農地取得におけるゾンゴのはたらきを明らかにする。その後、本章がフロンティア空間として着目するガーナ中部の植生移行帯に舞台を移し、サバンナ帯出身の移民のライフヒストリーから、人びとの農地取得の背景を明らかにする。これらの分析を通じて、サバンナ帯の人びとによるフロンティア空間の創出の実像を捉えていきたい。

二　ゾンゴの成立と変容、統治体制

ムスリム商人によるネットワーク形成

古くよりサバンナ帯の諸王国はサハラ砂漠を越え、アラブ地域とのあいだで金や塩、贅沢品などの長距離交易を展開させてきた。西アフリカの長距離交易の特徴は、一つの民族集団が買付けから輸送、管理、販売にいたるまでのすべての行程を掌握する点にあったとされる（Cohen 1966）。交易が進展するには、交易に従事する専業的な集団形成と優れた交易品の開発が不可欠であるが、西アフリカにおいて専業的な集団形成を担ったのがマンデ系[1]のムスリム商人、優れた交易品として開発されたのがコーラ（コーラナッツ）[2]であった（竹沢 一九九〇）。当初マンデ系のムスリム商人が担っていたコーラの交易は、一八世紀以降、それを引き継ぐ形でハウサ[3]商人が担うようになった（Lovejoy 1971）。マンデ商人はウラマー（イスラームの知識人）の遊学や通婚関係、親族関係の広がりのなかで交易を活性化させた（坂井 二〇〇三）。ハウサはマンデ商人との交流を通じて彼らの流儀を学び、自分たちの商業ネットワークの形成に役立てた。ハウサの人びとはマンデ商人の商業ネットワークに容易に入り込むことができ、マンデ系の人びとの町の中心地に滞在してモスクをほかの民族のムスリムたちと共有した（Lovejoy 1980）。このような外来者の受け入れは、在来のムスリムと新たに参入したムスリムとの相互交流を通してマンデのムスリムのネットワークを活性化し、再生産する重要な契機となった。

ハウサ商人は、マンデ系商人の手法を用い、コーラ交易や奴隷交易によって勢力を拡大させた。その過程でその他の民族もハウサ社会に入り込み、ハウサの町と自分たちの出身地とを結びつける役割を担った。その結果、ハウサの商業ネットワークはますます拡大していくこととなった。ハウサは多くのムスリム移民を受け入れ、モスクやウラマーをそれらの人びとに提供することで、ハウサ社会に統合させていった。ハウサによるコーラ交易は一九世紀に最盛期を迎え、アサンテ王国[4]を含むボルタ川流域からチャド湖周辺までの広大な地域をむすぶネットワークを形成した

(Lovejoy 1980)。

本章で取り上げるゾンゴとは、これらの商人が各地で築いた交易拠点をはじまりとする。ゾンゴとはもともとハウサ語[5]で「キャンプ」を意味し、主に「隊商のための宿営地」を指した言葉である。ゾンゴはハウサによるコーラ交易のなかで形成され、次第に各地に拡散した。ゾンゴという語は、当初はハウサの町の中に設けられた他民族の隊商の交易基地となっていた地区を指して用いられた。しかし、コーラ交易を通じてハウサの活動圏が拡大するのに応じて、主にアサンテ王国の領域内に形成された外部商人たちの拠点を指すようになっていった。多くのゾンゴはハウサ商人を中心に成立しており、ハウサ商人の経営する宿屋にサバンナ帯を出身とする多様な商人が滞在するようになって発展してきた(Lovejoy 1980)。

ゾンゴの変容

交易拠点として成立したゾンゴは、時代の変化とともにその性質を変化させていった。アサンテ王国の領域内に形成されたゾンゴは、商人たちの滞在する宿屋を中心とした交易拠点として形成された。ゾンゴのハウサ商人は積極的にサバンナ帯の商人をゾンゴに招き入れ、商人間のネットワークを形成した。ゾンゴの中心をなす宿屋の主人はマイギダ(*mai-gida*)[6]と呼ばれ、宿屋の経営のほかに、①市場の価格動向に関する情報の収集、②隊商の商人との取引、③梱包や貯蔵のための設備の整備、④輸送手段の確保、⑤信用取引に関する交渉、⑥商人がゾンゴに滞在するあいだのアシスタントの手配、⑦商人間の通訳や仲介、⑧銀行としての資金供給などの仕事を請け負っていた(Lovejoy 1980)。マイギダはこれらの仕事をこなすため、商人たちのみならずホスト社会からの信頼をも得る必要があった。ゾンゴに滞在する商人たちはマイギダの協力を得て、民族間の取引を円滑に行っていた。

このように交易に特化した機能を有していたゾンゴであったが、アサンテ王国がイギリスに敗北し、英領ゴールドコーストとして植民地化が進行するなかで、植民地政府により強制労働の拠点とみなされるようになっていった。二〇世紀初頭の植民地行政官や各民族の首長の記録をもとに強制労働について明らかにしたトーマス（Thomas 1973）によると、一九〇六〜一九二七年、植民地の開発を進めるため、ゴールドコースト南部における資源開発や公共事業への労働力が必要とされた。アサンテなどのアカン系民族は主にカカオ生産に割り当てられた一方で、サバンナ帯（ゴールドコースト北部）の人びとは金採掘や鉄道建設の部門に従事させられた。しかし金の採掘に従事させられた北部の人びとは、輸送時や鉱山労働時における劣悪な衛生環境により肺炎などの病気をわずらい死にいたることが多く、過酷な労働環境から脱走する労働者が後を絶たなかった。

そこで一二社の鉱山会社の代表は脱走を防止するための方策として「コンパウンド・システム」と呼ばれる監視体制を植民地政府に提案し、植民地政府の支援のもと、ゴールドコースト北部から来た労働者を監視する体制が整えられた。「コンパウンド・システム」は、労働者をいくつかの「コンパウンド」と呼ばれるグループに分け、「コンパウンド」ごとに住居をわけて生活させ、それぞれにイギリス人の監視役がつくというものであった。「コンパウンド」内のメンバーは互いに監視しあうため、脱走者を減らすことができるだけでなく、脱走を図ろうとした場合には個人の特定が可能であるとされた。この「コンパウンド・システム」は、鉱山周辺の村にもともとあったゾンゴに植民地政府が労働者の住居をつくり、イギリス人のゾンゴ管理者の監視のもとにおくことで成立していた。しかし、金採掘における死亡者数の増加や一九二〇年代後半の自動車道の開通などを理由として、北部民族の労働者としての需要は次第に低下した。

労働者需要の減少により、既存のゾンゴにおいて施行されていた「コンパウンド・システム」は一九三〇年代に廃止され、その後のゾンゴはカカオ生産部門に自発的に参入するサバンナ帯の人びとの居住地へと変化した（Schildkrout 1978、Van der Geest 2011）。カカオの生産地は金の産出地の近くに位置することが多い。これまで強制的に森林地帯に送られていたサバンナ帯の人びとは、この時から就労機会を求めて自発的に森林地帯へと移動するようになった。これまでゾンゴと直接的なつながりのなかった北部の農民も、強制労働時代に築かれたゾンゴとのつながりを利用してゾンゴに来るようになっていった。すべてのゾンゴが「コンパウンド・システム」に利用されていたわけではないが、ゾンゴを労働の拠点とする風潮は各地に拡散していった。人びとは各地に形成されたゾンゴを労働拠点として、コーラ交易の時代から続く商業活動に従事したり、カカオなどの農作物の生産部門へ参入したりするようになった。

最初は交易の拠点であったゾンゴは、植民地支配下では強制労働の拠点、独立後はサバンナ帯から森林地帯へやって来た移住者の生活拠点へと姿を変えていった。ゾンゴは市場の近くに形成されていることが多いために、いまだ多くの商人が往来し、商業的な要素を色濃く残している。しかし、ゾンゴが時代に合わせて性質を変化させてきた結果、現代ガーナにおいてゾンゴは移民コミュニティとして広く認識されるようになっており、多様な人びとを包摂している。ゾンゴ内の共通言語はハウサ語であり、多様化した人びとのコミュニケーションを支えている。[7]

ゾンゴの統治体制

ところで西アフリカの都市のなかには一つの都市の内部に二つの核を有する二重都市の形態をとっているものが見受けられる。その要因は一様ではないが、政治的機能の中心をなす地区と、経済機能の中心をなす市場の二つの核が存在する場合がある。たとえば交易ルート上の要所であったガーナのサラガは巨大な市場へと発展したゾンゴであったが、サラガ周辺の政治の中心となっていたのはサラガから三キロメートルほど離れたペンベという町であった（Lovejoy 1980, Der 1998）。サラガのように商人たちの活動の中心となる市場が王権や首長の政治権力から一定の距離をおき自立性を保つことは、商業活動によって利潤を創出するためには不可欠であった。

西アフリカの農村における農民の共同体の中に商人が定着することは、農民の経済の本質である互酬的交換という義務の網の目にからめ取られることを意味し、商業活動の本質である利潤のための売買の可能性を捨てることに他ならない（Meillassoux 1971）。商人にとっては一定の場所にとどまることなく、移動性を維持することこそが重要であり、農民の共同体に深入りせず、つねに移動の可能性を保つことは、西アフリカのムスリム商人にとって重要な条件であった（坂井 二〇〇三）。

政治権力や農民の共同体から一定の距離を保つ一方、商人たちの自立性を維持するためにはホスト社会との良好な関係を維持する必要があった。一八〜一九世紀の交易において、交易拠点にとどまり続けるマイギダ（宿屋の主人）は、強力なリーダーシップを必要とし、多様な商人からもホスト社会からも認められることが求められた。マイギダにふさわしい人物は、ホスト社会からの信用をもって取引を成功させることができる人物であるとされた（Curtin 1998, Lovejoy 1980）。現代のゾンゴにおいては、宿屋の主人に代わってゾンゴの代表者[8]がホスト社会とゾンゴの懸け橋を担っている。代表者はゾンゴに居住する人びとのなかから民族を問わず選出され、ゾンゴの居住者とホスト社会の双方の信頼を得ている人物が選ばれる[9]。

ガーナでは現代でも、都市内に形成されたゾンゴを中心にムスリム商人がある程度の自立性を保って商業活動に従事している。その典型的な事例がガーナの都市クマシである。クマシは首都のアクラに次ぐ経済都市であり、西アフリカ最大ともいわれる市場が立地している。現在のガーナの半落葉広葉樹林帯を拠点に勢力を拡大したアサンテ王国の王都であったクマシは、サバンナ帯と半落葉広葉樹林帯、さらにはギニア湾沿岸部とをむすぶ八本の主要な経路の結節点として機能し、長距離交易における重要な中継地となった都市である（図10-1、阿久津 二〇〇七）。クマシの市場には多くのムスリム商人が行き交い、礼拝所なども整備されている。近くには大きなゾンゴが形成されており、多数のムスリム商人が居住している。ゾンゴ内にはサルキ（*sarki*）[10]と呼ばれる役職を中心に据えた首長制が敷かれていることが知られているが、この政治システムはイギリス植民地行政のもとで形成されたものである（阿久津 二〇〇七）。ガーナの人びとは、「アサンテ王とゾンゴのサルキのあいだには特別な信頼関係があるために、ゾンゴの自治権はサルキに任されている」と語る。

周辺国でもみられるように、ガーナでは首長制度が政府の統治構造と並行して存在しており、主要な法制度として、英国の植民地期に由来するコモンローと固有の伝統的規範や慣習・慣例に由来する慣習法の二つがみられる。慣習法

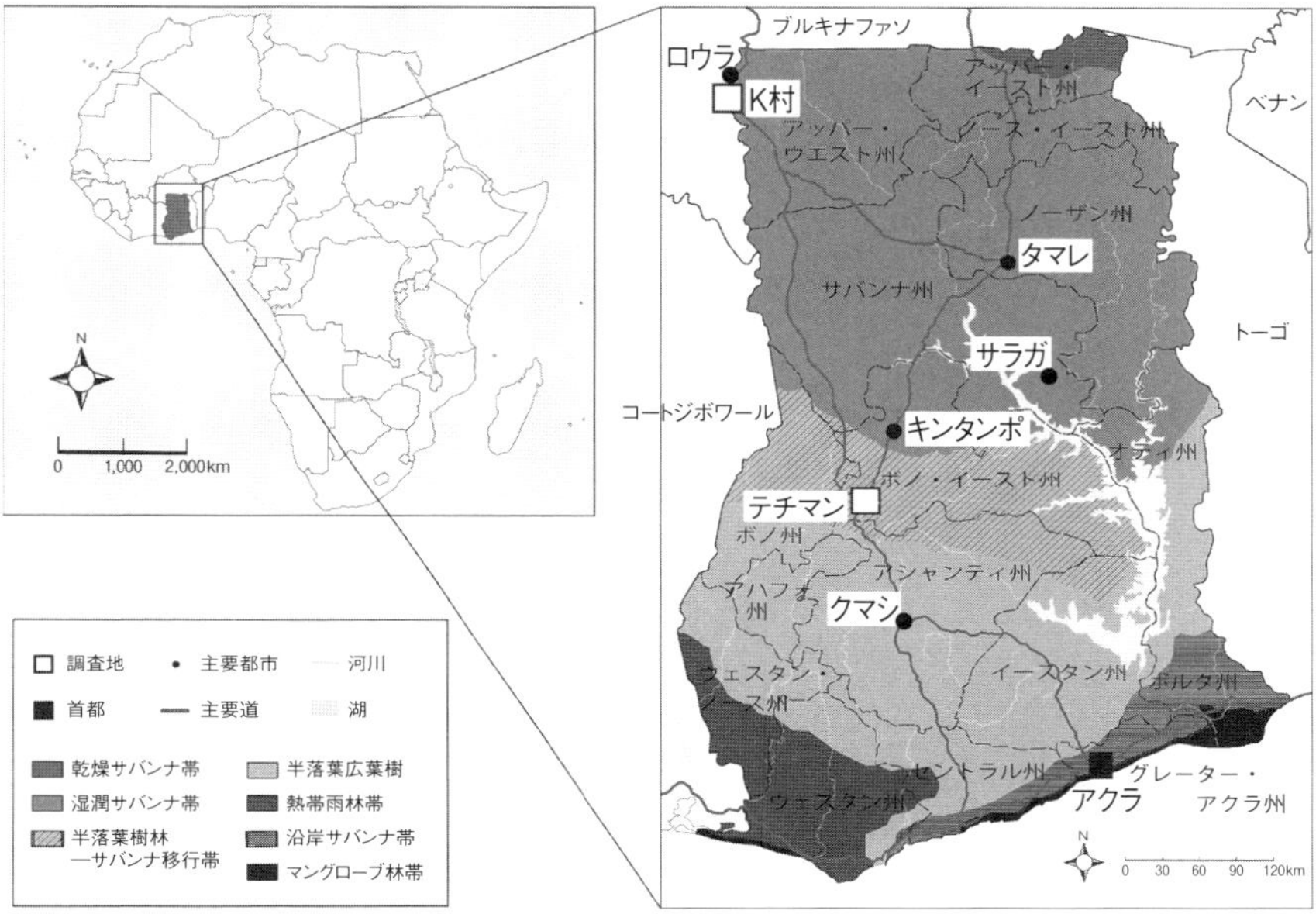

図 10-1　ガーナの生態ゾーンと調査地（筆者作成）

は一般的に、土地の所有、相続法、家族法をめぐる問題に適用される。首長は政治・行政に直接的に関与することはできないが、行政に協力することで地域開発などに貢献することができると位置づけられている。ガーナの土地法においては、土地はその土地に伝統的に居住する民族や氏族、家族に帰属するとされ、慣習法や慣習に基づき、首長や氏族長、家族長などが管理機能を果たす義務を負う受託者であると定められている（Land Act 2020）。そのため、サルキがいるゾンゴにおいては慣習法が適用されており、土地の管理やその相続に関わることはサルキに一任されている。

しかしゾンゴの外にまではサルキの権限は及ばない。ガーナの半落葉広葉樹林帯にはサバンナ帯からの人びとの流入がみられるが、半落葉広葉樹林―サバンナ移行帯においては二〇〇〇年前後からサバンナ帯の人びとの土地の取得が進行している。サバンナ帯の人びとはホスト社会の慣習法に基づき、その土地の首長などにアクセスして土地を取得しなければならない。

三　植生移行帯テチマン

生態ゾーンと人びとの移動

ガーナ国内では、北部地域（アッパー・ウェスト州、アッパー・イースト州、ノース・イースト州、ノーザン州、サバンナ州）から南部地域への労働移住が広くみられる。その歴史は植民地期以前の長距離交易をめぐる移住や奴隷貿易、強制労働までさかのぼることができるが、現代の人の流れに直接的な影響を与えたのは一九八〇年代に生じた社会・経済や生態環境の変化である。この年代には、一九七〇年代以降のガーナ経済の低迷や一九八三年にはじまる構造調整政策、干ばつによる南部地域の森林火災、北部地域におけるインフラ整備などの要因が複合的に絡み合い、北部地域から南部地域への人びとの移動が加速した。現在でも移民数は年々増加する傾向にある。

北部地域から南部地域への活発な移動には、このような社会・経済的な背景以外にも、気候や生態環境の違いが影響していることも指摘しておきたい。西アフリカは全体的に標高が低く、平坦な地形で構成されている。そのため、地形の起伏が降水に及ぼす影響が少なく、基本的には緯度に沿って年間降水量が変化し、北上するほど乾燥が強まる。ガーナも北部には乾燥したサバンナ帯が広がり、南部には湿潤な半落葉広葉樹林帯が広がっている（図10－1）。

乾燥サバンナ帯および湿潤サバンナ帯は雨季と乾季が明瞭に分かれている。雨季には穀物やマメ類、野菜類などを栽培しているが、乾季は農閑期となるため、青壮年の男性を中心に、都市部や沿岸の国々の湿潤な地域へと季節労働（出稼ぎ）に行くのが一般的である。一方で沿岸地域の半落葉広葉樹林帯は、乾季と雨季が明瞭に分かれておらず、一年を通じて降水がみられる。カカオの生産の中心となるのが、この半落葉広葉樹林帯であり、サバンナ帯の人びとはコートジボワールやガーナなどの半落葉広葉樹林帯に積極的に移動してカカオ生産に参入している。

テチマン周辺地域の概要

本章では、ガーナ共和国ボノ・イースト州の州都であるテチマンとその周辺地域を移民の流入が進行するフロンティア空間として位置づける。テチマンはガーナ南部に広く分布する半落葉広葉樹林―サバンナ移行帯に位置している（図10－1）。テチマンの町は一八世紀以前より交易の中継地として多くのマンデ商人が移住しており、周辺地域の経済の中心として機能していた（Dickson 1969）。また、テチマンの北西約五〇キロメートルに位置するキンタンポに市場が形成され、内陸交易の中心となったのは一八七四年（イギリス軍によってアサンテ王国の王都クマシが陥落した年）以降であるとされている（Der 1998）。このことから、キンタンポの市場の成立後、テチマンも大きく発展したと考えられる。テチマン市区は一九八九年に普通地方議会として発足し、長くブロン・アハフォ州のテチマン郡として知られていたが、二〇一八年に新しい州境が設置されてボノ・イースト州ができてからは州都となっている。

テチマン一帯は一二月から一月にかけてやや乾燥が強まるものの、年間を通じて降水がみられ、一年を通じた作物生産が可能である。平均年降水量は一四六三ミリメートル、年平均気温は二七・七度である。[11] この地域は、栽培できる作物の種類が豊富で、トウモロコシ（*Zea mays*）などの穀物、ヤムイモ（*Dioscorea rotundata* ほか）などの根茎類、トマト（*Solanum lycopersicum*）などの野菜類、カシュー（*Anacardium occidentale*）などの果実類が栽培されており、河川の近くではイネ（*Oryza sativa*）も栽培されている。そのため、ガーナではテチマン一帯を「フードバスケット」と称することもある。

やや古いデータではあるが、二〇〇一年においてはガーナ国内に流通する作物の一八パーセントが旧ブロン・アハフォ州（現ボノ・イースト州、ボノ州およびアハフォ州）で生産されていたとされ、周辺国にも多くの農産物が輸出されていた（FAO 2002）。近年は、同様の調査は実施されていないが、状況に変化はない印象である。

二〇二〇年に実施されたセンサスによると、テチマン市区は二四万三三三五人の人口を有する（GSS 2021）。また、二〇一〇年から二〇二〇年において人口は増加傾向にあり、この一〇年における人口増加率は約二六・六パーセント

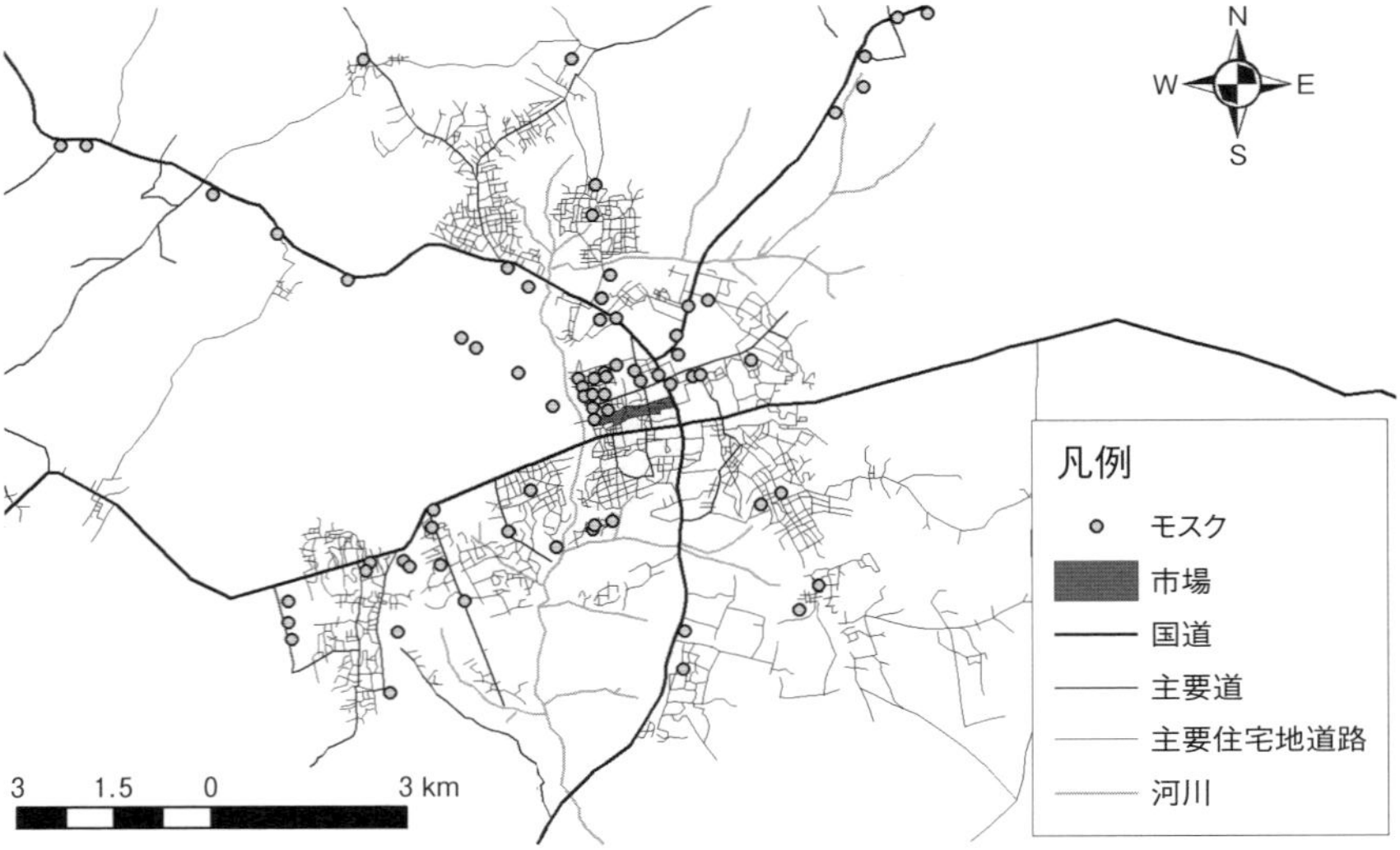

図 10-2　テチマン周辺におけるモスクの立地状況（筆者作成）

という高い値を示している。町の中心市街地は周囲を丘陵に囲まれたやや低い場所に位置しており、町の中心には河川が流れている。人口の流入にともない市街地は拡大し続けており、新興住宅街は河川に浸食された谷を避けるようにして形成されている。

テチマンへの人口の流入

二〇一〇年時点ではテチマンの人口の約三五・七パーセントがサバンナ帯を出身とする民族によって構成されていた（GSS 2013）。テチマン周辺地域を民族領域とするのはアカン系民族のボノであり、彼らの多くはキリスト教や在来の宗教を信仰している。一方、サバンナ帯において優占する宗教はイスラームであることから、モスクの有無を確認することによって、その地域にゾンゴが形成されているかどうかを判断することができる。モスクがある場合には、その周辺地域にはゾンゴが形成されており、サバンナ帯を出身とする人びとが集住している。なおサバンナ帯に出自をもつがムスリムでないという人びと（たとえばダガーバなど）もまたゾンゴ周辺に暮らすことが多いが、これは食事や言語など文化的な近接性があるためである。

二〇二二年八月一九日から二〇日の二日間、テチマン市区のテチマン周辺地域（都市部）に限定してモスクの立地を調査した（図10-2）。調査範囲において目視で確認できたモスクの数は七二か所にのぼった。基本的には住宅地内部の道路沿いに立地しており、大小様々なモスクが市内に点在している（図10-3）。なかでもモスクが密集しているのはテチマン中央市場の周辺地域であり、同じ区画内に一四か所のモスクが確認された。また、町の中心市街地から外れた新興住宅街にもモスクが多数みられた。このことから、テチマンには多数のゾンゴが形成されており、サバンナ帯出身の人びとが生活していると考えられる。聞き取りによると、市場周辺のモスクが集中する地域は、町ができた頃からある古いゾンゴであるとのことであった。そのほか、新興住宅街にもモスクが見られたことから、テチマンには新旧のゾンゴが存在し、市街地の拡大とともに数を増やしていると考えられる。

図10-3　テチマンのゾンゴに立地するモスク

市場の近くの古いゾンゴにはサルキが存在するが、それ以外の小さなゾンゴにはサルキは存在しない。しかし、小さなゾンゴとはいえ代表者はおり、ゾンゴ内の住民の取りまとめ役を担う。ただし代表者には土地の管理や相続に関する権限は与えられておらず、住民とホスト社会の首長との取次ぎを行う程度にとどまる。なおゾンゴの形成はテチマンの市街地に限られたことではない。テチマンの中心市街地から約一〇キロメートル北東に位置するT村における聞き取り調査によると、T村にもモスクが立地しており、居住する人口の約七割がサバンナ帯の民族である。また、周辺の農耕地で農作業に従事している人びとの大半がサバンナ帯の人びとであるとのことであった。土地の所有者はボノの人びとであるが、多くがサバンナ帯出身者に土地を貸すか贈与しており、自ら農業を行っているボノはほとんどいないとされる。

四　植生移行帯へ人びとが流入する理由

サバンナ帯は短期的にも長期的にも予測の難しい降水量の変動や河川の氾濫・渇水、サバクバッタによる食害の影響などが見られるほか、近年は急速な人口増加もあいまって、食料不足が頻発する地域でもある（大山 二〇一一、二〇一五など）。これらの様々な環境的な制限は、人びとの生業である農耕に大きな影響をおよぼしてきた。オランダの地理学者ヴァン・デル・ギースは、ガーナのアッパー・ウェスト州出身のダガーバの人びとを対象に移住の理由を調査し、多くの人が土壌の貧栄養を移住の理由にあげたことを報告している。この調査では、降水量の変動にともなう干ばつ、洪水などの短期的なイベントを移住の理由にあげる人は少ないが、多くの人びとが変動の大きい気候や土壌の生産性の低さから食料が確保できないことを問題点としてあげたという（Van der Geest 2011）。

一方、テチマン周辺地域は、二度の雨季のほかに肥沃な土壌をもつという恵まれた環境を有する。人口の流入は続いているが、アサンテ王国の周縁部に位置していたためか、もともとの人口は他地域に比べて希薄であり、近年まで人口密度は低いまま推移してきたことから、十分に土地の余剰がある。このようなテチマン周辺地域の恵まれた生態環境はアッパー・ウェスト州を出身とした移民のプル要因となっている（Van der Geest 2011）。ガーナ北部出身者の移住先は、都市部はもちろんのこと、農村部にも広がっている。たとえば、アッパー・ウェスト州のダガーバの人びとは、年間を通じて作物生産ができるテチマン周辺の農村地域に労働拠点と農業用地を確保しており、農閑期には南部の拠点に住む家族成員のもとに身を寄せて季節労働を行っている（桐越 二〇二二、Kirikoshi 2022）。

五　テチマン周辺における移民の土地入手の実態——W氏の事例から

サバンナ帯の人びとの最初の流入が始まった時期は定かではないが、テチマン周辺地域に限っていえば、一九六〇〜七〇年代の外国人追放政策と一九八三年のガーナの構造調整政策の導入による失業者の増加が契機になったという。ここではT村に居住するW氏のライフヒストリーから、テチマン周辺地域への北部民族の流入と土地の取得の経緯について概観したい。W氏はアッパー・ウェスト州K村（図10-1）にルーツのある三〇代のダガーバ男性である。

W氏への聞き取りによると、もともとテチマン周辺地域において農業生産に従事していたのはナイジェリア人であった。しかし、ガーナ政府は一九六九年に約一五万人のナイジェリア人移民とその他の外国人を追放し、一九七三年にはさらに多くのナイジェリア人が強制退去させられた（Aremu 2013）。その後、強制退去させられたナイジェリア人に代わるかたちでガーナ北部地域の人びとが徐々に農業生産に参入し始め、一九八二年から一九八三年の干ばつや一九八三年の構造調整政策の導入を背景に移入が加速したという。一九八〇年代の干ばつでは、被害が大きかった内陸乾燥地域から多くの人びとが流入し、とりわけダガーバの流入数は多い[12]。

W氏はT村にて生まれ育った。W氏の父はテチマンにて出稼ぎをしていた実兄を頼って一九八〇年代にT村に暮らすようになり、そこで同じダガーバの女性と結婚した。W氏の父はT村の首長から土地を借りて小作契約を結んでいた。この小作契約は四ヶ月ごとに規定の貸借金を支払って土地を借りるというもので、人びとはこの契約の下で一年生作物の生産に従事していた。W氏の父は生産した作物を市場で販売し、その売上金で四人の子どもたちを養い、学校に通わせた。W氏は兄弟のなかでも温厚で成績優秀だったこともあり、幼い頃からT村の首長にかわいがられていた。W氏は二〇一二年に大学を卒業後、韓国系の企業に就職した。しかし二〇一六年には退職し、現在は農業を行いながら、借家を経営することで生計を立てている。

父の死後、父の借りていた土地をそのまま受け継いだW氏は、二〇一四年、地主であるT村首長の許可を得て、その農地にカシューナッツを植えた。カシューナッツのような樹木作物を栽培する場合、農地の小作契約には分益小作制度が適用される。分益小作制度はガーナのカカオ生産地域においては一般的にみられる小作契約であり、アブサ（*abusa*、チュイ語で三分割の意）という名称で知られている。この分益小作制度では、小作人は収穫物の三分の一を得ることができ、それ以外を地代として地主に収める。なお、圃場においては地主の許可なく自由に自給作物の栽培ができる。また小作契約を結ぶにあたり、地主が未開墾地を所有する場合には、一般に小作人に圃場の造成と管理、収穫などの作業を行わせ、収穫物またはその売却金に加えて、土地や生長した樹木の所有権を分割する造成・分割契約が行われる（高根 一九九九）。テチマン周辺地域においては、樹木および土地の所有権は五年が経過した後に分割されるのが一般的である。W氏は分割契約に基づき分割された農地四エーカーを入手し、それとは別に首長から二エーカーの土地を購入した。それぞれ二〇一九年と二〇二一年のことである。

W氏によれば、多くの北部出身者が同様の流れで土地を入手しているという。父親の世代は一年生作物の栽培が一般的であったが、多くの人が流入し、さらにカシューナッツやマンゴーのような樹木作物の生産が定着[13]してからは分益小作制度が主流となった。新参者は一年生作物の栽培から始めるが、地主との良好な関係が長く続き地主の信頼を得た場合には、契約形態は分益小作制度へ移行し、分割された土地を入手する。これが北部民族にとってもっとも簡単に土地を入手する方法である。しかしここ数年は、樹木作物の栽培であっても、借地法に基づく借地契約が多くなっているとのことであった。これは収穫物ではなく現金で支払われる地代収入を地主が好むようになったためである。

六　フロンティアを求める人びととゾンゴ・コミュニティ

小作人として農業をはじめる際にまとまった現金を必要としないアブサは、多くのサバンナ帯の民族をカカオ生産に呼び込んだとされる（Kolavalli and Vigneri 2011）。カカオ生産地帯（熱帯雨林帯および半落葉広葉樹林帯）は、一九八〇年代以降、多くのサバンナ帯の民族を吸収してきた。そのときにゾンゴが移民の生活拠点とされたのは先述のとおりである。植生移行帯に位置し土地に十分な余剰のあるテチマンは、カカオ生産地域に次ぐ新たなフロンティアとしてサバンナ帯の人びとを惹きつけている。

W氏は一九六〇年代から一九七〇年代にかけてナイジェリア人が先駆的に農業に従事していたと語った。これが事実であれば、テチマン周辺の地域がナイジェリア人を受け入れていたのは、テチマンにゾンゴがあったためであると考えられる。肥沃な土壌をもつうえに一年を通じた農業生産が可能で、十分な土地の余剰があったテチマン周辺地域にハウサを中心としたコミュニティがすでに存在していたのであれば、ナイジェリア人がテチマンを移住先としたのは自然のなりゆきであったと考えられる。

テチマンの町が形成されたのは一八世紀以前であり、その時すでに多くのマンデ商人が移住していたことが指摘されている。他地域と同様に、テチマンでもハウサ商人がマンデ商人の後を継ぎ、コーラ交易を牛耳るなかでゾンゴをつくったと考えられる。一九六〇年代からのナイジェリア人のテチマン周辺地域における農業への参入は、この地域への人口流入の先駆けとなった。ゾンゴがその性質を変化させ、商人のみならず広くサバンナ帯の人びとを受け入れるようになったことを背景として、農業への参入を目指したナイジェリア人が流入し始めた。その後、ナイジェリア人が築いた農業生産基盤をもとにサバンナ帯の人びと主体の農業生産が定着したのである。

ゾンゴはその土地の伝統的首長とは別に首長（サルキ）を配し、独自の政治システムをもつことを許されてきた。ゾンゴの人びとにこのような措置がとられているのは、ホスト社会側の伝統的首長とゾンゴの人びととのあいだに歴史的に深い関係があるからである。これは、両者間に一定の信頼関係が存在するために維持されてきた関係であるが、ホスト社会の一般市民からすれば、ゾンゴは長らく伝統的首長の権限がおよばない不干渉な空間であったはずである。フロンティア空間を「外部者の視点からは現在の居住者による管理や利用が希薄ないし過少に映る空間」と定義するのであれば、ゾンゴそのものが国境をこえて形成されたフロンティア空間ともとれるだろう。

七　おわりに——ゾンゴの変容とフロンティアの創出

サバンナ帯の人びとは古くから、地域差や生業の違いを利用して生産物を交換することで不安定な作物生産の問題を解決し、生計を維持してきた。相互扶助を前提とした人びとの交流は長距離交易を発展させ、交易網を通じた人びとの移動は数世紀にわたり繰り返されてきた。サバンナ帯が周縁化した現代でも、季節労働や他民族との交流は人びとのあいだで重視されており、サバンナ帯と半落葉広葉樹林帯、あるいは農村と都市をまたぐかたちで、広く行われている（Rain 1999、大山 二〇一五など）。近年は、気候変動や急速な人口増加にともなう土地の荒廃、二〇一〇年以降に増加し始めたイスラーム系武装勢力によるテロ活動などの影響などもあり、以前にも増して移動の重要性が説かれるようになっている。環境的にも情勢的にも不安定なサバンナ帯から比較的安定した森林地帯への人口移動は、ここ数年でさらに加速しているように感じる。

ここでみられる人びとの移動は一見、周縁化された地域から国家の統治の強く作用する地域へと向かうものである。しかし、国家の統治がより強く作用する森林地帯には労働拠点をつくるのみで、彼らの本来の生活基盤は周縁化された地域に残されているのが実情である。サバンナ帯の人びとは複数世帯により構成されるコンパウンドを生活単位としているが、コンパウンドのうちの数世帯のみを森林地帯に送り込み、コンパウンド長は必ずサバンナ帯の農村に残る（桐越 二〇二二、Kirikoshi 2022）。そのため人びとは、たとえ森林地帯を追われても、国家の統治がより希薄なサバンナ帯に戻ればよいという考えを根底にもっている。

しかし、そもそも文化的にも宗教的にも差異のある森林地帯に労働拠点を設けること自体が容易なことではなく、交易の歴史のなかでそれを実現させてきたのは先述の通りである。一八〇七年にイギリスによって奴隷貿易が禁止されたのち、アサンテ王国は内陸の交易を強化し、コーラ交易により国家の立て直しを図ったとされる。アサンテ王国の内陸交易の強化は、この時期に沿岸部に興隆した王国群のなかでは例外的であった（Hopkins 1973）。アサンテ王国にとっても内陸とのつながりは不可欠であり、内陸とのつながりを維持するためには異質な存在であるゾンゴの人びとを受け入れるほかなかったのである。

アメリカの歴史学者フィリップ・カーティンは、ゾンゴやセネガンビアの宗教・商業諸都市などの西アフリカのイスラーム交易センターの機能について、ホスト社会やムスリム交易民以外の人びとへの排他性を持ち合わせることで、商業集団内部の結束を強化し、異邦人の集まりとしての共同体という形態を維持してきたことを指摘する（Curtin 1998）。長いあいだサバンナ帯の人びとへ居場所を提供し続けてきたゾンゴは、独自の政治システムが許されてきたという点から、それ自体もある種のフロンティア空間として存在し続けてきた。

しかし、これまでもそうであったように、ゾンゴは変化を続けており、近年では交易拠点よりも移民コミュニティとしての性格が強まり、都市や農村の一区画として認識されるようになってきている。クマシのゾンゴのように、サルキによる政治システムが残るゾンゴも存在する一方で、都市周縁部や農村部に新しくできたゾンゴにおいては土地や相続に関する権限は与えられていない。W氏の事例にみられるように、農村部のゾンゴに入る場合には個々にホスト社会との関係を築くことで労働拠点を確保している。一方で、人びとは大小によらずゾンゴのある場所を選択して移住を決定することから、現代におけるゾンゴは、フロンティアを築こうとするサバンナ帯の人びとの足掛かりとして存在し続けていると考えることができるだろう。

謝　辞

本章の調査は、科学研究費補助金による「西アフリカにおけるイスラーム系移民の危機回避に関する人類学的研究」（課題番号：19K20517、研究代表：桐越仁美）、「西アフリカ・サヘル地域の環境修復による地域住民の生業支援と平和貢献モデルの構築」（課題番号：21H04377、研究代表：大山修一）、「アフリカの農村資源管理と国家—ガーナとルワンダの比較研究」（課題番号：19KK0031、研究代表：武内進一）および人間文化研究機構総合地球環境学研究所のプロジェクト（Project No. RIHN14210162）の一環として実施いたしました。

注

[1] スーダン西部のサバンナ地帯を中心にナイジェリアの熱帯雨林地帯にまで広く分布する、ニジェール＝コンゴ語派のマンデ諸語を話す人びとの総称。もっとも典型的な民族集団はバンバラやマリンケ、ソニンケなど。

[2] 西アフリカで交易品として流通する熱帯西アフリカ原産のアオイ科コラノキ属コラノキ（*Cola nitida*）の種子。数世紀にわたって西アフリカ森林地帯で生産されている嗜好品である。主にサバンナ帯に居住するムスリムの人びとが好み、サバンナ帯の人びとのあいだで儀礼的・社会的に高い価値が与えられている。カフェインやテオブロミンといった成分の含有量が多く、口に含んで噛むことで眠気覚ましや興奮剤となる（Lovejoy 1980, Burdock *et al.* 2009）。一九世紀には、ヨーロッパ諸国にむけて輸出されるようになり、初期のコカ・コーラの原料としても使われていた。

[3] 現在のナイジェリア北部からニジェール南部にかけての地域に民族領域をもつ民族。

[4] 現在のガーナ南部地域を中心に成立したアカン系民族の王国。

[5] ハウサ民族の言語。四〇〇〇万～五〇〇〇万人が母国語または第二母国語として使用しているとされ、西アフリカの商業共通語のひとつに数えられる。

[6] ハウサ語で *mai* は「～の持ち主」、*gida* は「家」「コンパウンド」「家族」「建物」などの意味を持ち、*mai-gida* は一般的には「家長」や「世帯主」の意味になる。ハウサ社会のなかではひろく使われる言葉で「商店の主人」を指すこともあり、買い物客が店の主人をマイギダと呼ぶ光景は日常的に目にするものである。

[7] ゾンゴの外部に暮らすのは、主にアカン系の人びとであり、話されている言語はアカン系の人びとの母語（たとえばチュイ語やボノ語など）の場合が多い。

[8] 代表者は、現代でもマイギダと呼ばれる場合がある。

[9] 後述のサルキ（*sarki*）も民族を問わず選出される。

[10] ハウサ語で王や首長を意味する。

[11] World Weather Online のデータを使用。

［12］二〇一〇年のセンサスによると、テチマン市区におけるモレ・ダグボン系民族（ダガーバを含む）の人口比は二四・六パーセントである。

［13］二〇〇〇年代まではカカオの生産も行われていたが、野火により焼失してからは栽培されなくなった。

引用・参考文献

阿久津昌三　二〇〇七『アフリカの王権と祭祀—統治と権力の民俗学』世界思想社。

大山修一　二〇一二「西アフリカ・サヘル帯における農村の生業を支える伝統的慣行と食料不足の拡大」松井健・野林厚志・名和克郎（編）『生業と生産の社会的布置—グローバリゼーションの民族誌のために』岩田書院、一四九－一八〇頁。

大山修一　二〇一五『西アフリカ・サヘルの砂漠化に挑む—ごみ活用による緑化と飢餓克服、紛争予防』昭和堂。

嶋田義仁　一九九二「サヘルの「内陸化」と「後進化」」『サハラのほとり』TOTO出版、九三－一〇九頁。

嶋田義仁　二〇一二『砂漠と文明—アフロ・ユーラシア内陸乾燥地文明論』岩波書店。

桐越仁美　二〇二二「ガーナ国内における季節労働の実態—アッパー・ウェスト州からの州外移住に着目して」『国士舘人文学』一二（通巻五四号）：四一－六四。

坂井信三　二〇〇三『イスラームと商業の歴史人類学—西アフリカの交易と知識のネットワーク』世界思想社。

高根務　一九九九『ガーナのココア生産農民—小農輸出作物生産の社会的側面』アジア経済研究所。

竹沢尚一郎　一九九〇「イスラムと西アフリカの物質文化」『国立民族学博物館研究報告別冊』一二：五三三－五九三。

Aremu, J. O. 2013 Responses to the 1983 Expulsion of Aliens from Nigeria. *Multidisciplinary Journal, Ethiopia* 7: 340–352.

Burdock, G. A., I. G. Carabin and C. M. Crincoli. 2009 Safety Assessment of Kola nut Extract as a Food Ingredient. *Food and Chemical Toxicology* 47: 1725–1732.

Cohen, A. 1966 Politics of the Kola Trade. *Africa* 36: 18–36.

Curtin, P. D. 1998 *Cross-Cultural Trade in World History* sixth edition, Cambridge University Press, p. 49.

Der, B. G. 1998 *The Slave Trade in Northern Ghana*, Woeli Publishing Services.

Dickson, K. B. 1969 *A Historical Geography of Ghana*, Cambridge University Press.

Food and Agriculture Organization of the United Nations（FAO）. 2002 FAO global information and early warning system on food and agriculture world food programme special report: FAO/WFP crop and food supply assessment mission to northern Ghana. 〈http://www.fao.org/docrep/005/y6325e/y6325e00.htm〉（最終確認日：二〇二五年一月二九日）

Ghana Statistical Service. 2013 *2010 Population & Housing Census*, Ghana Statistical Service.

Ghana Statistical Service. 2021 *2020 Population & Housing Census*, Ghana Statistical Service.

Hopkins, A. G. 1973 *An Economic History of West Africa*, Longman.

Kirikoshi, H. 2022 The Trans-region Movement of Seasonal Labour in Ghana: Settlement Formation of Populations in the Upper West Region and Trade Network. *ASC-TUFS Working Papers* 2: 179–204.

Kolavalli, S. and Vigneri, M. 2011 Cocoa in Ghana: Shaping the Success of an Economy. In (P. Chuhan-Pole and M. Angwafo. eds.) *Yes, Africa Can: Success Stories from a Dynamic Continent.* The International Bank for Reconstruction and Development, pp. 201–217.

Kopytoff, I. 1987 The internal African frontier: The making of African political culture. In (I. Kopytoff ed.) *The African Frontier*. Indiana University Press, pp. 3–84.

Land Act. 2020 Act 1036. Republic of Ghana.

Lovejoy, P. E. 1971 Long-distance Trade and Islam: The Case of the Nineteenth-century Hausa Kola Trade. *Journal of the Historical Society of Nigeria* 5: 537–547.

Lovejoy, P. E. 1980 *Caravans of Kola –The Hausa Kola Trade 1700–1900*, Ahmadu Bello University Press.

Meillassoux, C. 1971 *The Development of Indigenous Trade and Markets in West Africa: Studies Presented and Discussed at the Tenth International African Seminar at Fourah Bay College, Freetown, December 1969*, Oxford University.

Rain, D. 1999 *Eaters of the Dry Season –Circular Labor Migration in the West African Sahel*, Westview Press.

Schildkrout, E. 1978 *People of the Zongo –The Transformation of Ethnic Identities in Ghana*, Cambridge University Press.

Thomas, R. G. 1973 Forced Labour in British West Africa: The Case of the Northern Territories of the Gold Coast 1906–1927. *The Journal of African History* 14: 79–103.

Van der Geest, K. 2011 North-South Migration in Ghana: What Role for the Environment? *International Migration* 49: e69-e94.

World Weather Online. Techiman, Ghana Weather Averages. 〈https://www.worldweatheronline.com/techiman-weather-averages/brong-ahafo/gh.aspx〉（最終確認日：二〇二一年九月一七日）

第Ⅳ部

国家とは別様の想像力

第11章

久保 忠行

国家的想像力のオルタナティヴ
――ミャンマー難民をめぐるマルチ・サイテッド・エスノグラフィー

タイ・ミャンマー国境域。このような「ゾミア」は現在も残っている。

一　はじめに

難民とは国民国家の産物である。国家なくして難民はない。「自国民」を規定する包摂と、移民や難民などの「外国人」の排除を通して国民国家が成立するからである。グレーバーは、国家を「想像の全体性（imaginary totality）」として相対化する。国家とはつまるところ理念であり、社会秩序をもって掌握し得る管理のモデルとして想像される（グレーバー 二〇〇六：一二〇－一二一）。加えて彼は、国家とみなしてきた政体が統治を実現できていないとすると、それは一体何かを問うている（グレーバー 二〇〇六：一二四）。本書の序論で論じられているとおり、この指摘は『ゾミア』（スコット 二〇一三）への批判として重要である。つまり国家中心的な歴史観や秩序観を相対化するための立論が、逆に無国家空間に生きる人びとの実践をすべて国家に規定された営みとして説明してしまうからである。スコットによると、ゾミアは第二次世界大戦後には消滅し（スコット 二〇一三：xii）、実際に今日、どんなに辺境地であっても国家の影響力を無視することはできない。しかし今なお私たちの調査対象となる人びとは、国家とは異なる「想像の全体性」をもっている可能性もある。

本章で対象とする難民とは、国民（nation）と領土（state）の結びつきを所与とする国民国家の理念から排除された者である。難民の流入が排他的なナショナリズムを喚起するように、難民は国家的な想像力を発動させる対象である。他方で、ラテン語起源の難民（refugee）という語は、re- という「後ろへ」という方向性や「～に抗して」という対立を意味する接頭辞と、fugere という「逃げる」「のがれる」「免れる」「避ける」という意味の動詞が結合してできた言葉である。特に後者の動詞が重要で、何らかの空間的な移動がなければ、人は refugee（難民）にはなれない。英語の refugee は難にぶつかることを「避ける」ことに力点をおく（市野川・小森 二〇〇七：九四）。英語の refugee が示す難とは、もとの場所にとどまることで、移動はその難を避けるために自発的かつ能動的になされる（市野川・小森 二〇〇七：一〇八）。能動的に移動する点で、難民とは現在を生きるゾミアの民と位置づけることもできるだろう。

用語そのものに移動を含意する難民は、国境を越えた場所との関わりを内包しており、国家的想像力を相対化しうる。難民の存在は国家とは無関係ではいられないが、ここでは特定の国家には回収されない対象の理解を試みる。すなわち国家に統治される支配か抵抗か、国家への包摂か排除かといった二項対立的な図式によらない難民の理解を試みる。

本章では、ミャンマー出身のカレンニー難民を事例としてマルチ・サイテッド・エスノグラフィー（multi-sited ethnography 以下、本文ではMSEと表記）の方法と視点を援用する。国家を追われた難民は、しばしば根無し草に例えられるが、難民は「どこにも属さない」のではない。難民は、難民キャンプや再定住地などの移動先に足場をおきつつ、それ以外の複数の場所との繋がりを生きている（久保 二〇二四）。本章では単一的・画一的な国家的想像力にかわって、複数の場所との関わりと重なりの全体像から対象者を捉え、国家的想像力のオルタナティヴを提示する。なお、カレンニーとは別名でカヤーとも呼ばれるが、かれらが居住するカヤー州は、『ゾミア』の舞台の一つである。本章は、ゾミアの現在を論じることにもつながる。

二　マルチ・サイテッド・エスノグラフィーの視点

マーカスが一九九〇年代にMSEの視点を提唱したのは、フィールドを閉じた世界とみるのではなくグローバルな世界（world system）との繋がりで捉えるためである。マーカスは、ローカルとグローバルとを結びつけて対象を理解し記述することに、ポストコロニアル人類学の活路を見出そうとした（Marcus 1995）。MSEでは、移動するものごとを対象として、次の六点を追跡して調査する。①人の追跡、②モノの追跡、③メタファーや象徴の追跡、④シナリオ、物語やアレゴリーの追跡、⑤ライフストーリーの追跡、⑥論争の追跡である（Marcus 1995：106–110）。

MSEは複数のサイト（site）を横断し事象を分析するものだが、ここでのサイトを「現場」「場所」「調査地」などとのみ訳すのは誤訳である。ＭＳＥの方法論の射程には、複数の調査地だけではなくグローバル、トランスナショナルなシステムや制度、そして後述するように人類学者の調査設計や調査地へのコミットメントなども含むからである。Site は、必ずしも地点（location）や場所（place）を意味するわけではなく、視点（perspective）でもある（Falzon 2020：2）。

マーカスが提唱したＭＳＥには次のような問題点が指摘された。まず複数調査地を想定した場合、時差ぼけや移動にかかるコスト、時間のやりくり、肉体的疲労に加え、授業や家庭の都合で調査に十分な時間がかけられないといった現実的な問題が生じる（ハージ 二〇〇七）。また参与観察にあたり、どの関係性を調査対象とし、どの現場に参加すべきかの判断を迫られる。地理的に隣接していない複数の場所の関係性を随時把握することは困難で、深く関われなければ「厚い記述」も難しい（藤田 二〇一三：一一三）。こうした批判があるなかで、ＭＳＥの切り口にはどのような意義と可能性があるのだろうか。

マーカスは、マルチ・サイテッド・フィールドワークとは、つまるところ調査設計（research design）の問題だと述べている。古典的な人類学のように文化構造をモデル化するのではなく、人類学者が社会のアクターと取り持つ関係性をも探究する（Marcus 2010：37–39）[1]。ＭＳＥとは、複数の場所を結びつけることに加え、調査者の認識を変えることでもある。リッチオは、フィールドとは民族誌家と調査対象者との筋書きのないやりとり（play）によって構築されると論じる。それは物理的な場を越えて広がり、視覚や言語だけでなく身体的な相互作用をも含む（Riccio 2013：76–77）。ＭＳＥの調査で人類学者は調査対象者を追いかけ、調査対象者と同じように移動することでマルチ・サイテッドの経験し、そのこと自体が「厚い記述」に繋がると述べる（Riccio 2013）。またクリフォード（クリフォード 二〇〇二）にならい「旅する実践」としてのフィールドワークを措定するならば、ＭＳＥとは調査対象者の実体験を経験することである。たとえ「浅い経験」でも、彼らと同じ経験をすることこそが「深さ」なのである（Falzon 2020：9）。ＭＳＥの記述の厚さとは、ネットワークについての記述の深さであり、個々人の繋がり（nodes）についてではない（Falzon

2020：16）。またマルチ・サイテッドなアプローチをとることで、場所の連続性を図式化（mapping）できる（Mand 2013：52）。複数地の調査にあたりハージは、それぞれの場所と空間の繋がりを所与のものとせず、複数の場所を結びつけた一つのフィールドを設定する意義を論じる（ハージ 二〇〇七）。クラングもまた、場所と空間は静態的なものではなく関係的に構築される点に注意を促している（Crang 2013：36–38）。

MSEでは、トランスナショナルな側面が強調されるが、ローカルの重要性が低下しているわけではない。トランスナショナルな人や組織は、脱領土化しているが、かれらが地に足をつけるところには、領土的な社会・文化的文脈があるからである（Riccio 2013：82）。ファーガソンは、グローバル化やトランスナショナルを強調するMSEの論者に対して、彼らがいうほど世界は一新したわけではなく、むしろローカルを手放すことで失うもののほうが多いと警鐘を鳴らしている（Ferguson 2013）。

ローカルとグローバルの関係を、カンデアは、複数のサイトにまたがる想像力（multi-sited imaginary）としてまとめ、三つの着眼点を論じている。一つ目が、現実は継ぎ目がない連続体（seamless）であることだ。アパデュライらが指摘するとおりローカルな現場こそがグローバリゼーションがつくられる場である。ローカルな現場を調査することは、必然的にグローバルな世界システムを調査することになる。ミクロかマクロかの二項対立的な発想に陥らず、継ぎ目のない現実から偶発的にフレームカットされた世界が調査地なのである（Candea 2020：29）。これと関連して二つ目が、民族誌の対象としての「サイト」もまた、あらかじめ調査者によって決められているものではなく、意識的なオープンエンドの調査を通して発見されるものである。対象をどう線引きするかは方法論的な問題だが、境界線を引きなおすこともまた人類学的な実践である（Candea 2020：30–32）。三つ目が、限界を設けない自由についてである。世界は突如として枠組みを超えたもの（seamless）になり得る。そのため民族誌家は、区切られた調査地の限界から自由であるべきだ。どんなにローカルな文脈も常に、本来はマルチ・サイテッドなのである（Candea 2020：32–34）[2]。

カンデアは、このようなマルチ・サイテッドなアプローチで区切られたフィールドサイトを、「恣意的な場所

(arbitrary locations)」と呼ぶ。恣意的な場所は、研究目的におうじて任意で設定されるが、その恣意性ゆえに調査対象（site）は、別のつながり（nexus）の余地を担保しておくことができる。この恣意性とは、ストラザーンの「部分的つながり」とも関連する（Candea 2020：41-42）。ストラザーン［二〇一五：五二］と述べる。ある部分が部分として捉えられるのは、それを全体のなかの一部と捉える論理があるからだが、その全体は（国家のような）ただ一つの全体性ではない。「恣意的な場所」を設定することで、国家のような所与の「全体」を回避し、複数地のつながりの関係性（レイヤーの重なり）から対象を理解することを試みる。[3]

本章が扱うマルチ・サイテッドな「恣意的な場所」と調査期間は、次のとおりである。タイの難民キャンプとその周辺（二〇〇四年四月以降、のべ約三〇ヶ月間）、アメリカ（二〇一二年八〜九月）、ミャンマー（二〇一三年以降、のべ約七ヶ月間）、オーストラリア（二〇一七年二〜三月）、フィンランド（二〇一六年八月、二〇一七年八月）。調査をした時期や期間には開きがあるが、これらを接合し、拙著で提示した知見を結びつけ、国家的想像力のオルタナティヴを提示する。まずは難民の最初の移動先である難民キャンプから議論をはじめる。

三　難民キャンプと統治の空白地帯

難民キャンプの「希望」

一般的に難民キャンプは、都市部ではなく国境地域につくられる。受入国の許容範囲を超えた人口を管理するため、難民キャンプは設置される。そのためキャンプは、辺境地域という意味のフロンティアに位置づけられるかもしれない。しかしこれは、国家の視点を中心に据えた見方である。生活者や難民の視点からみれば、難民キャンプは、ある種の「希望」の地としてのフロンティア（Kopytoff 1999 を参照）でもある。

キャンプにみられる「希望」とは、次の四点である。一つ目は、軍事政権の暴力から逃れることができる聖域としての側面である。二つ目は、難民の出身地である辺境地と比べて充実した教育環境や医療体制が整っている側面である。就学時のみ一時的に難民キャンプが利用されることもある。三つ目は、タイ側の社会インフラを利用して、ミャンマー国内での政治運動や支援活動などの拠点となる点である。ミャンマー側からみた場合に社会インフラとしてキャンプは利用されている側面もある。四つ目は、難民を対象とする定住支援制度（第三国定住制度）を利用し、別の国へと移動するための経由地となる点である。アメリカなど他国への定住を目的に難民キャンプを目指す人もいる。第三国定住制度は、国際移住機関（ＩＯＭ）や国連難民高等弁務官事務所（UNHCR）が長期化した難民問題の解決策の一つとして提供するものである。条件を満たせば、他国へ移住した後に家族を呼び寄せることもできる。

上記の二つ目の教育と三つ目のインフラは、タイの難民キャンプとミャンマーとの結びつきを示すものだが、四つ目の第三国定住は、さらに別の場所（たとえばアメリカ）への移動をもたらす。難民キャンプは地理的には辺境地にある。しかし、人の移動に着目すると、故郷のミャンマーと第三国とを結びつける「経由地」として難民キャンプを位置づけることができる。ＭＳＥとは調査のデザインであるという視点にもとづき、本章では難民キャンプを一つの「中心地」とし、ここを発信源としてみられる国家的想像力のオルタナティヴを「カレンニー」という民族のあり方をもとに検討する。

統治の空白地帯

難民の出身地であるミャンマー東部カヤー州は、『ゾミア』の舞台の一つである。ゾミアは第二次世界大戦後にはなくなったとスコットは述べているが、同州にはいまだ国家の統治が及ばない地域が多い。二〇一一年にミャンマーが民政移管した後も、政府は、たとえば観光開発の分野で国際機関を利用し辺境地の開発＝統治を試みた。国家による直接的な統治が難しいからこそ、非国家アクターを利用した介入が実行されている（久保 二〇二〇ａ）。国家の空白地帯は、ほかにもある。二〇一九年、カヤー州の州都ロイコーではアウンサン将軍像設置への反対運動が起こった。「ビルマ史」で、アウンサンスーチーの父、アウンサンはビルマ独立の父とされる英雄である。しかし、彼はカヤー州の英雄ではないというのが反対運動の理由である。アウンサン像反対運動は、チン州、モン州、カチン州でもおこった。こうした事態は、正史とは異なる歴史観が息づいており領域的な統治がなされていても、人心までは掌握できない点を示している。

国家が統治できない領域は、二〇二一年のクーデター後にも顕在化した。SNSを活用した反軍政のデモ運動の展開と継続である。従来の研究では、ロヒンギャ問題を事例にSNSはヘイトスピーチを助長するものとして否定的に評価されてきた（Nyi Nyi Kyaw 2021）。しかし、クーデター後のデモ活動はミルクティー同盟とも連動しているように、トランスナショナルな特徴をもつ[4]。在外ミャンマー人は、クラウドファンディングを募り支援の輪を国外へ広げている。インターネット上では、OSINTによる弾圧の記録がとられている[5]。反軍政の中心となる国民統一政府（NUG）は、領土をもたないオンライン政府である。物理的な実行力をもつわけではないが、サイバー空間は国家に捕捉されない領域である。

以下では、カレンニーという「民族」の生成とその展開を事例として、国家とは異なる論理をつくりだす機序を考察する。民族の生成は、『ゾミア』でも中心的なトピックである。ここで扱うカレンニーとは、「反ビルマ化」を掲げる反政府運動の過程で、複数の民族を政治的に統合した政治的な民族カテゴリーである（久保 二〇一四）。MSEのアプローチをとる本章で提示するポイントを先取りすれば、次のようにまとめることができる。人が難民キャンプという中心地から第三国へ移動する過程、そしてキャンプから本国へと帰還していく過程、すなわち複数の地点との結びつきがうまれるなかで、人びとの民族的な「名乗り」や帰属意識は、もともとの政治的意図からズレながら普及したり、元来のものとは異なる集合性をもつようになった。

四　国境を越えた繋がりと想像力

本節では、ＭＳＥから導き出せる国家的想像力のオルタナティヴを、①服従でも抵抗でもない想像力、②本質化した民族イメージ、③複数の「想像の共同体」の三つの視点（site）から記述する。これらの三点は相互に矛盾する部分もあり必ずしも首尾一貫しているわけではない。しかし、必ずしも一貫性をもたないような全体性こそ、国家的想像力のオルタナティヴとなる。

服従でも抵抗でもない想像力

ミャンマーでは民政移管後、民族言語教育（母語教育）の機運が高まった。様々な少数民族言語が、放課後教育という条件つきだが、教えられるようになった。諸民族の言語や伝統文化の教育を担う文芸委員会が（再）結成され、教科書が編纂されるなど、活動が活性化した。インタレーやゲバといった、いわゆるマイノリティのなかのマイノリティとされる人びとのマイナー言語も教育されるようになった。実質的にミャンマー語が共通語として生活の隅々まで浸透してなお、母語教育の機運が急速に高まりをみせたこともまた、国家の影響力が不完全な点を示している。本章で対象とするカヤー語の教育は、二〇一四年に認可された。ただし、後述するようにカヤー語という名称ではなくチェボヂ語として認可された。

ケリーは、ゾミアの人びとが文字を「発見」し復興する運動について分析している。彼はミャンマーのカレンのレーケー文字、チンのポーチンホー文字、ラオスのジュルのコム文字、フモンの四つの文字表記、そしてチェボヂ語を対象とし分析している。ケリーはスコットが多用する「判読可能・読みやすさ（レジブル）／判読不可能・読めない（イレジブル）」の議論を援用して少数民族の支配と被支配に関する議論を展開する。「判読可能・読みやすさ」とは、国家による一元化、画一的な支配のあり方を示すスコットなりの表現方法である。この支配形態を通して国家は税を徴収しやすい、徴兵しやすい、支配しやすい環境や社会をつくる。これとは対照的に、居住地への物理的なアクセスが悪く、共通の文字をもたず、焼畑のように移動しながら生業を営む山地民は、「判読不能・読みにくい」存在である。この観点をふまえて、ケリーは、ゾミアの人びとの文字の特徴を「認識できるが判読不可能（イレジブル）（recognizable-yet-illegible）」と表現している。すなわち国家は民族の文字の存在を認知できるが判読不能である。読めないので掌握不可であり、これらの文字復興は抵抗のための戦略であると評価している（Kelly 2018: 3）。

たしかにこうした解釈は、アウンサン像反対運動のような反国家的な社会運動の素地を説明し得るものである。しかし、チェボヂ語をめぐっては、国家に対して服従か抵抗かという単純な二項対立で捉えることはできない。以下で概観するように、もともとチェボヂ語はカレンニー語という呼び名で難民キャンプを中心地として教育されてきた言語である。カレンニー語とは、反政府組織のカレンニー民族進歩党（Karenni National Progressive Party　以下KNPPと表記）が、ミャンマー政府によるビルマ民族中心主義、いわゆる「ビルマ化」に対抗すべく発明し普及を試みてきた言語である。カレンニー語は現在も難民キャンプで教えられており、クーデター下のミャンマーでもKNPPの支配地域（国家統治の空白地帯）で教育されている。それでは、この対抗的な言語（カレンニー語）は、難民キャンプからいかに故郷カヤー州にチェボヂ語として「帰還」したのだろうか。このプロセスをみていくと、ケリーの抵抗論が的外れであることがわかる。

KNPPは、ビルマ（ミャンマー）連邦から分離独立ないしは連邦制を目指し、カレンニーというネーション（民族）を発明した。KNPPがさだめるカレンニーとは、ビルマ連邦のなかの一州であるカレンニー州に居住する全民族の総称である。KNPPの元議長によると、カレンニーとは、カヤー、カヤン、カヨーなど州内の一二民族を包括する民族名である。独立したネーションたるべきカレンニーの内的な統合性を構築すべく、独自の文字表記を発明、教育し、それを「カレンニー語」と名付けた。これに対してミャンマー政府は、一九五二年に州名をカレンニーから「カヤー」に変更した。KNPPの反政府運動の目標と州名の一致を避けるためである。政府はカレンニーではなく、カヤー州という名称で同地を包摂しようとしてきた（Bamforth et al 2000: 11）。カレンニー語の教育は順調だったわけではない。まず、文字は難民キャンプと解放区のみで教育されていたので実用的ではなかった。そして最大の課題は、カレンニー語とは、実際には、州内諸民族のなかでマジョリティのカヤー民族の西部方言を独自の文字で表記したものであった。そのためカヤー以外の民族は新しい言語として習得することになる。カヤー語も一枚岩ではなく複数の方言がある（久保 二〇一四）。KNPPが推進するカレンニー語の普及活動は、カヤー語の一方言を中心に据えた運動に過ぎなかった。そのためカヤー以外の民族は、カヤーを中心としたKNPPの運動には与しないと批判している（Kramer et al 2018: 61）。

実質的にカヤーを中心とするKNPPの反政府運動には、アイロニカルな側面がある。それは、マジョリティ（カヤー）を中心とするネーション形成を目指すという点で、ミャンマー連邦の国家形成と同じ志向性をもつ点である。国民としての「ミャンマー」は、マジョリティのビルマ民族が中心にあるのと同様に、「カレンニー」も、その実態はマジョリティのカヤーが中心となっている。つまりカレンニーという民族単位の内部には、国家の縮図がある。このパラレルな構造は、次の帰結をもたらす。すなわち「ビルマ化」に対抗する「カレンニー」のロジックそのもののなかに、批判の対象であるはずの国家のロジックが潜んでいる。この相同ゆえに、抵抗の象徴であったはずのカレンニーという文字表記は、KNPPが構築しようとした複数民族を包摂するネーションとしては結実しなかった。こうした点からも、この文字をケリーが述べるような「抵抗の戦略」と評価することはできない（Kubo 2022）。

とはいえ、この文字が現在の州名である「カヤー」でも、KNPPが標榜する「カレンニー」でもない「チェボヂ」と命名された点には、カヤー州の人びとが、この言語をいかに受容しようとしたのかがあらわれている。つまり、既存の国家のナショナリズムや、別のネーションを志向する反政府運動とは異なる想像力がチェボヂという名には集約されている。では、州内の人びとはどのように民族名称と文字をめぐるポリティクスに向き合ってきたのだろうか。

本質化した民族イメージ

チェボヂ語が正式に認可される前年の二〇一三年四月二〇日、ＫＮＰＰが普及してきたカレンニー語をどうするかについて会議が開かれた。議事録によると、ＫＮＰＰ幹部に加え、カヤー州の議員、郡長、仏教の大僧正ら二九人の有力者が参加した。この会議では、この文字をカヤー民族の文芸（Kayah National Literature（*kayâ amyôuthâ sapei*））とし、普及活動をすすめることに合意した。ビルマ語が様々な民族の共通語なのですぐに状況を変えることは難しいといった否定的な意見もあったが、そのなかで州都ロイコーの代表のトーレーは次のような趣旨の発言をした。「文芸は政治ではない。私たちの民族が求めている読み書きと党の政治は別問題だ。これは民族の問題（*amyôuthâ ye keisa*）で政治の問題ではない」（Meeting Minutes 2013）。

文字を脱政治化するという彼の政治的判断の背景には、カヤーとカレンニーという名が政治的に繊細なメッセージを含意しているからである。第一に、親政府（カヤー）か反政府（カレンニー）かという問題がある。第二に、カレンニーが「州内諸民族の総称」である一方で、実際はカヤー中心なので、その他の構成員からの批判がある。カレンニーは、その構成員間の対立を含む名である。政治的な対立や係争があるなかで、これを何語と呼ぶべきかは、当事者を悩ませる問題である。「言語の問題を政治の問題から切り離そう」という発言は、こうした現状を反映している。こうした経緯から、文字を作成したテーブペー元ＫＮＰＰ議長の生まれ故郷でありカヤー州の旧都であるチェボヂの地名が採用された。

議事録によると、この文字が母語教育で使用する言語として採用された理由の一つに、すでにパソコンで使用するフォントがあり、インターネット上で普及していることも指摘されている（Meeting Minutes 2013）。フォントを作成したのは、カヤー語を研究するアメリカの言語学者である。いまやFacebookをはじめとするＳＮＳで、チェボヂ文字はひろく普及しており、Androidでは辞書のアプリケーションが、ｉＯＳでは賛美歌とキーボードのアプリケーションが公開されている。これらのアプリケーションではカヤーリーもしくはカレンニーと表記されている。審査が厳しい・iOSのアプリケーションとして公開されていることは、少なくともその存在が国際的に認知され、一定の社会的信用があることを示唆している。

しかし普及に向けた道のりは平坦ではない。実際の教育は、母語「で」教えるものではなく母語「を」教えるものである。チェボヂ語は、カヤー州西部のチェボヂ周辺で話されているカヤー語を表記したものである。たとえば「食べる」という単語でも「エディ」「アディ」といった方言差がある。そのため、まずは教師たちがチェボヂ語の発音と表記のトレーニングを受けることになる。このトレーニングは、実際に教壇に立った後も研修として継続されている。このように教師も生徒も発音を音読し、文字の綴りを練習し身体化してチェボヂ語を習得していく。カヤーの人びとは、村々のカヤー語で意思疎通することができても、読み書きはできない。チェボヂ語は、国家と人びとの双方にとって「認識されるが読めない」ものである。この文字がカヤー（親政府）でもカレンニー（反政府）でもない点もあわせて、やはり文字の復興と教育を抵抗（Kelly 2018）と単純化し評価することはできない（Kubo 2022）。

文字を脱政治化するという政治的判断を理解するうえで重要なのは、これが単なる識字ではなく文芸（literature〈*sapei*〉）教育として認識されていることである。すなわち「ことば」「文字」の普及だけでなく神話、伝統文化、歌、踊り、昔話などもあわせて学び継承していくことが期待されている。政治と切り離した文芸とは、いわばスミスが論じるエトニである。スミスは、エトニを「近代的なナショナルな単位や感情より以前の集合的な文化的単位や感情、形態（象徴や意味の表現形式）、アイデンティティ、神話、象徴、情報伝達のコードの諸形態」としている（スミス 一九九九：一七）。エトニのような原初的な民族要素として政治的に脱構築することで、服従でも対抗でもない本質化した民族像を会議の参加者はイメージしている。

この文字はカヤー州で発明され、難民化とともにタイ側のキャンプへ移動し、再びカヤー州へと「帰還」しチェボヂ語として教育されるようになったが、この経路はミャンマー・タイ間の往復ではない。この帰還のプロセスは、第三国の影響も含めて理解する必要がある。

複数の「想像の共同体」

カヤー州では、二〇一一年頃からインフォーマルな文字の普及活動が行われていた。この活動は、難民キャンプからの一時帰還民が担っていた。[6] この普及活動が実現したのは二つの要因がある。第一に、このプロジェクトがフィンランド難民評議会の支援を受けた点である。この支援をもとにテキストや教材を作成し、講習会の講師の給与を支払った。第二に、難民キャンプで教えた経験がある者が一時帰郷し、キャンプの教科書を用いることができた点である。[7] その後、二〇一八年八月の時点では難民キャンプから教えに来る者はおらず、現地スタッフだけで文字を普及する文芸委員会の活動が行えるようになった。このように、国際的な支援は難民キャンプを経由して実行され、さらにキャンプでの教育経験が州内に環流して行われた。このように、二つの意味で国境を越えたフォーマル、インフォーマルな活動があった（久保 二〇二〇b）。

その後、二〇一八年頃からアメリカ経由で刊行された書籍が教本として用いられるようになった。『カヤーの文化遺産―諺、歌と踊り』（Richard Thu Ra Htu and Tin Nilar Aye 2018）というビルマ語とチェボヂ語で書かれた書籍で、これは、ミャンマーとタイに住むカヤーの年長者と知識人へのインタビューをもとに編纂された。カヤーの神話や昔話、伝統的な踊りや歌などが四六六ページにわたって記載されている。この本の発行地は、カヤー州の州都ロイコーだが、発行元は、ディクー（*Deeku*）という名の組織である。ディクーとは、毎年九月頃に行われるカヤーの伝統的な祭事で、餅米でつくったちまきのような食べ物を配付し、収穫や団結を祝うものである。これは難民キャンプで（ビルマ民族に対抗する）カレンニーの連帯の祭事として復興したものである。

ディクーという組織は、アメリカで結成された。リーマンショックの不景気が襲った二〇〇八年に、渡米したカレンニー難民の扶助を目的にできた組織が原型である。その後、二〇一一年一月にテキサス州の各地の代表が集まりテキサス・カレンニー・コミュニティがつくられ、後にディクーに改名した。組織の目的は、マイノリティとして生きるアメリカ社会で、カレンニーとしてのアイデンティティと文化を維持することである。定住先のアメリカで、カレンニーの伝統と文化を継承し、そのアイデンティティを維持するために、年長者や知識人からの聞き取りをもとに同書が編纂された。つまりアメリカへの移住を通して、文芸を継承することの重要性が認識されるようになった。

またアメリカで経験する周縁性は、ミャンマーのなかでも辺境にあるカヤー州の位置づけと重ね合わせて捉えられている。渡米した難民にとっての故地には、故郷のミャンマーのカヤー州に加えて難民キャンプも含まれる。難民としての経験や周縁性がチェボヂ語の新しい教本を制作する動機となっている。先述のとおり、この文字はすでにインターネット上で普及しており、国境を越えた「想像の共同体」が生まれつつあると言えるかもしれない。しかし、現状はもう少し複雑である。それは、国境を越えた繋がりには複数の想像の共同体の萌芽があるからだ。

まずこの文字はミャンマーの文脈ではチェボヂとして意味をもつ。一方で、アメリカの文脈では、教本の制作主体がテキサス・カレンニー・コミュニティという名で、後にカレンニーの連帯を示すディクーの名を冠するように、カレンニーとして意味をもつ。渡米した難民のアイデンティティについては、たとえばラオス出身のフモン（Hmong）難民が、ラオス人でも米国人でもないフモンという強い紐帯で繋がっていると指摘される（Vang 2010）。同様にカレンニーというアイデンティティは、第三国へ定住する経験を経て、ミャンマー人でも、タイ人でも、アメリカ人でもない自己同一性を示す「名」として受容されるようになる（久保 二〇一四、二〇一九）。

その一方、第三国での暮らしでは難民キャンプではみられなかった社会関係と同胞意識が見られるようになった。筆者がアメリカ、オーストラリア、フィンランドで実施した調査から共通して指摘できるのは、定住後、ミャンマー語をよく話すようになったと人びとが口を揃える事である。第三国ではカレン、ラカイン、チン、モン、カチンなど他のミャンマーを出身とする難民と日常的に接するようになった。そのため、キャンプではほとんど使うことがなかったミャンマー語を使うようになったという。こうした傾向は、新しい「我々意識」を誕生させてもいる。

アメリカのウィスコンシン州ミルウォーキーでは、ミャンマー難民を対象とした基礎英語とコンピュータスキルを習得するためのラーニングセンターが二〇一二年に開講された。このラーニングセンターは、かつてインドシナ難民として渡米したラオス人のための支援施設であったラオ・ファミリーセンターを格安で借り受けて開講された。このセンター立ち上げで中心的な役割を果たしたのは、あるカチン民族の男性である。彼は、ミャンマー神学研究所で神学の修士号を、神学の修士号をイェール大学とオックスフォード大学で、開発学の修士号をロンドン・スクール・オブ・エコノミクス（LSE）で修得した。彼はミャンマーで偶然、イギリスの大学教授と出会いイギリス政府のチーヴニング奨学金を得てLSEで学んだ。その後、オックスフォード大学で学び、アメリカのイェール大学に学生ビザで渡米し難民認定を受けた。彼は軍政下の市民社会についての単著（Byar Bowh Si 2011）も刊行しているエリートである。

興味深いのは、彼が中心となって設立したラーニングセンターの名称が、「ミャンマー難民ラーニングセンター・ミルウォーキー」とされ、設立憲章の第一条第一項に「ミャンマー」がビルマ出身のすべての人びとを包括するべきであると宣言されていることである（Kubo 2014）。ビルマではなくミャンマーこそが多民族を包摂する名称として相応しいという説明は、軍政が英語の国名をビルマからミャンマーに変更したときの説明と同様である。ただし軍政の説明には論拠がなく、ビルマもミャンマーもビルマ民族のみを指す。ビルマやミャンマーに論拠なく意味づけを行ってきたのが（軍政を構成する）マジョリティのビルマ民族であった（伊野 二〇一八：七－八）。名称変更がもつ政治的意図から、呼称問題はしばしば踏み絵のようになることもあった。つまりミャンマーを用いるのは親軍政もしくはこれを容認する立場であり、対してビルマを用いることが軍政の虚偽を容認しない民主主義の立場に立つというものである。

ラーニングセンターの名称の規定は、軍政の説明を額面どおりに受けとっているようにみえる。しかしアメリカという新しい生活環境でビルマ民族を含む多民族状況におかれた人びとにとっては、ミャンマーの方が中立的で相応しい呼称として認識されている。これには、ビルマ語で会話をするさいに、国名としてのビルマがビルマ民族とおなじバマー（*bamar*）であることも関係しているだろう。ビルマ民族としてのバマーと、国名としてのミャンマーを分けることで、対面して会話をする場面で特定の民族が中心にならないように工夫をしている。学術的には、ビルマもミャンマーもビルマ民族を指すことが正しいのだが、そうした正しさは日常生活では意味をなさない。国家の支配と統治を視点の中心に据えた分析では、ビルマかミャンマーかというイデオロギーをめぐる空中戦になる。そしてこの議論は、軍政に服従か抵抗かという図式に陥る。しかし現実には、ミャンマーという呼称を受容し、これを名乗る人びとも増えてきている。クーデターを繰り返す軍政には反対していても、ネーションの呼び名としてのミャンマーは一般化しつつある。

五　おわりに

本章で試みてきたのは、『ゾミア』のように人びとの行為を支配の対にのみ位置づけないことである。かわりに本章では、複数のサイトにまたがる想像力（multi-sited imaginary）に着目し、複数の地点（故郷・難民キャンプ・第三国）を継ぎ目のない一つのフィールドとして設定した。このフィールドは、カンデアにならえば「恣意的な場所」で、これは特定の全体性をあらかじめ設定することを回避するための枠組みである。

本章では民族言語の「旅」を、MSEのひとつの切り口（research design）とした。そしてカヤー州、難民キャンプ、第三国という複数の場所の関係性と、その関係性から生じる繋がりの位相をみてきた。文字の名称をめぐる運動が示すのは、移動にともない「名」がもつ意味が変化する側面である。文字が故郷に帰順するさいには、カレンニーからチェボヂへと脱政治化される一方で、第三国定住への移動ではネーションとしてのカレンニーやミャンマーがより強く意識されるようになる。第三国の文脈では、テキサス州のように「カレンニー」が強調されることもあれば、ミネソタ州のように「ミャンマー」に力点がおかれることもある。

こうした志向性は、抵抗か服従かの二項対立的なものでは捉えられない重層性をもつ。この重層性とは、別のつながりへの余地をあらかじめ含むことである。チェボギ語としての受容も、カレンニーやミャンマーへの志向性も、恣意的に切りとった断面としてみえてくる「部分」であり、別の全体性へのつながり（nexus）の余地を担保している。いまや国家の影響力を無視することはできないが、国家的な想像力だけが支配しているわけではない。それは人の移動と移動がもたらす複数のネットワークを横断しながら、人びとが生きているからである。このネットワークが「ゾミア」なき現在の支配を逃れる領域であり、国家的想像力のオルタナティヴを構成している。

注

［1］特定の概念や調査の設計は、先行研究や理論に加えて民族誌そのものからも導き出される。その民族誌とは、調査者と、調査目的を共有する対象者とのパラ・エスノグラフィック（para-ethnographic）なものである（Marcus 2013 : 23）。ここで彼は被調査者との共同的な連携のあり方や方法論を提示してはいないが、この「別の・反する・並ぶ」などを指す接頭辞の para- とは、従来の民族誌家の権威を否定するものという意味で反民族誌的なものであり、被調査者と共同するという点で並列的な民族誌という含意があると考えられる。別稿でマーカスはＭＳＥを、連座・共犯（complicity）とも表現している（Marcus 1998, Falzon 2020: 11）。

［2］ＭＳＥを実践した研究成果としてマツタケの研究がある（チン 二〇一九、Matsutake Worlds Research Group 2020）。この研究は、様々な人との協力体制のもと行われた複数の場所での調査を実施し、それぞれのフィールド／サイトを歩きながら、マツタケというモノも含むアクターが資本主義というシステムととりもつ関係性を明らかにしている。

［3］グレーバーは『価値論』（グレーバー 二〇二二、原典は二〇〇一年）で、ストラザーンの議論をソシュール的だとして何度も批判しているが、彼が批判対象とするのはストラザーンの *The Gender of the Gift*（1998）であり、『部分的つながり』（ストラザーン 二〇一五、初版は一九九四年、二〇〇四年に新版）には言及していない。以下の点は、別稿で検討したいがグレーバーもストラザーンも、そのアプローチは異なるものの「全体」を批判的に検討しているという点で、議論が接合する部分があるのではないだろうか。

［4］ミルクティー同盟とは、香港、台湾、タイなどミルクティー文化がある国々の若者が、ＳＮＳを駆使して行う民

主化運動の連帯を指す。

［5］ OSINTとは、Open Source Intelligence の略語で、公開されている情報を突き合わせて行う情報収集や諜報行為である。ミャンマーではSNSの投稿などを駆使して軍政の暴力が記録されている（NHKミャンマープロジェクト 二〇二二）。

［6］ 二〇一一年から二〇一四年まで、難民キャンプに拠点を置くカレンニー宗教文化発展委員会は、各村を回り文字の講習会を行った。講習会は、一カ所につき夕方六時頃から約二時間、二週間程度行われた。すべての実施記録は不明だが筆者が二〇一四年の調査で入手したものでは、二〇一二年七月～一二月には二二村の一一四四人（男性五八六人、女性五五八人）、二〇一三年一月～四月には一〇村の六二一人（男性二三二人、女性三八九人）、二〇一三年七月と八月には六村で教育活動が行われた（久保 二〇二〇b）。

［7］ フィンランドでは移民や難民の母語教育が認められている。フィンランドへ移住した難民については久保（二〇一九）を参照。

引用・参考文献

市野川容孝・小森陽一 二〇〇七『難民』岩波書店。

伊野憲治 二〇一八『ミャンマー民主化運動——学生たちの苦悩、アウンサンスーチーの理想、民のこころ』めこん。

NHKミャンマープロジェクト 二〇二二『NHKスペシャル取材班、「デジタルハンター」になる』講談社。

久保忠行 二〇一四『難民の人類学——タイ・ビルマ国境のカレンニー難民の移動と定住』清水弘文堂書房。

久保忠行 二〇一九「福祉国家における難民の再統合——ビルマ（ミャンマー）難民のフィンランドへの第三国定住」細谷広美・佐藤義明（編）『グローバル化する〈正義〉の人類学——国際社会における法形成とローカリティ』、昭和堂、二八一-三〇八頁。

久保忠行 二〇二〇a「ミャンマーのコミュニティ・ベースド・ツーリズム——カヤン観光の可能性と課題」『大妻比較文化』二一：二一-四一。

久保忠行 二〇二〇b「環流する知識と経験——難民の「帰還」とシティズンシップ」錦田愛子（編）『政治主体としての移民／難民——人の移動が織り成す社会とシティズンシップ』明石書店、一六九-一九一頁。

久保忠行 二〇二四「難民——難民が創るつながりとは何か」箕曲在弘ほか（編）『東南アジアで学ぶ文化人類学』昭和堂、二二三-二四〇頁。

クリフォード、J 二〇〇二『ルーツ―20世紀後期の旅と翻訳』毛利嘉孝ほか（訳）、月曜社。
グレーバー、D 二〇〇六『アナーキスト人類学のための断章』高祖岩三郎（訳）、以文社。
グレーバー、D 二〇二二『価値論―人類学からの総合的視座の構築』藤倉達郎（訳）、以文社。
ストラザーン、M 二〇一五『部分的つながり』大杉高司ほか（訳）、水声社。
スコット、J 二〇一三『ゾミア―脱国家の世界史』佐藤仁（監訳）、みすず書房。
スミス、A 一九九九『ネイションとエスニシティ―歴史社会学的考察』巣山靖司ほか（訳）、名古屋大学出版会。
チン、A 二〇一九『マツタケ―不確定な時代を生きる術』赤嶺淳（訳）、みすず書房。
ハージ、G 二〇〇七「存在論的移動のエスノグラフィ―想像でもなく複数調査地的でもないディアスポラ研究について」伊豫谷登士翁（編）『移動から場所を問う―現代移民研究の課題』有信堂高文社、二七‐五〇頁。
藤田結子 二〇一三「マルチサイテッド・エスノグラフィー―グローバルとローカルを繋ぐ」藤田結子（編著）『現代エスノグラフィー―新しいフィールドワークの理論と実践』新曜社、一一八‐一二三頁。
Bamforth, V., S. Lanjouw and G. Mortimer. 2000 *Conflict and Displacement in Karenni: The Need for Considered Approaches.* Bangkok: Burma Ethnic Research Group.
Byar Bowh Si, O 2011 *Solidarity and Civil Society: An Answer to Dictatorship in Burma.* Createspace Independent Pub.
Candea, M. 2020 (2009) Arbitrary Locations: In Defence of the Bounded Field-site. In (M. Falzon ed.) *Multi-sited Ethnography: Theory, Praxis and Locality in Contemporary Research.* London: Routledge, pp.25–45.
Crang, A. 2013 (2011) Section A Introduction. In (S. Coleman and P. V. Hellermann eds.) *Multi-sited Ethnography: Problems and Possibilities in the Translocation of Research Methods.* London: Routledge, pp.35–40.
Falzon, M. 2020 (2009) Introduction: Multi-sited Ethnography: Theory, Praxis and Locality in Contemporary Research. In (M. Falzon ed.) *Multi-sited Ethnography: Theory, Praxis and Locality in Contemporary Research.* London: Routledge, pp.1–24.
Ferguson, J. 2013 (2011) Novelty and Method: Reflections on Global Fieldwork. In (S. Coleman and P. V. Hellermann eds.) *Multi-sited Ethnography: Problems and Possibilities in the Translocation of Research Methods.* London: Routledge, pp.194–207.
Kelly, P. 2018 The Art of Not Being Legible. Invented Writing Systems as Technologies of Resistance in Mainland Southeast Asia. *Terrain-Anthropologie & Sciences Humaines* 70: 1–24.
Kubo, T. 2014 Transnational "Myanmar"-Karenni Societies in United States: Experiences of Karenni Refugee Resettlement. *The Journal of Sophia Asian Studies* 32: 97–112.

Kubo, T. 2022 Ethnic Language Education and State-building in Myanmar: Community Movement of Kayah (Karenni). In (R. Nishi and S. Tanabe eds.) *Community Movements in Southeast Asia: An Anthropological Perspective of Assemblages*. Silkworm, pp.181-207.

Kopytoff, I. 1999 The Internal African Frontier: Cultural Conservatism and Ethnic Innovation. In (M. Rösler and T. Wendl eds.) *Frontiers and Borderlands*. Peter Lang, pp. 31-44.

Kramer, T., O. Russell and M. Smith 2018 *From War to Peace in Kayah (Karenni) State: A Land at the Crossroads in Myanmar*. Amsterdam: The Transnational Institute.

Mand, K. 2013 (2011) Researching Lives in Motion: Multi-sited Strategies in a Transnational Context. In (S. Coleman and P. V. Hellermann eds.) *Multi-sited Ethnography: Problems and Possibilities in the Translocation of Research Methods*. London: Routledge, pp.41-53.

Matsutake Worlds Research Group 2020 (2009) Strong Collaboration as a Method for Multi-sited Ethnography: On Mycorrhizal Relations. In (M. Falzon ed.) *Multi-sited Ethnography: Theory, Praxis and Locality in Contemporary Research*. London: Routledge, pp.197-214.

Marcus, G. E. 1995 Ethnography in/of the World System: The Emergence of Multi-Sited Ethnography. *Annual Review of Anthropology* 24: 95-117.

Marcus, G. E. 1998 *Ethnography through Thick and Thin*. Princeton: Princeton University Press.

Marcus, G. E. 2010 Holism and the Expectations of Critique in Post-1980s Anthropology Notes and Queries in Three Acts and an Epilogue. In (T. Otto and N. Bubandt eds.) *Experiments in Holism: Theory and Practice in Contemporary Anthropology*. New Jersey: Wiley-Blackwell, pp.28-46.

Marcus, G. E. 2013 (2011) Multi-sited Ethnography: Five or Six Things I Know About It Now. In (S. Coleman and P. V. Hellermann eds.) *Multi-sited Ethnography: Problems and Possibilities in the Translocation of Research Methods*. London: Routledge, pp.16-32.

Meeting Minutes. 2013 hkùhni' epyila 20 ye'ne nanne' 10: 00 nayiahkyein kayâhpû hni'hkyîn athîntotwin pyulou'dhô kayâ amyôuthâ sapei paûnsîmu nyihnaîn asîawêi hma'tân [カヤー民族文芸協会（主催）、二〇一三年四月二〇日午前一〇時、カヤーバプティスト教会にて開催。議事録].

Nyi Nyi Kyaw 2021 Social Media, Hate Speech and Fake News during Myanmar's Political Transition. In (A. Sinpeng and R. Tapsell eds.) *From Grassroots Activism to Disinformation: Social Media in Southeast Asia*. Singapore: ISEAS - Yusof Ishak

Institute, pp.86–104.

Riccio, B. 2013 Exploring Senegalese Trans-local Spaces: Reflections on Multi-sited Research. In (S. Coleman and P. V. Hellermann eds.) *Multi-sited Ethnography: Problems and Possibilities in the Translocation of Research Methods*. London: Routledge, pp.73–86.

Richard Thu Ra Htu and Tin Nilar Aye (eds.) 2018 *Kayah Li Heritage: Kayah's Proverbs, Classic Songs, and Dances*. Loikaw: DeeKu.

Vang, C. Y. 2010 *Hmong America Reconstructing Community in Diaspora*. Urbana, Chicago and Springfield: University of Illinois Press.

第12章

開発に抗するとりとめのない想像力

——タイ北部・ムラブリにみる暮らしの論理

二文字屋 脩

フアイ・ユアック村（タイ王国ナーン県）。

一　はじめに

国土の形が国獣である象の横顔に喩えられるタイだが、そのなかで「頭部」に当たるタイ北部は、古都チェンマイを中心に繁栄したラーンナー王朝を筆頭に、大小様々な王国が栄枯盛衰を繰り返してきた地域である。いずれの王国も、タイ中央部を流れる最大河川チャオプラヤー川へと合流するピン、ワン、ヨム、ナーンという四つの主要河川を中心に発展し、現在の主要都市の基盤を作り上げてきた。

その母体となったのは、「コン・ムアン」（「町の人」の意）という名で知られる平地のタイ系民族（Tai）である。古くから水稲耕作を営んできた彼らは、一〇世紀ごろから先の主要河川沿いに広がる盆地に入植し、およそ一〇〇〇年にわたってこの地域の「歴史」を動かしてきた。しかし彼らを主役とする歴史が展開した盆地は、タイ北部ではそれほど多くの面積を占めてはいない。タイ北部の地理を特徴づけるのは、なんといっても山地である[1]。

人為的に引かれた国境線から目を逸らして巨視的な視点でこの地域一帯を眺めれば、隣国（ミャンマーとラオス）に広がる山地と地続きにあるタイ北部は、ヒマラヤ山脈に連なる山脈の一部であることがわかる。だが主要河川の源流点であるものの、高低様々な山が複雑に入り組む山地は水稲耕作に不向きであったため、長らく無国家空間であり続けてきた。

そのような山地に人が集中的に住み始めるのは、一九世紀末から二〇世紀初頭にかけてである。中国南西部での漢族による圧政から逃れるため、新天地を求めて様々な民族集団が南下したことに始まる。そしてビルマ（ミャンマーの旧称）やラオス、タイに跨る山地にフロンティア空間を見出した彼らは、森を開墾し、村を作り、山地を領域化していった。

タイの国境線はすでに一八九三年に引かれていたが、当時のシャム（タイの旧称）に国境管理能力はなく、また政治的にも重要度の低かった山地の動向に特別な関心を払ってはこなかった。そうした政治的無関心が多様な民族集団のさらなる流入を押し進めていくこととなるが、山地を取り巻く状況は第二次世界大戦終結後に一変する。中華人民共和国の成立を契機に共産主義思想が周辺国に浸潤していくとともに、西洋列強による植民地支配の終焉に伴って生じた民族運動がビルマとラオスで過熱したことで、山地は国家安全保障上の問題を急速に浮かび上がらせていったからである（綾部　一九九三：七一－七四）。

こうした不穏な事態に対処するため、政府は一九五三年に国境警備隊を発足させて国境地域の維持と管理に努めていくこととなるが、そこで直面したのが山地に住まう人びとの存在であった。そこで政府は、山地だけでなく、そこに住まう人びとの管理＝統治が国境地域の治安維持に不可欠であるとの認識を強めていく。こうして長らく無国家空間であった山地は「統治すべき土地」として見出され、種々の政策による国家的領域化が推し進められていった。そして山地に住まう人びとはこの波に否応なく呑み込まれ、その生活も大きな改変を余儀なくされていくこととなった（Mckinnon and Vienne 1989）。

しかし土地の管理を通して住民や資源に対する統治を強める領域化が進展していったとはいえ、そのことが無国家空間から国家空間への変貌を直ちに意味するわけではない。たしかに地図を広げれば、そこには国境線によって定義された「領土」が視認できる。しかしこのような認識が可能なのは対象地域を鳥瞰的に見渡す国家的視点に依拠すればこそであり、虫瞰的に見ればそこには多様なせめぎ合いが認められる。そこはまさに、多様なアクターの想像力と実行力が錯綜する「フロンティア空間」と呼ぶに相応しい（本書序章一三頁）。

本章は、タイ北部山地に暮らす少数民族ムラブリを対象に、フロンティア空間の今日的様態について論じるものである。そのためにもかつて国立公園として領域化された空間が王室プロジェクト[2]の一環として再フロンティア化した事例を取り上げる。ファイ・ルー村という名で知られるこの場所は、王室プロジェクトを担う森林局にとっては新たな開発の場として拓かれ、開発対象であるムラブリにとっては新たな生活の場として拓かれたフロンティア空間である。本章はこのファイ・ルー村への移住／残留をめぐる人びとの決断とその背後にある論理に着目しながら、ムラブりに顕著なとりとめのない想像力が、森林局の想像力と時に重なりつつも異なる志向性に根ざしているために交差せず、それが結果的にファイ・ルー村をフロンティア空間たらしめていることを明らかにするものである。

二　国家に包摂される狩猟採集民

「森の民」・ムラブリ

タイ北部山地には、タイのマジョリティであるタイ系民族とは文化的背景が異なる多様な民族集団が暮らしているが、その多くが焼畑移動耕作民として知られる人びとであるなかで唯一、狩猟採集民として知られる人びとがいる。人口はおよそ六〇〇人と極めて少なく、タイ国内外では「黄色い葉の精霊（spirits of the yellow leaves）」という俗称で呼ばれているムラブリ（Mlabri）である。

政府の公式見解では、ムラブリは二〇世紀初頭にラオスからタイに移住した人びとであるとされ、先行研究にも同様の指摘が認められる（e.g. Trier 2008: 28）。しかしこれらの見解の妥当性は乏しい。既述したように、当時の政府は国境地域を含む山地を管理する行政システムを持っていなかったばかりか、山地自体に高い関心を払っていなかったからである。[3]

ゆえにムラブリは、長い間、「森の民」（ムラブリ語で *mla* は「人間」を、*bri* は「森」をそれぞれ意味する）として、狩猟採集活動を行いながら遊動生活を送ってきた。そしてマラリアなどの感染症を避けるため標高六〇〇から一五〇〇メートルの範囲に居住し（Trier 2008: 27）、一〇から二五名ほどで構成されるバンドを基本単位に（Pookajorn 1992a: 3; Trier 2008: 30）、五日から一〇日に一度のペースでキャンプ地を変えながら（Pookajorn 1992a: 1）、山地に広がる豊かな森とともに生きてきた。

しかし第二次世界大戦後に生じた大規模な森林消失が原因で生態系が次々と破壊されていったことで（cf. Delang

図 12-1　ムラブリの定住村（二文字屋 2017：207）

2002: 487–490)、ムラブリを取り巻く状況は徐々に変質していく。そしてその影響は一九七〇年代に入るとより顕著になり、自然資源に大きく依存してきたムラブリの生活は大きな打撃を受けることとなった。事実、一九七〇年代になると生業経済そのものが困難となったため、彼らは森と畑との境界域にキャンプ地を設置しては、他民族が所有する畑で農作業に従事し、その見返りに米や豚肉などを手に入れるなど、自らの労働力を提供するようになった[4]。そして一九五〇年代までタイ北部の広い範囲にわたっていた生活圏は、一九八〇年代に入ると現在の定住村が所在するナーン県とその隣県であるプレー県周辺のごく一部の森に縮小していった（Rischel 1995: 9; Nimonjiya 2013: 162–163）（図12－1）。

なお、全国規模での森林消失を受けて政府は、一九六〇年代から森林保全のための法整備を進めていった（Vandergeest and Peluso 1995: 407–414）。そして一九六一年には国立公園法と野生動物保護法が、一九六四年には国立保全林法が制定されるなど、山地に残る森林は国家によって囲い込まれ、ムラブリは森から締め出されることにもなった（Na Nan 2007: 108）。こうしてムラブリは「森の民」であることを放棄せざるを得なくなっていった。

「最後の山地民」・ムラブリ

他方、ムラブリの預かり知らぬところでは、山地に暮らす人びとを管理＝統治するための政策が進められていた。既述したように、第二次世界大戦後に生じた共産主義勢力の拡大や隣国での民族運動の隆盛などを背景に、山地では国家安全保障上の問題が一気に表面化したからである。そこで政府は、山地に住まう人びとを「山地民（hill tribe）」[5]と総称し、山地への国家的介入を本格化させていった。

そのための大義名分となったのが、①ケシ栽培とアヘンの流通、②焼畑移動耕作による天然資源の破壊、③共産主義への傾倒による国境地帯の不安定化の三つを主要な論点とする「山地民問題（hill tribe problems）」である。そしてこれらの問題を解決すべく、政府は一九五九年に山地民福祉委員会を内務省公共福祉局内に発足させ、ここを拠点に山地民政策を実行に移していった（Burutsaphat 1996）。

山地民政策の具体的な内容とその変遷についてはすでに様々な研究者が論じているので割愛するが[6]、紆余曲折を経ながらも、およそ半世紀にわたって実施された山地民政策を通して、山地民は着々と国家に組み込まれていくこととなる（McCaskill and Kampe 1997）。たとえば自然村は行政村として地方行政の末端に位置づけられ、山地民自身も国籍付与や学校教育を通して国民化し[7]、国家に包摂されていった。

しかし初期の山地民政策において、ムラブリはその対象外にあった。他の山地民とは異なり、ケシ栽培や焼畑耕作に従事することもなく、また人口も極めて小規模であるムラブリは、政府にとって危険視する存在ではなかったからである。ゆえに政府にとって長年の懸案事項であった共産主義やケシ栽培といった外政問題が落ち着き、内政問題に取り組むことが可能になった一九八〇年代中頃になってようやく、ムラブリは「最後の山地民」として国家へと包摂されていくこととなる（Nimonjiya 2013）。

ところで、山地民を平地社会へと同化ないし統合することを目指した山地民政策では「開発」や「福祉」といった聞こえの良い標語を頻繁に目にするが（Kong Songkhro Chao Khao 2002）、ここで指摘しておくべきは、その真の目的があくまで山地民の管理＝統治にあったということである（McKinnon 2011: 61）。たとえば一九六九年に山地民登録制度が導入されて住民調査と住民登録が進んだが、それはあくまで山地民問題の状況把握と住民管理を目的としたものであった。そして一九八五年から一九八八年にはより大規模な人口調査が実施され、山地民の管理＝統治がさらに進行していった。

このことは、山地民のなかで特殊な位置づけにあるムラブリにおいても同様である。たとえば山地民福祉委員会や山地民開発福祉センターといった行政機関が一九八五年から始まるムラブリの開発に着手する際にまず行ったのは住民調査であり、一九九九年に政府が初めて設置したファイ・ユアック村という定住村においても、設置後すぐに行われたのは住民調査と住民登録であった。山地民問題という前提を共有してはいないという意味で、ムラブリの開発は他の山地民とは異なる文脈に位置づけられるが（二文字屋 二〇一七）、それでもこうした事実に鑑みるに、山地への国家的介入とは、「開発」という標語の響きとは裏腹に、土地の管理を通して住民や資源に対する統治を強める領域化と同義であったと言える。

三　開発＝統治の進展

定住化による脱遊動狩猟採集民化

一九八〇年代中頃に始まるムラブリの開発でまず目指されたのは定住化である。ムラブリの場合、それは脱遊動狩猟採集民化を意味していた。つまり遊動生活を送るムラブリの定住化（＝脱遊動民化）と、定住生活を長期に渡って維持するための代替生業の導入（＝脱狩猟採集民化）である。しかし政府にとってその道のりは、決して平坦なものではなかった（二文字屋 二〇一七：二一三‐二一四）。

たとえば行政機関や研究機関らの主導で一九八五年にナーン県で始まった開発プロジェクトでは、医療や教育の提供に加えて、職業訓練を通じた農業の導入による定住化が目指されたが（Bangkok Post 1991: 46）[8]、八年計画の当プロジェクトは途中で頓挫した（Buramitra 2003: 49）。定住生活に伴う集住化や部外者との密な関わりによるストレスなどを理由に、ムラブリが森に逃げ戻ってしまったからである。また、ナーン県観光振興の重点プロジェクトの一つに選出されたことで一九九五年に始まった開発プロジェクトも、途中で中止に追い込まれた。ムラブリが捨てるゴミが周囲の環境を汚染しているとして、地元住民たちが大規模な反対運動を展開したからである（Bangkok Post 1998）。

こうしたなか、大きな転換点となったのが一九九九年に始まる新たな居住地の設置である[9]。当局は開発拠点として、ムラブリを労働力として雇用していたモン（山地民を構成する一民族集団）が暮らすファイ・ユアック村を選定した。そしてモンとの交渉の末、ムラブリの居住地をモンの村のすぐ近くに設置し、ついにムラブリを定住させるに至った。

しかし定住生活が開始して以降も、ムラブリはしばしば役人たちを悩ませてきた。役人たちは自立した生活の確立に向けて、稲作の無農薬栽培や家畜飼育、そしてエスニック・ツーリズムを代替生業として導入したが、どれも期待したほどの結果をもたらさなかったからである（二文字屋 二〇一七：二一八）。たしかに無農薬栽培は手間暇がかかる割に生産性が低く、エスニック・ツーリズムは十分な収入を見込めるほどの市場規模がないなど、役人の側にも問題はあった。しかし理由はそれだけではない。他民族への労働力提供を通して農作物栽培に必要な知識も技能もすでにあったが、ムラブリは手間がかかるという理由で無農薬栽培を放棄し、同様の理由で家畜を自ら消費したり他民族に売却したりしたからである。役人の好意や意図をよそに、ムラブリは開発をしばしば「拒否」した。

とはいえ、ファイ・ユアック村の選定と設置がムラブリの開発において決定的な転換点であったことは疑いのない事実である。役人らが思い描いた通りに事が進んだわけでは必ずしもないが、当局によって設置された居住地での生活をかつてのように放棄することなく、ムラブリは少しずつ定住生活に順応していった。ファイ・ユアック村が今日まで続いているという事実が何よりの証拠である[10]。

しかしこれで開発が終わったかというと、そうではない。定住化前ほど活発ではないものの、現在でも生活の質的向上を目的とした開発が各所で進められている。特にシリントーン王女（現タイ国王の妹）が二〇〇七年にファイ・ユアック村を訪問したことを機に王室プロジェクトが開始され、ムラブリの開発は新たな局面を迎えている。

国立公園の再フロンティア化

特に近年の動向として注目に値するのは、ファイ・ルー村という新たな居住地の設置である。この村は王室プロジェクトの一環として二〇一二年にナーン県に設置されたが、ここが他の居住地と大きく異なるのは、国立公園内の一部を開拓してできたという点にある。つまり、国家によって一度は領域化された国立公園の内部にフロンティア空間が再び立ち現れたわけである。そしてこれを主導したのが、王室プロジェクトを受託する森林局であった。

王室プロジェクトが開始された当初、森林局はファイ・ユアック村を拠点に様々な開発プロジェクトを実施していた。しかし二〇一〇年頃から、ムラブリの経済的自立を目指す森林局と、ムラブリを重要な労働力として利用してきたモンとのあいだで利害の対立が生じることとなる。森林局が目指した経済的自立とは、最終的にはモンに依存しない生計手段の確立を意味していたからである。

モンとの対立が深まるなか、森林局はファイ・ユアック村から退去することで、事態の収束を図ろうとした。そこで新たな開発拠点として、後にファイ・ルー村となるナンタブリー国立公園の一部が見出されることとなった[11]。開拓の許可が下りた背景には、森林局が森林管理を担う政府機関であることに加え、水稲稲作や農作物栽培、ナマズの養殖といったプロジェクトの内容が自家消費目的であること、つまり国立公園内で厳しく規制されている自然資源の商業利用が目的ではないことが大きい。

他方、森林局にとって新たな開発拠点として拓かれたファイ・ルー村は、ムラブリにとっては新たに拓かれた生活拠点ともなった。つまりファイ・ルー村は双方にとってフロンティア空間であったわけだが、ここで注目すべきは、なぜ国立公園法によって領域化された空間の一部が新たな開発拠点ないしは新たな生活拠点として選出されたか、である。

ファイ・ルー村が選定される直前、ある森林局の職員は筆者に、「ここ［ファイ・ユアック村］には森がない。だからムラブリの文化を守るためには新しい定住村を作る必要がある」（括弧内筆者）と語ったことがある。「周囲が畑で囲まれているファイ・ユアック村は、生活の質的向上だけでなく、伝統文化の保存・維持という王室プロジェクトの目的を遂行するには物足りない」というのがこの発言の含意であるが、この発言が示唆するように、ファイ・ルー村が選定された背景にはムラブリの森に対する高い志向性があった。

彼が言うように、長らく森という自然環境に適応しながら築き上げられてきたムラブリの「文化」は、森を抜きに語ることはできず、それは現在でも変わらない。普段は農作業に従事しているムラブリも、農閑期ともなれば積極的に森に出かける。日帰りの場合や宿泊を伴う場合など、森での滞在時間は人や状況によってまちまちだが、老若男女の別なく、森は現在でもムラブリにとって重要な精神的拠り所となっている。

このことを踏まえれば、森林局がファイ・ユアック村から撤退した要因はモンに起因するものであったが、森林局がファイ・ルー村を選定した要因はムラブリにあったと言える。王室プロジェクトの継続という責務を全うすることが直接的な動機ではあるものの、森林局によるファイ・ルー村の選定には森に対するムラブリの強い志向性が大きく影響したのであり、それはいわばムラブリという存在を介した森林局の想像力と、彼らの職権に基づく実行力が結実したものであった。かつて領域化された空間が「実現可能性のある希望」（序章二〇-二一頁）を内包する空間として再び立ち現れてきたのは、上からの要求だけでなく、下からの潜在的な要求への応答によるものでもあったわけである。

しかし豊かな森が残されているとはいえ、ファイ・ユアック村に暮らすムラブリがこぞってファイ・ルー村に移住したかというと、そうではない。ファイ・ルー村の人口は年を追うごとに増え続けているものの、移住者の多くを送り出しているファイ・ユアック村には未だ多くの者が留まっている。森に対する志向性が高い一方で、ファイ・ユアック村に留まるのは一体なぜなのか。

四　移住と残留

移住する者たち

ファイ・ルー村が設置された当初、ファイ・ユアック村に住む多くの住民がファイ・ルー村への移住に後ろ向きであった。役人に対する不信感があったからである。そこで森林局は、二〇一二年のある晩、ファイ・ルー村への移住を促進するため、牧歌的な音楽と美しい映像を用いたプロモーションビデオの上映会をファイ・ユアック村にて開催した。そして上映後はファイ・ルー村には野生動物が数多く棲む豊かな森があることを住民に繰り返し訴えたが、それでも多くの住民は首を縦に振ることはなかった。

そのようななか、最初期にファイ・ルー村への移住を決めたのは、一〇代から二〇代の若者たちだった。彼らは森林局に強要されたわけではなく、自らの意思でファイ・ルー村への移住を決めたが、その背景には森への志向性に加えて、経済的な独立志向があった。

ファイ・ユアック村に暮らす一部のムラブリは、小規模ながらも農地を所有し、自家消費用のコメや換金用のトウモロコシを栽培している。しかし大半は近隣に暮らすモンやミエンが所有する畑での賃金労働に従事している。周辺の森は新たな開墾が法的に禁止されているため、畑を所有するにはすでにある農地を所有者から購入する必要があるが、慢性的な経済的困窮に陥っているため、農地の購入費用を自力で捻出することは不可能に近い。そのため賃金労働に従事せざるを得ず、他民族への経済的依存から抜け出せない状況にあった。

こうした状況下で生まれ育った若者たちにとって、ファイ・ルー村という、森林局の管理下にはあるが、自分たちのためだけに土地が用意されたことは極めて魅力的であった。また、彼らが親世代に比べて移住しやすかった理由として、他民族からの借金を抱えていなかったことも大きい。たとえば最初期にファイ・ルー村に移住し、ある程度の開拓が済んだあとに妻と子どもを呼んだ三〇代前半の男性Bは、当時の心境を次のように語る。

そりゃあ最初は迷ったよ。だけどここ［ファイ・ルー村］には森があって、動物がたくさんいるんだ。森に行ってもクウォール［森林局］は何も言わないし、ここにはメオ［モンの別称］やヤオ［ミエンの別称］がいないから気が楽だ。彼らのために毎日働く必要はないしね。ここなら好きな時に働いて好きな時に森に行ける。だけどあっちのクウォール［モンとミエン］は借金を返さなかったり約束通りに畑に行かなかったりするとすぐに怒り出す。心がとても疲れる。でもここにはそういったことがない。あっちに父さんと母さんとキョウダイたちがまだいるけど、そのうちこっちに呼ぶつもりだよ。（二〇一三年五月の聞き取りから、括弧内筆者）

森林局の思惑通り、ファイ・ルー村に移住した者の多くが、移住の決断の理由としてファイ・ルー村に隣接する豊かな森を指摘する。それはBのような最初期の移住者だけではない。たとえば最近になってファイ・ユアック村から移住した二〇代の男性Cは次のように語る。

ここ［ファイ・ルー村］にはイノシシやシカがたくさんいるんだ。好きな時に森に行けるし、クウォール［森林局］は何も言わない。たしかにクウォール［この場合は非ムラブリ全般のことを指す］と一緒にいるのは好きじゃない。でもどこに行ってもクウォールはいる。だったら森林局しかいないここの方が良いだろ。（二〇二二年八月二四日の聞き取りから、括弧内筆者）

彼らの語りに出てくる「クウォール」とは、非ムラブリを指すムラブリ語である。文脈によって近隣に居住するモンやミエン、そして森林局といった特定の非ムラブリを指し示すが、一般的にこの言葉は侮蔑的な意味合いを含んでいる（二文字屋 二〇一九）。ムラブリを蔑視していたり、自分たちの都合の良いようにムラブリを利用しようとする非ムラブリの横暴さを、ムラブリ自身が過度に嫌っているからである。

そのためBもCも、クウォールと働くことにネガティブな感情を抱いてはいるが、モンやミエンがすぐ近くで暮らすファイ・ユアック村よりも、森林局しかいないファイ・ルー村の方が心理的に楽であることを強調する。森林局とのあいだで軋轢がまったくないわけではないが[12]、それでも雇用主が森林局だけであることが、移住を決断する理由のひとつとなっているのである。つまりファイ・ルー村は、豊かな森の存在や付き合いが面倒なクウォール（特にモンやミエン）の不在など、ファイ・ユアック村よりも相対的に好ましい自然環境や社会環境があるのだと言える。

しかしファイ・ルー村での開発（特にその成否の判断基準としての移住者数）が、森林局が期待した通りに進んでいるかというと、そうではない。たしかにファイ・ルー村の開拓に関わった若者が二〇名弱しかいなかったことを考えれば、ファイ・ユアック村だけでなく、他の村からの移住者も含め、老若男女合わせて九〇名弱に膨れ上がった現在の状況を森林局の計画が一定の成功を収めたと解釈することも可能である。しかしファイ・ユアック村には現在でも一五〇人ほどが暮らしている。このことはすなわち、森の存在や他民族に依存する必要のない状況だけが移住の決定因子ではないということを意味する。であればどのような理由から、人びとはファイ・ユアック村に留まっているのだろうか。

留まる者たち

ファイ・ルー村への移住が現実的な選択肢として用意されているなか、それでもファイ・ユアック村に留まる理由について、二〇代の女性Lは次のように語る。

あっち［ファイ・ルー村］に行ってみたいとは思う。でもここ［ファイ・ユアック村］の方が良い。夫もこっちの方が良いって言う。なぜかって。それはあっちが不便だから。近くに売店もないし、町に行くにも時間がかかるじゃない。テレビもないしね。それにね、もし誰かと問題を起こしたら逃げられないじゃない。［ファイ・ルー村には］他に行くところなんかないんだから。（二〇二二年八月二五日の聞き取りから、括弧内筆者）

彼女がまず指摘するのは、ファイ・ルー村の地理的な不便さである。つい最近になってようやく舗装されたものの、国立公園の一部であるファイ・ルー村に行くには長らく近くの県道から脇道に逸れて未舗装の道を延々とバイクで走らなければならなかった。また、周囲に他民族の村がないファイ・ルー村には、日用品などを購入する売店がない。すでに二〇年以上もの月日をファイ・ユアック村で送っている者たちにとって、こうしたインフラの遅れは、移住をためらう要因のひとつとなっているのである[13]。

他方、彼女の語りにおいて目を引くのは、「誰かと問題を起こしたら逃げられない」という箇所だろう。彼女と同じように、ファイ・ルー村に暮らす二〇代の男性Lもまた、「あんな小さなところ［ファイ・ルー村］に人が集まったら問題が起きる。もし起きたら面倒臭い」（二〇二二年八月二〇日の聞き取りから、括弧内筆者）と語る。つまりすでに多くの者が移住したファイ・ルー村は、集住化によって生じる軋轢の可能性を潜在的に抱えており、このことが後発の移住をためらう要因となっているのである。

なお、軋轢が生じた際にムラブリにおいて顕著であるのは、「身を引く」という態度である（二文字屋 二〇二〇）。ひとたび軋轢が生じると、当人たちが話し合いで解決することも、第三者が仲介に入って仲を取り持つこともない。人びとは沈黙や逃避などを通して軋轢に対処する。この点に関して、周囲を畑が取り囲み、また近くを走る県道から別の村へのアクセスも比較的容易なファイ・ユアック村は、互いに物理的に距離を取ることが可能であるが、ファイ・ルー村ではこれが叶わない。畑は家屋の目の前に水平に広がる田畑しかなく、別の村へのアクセスも容易ではないからである。

また、ファイ・ユアック村では基本的に個々人が複数の雇用主と個別に労働契約を結ぶが、他民族の畑で働く者たちは親族関係にあるか、普段から親しい間柄であることが多い。そのため軋轢が生じると、あえて雇用主を変えることで別の畑で働き、互いに顔を合わせない状況を作り出したりする。しかしファイ・ルー村では森林局が用意した仕事しかなく、またその多くが共同作業であるために、互いに距離を置くことが困難な労働環境にある。女性Lの言う「逃げられない」、そして男性Lの言う「面倒臭い」とは、こうした状況を指している。

このことに関連して、ファイ・ルー村に移住したものの、それは妻の強い希望であって、自分はファイ・ユアック村に残りたかったと話す二〇代の男性Sの語りも興味深い。彼はファイ・ユアック村の良さについて次のように話す。

> あっち［ファイ・ユアック村］は、クウォールが沢山いる。皆はこっち［ファイ・ルー村］の方が楽だと言う。森林局しかいないから。それは正しい。でもあっちの方が一人で動きやすい。こっちだとみんなで働かないといけない。それはそれで楽しいけど、時々疲れる。だからあっちの方が良いのさ。どのクウォールと働くか、自分で決められるだろ。（二〇二二年八月二四日の聞き取りから、括弧内筆者）

先に見たように、ファイ・ルー村に移住した者のなかには「森林局しかいない」という状況を良しとする者がいる。しかしSのように、そのことをネガティブに評価する者もいる。雇用先がひとつだけであることに気楽さを感じる者がいる一方で、雇用先の選択肢がひとつしかないことに煩わしさを感じる者もいるのである。

概して、ファイ・ユアック村にはインフラの充実度や雇用主の選定可能性など、ファイ・ルー村よりも相対的に好ましい社会環境があるのだと言える。豊かな森が広がるファイ・ルー村はたしかに魅力的ではあるものの、それでもファイ・ユアック村に留まることを選択するに足る理由もまた、十分にあるのである。[14]

五　重なりつつも交わらない複数の想像力

とりとめのない想像力

ファイ・ユアック村が設置されてからすでに四半世紀ほどが経った。このあいだにムラブリは定住生活に順応し、新しい世代も生まれ育っている。そこから新たな生活環境を求めてファイ・ルー村に移住する者も出てきたが、一方でファイ・ユアック村に留まる者もまだ多くいることは、これまで見てきた通りである。

こうした動向の背後にある人びとの論理で目を引くのは、望ましい居住空間のあり方に対する人びとの想像力に、一貫性や集合性を見出すことの困難さだろう。豊かな森を求める者もいれば、生活の利便性を優先する者もいる。雇用主を選択する必要がないことに気楽さを感じる者もいれば、選択肢がないことに煩わしさを感じる者もいる。集団で働くことを意に介さない者もいれば、個人で働くことに価値を置く者もいる。誰もがより良い生活を求めつつも、それを実現しうる居住空間がどこかは、個々人の志向性に大きく依拠しているのである。つまりムラブリの想像力には、常に「とりとめのなさ」がつきまとう。

こうした人びとのあり方を理解するうえで重要な手がかりとなるのは、「ひとりで考え、ひとりで行動する（*gut domɔj ʔɤʔ domɔj*）」という常套句である。これは狩猟採集民の社会文化的特徴とされる「個人の自律性（personal autonomy）」、つまり個人の意思決定は「他者との関係性によって減退させられたり妥協させられたりするべきではない」（Ingold 1999: 406）という社会原理に対するムラブリ流の表現である（二文字屋 二〇二〇：一四七）。

事実、これまで見てきた語りには、個人の自律性に対する高い価値づけと志向性が随所に見て取れる。誰かに移住を勧められたわけでもなく、また残留を説得されたわけでもない。何に価値を求め、何を志向し、どこに住まい、そしてどのように生きるかは、個々人の意思決定に委ねられている。そしてそれらを互いに尊重することこそが、人びととの個別的な社会関係を可能にし、それぞれに異なる生の構築に寄与している。

他方、慣れ親しんだ居住空間から容易に離れることが可能なのは、ムラブリが特定の土地との強固な結びつきを志向していないからである。事実、長らく遊動生活を送ってきたムラブリにとって土地は、一時的に占拠する対象ではあっても、恒久的に占有する対象ではない。たしかに今日、ファイ・ユアック村に暮らす者の一部は自らの畑を所有しているが、それでも要求に応じて畑を他の成員に無償で貸し出すこともあれば、移住に際して無償で譲渡することもある。また、移住に際して不要となった家屋を必要とする者にそのまま明け渡すことも珍しいことではない。遊動生活から定住生活へと生活様式が劇的に変化したとはいえ、土地の所有に対する人びとの関心は現在でも希薄である。

したがって移住か残留をめぐる現在の状況は、あくまで現時点においてのみ成立しているものであることに十分留意しておく必要がある。新たにファイ・ルー村へと移住する者が今後出てくることも、またファイ・ルー村からファイ・ユアック村に戻ってくる者が今後出てくることも、十分に考えられるからである。移住か残留かは、あくまで一時的な状態に過ぎない。

齟齬で成り立つフロンティア空間

その上で考えたいのは、ムラブリに顕著なとりとめのない想像力が、ファイ・ルー村というフロンティア空間のあり方とどのような関係にあるのか、ということである。既述したように、森林局にとってファイ・ルー村は、ファイ・ユアック村で王室プロジェクトを継続することに困難を覚えていたなかで、新たな開発拠点として拓かれたフロンティア空間であった。彼らが当初思い描いていたのは、自給自足に基づく自立した生活の確立と、豊かな森との共存による伝統文化の保存・維持という、王室プロジェクトの目的に沿ったファイ・ルー村の運営である。そのためにもファイ・ユアック村に住むムラブリの多くがファイ・ルー村へ移住してくることに、彼らは大きな期待を寄せていた。

しかし「豊かな森があればムラブリはこぞってここにやってくるだろう」という、開拓の只中にあった二〇一三年にある森林局の役人が筆者に語った言葉は、現実にはそのようになっていないばかりか、移住が開始して一〇年ほど経った現在でも、開発の進捗は決して早くはない。事実、移住者は年を追うごとに増え続けてきたものの、近年の増加率は緩慢である。また、水稲稲作や農作物栽培、ナマズの養殖など、自給自足に向けた様々な生計手段が実行に移されてはいるものの、ファイ・ルー村での生活は現在でも、王室プロジェクトへの「協力」の対価として森林局から支払われる「報酬」で成り立っている。[15]

もっとも、これまでの経験から、開発プロジェクトを成功させるべく少しでも強権的な態度をとれば、ムラブリがすぐさま自分たちの元から離れていってしまうことを森林局はよく理解している。たとえばファイ・ルー村はあくまで国立公園の一部であるために、天然資源の利用は厳しく制限されているが、ムラブリは時間さえあれば森に入り、狩猟採集活動に精を出している。また、雨季ともなると毎晩のように森に入り、採集したタケノコを自ら町の取引所まで運んで現金収入を得てもいる。つまりファイ・ルー村では、違法行為となる天然資源の狩猟採集と商業利用が行われているわけだが、それでも森林局がこれらの行為に目を瞑るのは、何もかもを禁止してしまえば、ムラブリがファイ・ルー村から出て行ってしまうのではないかという懸念があるからである。

このような状況が作り出された要因を、森林局の見通しの甘さに求めることは難しくない。しかしより根本的な要因は、ファイ・ルー村というフロンティア空間をめぐる森林局とムラブリそれぞれの想像力が、ときに重なりつつも基本的には平行線を辿ってきたことにあるだろう。森林局の想像力は、ファイ・ルー村の価値を豊かな森という自然環境に置くことによって展開されてきたが、他方でムラブリの想像力は、自然環境に価値を置きつつも、基本的に社会環境に価値を置くことで展開されてきたからである。

もちろん、移住した者と残留する者とでは、想像される内容に相違はある。実際に前者の語りで顕著であったのは、ファイ・ユアック村であれば否応なく付き合わざるを得ないクウォール（モンやミエン）がファイ・ルー村には不在であるということへの価値づけであった。他方、後者の語りで重視されていたのは、インフラ整備の充実度や、社会成員間で軋轢が生じた際の逃げ場のなさ、そして雇用主の選択可能性などであった。しかし対外的な関係（クウォールとの関係）か対内的な関係（ムラブリ同士の関係）という違いはあれ、移住と残留どちらにおいても重視されているのはあくまで社会環境にある。たしかにファイ・ルー村へ移住した者たちはファイ・ルー村の自然環境を重視してはいたが、それはあくまで移住を後押しした一要素でしかない。

ゆえに森林局とムラブリそれぞれの想像力は、重なりつつも交わらずにきた。そしてこのことが、ファイ・ルー村というフロンティア空間のあり方を大きく規定しているように思われる。森林局にとってファイ・ルー村はあくまで外部世界からある程度閉ざされているものであるのに対して、ムラブリにとってそれは、集合性を欠いたとりとめのない想像力を背景に、常に外部に開かれたものとしてイメージされているからである。

だからこそ、漸次的にではあれ、移住を希望する者が今でも時おり現れる。しかしファイ・ルー村への移住は、恒常的なものでもなければ、彼らの想像力が森林局の想像力と符合した結果ではない。だがそうであるがために、ファイ・ルー村は現在でもムラブリにとってフロンティア空間であり続けている。概して、ファイ・ルー村をフロンティア空間たらしめているのは、暮らしの論理に根ざしたムラブリのとりとめのない想像力であり、それは意図せずして開発＝統治という国家側の意図を掻き乱してもいる。

六　おわりに

政治学者で人類学者でもあるジェームズ・スコットは、読解不可能《イレジブル》な人びとを読解可能《レジブル》にすること、すなわち移動する人びとを定住させることは、領域統治を前提とする国家にとって、その本質に関わる重要な目標であると指摘する（Scott 1999）。焼畑移動耕作民か狩猟採集民の別なく、遊動生活を送ってきた山地民はまさに定点的かつ鳥瞰的に土地空間を捉える国家にとって読解不可能な人びとであり、その意味で山地民政策とは彼らを読解可能な対象にする国家的企図であった。

しかし本章で提示した事例を踏まえつつ、改めてこれまでの議論を振り返って見えてくるのは、定住化が開始して四半世紀ほど経った現在でもなお、ムラブリが国家にとって読解不可能な対象であるということである。ゆえにこれまで試みられてきた開発プロジェクトは「失敗」を繰り返してきたのであり、部分的な成果が得られたとしても、それらは役人らの思い描いた通りのものではなかった。ゆえに役人たちはしばしば、「ムラブリには秩序がない」「ムラブリは責任を負おうとしない」「ムラブリは昔のように自由に生きようとしているから開発が進まない」などと不満を漏らす（二文字屋 二〇一七：二二八）。

ところで、スコットは読解不可能な人びとを読解可能な対象にする試みは「永遠のプロジェクト（a perennial state project）」でもあったとも指摘する（Scott 1999: 1）。「永遠」とは、これが歴史的に見てほとんど成功することがなかった「未完のプロジェクト」だからであるが、こうした国家的企図が未完に終わってしまうのは、人びとの論理が生活の次元に根ざしているからだろう。事実、本章を通して明らかとなったムラブリの想像力とは、国家的統治に対する抵抗といった大袈裟なものでは決してなく、あくまでより良い生活を求めるなかで個々人それぞれが抱くものだった。だがそのような暮らしを前提とした論理に裏打ちされた想像力こそが、国家が希求する読解可能性を拒絶する。

ゆえに人びとの開発＝統治を目論む国家的企図は、ムラブリのとりとめのない想像力の前ではその限界性を否応なく露呈することとなる。読解不可能性の前では、国家は部分的に無力なのである。であればなおさらのこと、人びとの暮らしが生活の次元にある限り、国家空間とも無国家空間とも言えないフロンティア空間は今後も存在し続けることと思われる。

謝辞

本章は、日本文化人類学会第五五回研究大会での口頭発表（題目：「タイ北部にみる統治性の強度とその動態―ポスト遊動狩猟採集民ムラブリを事例に」）を大幅に加筆修正したものである。また、JSPS科研費（研究課題：20H04432）を受けて行った研究調査の成果の一部である。なお、本章ではジェームズ・スコットの*Seeing Like a State*について言及する上で、本書の翻訳出版に向けた作業を行っている日下渉氏（東京外国語大学）から下訳を提供していただいた。翻訳途中であるにもかかわらず、下訳の提供を快諾してくださった日下氏はじめ、翻訳者の方々に深くお礼申し上げます。

注

［1］タイ北部（計九県）の総面積は約九万六〇〇〇万平方キロメートルあるが、このうち低地（海抜二〇〇メートル以下）は一〇パーセントを、高地（海抜二〇〇から一〇〇〇メートル）は二〇パーセントを、そして山地（海抜一〇〇〇メートル以上）は七〇パーセントをそれぞれ占める（Van der Meer 1981: 8）。このうち水稲耕作に適した盆地はおよそ低地に該当する。

［2］王室プロジェクトとは、プミポン前国王（ラーマ九世）の命により、一九六九年から実施されているプロジェクトの総称である。その基本コンセプトは「慈愛（*mamuttham*）」に基づく生活水準の向上であり、具体的には（1）生活向上のための支援、（2）アヘン中毒の解決に向けた各種野菜の栽培の支援、（3）水資源の破壊を引き起こす森林伐採を放棄させるための定住、（4）森林と土壌の保護および土地の適切な利用などである（Kong Songkhro Chao Khao 2002: 23-24）。

［3］加えて、一九三〇年代に初めてムラブリについて詳細な記録を残した民族学者のベルナツィークのモノグラフに、ムラブリがかつてこの地域の諸王の臣下として毎年蜂蜜や籐などの貢物を王に納めていたとの文書の存在が示されていること（ベルナツィーク 一九六八：二七五）、そして一八八六年に書かれた短いタイ人エリートによる論考に「ピー・バー（*phi pa*）」（「森のお化け」の意）という名でムラブリが登場することからも（Thongchai 2000: 45）、ムラブリは二〇世紀初頭以前からタイ北部山地に居住していたと考えられる。

［4］　一九七〇年代は一年で一ヶ月程度に過ぎなかった労働期間は、一九八〇年代には二～三ヶ月間に、そして一九九〇年代には四～五ヶ月間になるなど、労働力提供の期間も年を追うごとに長期化していった（Trier 2008: 56）。こうした状況を念頭に、言語学者のリシェルは、ムラブリが「フルタイム狩猟採集民」から「パートタイム狩猟採集民」になったと述べる（Rischel 1995: 36）。

［5］　当初「山地民」と認定されたのは、カレン、モン、ミエン、ラフ、リス、アカ、カム、ティン、ルアの九つの民族集団である。

［6］　拙稿（二文字屋 二〇一七：二〇七－二一一）でも触れているが、詳しくはBhruksasri（1989）やGillogly（2004）などを参照されたい。また、山地民をめぐる近年の議論や動向については、片岡（二〇一三）や綾部（一九九三）を参照されたい。

［7］　他方で山地民政策による急速な社会文化変容によって山地民が抱えている問題（貧困問題や麻薬問題、売春問題、国籍問題など）も少なくない。詳しくはKesmanee（1997）を参照されたい。

［8］　山地民政策は、その旗振り役となったのが「山地民福祉委員会」であったことに示唆されるように、基本的には「開発」や「福祉」といった聞こえの良いスローガンの下で進められてきた（Kong Songkhro Chao Khao 2002を参照）。いかに国家から排除するかではなく、いかに国家に包摂するかが山地民政策の主目的だったからである。

［9］　政府に先立ってムラブリの開発に乗り出したのは、アメリカ人宣教師とその家族である。布教目的で渡泰した彼らは、一九八〇年代前半にタイ北部で活動を開始し、フアイ・ホム村を設置するに至り、現在まで続いている（Bangkok Post 1990）。

［10］　しかしこれを役人らによる努力の結果と見ることは誤りである。ムラブリがフアイ・ユアック村への移住と定住を決断したのは、あくまで「森の民」としての生活を維持することが実質的に困難なものになったからである。

［11］　ナンタブリー国立公園は、一九九五年に設置が決定した比較的新しい国立公園である。一九九七年に境界線が作成され、国立公園として本格運用され、今日に至っている。

［12］　たとえば所用があってフアイ・ルー村を出て行こうとする際、森林局の役人らから行き先や用事を執拗に問いただされるといったことなどである。

［13］　フアイ・ルー村の不便さは環境由来のものだけではない。フアイ・ルー村では生活の質的向上が目指されるも、それはテレビをはじめとする電化製品が揃った「便利な生活」を意味するものではなく、前国王であるプミポン国

王が一九九七年に提唱した「足るを知る経済（sufficiency economy）」に基づく、自給自足に根ざした「節度ある生活」を意味する。つまり彼女の言う「不便」とは、王室プロジェクトの結果でもある。

[14]　なお、ファイ・ルー村に多くの移住者を送り出しているファイ・ユアック村もまた、一部の者にとってはフロンティア空間であるとも言える。事実、数としては多くないものの、ファイ・ユアック村には他の村からの移住者が時折現れる。すでにそれぞれの村で生計基盤を築いている場合が多いため、世帯単位の移住はほとんど認められないが、配偶者探しや成員同士の軋轢からの逃避などを理由とした個人単位の移住が認められる。彼らは一定期間を過ごしたのち、そのまま住み着くこともあれば、また別の居住地へと移住することもあるが、いずれにせよファイ・ユアック村を訪れる者にとってファイ・ユアック村は、潜在的な可能性をもつフロンティア空間ということになる。

[15]　ファイ・ルー村が設置された当初から現在に至るまで、ムラブリは一日当たり一五〇バーツ（約六〇〇円）を森林局から得ており、これが基本的な生活費となっている。

引用・参考文献

綾部真雄　一九九三「タイ北部山地民社会と平地政体―「国家」の成熟へ呼応した〈チャオ・カオ〉の形成」『社会人類学年報』一九：六五‐九〇。

ベルナツィーク、H　一九六八『黄色い葉の精霊―インドシナ山岳民族誌』大林太良（訳）、平凡社。

片岡樹　二〇一三「先住民か不法入国労働者か？―タイ山地民をめぐる議論が映し出す新たなタイ社会像」『東南アジア研究』五〇（二）：二三九‐二七二。

二文字屋脩　二〇一七「終わらない開発―ポスト遊動狩猟採集民ムラブリの開発をめぐる現状分析」『東南アジア研究』五四（二）：二〇五‐二三六。

二文字屋脩　二〇一九「ムラとクウォールー―ポスト遊動狩猟採集民ムラブリのエスニック・アイデンティティ」『年報　タイ研究』一九：一‐二〇。

二文字屋脩　二〇二〇「〈動き〉を能う―ポスト狩猟採集民ムラブリにみる遊動民的身構え」『年報人類学研究』一〇：一三四‐一五四。

Bangkok Post 1990 Among the Yellow Leaves, 19 April, p. 28.

Bangkok Post 1991 Settling Down after the Leaves Turned Yellow, 2 October, p. 29, 46.

Bangkok Post 1998 Tong Lueng: Victims of Civilisation, 28 September, p. 4.

Bhruksasri, W. 1989 Government Policy: Highland Ethnic Groups. In (J. MacKinnon and B. Vienne eds.) *Hill Tribes Today: Problems in Change*, pp. 5–31.

Buramitra, S. 2003 *Kantangthinthan 'Khon Tong Lueang' (Mlabri), Sueksa chapho Korani Ban Huai Yuak, Mu Hok, Tambon Mekhaning, Amphoe Wiang Sa, Changwat Nan.* MA thesis for Mahawittayalai Naresuan Wittayakhetsansonthet Phayao.

Burutsaphat, K. 1996 *Chao Khao.* Samnakphim Phraephitthaya.

Delang, C. O. 2002 Deforestation in Northern Thailand: The Result of Hmong Faming Practices or Thai Development Strategies?. *Society and Natural Resources* 15(6): 483–501.

Gillogly, K. 2004 Developing the 'Hill Tribes' of Northern Thailand. In (Duncan, C. R. ed.) *Civilizing the Margins: Southeast Asian Government Policies for the Development of Minorities.* Ithaca and London: Cornell University Press, pp. 116–149.

Ingold, T. 1999 On the Social Relations of the Hunter-Gatherer Band. In (R. B. Lee and R. Daly eds.) *The Cambridge of Encyclopedia of Hunters and Gatherers.* Cambridge University Press, pp. 399–410.

Kesmanee, C. 1994 Dubious Development Concepts in the Thai Highlands: The ChaoKhao in Transition. *Law & Society Review* 28(3): 673–686.

Kong Songkhro Chao Khao 2002 *Sisip pi Kong Songkhro Chao Khao.* Kong Songkhro Chao Khao, Krom Prachasongkhro, Krasuang Raeng-ngaan lae Sawatdikan Sangkhom.

McCaskill D. and K. Kampe 1997 *Development or Domestication?: Indigenous Peoples of Southeast Asia.* Silkworm Books.

McKinnon, K. 2011 *Development Professionals in Northern Thailand: Hope, Politics and Practice.* NUS Press.

McKinnon, J. and Vienne, B. 1989 *Hill Tribes Today: Problems in Change*, Bangkok: White Lotus.

Na Nan, S. 2007 Resources, Power and Identities of a Hunting-Gathering Society: Revisiting the Mlabri Ethnic Group in Northern Thailand. *Aséanie* 20: 103–122.

Nimonjiya, S. 2013 From "Ghosts", to "Hill Tribe", to Thai Citizens: Towards a New History of the Mlabri of Northern Thailand. *Aséanie* 32: 155–176.

Pookajorn, S. 1992a Introduction. In (S. Pookajorn and Staff eds.) *The Phi Tong Luang (Mlabri): A Hunter-Gatherer Group in Thailand.* Odeon Store, pp. 1–28.

Pookajorn, S. 1992b Interpretation of Archaeological and Ethnoarchaeological Date Comparing the Hoabinhian Culture or

Technocomplex and the Mlabri Camp In (S. Pookajorn and Staff eds.) *The Phi Tong Luang (Mlabri): A Hunter-Gatherer Group in Thailand*. Odeon Store, pp. 175-204.

Race, J. 1974 The War in Northern Thailand. *Modern Asian Studies* 8(1): 85-112.

Rischel, J. 1995 *Minor Mlabri: A Hunter-Gatherer Language of Northern Indochina*. Museum Tusculanum Press.

Thongchai Winichakul 2000 The Others Within: Travel and Ethno-Special Differentiation of Siamese Subjects 1885-1910. In (A. Turton ed.) *Civility and Savagery: Social Identity in Tai States*. Curzon Press, pp. 38-62.

Scott, J. 1999 *Seeing Like a State: How Certain Schemes to Improve the Human Condition Have Failed*. Yale University Press.

Trier, J. 2008 *Invoking the Spirits: Fieldwork on the Material and Spiritual Life of the Hunter-Gatherers Mlabri in Northern Thailand*, Aarhus University Press.

Vandergeest, P. and Peluso, N. L. 1995 Territorialization and State Power in Thailand. *Theory and Society* 24(3): 385-426.

Van der Meer, C. 1981 Rural Development in Northern Thailand: An Interpretation and Analysis. Rijksuniversiteit.

第13章

逃走が開く「翻訳」の可能性

——コロンビア国内避難先住民の移動とその政治

近藤　宏

IDP先住民のひとり。手にしているのは、以前市場で買って食べた実の種を家屋の周りに植えてとれた、グウァバナの実。

一　はじめに

南米、コロンビア共和国の現代史は国内武力紛争の歴史でもある。一九六〇年代から今日まで半世紀以上にわたり、様々な左派ゲリラグループ、反革命的民兵組織、正規軍のあいだの衝突と市民に対する暴力が継続している。二〇一六年には、一九六四年に結成された最大ゲリラ組織であるコロンビア革命軍（Fuerzas Armadas Revolucionarias de Colombia 通称ＦＡＲＣ《ファルク》）がコロンビア政府と和平合意をしているが、ほかの武装勢力の暗躍は続いている。

このような状況が継続するコロンビアについてよく言われるのが、国土全土に統治が及ばないということ、すなわち、辺境における「国家の不在」（Serje 2012）、あるいは「国家に見放された」地域としての辺境といった考えである。人類学者のセルへによると、コロンビアの国土をめぐる地理学的想像力において、辺境は①地図上の空白地域、②アクセスの悪さ、③隠された富／経済的資源、④紛争地域という特徴を備えた空間とされている。こうした地理学的想像力は、その地域のことを経済的統合がまだなされていない区域とみなす、植民地主義的なパースペクティブによるもので、その地域は以降の収奪に開かれた空間だとするような「経済‐世界」的秩序を、あたかも自然のものであるかのように社会的に構築する、とセルへは批判する（Serje 2012）。ようするに、国家の描く経済秩序に組み込まれる余地のある空間、未だ国家はないが暴力の可能性に満ちたフロンティア空間として辺境をみなすような地理学的想像力がコロンビア社会にはたらいている、ということだ。その想像力においては、国家こそが全体性の座を占めている。

こうした想像力に応じるかのように、コロンビア国土の辺境地域は、国家＝コロンビア政府に代わり武装勢力の支配が及ぶ空間となり、国内武力紛争の被害が集中してきた。辺境は、セルへの示す地理的想像力が描くフロンティア空間として、社会的に扱われてきたのである。さらにその辺境地域に暮らすのは、農民のほか、アフリカ系と先住民というコロンビアにおける民族的マイノリティで、かれらには、殺害、脅迫、動員を含む様々な武力紛争の被害が及んできた。それら暴力の被害のなかでも、本章では強制的移住（forced displacement）に注目する。

長期に及ぶ武力紛争の影響で、二〇二四年現在、コロンビアには約六六〇万人の国内避難民がいる。かれらは様々なかたちで暴力に巻き込まれ、それまでの暮らしを諦め、地方都市や大都市をはじめ、ほかの場所に移住した。国内避難民のなかでも、本章で焦点を当てるのは、都市部に暮らす先住民である。コロンビア国内では、先住民が伝統的に暮らす土地には集団的な権利が認められている。そうした場所はレスグアルドと呼ばれるが、辺境に位置するために、武力紛争の影響を被りやすくなっている。先住民のなかにはレスグアルドを離れ、都市部に移住する人たちもいる。都市部で国内避難民として暮らす先住民は、国家統治のおよばない辺境から、行政機構や警察機構が整い人道支援機関の出張所などもある都市へと、すなわち、無国家的なフロンティア空間から統治された空間へと移動をしている。その移動は同時に、多文化主義社会において先住民に割り当てられた空間・レスグアルドからの追放という性格がある。このような国内避難先住民の経験や移動には、辺境をめぐり、コロンビアの伝統的な地理学的想像力とは別の想像力がはたらいており、そこには国家の別のあり方の可能性が垣間見える。その想像力と可能性を記述することが、本章の目的である。

調査は、コロンビア共和国の太平洋岸にある地方都市において、そこに暮らす先住民エンベラ・ドビダの人びとを中心に組織される被害者団体の協力のもと、聞き取りと訪問、そのほか団体の活動に同行するといったかたちで進めている。二〇一七年一月に同都市をはじめて訪問してから継続的に調査を進めているが、コロナ禍以降、本稿の執筆に着手した二〇二二年までのあいだに現地を訪れる機会はない。

コロンビア共和国の太平洋岸地域は、セルへの言うコロンビアの辺境のひとつである。とりわけこの地域は、アフリカ系コロンビア人が多いことに特徴がある。その理由は、植民地期に導入された奴隷制に求められる。ただしその地域には先住民も一定数暮らしており、地名や都市名には先住民言語に由来するものも少なくない。調査地である地方都市の名前もまた、先住民言語に由来しており、そのことは周知の事実となっている。しかし、今日の都市部に暮らすのは主にアフリカ系の人びとで、全国規模ではマイノリティとなるかれらは、その地方都市に限ればマジョリティとなる。そのマジョリティとしての性格は数の上には限られず、たとえば地方行政機構に勤めるのはもっぱらアフリカ系の人びとであったりする。先住民は、アフリカ系の人びとに対し、マイノリティである。さらにこの都市には、国内避難民ではない先住民も暮らす。かれらは、レスグアルドとのつながりを持ち続ける先住民である。対して、後にみるように、国内避難民である先住民はレスグアルドとのつながりを断ち切っており、それゆえ、先住民のなかでもマイノリティとなっている。国内避難先住民は、この都市において、二重のかたちでマイノリティとなっている。彼らは都市の周縁部に拡大する貧困地区に、数家族が集まるようにして暮らす――その家々も、圧倒的に多数のアフリカ系の人びとの家屋に囲まれている。

一方、この地方都市には、役場をはじめとする地方行政機構のほかに、国際的人道支援団体の出張所もいくつもある。地域全体が相対的に「国家の不在」状態にあるとはいえ、その都市そのものは政府の統治が及ぶ空間であり、それゆえに、様々な人道支援を相対的に受けやすい環境がある。そのことが、この地域で紛争に巻き込まれた国内避難民がこの都市に留まる理由のひとつとなっている。

二　移動する者の主体性と政治

国内避難先住民の経験や移動を通じて、辺境をめぐるもうひとつの想像力とそこに潜む可能性を記述する補助線となるのが、移民難民研究における、移動経験と結びついた主体性をめぐる議論である。難民や国内避難民の人類学的研究を行うアジェ（Agier 2016）は、移民や難民たちの境界に踏み込む移動の経験に加え、そしてそのアイデンティティが揺れ動き変容する境界状態にあることに注目する必要を論じる。アジェは、かれらが「民族《エスノ》（ethnos）」として現れる、同一性を前提にする分析視角ではなく、「民衆《デモス》（demos）」として現れる視角に立たねばならない、という（Agier 2016: 135–136）。それは、移民や難民たちの境界をめぐる固有の経験に通底するひとつのアイデンティティを見るよりも、アイデンティティから逃れたり、活用したり、反対する状況を問い、記述するためである（Agier 2016: 153）。諸権力による対象化—主体化の帰結としての同一性に囚われず、別の主体性を発揮するようになる契機が、移民難民の境界移動の経験にはあるということだ。また、おもに移民の経験を通じて資本や主権権力や統治権力の現代的形態を分析するメッザードラとニールソン（Mezzadra and Neilson 2013）も、今日の移民難民の主体性を闘争の場として捉える必要性を述べている（Mezzadra and Neilson 2013: 250-252）。移民たちは、境界地帯に踏み込む移動を経験するなか、多様な権力のはたらきに晒される。境界の経験から生じる主体性の政治は翻訳のイメージで考えられるべきだとメッザードラは言う。闘争の場となる移民難民の主体性が開く政治とは、主権権力が規定する境界を問いに付しながら、境界にまつわる様々な差異や特異性が消失することなく接続される、翻訳的状況を生み出す。その翻訳的政治は、境界の分断的効果を越えて再び共通のものをつくり出す取り組みとなる（Mezzadra and Neilson 2013: 250-252）[1]。

国内避難民の主体性に現れるもうひとつの地理学的想像力を記述し、その翻訳的状況を問ううえで、「もうひとつ」というオルタナティブなものをどのように位置づけるかが論点となる。翻訳的政治を別の角度から考えるために参考になるのが、モルによる存在論的政治の議論である（Mol 1999）。モルは、「実在は、われわれがそれと関わり合うときのありふれた実践に先立つものではない。むしろそれは、そのような実践においてかたちづくられる」（Mol 1999: 75）のであり、実在とは所与というよりもなされるものだという前提に立ちながら、構築主義やパースペクティヴィズムとは異なる仕方で、実在の多元性を捉えようとする。そこで重要になるのが複数性と多元性の区分である。前者は、構築主義と結び付くことの多い捉え方である。異なる認識・視点の担い手として異なる人、集団、立場などが想定されるため、単一の実在をめぐる異なる認識、視点の複数性という考え方に行き着く。そのため、問題が異なる視点をもつ立場や集団の違いとして思考される。対して、多元性は実践の差異ゆえに生じるもので、その焦点は、認識・視点の担い手の複数性というよりもありふれた実践によってなされる対象としての実在にある。実在の多元性を生む各々のたぐいの実践は、互いのバリエーションであり、それらバリエーションのあいだには干渉の余地が開かれる。

この干渉の余地ゆえに、実在の多元性は視点の担い手の複数性とは異なる固有の政治をひらく。別のところでモル(Mol 2014) は、この二つの政治の差異を、「(例えば誰が話すのか、誰が行為するのかといった) 誰なのかをめぐる政治」と「(具体化している実在は何なのか、それと共に生きるようになる実在は何なのかといった) 何なのかをめぐる政治」と、換言する。「誰なのかをめぐる政治」とは複数性、アイデンティティ、立場形成などをめぐる政治、「何なのかをめぐる政治」とは多元性、実在、干渉に関わる政治である。

これから見るように、都市部で避難民として暮らす先住民の展開する政治は、アイデンティティ・ポリティクス、「誰なのかをめぐる政治」と不可分である。ところが、そこに現れ出ているもうひとつの地理学的想像力というオルタナティブには、その政治が「何なのかをめぐる政治」となる可能性が宿る。都市部で避難民として暮らす先住民は、他者が規定しようとするアイデンティティに逆らう仕方で自らの主体性をつくり出すという「民衆《デモス》」としてのアイデンティティの政治を実行する (enact) ことで、「もうひとつ」の地理学的想像力と伝統的な地理学的想像力との翻訳的政治のスペースを開こうとしている。かれらのなしていることにたしかに宿るその可能性を記述することは、「誰なのかをめぐる政治」に潜む萌芽状態の「何なのかをめぐる政治」を見つけることでもある。そこにはコロンビア国土をめぐる従来の地理学的想像力、辺境を暴力的収奪の可能なフロンティア空間とみなす想像力から、国家が脱け出る道筋が潜在している。

三　都市における本質化

調査のために、都市において二重のマイノリティとなる国内避難先住民の人びとと知り合うこと自体が難しかったかといえば、そうではない。わたしがかれらと連絡を取ったきっかけは、首都ボゴタで開かれた先住民民芸品のフェアだった。そこにブースを設営していたコロンビア国内のある服飾・インテリア系小売店が、国内避難民支援の一環として、避難状況にある先住民の制作したビーズのブレスレットや首飾りを販売していた。その企画の担当者に話を聞いたところ、調査地として考えていた地方都市に暮らす国内避難先住民が被害者団体を組織していることと、その連絡先を教えてくれた。そして団体のリーダーに連絡を取り、会う約束を予めしてからその都市に行き、待ち合わせをして彼と初めて会うことから、調査がはじまった。被害者団体のおかげで、国内避難先住民に簡単にコンタクトを取ることができたのである。

これは調査の思い出話というだけではない。というのも、自分たちの存在を「可視化」することが被害者団体の目的のひとつだからである。この地方都市に暮らす国内避難先住民たちが被害者団体を設立したのは二〇一六年だった。きっかけをつくったのは、二〇一九年現在も団体の代表を務めるオスカルという人物で、彼によれば、前年の二〇一六年、首都ボゴタから来た別の先住民指導者から武力紛争被害者の諸権利やかれらに対する補償枠組を定めた被害者法（Ley 1448 de 2011）について教えてもらい[2]、その都市に暮らす顔見知りのほかの国内避難先住民の人びとに呼びかけていった。被害者法は二〇一一年に施行されていたが、オスカルは二〇一六年になるまでその内容を詳しくは理解できていなかった。同じことは、既に地方都市に避難していたほかのエンベラ・ドビダの人びとにもいえた。その状況で、武力紛争の被害者としての権利を行使し要求をするために、団体を結成することに決めた。今ではこの地方都市にある一七の地区から、約三〇〇世帯がこの被害者団体に参加している。そして、地方行政や国内避難民を支援する国際団体、あるいは、ＦＡＲＣとの和平合意後に進められた真相究明のための法的手続きなどの全国的に進められる被害者救済の諸政策の担い手が、この団体を通じて、国内避難民となったエンベラ・ドビダの人びとにアプローチするようになっている[3]。新たな組織体を創出することによって、かれらは武力紛争の被害者としておのれを可視化しているのである。

かれらによる「可視化」には、さらなる意味合いがある。ある日、被害者団体の人びとと待ち合わせ、昼食をともにしたときのことである。オスカルが、頬を顔料で赤くし、その上に黒の顔料で簡素な装飾をしてやって来た。それは、いわゆる伝統的装飾で、たとえばシャーマニズム的治療などの場面でも施されるものだった。装飾をする理由をオスカルに尋ねたところ、次のように彼は答えた。自分たちの民族が存在しているのを見せるためだ、自分たちは文化的絶滅などしていないのだ、と。その装飾は、民族的アイデンティティのしるしとなる文化を街において可視化するものだったのである。

この被害者団体は、同じように理解できることを別のかたちでも実践している。国際人道支援団体の助力を得て、民芸品販売活動が組織されたことがあった。そのときには、ほかの都市から買い付けに来る人びとに売るためにビーズの装飾品を製作するだけでなく、その地方都市の公園でも販売する活動などが行われた。そのために、人道支援団体からの資金援助を受けて被害者団体名の入ったテントを製作する、といったプロジェクトが進められた。さらには、次のようなこともあった。わたしが調査地から離れた後に、被害者団体のメンバーであるアルベイロからスマートフォンで撮影された複数の短い動画がＳＮＳで送られてきた。そこに映っていたのは、伝統的衣装を身にまとう女性たちの踊りだった。隣国パナマでは、同じような踊りが観光という文脈において頻繁に行われている。しかし、この動画はコミュニティの自助的活動としての文化行事で撮影されたものだった。この行事は、コミュニティのメンバーにコミュニティの問題点を考えさせ、それに対する対策を一緒に考える、というコミュニティ開発の方法論をとる人道的支援団体との協力で進められた。伝統的踊りのパフォーマンスをすること、可視化可能な文化活動の遂行が重要課題に位置づけられていたということである。

このように、紛争被害者である国内避難民として、さらに、伝統的文化を備えた先住民としておのれを可視化する試みが重ねられている。では、そうしたアイデンティティの活用が求められるかれらの状況とはいかなるものなのだろうか。

この点を考える手掛かりが、顔を装飾してあらわれたときのオスカルのことばにある。それは、自分たちが文化的絶滅などしていないことを可視化するために装飾をしている、というものだ。ここでは、都市にいる先住民を文化的に絶滅してゆくものとして、すなわち、非先住民に同化してゆくものとして見る、他者の視点が意識されているのは明らかである。発せられている。実際にこの都市では、「国内避難先住民は文化的絶滅の途上にある」と評するような表現を見聞きすることは珍しくはない。さらにそのフレーズは、この街でマジョリティを占めるアフリカ系の人びとだけでなく、先住民を支援しようとする人びとや、ときには先住民自身からも発せられることがある。

避難者として暮らす先住民に消え去る命運を見る診断は、その街のみならずコロンビア社会に広く流布するもので、実のところ、ひとつの法的判断に裏打ちされている。コロンビアの憲法裁判所による二〇〇九年四号決定には、次の一節がある。

この判断によって、先住民族に差し迫っている重大な危機を取り上げたい。その危機とは、いくつかのコミュニティの絶滅の危機であり、強制移住を原因とする文化的観点によるもの、あるいは、その構成員の自然死あるいは暴力による死に起因する物理的根絶でもありうる［…］先住民集団と領土との関係が、その文化的構造や民族的・物質的生存を左右するという視座を失ってはならない。強制移住は、固有の文化的総体からの断絶と文化的衝撃によって、文化的同化を引き起こす。強制移住状態にある先住民族は、都市環境に突如として放り投げ込まれ、文化および言語的断絶や極貧状態など、完全に場違いの／迷った状態（desubicación）で暮らしている。

一見すると、先住民差別として受け取ることのできそうなこの状況診断を含む憲法裁判所の文書を教えてくれたのは、コロンビア国内の多様な先住民の政治的組織が集まる全国組織（Organización Nacional Indígena de Colombia 通称ONIC）の職員だった。彼曰く、これは、武力紛争で被害を受け避難民となった先住民が抵抗するための法的道具のひとつである。

この二〇〇九年四号決定は、コロンビアの法制度上、二〇〇四年に憲法裁判所によって下された決定的な違憲判決、

T−025を引き継ぐものである。T−025は、コロンビアにおける武力紛争の被害者である国内避難民が公的支援などの不備のために違憲状態に置かれていると判断した、画期的な判決として知られている（Rodríguez and Rodríguez 2010: 58-63）。大きな特徴は、T−025の判決に実効性を与え、国内避難民の人びとの状況を改善するために、憲法裁判所自体が継続的な取り組みをしたことにある。[4] 憲法裁判所は、強制移住に関する公共政策追跡委員会（la Comision de Seguimiento a la Política Pública sobre Desplazamiento Forzado）を組織し、具体的な是正内容を伝える決定を二〇一〇年までのあいだに八四件ほど下した。なかには、多様性への対応の原則に応じ、障害者、女性、子ども、民族的マイノリティごとの決定がある。二〇〇九年四号判断もそのひとつで、先住民を対象とした判断である。つまり、ONICの職員が述べるように、武力紛争の被害者となった先住民避難者を法的に支援するための根拠となる文書なのである。

憲法裁判所の判断において記述される、「完全に場違いの状態」にあるという生の様相は、国内避難先住民の都市部での暮らしに当てはまるようなところもたしかにある。たとえば、かれらは日常的に、行政機構や病院など公的機構において順番を後回しにされるか、アテンドを先送りにされる。体調の悪化しさせた妻を病院に連れて行ったが、順番待ちのあいだにさらに状態が悪くなり、その翌日に妻が命を落とす経験をした男性もいた。また別の男性は、体調を崩した子どもを病院に連れて行った際、子どもの栄養の面で医師にアドバイスを求めたところ、ぞんざいな対応を受けたことがあった。その対応は彼を酷くいら立たせ、そのまま、頭の中に様々な考えが巡るなか、この街に来ることになった経緯を否応なく思い出してしまうこともあった。あるいは、仮住まいのように立てている家屋のある土地の真の所有者（たいていはアフリカ系の人びと）から立ち退きを命じられ、都市内部でさらなる移住を強いられた人もいる。[5]

オスカルをはじめとする国内避難先住民によるおのれの可視化は、このような、先住民を助ける道具である憲法的判断に折り畳まれた先住民像への同一化（identification）に逆らおうとする試み、言い換えれば国家のような見方があることは受け入れながらも、そのように見られはしまいというふるまいなのである。しかしなぜ国家は、被害者となった先住民を助けようとして、都市に避難する先住民は「場違い者」で、そうであるがゆえに既に死にかけている、と見てしまうのだろうか。そのビジョンには、二〇〇九年四号判断を生み出した一九九一年改正コロンビア憲法が深く結びついている。

四　多文化主義的空間の想像力

コロンビアにおける人道的なものの形成過程を論じた人類学者のアパリシオ（Aparicio 2012）によれば、コロンビア国内において九〇年代は「平和の一〇年」とも呼べるような時代だった。一九九〇年代は被害者、平和、人権について新たな考えや感性がかたちづくられる時代で、九一年改正憲法も、基本的権利の侵害状態について訴え出ることを可能にするメカニズム、庇護の訴え（la acción de tutela）を認め、人権保護局（Defensoría del pueblo）[6]が創設されるなど、市民の人権を守るための手続きの具体化を導いた。その憲法は、一方で多文化主義の考えを組み込んだ憲法でもある。第七条には「国家はコロンビア国の民族および文化的多様性を承認し、保護する」、第八条には「国の自然および文化的な豊かさを守ることが国と人びとの義務である」とある。このほかにも、六三条や三二九条、三五七条では先住民の伝統的な生活領域であるレスグアルドのことが言及され、特に三二九条ではその譲渡不可能性が、三五七条では行政機構としての位置づけが明示されている。

九一年改正憲法の制憲委員会には、先住民とアフリカ系という、コロンビアにおける民族的マイノリティも参加している。こうした民族的マイノリティの諸権利のひとつとして特徴的なのが、テリトリーに対する権利である。カルデナスによれば、言語などの面でマジョリティと差異のないアフリカ系の文化的差異は、とりわけ「伝統的な生産の実践」、すなわち伝統的生業に求められていた。それゆえに、文化的差異は、テリトリーという空間的な負荷をもつ概念と深く結びついている（Cárdenas 2018: 78）。またそのテリトリーは、伝統すなわち過去との関係を要件としている。

九一年改正の多文化主義憲法の文化概念にとってのテリトリーの重要性は、先住民にも当てはまる。この憲法制定以前から法的に定められていた先住民の生活領域レスグアルドのそれぞれを領域確定されたテリトリーと認めるとともに、その地域の運営を各先住民議会が担うことをこの憲法は定めている（Stocks 2005: 92-93）。文化が空間的に配置されるというこの観点からすれば、あるテリトリーを離れる移動はまさに文化的な「場違いの状態」を生むものとして立ち現れる。人権の問われる状況下に置かれた先住民は文化的絶滅の途上にあるという診断が、憲法水準の根拠を持つものとして下され、様々な言論に編み込まれてゆく。こうして、都市に避難する先住民を「場違い者」であるかのように描出することばと視角とが、人権を守る言説として社会に広がっているのである。

それゆえ、自文化を本質化するかのような被害者団体のふるまいは、多文化主義国家が見るものとは別のアイデンティティを自らつくりだすふるまいといえる。実のところ被害者団体は、レスグアルドを代表する先住民組織であるカビルド、すなわち、多文化主義国家において公的にその立場を認められた先住民政治機構とは別の団体として組織されている。オスカルによれば、レスグアルドを束ねる代表者たちと都市部に避難する先住民たちの政治的要求は必ずしも一致しないからである。また強制移住の被害者であるかれらは、もともと暮らしていたレスグアルドに戻ることは希望していない。むしろそれを拒んでいる。だからといって、都市に留まることも望んでいない。かれらの希望は、レスグアルドでも都市でもなく、別の場所で再びかつてのように暮らすことにある。

被害者団体は、コロンビア社会におけるオルタナティブの勢力といえる。文化の根拠地となるテリトリー／レスグアルドを代表する先住民議会とは別の仕方で先住民であることを模索し、多文化主義国家とは別の仕方で文化と移動を関係づけようとしているからである。そして、その移動には、コロンビアの国土をめぐるもうひとつの想像力がはたらいている。人びとの避難経験の語りに、その想像力のあり様を確認しよう。

五　周縁における国家のようなもの

国内避難民となった先住民の人びとが都市の暮らしの窮状を訴える際に、繰り返し用いる表現がある。それが「飢えをしのいでいる」というものである。この表現は、今の暮らしとかつての暮らしのあいだにあるコントラストを浮かび上がらせている。今は一日一食しか食べられないこともあり、飢えている。だがかつての故郷での暮らしでは、ちゃんと食べることができたのだ、と。焼畑耕作によって育てたプラタノ（加熱用バナナ）、トウモロコシ、あるいは様々なイモ類、狩猟で獲った種々の獣肉や森の植物で育てたブタの肉、あるいは川で獲れる魚など、熱帯の森の生態環境を活かし、よく食べることが、価値ある生活様式として思い出される。たとえば「あそこには、わたしのブタ、鶏、プラタノ、バナナ、皿、鍋を残してきた」、と、豊かな食生活の喪失経験として避難の移動は語られる。

理想のように語られるその暮らしを放棄せざるを得なかった理由、故郷を去らねばならなかった直接のきっかけは、人によって異なる。たとえば、右派民兵組織から左派ゲリラの協力者であると疑いをかけられ個別に脅迫を受けた、左派ゲリラの協力者とされる別の人物と間違えられあと一歩で殺されるところだった、武装勢力に家族を殺された、左派ゲリラに脅迫された、家族が拷問された、メンバーになるよう勧誘された、集落全体が交戦地帯となり全住民が避難したあと再び戻る気にならなかった、一度は帰還したが家族の死のためにそこで暮らし続ける気力がわかなかった、などである。[7] 被害者団体に参加する人たちは出身地も避難時期も多岐にわたる。それでも、集落のそばに武装勢力が姿を見せるようになったことによって引き起こされていた、暮らしの決定的な変化について、人びとが語るところはよく似ている。それは、自由な移動に対する制限、豊かな暮らしの阻害である。

武装勢力が先住民の集落のそばに姿を見せるのは、敵対勢力から逃れ、身を隠すため、あるいは支配圏域をたしかなものにするためである。そうしたとき、武装勢力は地域住民の動向を制御しようと、一方的に行動の範囲を決めるような「ルール」を課すという。ある女性は、そうした「ルール」が課されたときの様子を、次のように語る。

かれらはそのルールを伝えるために、人を集めた。全員を呼んだ。そして、こう言ったんだ。もし、女が一人で小径［集落と耕作地などをつなぐ道］や川にいるのが見つかれば、その女はレイプされるか、あるいは殺されるかだって。

端的に言えば、「ルール」は脅迫によって課される。その「ルール」を守らせるために、地雷が用いられることもあるようだ。その様子は、別の人によって次のように語られる。

コミュニティの周辺には地雷はなかった。でも、ある小川に通じる道、そこに畑を持っていたのだけれど、武装勢力はその道に地雷を仕掛けた。それが怖くて、プラタノの収穫には行けなかった。プラタノは畑に残したままだった。その地雷が爆発することはなかった。武装勢力は、ぼくたちがかれらの邪魔をしないようにとそのこと［地雷のこと］を教えた。

このような「ルール」のために、人びとは日常の生活領域を、以前のように自由に移動できなくなる。たとえば、次のような出来事を語る人もいた。

わたしの息子と娘、そして娘の夫である義理の息子とで、川に魚獲りに行ったときのことだ。一人で行くなんてできないから、三人で行った。ある小川まで行くと、そこで息子が捕らえられ、そのまま森まで息子を連れ去ってしまった。武装勢力の仕業だった。

息子たちが帰っていないことが発覚すると、この男性はコミュニティの人びとともに武装勢力のもとに駆けつけ、ひるむことなく交渉することによって、息子たちを助けることができたという。しかしながら、川で魚を獲ることが、一歩間違えれば暴力的に命を奪われることにつながってしまう状況が生じていたことがうかがえる。このように、脅迫や地雷の使用を伴う「ルール」の制定は、少なくとも、日常生活の空間を自由に移動し食べ物を取ることのできない空間へと変えてしまう。

さらに別のタイプの移動の自由に対する制約が、集落周辺に潜む武装勢力以外の武装勢力から課されることがある。[8] それが、河川交通の制限である。これはもっぱら、この地域に進出した右派民兵がとった戦略である（Stanford 2004）。この民兵組織は、地域にある町と先住民やアフリカ系の人びとの暮らす集落のあいだにチェックポイントを設け、そこで人と物資の移動を管理し、集落へ持ち込むことのできる食糧品や医薬品の量を制限した。ときにそのチェックポイントは、武装勢力による脅迫や暴力の現場にもなった。そこでは、レキシート（requisito）と呼ばれる、[9] 食糧を巻き上げる徴収行為もなされた。その様子は、たとえば次のように語られる。

　レキシートというのは、たとえば町まで［川を］下って行って、自分に必要なものを買うだろ。コメだとか、油だとか。それでも、やつら［民兵］にとっては、それは俺のものではない、そんなわけはない。それらはゲリラのもの。そうでなければ、民兵のもの。「寄こせ」とね。［…］もしコメを買って帰ろうとすると、そこから六ポンド（約二・七キログラム）くらいのコメを渡し、買った者の手にはその残りだけだ。

武装勢力は、ほかのかたちでも食糧を住民から巻き上げている。その様子を、ひとり芝居のように再演し証言する男性がいた。

　ブタ、はぁ。奴ら［集落に来た武装勢力］が、殺してしまう。ピン［発砲の音を真似る］。一度に何頭も持ち帰る。ある日、武装勢力がコミュニティに来た。「鶏あるか？」「ここにはない。ひよこならあるけど、売ろうか？」「あ、なんだって？　お前は協力しなければいけないだろ。もししないなら、お前が俺たちの敵ってことだ」、ときたら、俺たちは黙るしかない。

このように武装勢力の存在によって、レスグアルドから離れる前にすでに、豊かに食べるというかつての生活様式には陰りがみられるようになっていた。人びとが都市へと避難する前から、人びとの生活領域は自由に移動できるような空間ではなくなり、よく食べるために買ったもの、育てているものは、巻き上げられるようになっていた。武装勢力は、そのような「ルール」の課された暮らしを強いていたのである。

ダスとプール（Das and Poole 2004）は、国家の周縁には「超法規的にして国家の外部、あるいは、国家に先行するものとして構築されうる、暴力と権威の諸形態を通して、法を一連のものとして再建しているかのように思われる諸実践」（Das and Poole 2004: 13）が見られることがあるという。ベンヤミンのいう脅迫としての法を思わせるこのような武装勢力のふるまいはまさしく、「国家不在の辺境」に現前する国家的な力といえる。その力はときに、徴税さながら、食糧を巻き上げるためにふるわれる。コロンビアの武力紛争の被害者のエスノグラフィーにおいて、法学者のルメートル（Lemaitre 2019）は、「国家不在の辺境」こそが武装勢力の支配圏であることを踏まえながら、そのような地域は武装勢力が国家のようなものとして機能する空間であると指摘する。武装勢力は地域住民をかれらの考える敵／味方の二分法に巻き込み、協力者＝味方となった住民の生に対する条件付きの保護を与えるため、コロンビア政府と競合関係にある国家のようなものなのだ、と。

武装勢力の支配圏域は無国家空間ではなく、コロンビア政府とは別の国家じみた機構の力が支配する空間なのである。国内避難民の経験にはこのような、コロンビアの伝統的な地理学的想像力とは異なる地理学的想像力がはたらいている。この想像力においては、レスグアルドを離れるという国内避難先住民の運動は、国家じみた力のはたらく空間からの逃走として現れることになる。

そしてこの逃走という運動が地方都市――相対的にコロンビア政府による統治のおよぶ空間――で終わることのないように力を蓄える、そのような政治を被害者団体はその都市で展開している。かれらの目的は、「帰還」とは異なる「再定住（reubicación）」の実現にある。すなわち、レスグアルドからも地方都市からも離れるための政治を展開しているのである。おのれの移動をいまだに完了していないものとするその政治によって、国内避難先住民の地理学的想像力は、辺境を経済的収奪がもっぱらこれからも発展しうる空間とみなす国家の地理学的想像力といっそう対照的なものとなる。この対照性を、最後に記述しよう。

六　帰還に抗することの政治

既にみたように被害者団体は、新たな環境である都市空間に溶け込むようなアイデンティティというよりも、都市にとって異質な存在である先住民のアイデンティティのもとに自己呈示をする。しかしながら、そのようなアイデンティティを引き受けながらも、この被害者団体は、多文化主義国家における先住民像、すなわち、辺境において境界画定された領土であるレスグアルドに暮らし、政治的にはカビルドによって代表される民とは異なる、もうひとつの先住民であることを実行しはじめているのである。マイノリティとしての先住民の境界線をさらに分裂させるように引き直すことで、かれらは都市でもレスグアルドでもない別の場所でかつてのような暮らしを再開することを、武力紛争被害者の権利として求めている。

二〇一一年の被害者法は武力紛争の多様な被害者に対する包括的枠組で、それまでは個別に法的な対応がなされていた国内避難民も対象にしている。国内避難民には避難後の一時的な保障にくわえ、損失に対する補償なども認められている。「再定住」は、「帰還」や「移住先への統合」と同じく、国内避難民に対してありうる支援の一形式であり、その実現に向け、被害者団体は地方政府との交渉を試みている。被害者かつ先住民というアイデンティティの「可視化」は、この交渉の前提条件を創出するためのものでもある。

ただし実際のところ、地方政府の側の反応は芳しくはないようで、口約束以上に話は進んではいない。被害者団体に対して協力的な国際人道組織の職員も、簡単には実現しえない選択肢だと受け止めていた。なぜなら、先住民のレスグアルドのほかにもアフリカ系のテリトリーがあり、それらを除外して移住先の候補地を選ばなければならないからである。「再定住」は、今のところ、被害者団体の希望でしかないかもしれない。

しかしながら、被害者団体は都市において「先住民」となり帰還とは異なる希望をかたちづくることによって、故郷から離れた避難という移動の終点を、地方都市からさらに別のどこかへと移している。これによって、避難をきっかけにするかれらの移動は、さらに延びゆく潜勢力を宿すことになる。この潜勢力によって、かれらの地理学的想像力は、国家による辺境をめぐる空間的想像力からの逃走という性格をも備えることになる。

先住民が「帰還」も「移住先への統合」も拒むことには、辺境を空白とみなす植民地主義的な伝統的地理学的想像力のみならず、かつて空白とされた場所には既成の文化的テリトリーがあるという、多文化主義国家の空間的想像力とも異なる仕方によって、辺境地域を想像することが織り込まれている。「再定住」とは、先住民として暮らす場所を既成のレスグアルドとは別のところに求めることになるからである。

コロンビアの武力紛争は、よくいわれるように、辺境における土地収奪と深く結びついている (Grajales 2011)。[10] 様々な資源があり、人口的には空白とされてきた辺境は、極めて暴力的な採収主義 (extractivism) の力がおよぶ空間となっている。辺境においてテリトリーを拡大できるのは、暴力をいとわない採収主義的な諸力であり、長期にわたる武力紛争によってそのような事実が積み重ねられることで、辺境は「国家の不在」や国家じみた力の現前に特徴づけられるだけでなく、暴力的な収奪が違法ではあるにせよ可能なこととして銘記されるような地理学的現実がつくられている。そうした現実があるなか、多文化主義国家の地理学的想像力のもとでは、先住民であれアフリカ系であれ、民族的マイノリティのテリトリーは収奪的経済の暴力から防衛されねばならない領域であり、かれらの政治も領土防衛のようにイメージされる（Escobar 2017: 141-154 を参照）。

これに対して、レスグアルドの外に先住民として暮らす再定住地を求めることは、辺境を先住民としての生活様式の拡大にこそ開かれた空間として扱うことを伴う。既に見たように、かれらが望まない「帰還」と「移住先への統合」のいずれもが、多文化主義国家コロンビアの伝統的空間の想像力の枠組に従う移動の経路である。前者は、既に定められた文化のテリトリーに戻り、後者は同化に至る移動となる。一方、「再定住」は、再び「先住民」として暮らし直すために別の場所へと向かうことである。いまのところ、「再定住」の希望は具体的地名とともに語られることはない。それでもかれらが希望するのは、川や森を探索し、作物をつくり、よく食べる生活に戻ることである。それを可能にする新たな生活領域を辺境に求めることには、辺境を国家のようにはみない想像力が織り込まれている。国内避難民にして先住民である武力紛争の被害者として「再定住」を要求することによって、被害者団体は、かれらに対応する責任を負った政府に対し、かれらと対話し、かれらの希望に応じるために、辺境を新たな仕方で扱うように呼び掛けている。

七　国内避難先住民のように見ることと存在論的政治

「再定住」を求めるという被害者団体の希望は、武力紛争被害者にして先住民であるというかれらのアイデンティティと深く結びついた声である。その限りではこの声は、モルのいう複数性の政治の声である。しかしながらその声は、被害者の権利にも裏打ちされているがゆえに、かれらの身元にだけ送り返される、立場に属する認識の表現として聞かれてはならない。なぜならその要求は、被害者の権利を行使するためのものであり、行政はそれに応答する責務をおのれに課しているからである。

ひとたび「再定住」の実行可能性が検討されるようになれば、辺境とされてきた空間は、伝統的な地理学的想像力が対象化してきたようなフロンティア空間なのか、多文化主義国家的想像力が対象化してきたような伝統や先祖伝来といった過去との関係によって境界画定されるような空間なのか、あるいはそのいずれでもなく、国内避難先住民の人びとの希望に織り込まれた、先住民的生活様式のさらなる拡張に開かれた空間なのかが問われ、それぞれの空間のあり方が干渉せざるをえなくなる。そのとき、「辺境」という空間が何であるのかが、被害者団体以外の人びとや機構にとっても中心的な問いとなる。「辺境」とは「何なのかをめぐる政治」が展開するスペースが開かれることとなる。

辺境とされる空間を、暴力の伴う採収主義にではなく先住民的生活様式こそがこれから拡張する空間にすることは、空間の扱いにおいて脱植民地主義的傾向性をもたらすことになるはずだ。そうした傾向性が実行されるのであれば、国家は、環境の破壊もいとわない仕方で資源を収奪する採収主義的経済体制と手を切ることになるだろう。「辺境」とは「何なのかをめぐる政治」には、国家の側の変容可能性が内包されているはずである[11]。

都市部において本質主義的な仕方で自己呈示する先住民たちは、国家が見るようにはおのれを見ないことを通じて、多文化主義国家における先住民像から逸脱する移動と文化の関係を探りながら、国家的想像力とは異なる、辺境をめぐるもうひとつの想像力をかれら以外の人びとにも共有しようと模索している。かれらの地理学的想像力は、かれらのアイデンティティに帰されるよりも、これまでにコロンビア社会を動かしてきた地理学的想像力とのあいだに「翻訳」的なつながりが結ばれることが期待される。そのつながりには、翻訳においてよく言われるように、自明の前提を裏切る力もあるはずだ。ここで裏切られることが期待されるのは、コロンビアの伝統的な地理学的想像力にはたらく前提、国家が不動の全体性の座をしめるような前提である。被害者団体による「翻訳的政治」とは、国家が先住民のように見るよう導くもので、二つの異質な地理学的想像力の重なりからこれまでとは別の全体性に向かうきっかけとなりうるものである。そこには、植民地主義や採収主義と深く手を結びながらフロンティアを構想してきた国家が、おのれの地理的想像力から抜け出し、辺境とは「何であるのか」を問い直す契機をつくる可能性が、たしかに宿っている。

注

［1］　久保（本書11章）は、難民の諸経験において「境界線の引き直し」が実行される様を記述する方法としてマルチ・サイテッド・エスノグラフィーを実践している。

［2］　コロンビア国内紛争被害者救済のための包括的な法律。加害行為に対する法的認定がなくとも被害者認定が可能である。支援、補償を受ける権利、真実を知る権利などの諸権利が認められ、政府に対する義務を規定している。

［3］　この地方都市には、ほかにも、エンベラ・ドビダと同じチョコ語族の先住民ウォウナンの人びとも、被害者団体を形成している。なおオスカルは、エンベラ・ドビダとおなじエンベラ語を話すとされるエンベラ・エジャビダという別の民族集団の出身である。その被害者団体のメンバーは、オスカルと彼の息子、そしてもう一家族を除いて、エンベラ・ドビダの人びとがメンバーとなっている。

［4］　法社会学的観点からT－025判決の社会的意義を論じたロドリゲスら（Rodríguez and Rodríguez 2010）は、その判決とその後の取り組みを、国内避難民をめぐる社会状況を変化に導く司法的運動（el activismo juridical）として評価している。

［5］　コロンビア国内では、都市部にいる国内避難民が経験する、かれらの脆弱性に起因する都市内部で強いられた移住を、都市内移住（desplazamiento urbano）などの用語によって問うことがある。

［6］　人権侵害が疑われる事象に介入する公的機構。コロンビアでは強制移住などの武力紛争の被害に対しても積極的に活動をしている。たとえばグラハレス（Grajales 2015）によれば、九〇年代後半から武力紛争のひとつの中心地となったアトラト川下流域において、強制的に移住させられた人びとの生と土地の保護のために、最初に介入した公的機構が人権保護局だった。人権保護局はまた、紛争的暴力が土地収奪と結びついていることを公的な報告にまとめている（Grajales 2015: 553）。

［7］　強制的移住の被害には、それが集団的に起こる場合と、個別に生じる場合とがある。前者は、集落が交戦地帯となったためにほとんどの住民が避難するなどのかたちで起こる。そのようなときには強制的移住は可視化されやすく、公共機構や人道支援団体などからの支援もつきやすい。一方、脅迫などの理由で個別に集落から逃れる人びとも多く、そうしたケースは、必ずしも集団的強制移住と同様に可視化されるとは限らない。

［8］　九〇年代には、民兵組織は正規軍と協力関係にあった。そうした状況を踏まえ、スタンフォードは民兵による住

民統制を国家の周辺における国家的なものとして位置づけている（Stanford 2004）。

［9］スペイン語のrequisitoそのものは必要や要件を意味する。軍による徴用に対してはrequisiciónという語がある。

［10］採収主義（extractivism）は、石油や地下資源のみならず、木材、さらには加工用農産物など、多様な再生不可能原材料輸出に特化するように経済、社会、自然が編成される現象を指すことばで、二〇一〇年前後からラテンアメリカ諸国の経済状況や開発政策の分析に用いられている（Gudynas 2009）。また、ガーゴとメッザードラは、現代の資本主義におけるデジタル化技術が、データマイニングなどをはじめ地下資源採掘のイメージでかたどられていることを踏まえ、ラテンアメリカの政治経済体制に限らず現代の資本主義の性質を採収主義として考察する（Gago and Mezzadra 2017）。

［11］コロンビアの移行期正義の枠組において、テリトリーが被害者であるという考え方が見られるようになっている。リヨンズ（二〇二二）によれば、それは多文化主義と結びつくテリトリーの考え方とも異なりうるものであり、コロンビアの法体系に「脱植民地化」的傾向性をもたらす可能性を備えている。

引用・参考文献

Agier, M. 2016 *Borderlands*. Polity.

Aparicio, J. R. 2012 *Rumores, residuos y Estado en "la mejor esquina de Sudamérica": Una cartografía de lo "humanitario" en Colombia*. Ediciones Uniandes.

Cárdenas, R. 2018 Thanks to my forced displacement: blackness and the politics of Colombia's war victims, *Latin American and Caribbean Ethnic Studies* 13-1: 72-93.

Das, V. and D. Poole 2004 State and Its Margins: Comparative Ethnographies. In (Das, V. and D. Poole eds.) *Anthropology in the Margine of the State*. School for Advanced Research Press, pp.3-33.

Escobar, A. 2017 *Autonomía y diseño La realización de lo comunal*. Tinta Limon.

Gago, V. and S. Mezzadra 2017 A Critique of the Extractive Operations of Capital: Toward an Expanded Concept of Extractivism, *Rethinking Marxism* 29-4: 574-591.

Grajales, J. 2011 The rifle and the title: Paramilitary violence, land grab and land control in Colombia, *Journal of Peasant Studies* 38-4: 771-792.

Grajales, J. 2015 Land grabbing, legal contention and institutional change in Colombia. *The Journal of Peasant Studies*, 42-3, 4: 541-560.

Gudynas, E. 2009 Diez tesis urgentes sobre el nuevo extractivismo. Contextos y demandas bajo el progresismo sudamericano actual. In *Extractivismo, politica y sociedad*. pp. 187-225. Centro Andino de Acción Popular y Centro Latino Americano de Ecología Social.

Lemaitre, J. 2019. *El estado siempre llega tarde. La reconstrucción de la vida cotidiana después de la guerra*. Siglo Veintiuno.

Lyons, K. 2022 "Nature" and territories as victims: Decolonizing Colombia's transitional justice process. *American Anthropologist*. 125-1: 1-14.

Mezzadra, S. and B. Neilson, 2013 *Border as Method, or, the multiplication of Labor*. Duke University Press.

Mol A. 1999 Ontological politics. A word and some questions. *The Sociological Review* 47-1: 74-89.

Mol A. 2014 A reader's guide to the "ontological turn"? Part 4 *Somatosphere*. 〈http://somatosphere.net/2014/a-readers-guide-to-the-ontological-turn-part-4.html/〉（最終確認日：二〇二五年三月一五日）

Quiceno T. N. 2016 *Vivir sabroso: Luchas y movimientos afroatrateños, en Bojayá, Chocó, Colombia*. Editorial Universidad del Rosario.

Rodríguez G. C. and R. F. Diana 2010. *Cortes y cambio social: Cómo la Corte Constitucional transformó el desplazamiento forzado en Colombia*. Dejusticia.

Serje, M. 2012 El mito de la ausencia del Estado: la incorporación económica de las zonas de frontera en Colombia. *Cahiers des Amériques latines* 71: 95-117. Open Edition Journals. 〈https://doi.org/10.4000/cal.2679〉（最終確認日：二〇二五年三月一五日）

Stocks, A. 2005 Too Much for Too Few: Problems of Indigenous Land Rights in Latin America. *Annual Review of Anthropology* 34: 85-104.

Sanford, V. 2004 Contesting Displacement in Colombia: Citizenship and State Sovereignty at the Margins. In（Das, V. and D. Poole eds.）*Anthropology in the Margine of the State*. School for Advanced Research Press, pp.253-277.

終章

岡野 英之

統治のフロンティアを再考する

——統治のアクターは国家だけなのか

一　はじめに

本書ではここまで、各章の論者がそれぞれ設定したフロンティア空間において、複数のアクターが自らの想像力に依拠しながら、「あるべき土地空間」の姿の実現しようと錯綜する過程を描いてきた。その締めくくりとなる本章では、二つのことを論じたい。第一に、なぜ本書が二〇二〇年代半ばというタイミングで統治を論じたのかを確認したい。そして第二に、そのことを踏まえた上で、本書の学術的な到達点を示したい。いいかえるならば、本書の社会的意義と学術的意義を確認したいのである。その作業は本書の議論を総括することにもつながるはずである。

まずは序章を振り返ろう。序章の議論を整理すると以下のようになる。

統治や領域化に関する研究は、これまでにもあった。しかしながら、従来の研究は、複数のアクターが絡み合う様を十分に描いているとはいえなかった。なぜなら、統治や領域化に関して個々のアクターがそれぞれ抱くイメージ（想像力）とそれを実現しようとする行動（実行力）が区別されることなく提示されてきたからである。これでは、現実として観察しうる統治や領域化の実態がいかなる経緯を経て立ち現れてきたのかを理解するには限界がある。その問題点を乗り越えるために本書は二つの分析枠組みを設定した。その一つがフロンティア空間という概念であり、もう一つが想像力と実行力を区別したことである。この二つの分析枠組により、複数のアクターが絡み合うことで統治が変化するさまを、より細やかに描き出すことができる。

このまとめからもわかるように、序論では先行研究が到達した地点を確認し、その問題点を指摘し、それを乗り越えるための方策を提示することに専念している。ゆえに、本書が何のために編まれたのか、そして、なぜ二〇二〇年代半ばという時期に統治についての学術書を出版することにしたのか、に関しては十分に論じられてはいない。そこで本章では、本書の同時代性、すなわち、本書が出版された時代とはいかなる時代なのか、を検討した上で本書の意義をまとめ、本書の議論を総括する。

二　国家の統治能力は強まっている？

まず、近年の研究において国家による統治はどのように論じられているのだろうか、一九九〇年代までさかのぼって確認する。当時、国家による統治能力は相対的に低下するという論調が主流であった。しかし、二〇〇〇年代に入って以降、国家による統治は強まっているという論調が目立つようになった。

グローバル化は国家を衰退させるという認識――一九九〇年代

一九九〇年代には国家の影響力は相対的に弱まるという論調が主流であった。グローバル化の流れに逆らえずに国家の影響力は相対的に低下すると考えられたのである。

経済の議論に目を向けると、国境を越えた経済的なつながりが深化することにより、国家が規制や政策などで経済を操作することが以前よりも困難になっていると指摘された（Ohmae 1995; ストレンジ 一九九八）。また、政治的な議論に目を向けるとグローバルな課題に立ち向かうため、あらゆる国の市民を巻き込むような連帯が生まれていると論じられた（足立 二〇〇四：Keck and Sikkink 1998）。いわば「グローバル市民社会」（global civil society）とも呼べるものが作られつつあるという（Kaldor 2003）。さらに、新しいテクノロジーにも注目が集った。携帯電話、衛星放送、インターネットが普及することで世界のどこにいても同じ情報にアクセスすることが可能となり、世界レベルで価値観が共有されるとの議論もされた（伊豫谷 二〇〇二：五二-五三：リッツァ 一九九九：Mackay 2000）。こうした現象によって複合的にグローバル化が進展することで国家の影響力は相対的に弱まっていると理解されたのである。

テロとの戦い

しかし、二〇〇〇年代に入ると、世界は別の方向へと動いていく。国家が人びとを監視したり管理したりする必要性が主張され、技術の進展によってその能力も向上した。そのきっかけの一つが、二〇〇一年に発生したアメリカ同時多発テロ事件である。この事件をきっかけに作られた「テロとの戦い」(War on Terror)という国際的な潮流によって、国家が人びとを監視し管理すべきであるという考え方が強まった。

アメリカ同時多発テロとは、イスラームの過激な思想を持つ複数の実行犯によってアメリカ国内線の旅客機、四機がハイジャックされ、ニューヨークの超高層ビルやワシントンの国防総省本庁舎へと突っ込んだ事件である。それ以降、アメリカは「テロとの戦い」を掲げ、世界各国に協力を求めた。その流れがアフガニスタン戦争やイラク戦争につながったことは論を待たない(延近 二〇一八)。しかし、本章が目を向けたいのはそこではない。本章が注目するのはこうした世界的な政治の流れの背後に「テロとの戦い」という文脈に則って国家による監視や管理の体制が強化されたことである。

アメリカ同時多発テロ事件の後、その実行犯たちが合法的にアメリカへと入国していたことが判明すると、アメリカ合衆国政府は国境管理や移民の流入を問題視し、これらの問題を国家の安全保障に関する問題に位置づけた(小井戸 二〇一四:中野 二〇〇七:西山 二〇一三)。それに続いたのが不法入国に対する取締りの厳格化である。デジタル技術による情報管理技術が導入され、顔認証技術を用いたICチップ内蔵型のパスポートが発行されるようになった。さらには出入国管理にも生体認証が導入され、入国審査時に指紋を採取したり、顔写真を撮影したりするようになった。これらの技術はアメリカ合衆国の要請をきっかけに世界中の国々で導入されることになり、本書の出版時にはもはや当たり前のものとなっている(村山 二〇〇六:畑中 二〇〇七)。

ヨーロッパに目を向けると、同地域のウチとソトを分ける形で移民の取り締まりが強化された。ヨーロッパにはシェンゲン協定(Schengen Agreement)があり、同協定の加盟国間では出入国手続きが撤廃されている。そのため、重要となってくるのはシェンゲン協定の圏内と圏外とを厳格に線引きをし、その往来を管理することである。二〇〇四年、欧州連合（European Union: EU）はシェンゲン圏の外部境界を警備するために欧州対外国境管理協力機関（European Border and Coast Guard Agency/通称：フロンテックス［Frontex］）を創設した（Leonard 2009）。さらに人の移動を管理するための各種データベースも導入した（夏井 二〇一八；Longo 2016）。

二〇一〇年代に入ると、その流れはさらに加速化する。二〇一一年に発生した「アラブの春」をきっかけにヨーロッパに大量の難民が流入したからである。アラブの春とは二〇一一年初頭から数年間にわたり、中東・北アフリカ諸国で本格化した民主化運動のことである。アラブの春を経験した国々の中には大規模なデモをきっかけとして政治的な混乱に陥ったところも少なくなかった。リビアやシリアでは内戦が生じ、チュニジアやエジプトでは政権交代がみられた。そうした政治的混乱で生じた大量の難民がヨーロッパへと流入した。それに加えて同じ時期にイスラームの過激な思想を持つ者によってヨーロッパ各地でテロ事件が頻発した。こうしたテロ事件の実行犯は、シェンゲン協定加盟国の出入国手続きのない国境を自由に行き来した。同地域内の一部の国は、こうしたテロリストの往来を問題視し、難民の流入を阻止したり国境管理を限定的に再開したりした（土屋 二〇一七a、b）。

無論、ヨーロッパ諸国で厳格化されたのは国境を越える移動の管理だけではない。国内においても人びとの管理・監視体制が強化された。たとえばフランスでは二〇一五年一一月一三日に発生したパリ同時多発テロ事件を契機に前科者に電子機器を着けて監視することが認められた。その他にも、警察の裁量を拡大し、深夜の家宅捜索、危険団体の解散などをできるようにした。こうした措置は、基本的人権（とりわけ、身体の自由、および、集会・結社の自由）を侵害するものともいえる（遠藤 二〇一六：八九‐九四）。

このような人びとに対する管理や監視の強化は、アメリカ合衆国やヨーロッパ諸国だけに留まらない。国家が統治を強化しなければならないという認識は世界的に強まったようにみえる。

民主主義の後退とコロナ禍

こうした流れに並行して見られたのが「民主主義の後退」と呼ばれる現象である。近年、民主的とはいえない国が増加していることが多くの研究で指摘されている。それは中国という複数政党制を取らない国の台頭に起因するだけではない。選挙で選ばれた政権が民主主義を後退させるという現象が多数の国で見られるようになった。たとえば、民主主義に関するシンクタンクV‐Dem研究所（V-Dem Institute）[1]は報告書『民主主義報告二〇二二』（*Democracy Report 2022*）の中で、二〇一二年から二〇二一年までの一〇年間で「選挙制度を伴う権威主義国」（electoral autocracies）が増えており、世界の自由民主主義は後退していると指摘している（V-Dem Institute 2022）。同分類に該当する国々では、民主的に選ばれた政権が制度的手続きに則った上で、集会の自由や報道の自由を制限したり、政敵の排除を実行したりしている。いまや世界人口の四四パーセントが同分類の国の下で暮らしていると同報告書は指摘する（V-Dem Institute 2022）[2]。

民主主義の後退にさらなる拍車をかけたのが「コロナ禍」である。コロナ禍とは、二〇一九年末からの数年間にかけてみられた新型コロナウイルス感染症（Coronavirus disease 2019: COVID-19）の世界的な流行である。同感染症は二〇一九年末、未知のウイルスが引き起こす疾患として中国で発見され、数ヶ月の間に世界的に広がった。大半の健常者は軽症の呼吸器疾患で済む一方で、高齢者や慢性疾患を持つ者など一部の者が重篤な肺炎で死亡した（WHO 2023）。発症前の感染者や無症状のウイルス保有者が他人に感染させる可能性があったことから（国立感染研究所 二〇二一）、同感染症の拡大に対して世界的なパニックが生まれた。その後、ワクチンの開発と世界規模での接種が急ピッチで進められ、治療法を含めた同感染症についての理解が進んだことからコロナ禍は収束を見せたが、同感染症は今後も人類とともに存続し続けることになった（鈴木 二〇二三）。

コロナ禍の際、ほぼすべての国で外出を控えることが推奨された。軍や警察を動員し、強権的な外出制限を課した国も少なくない（植田編 二〇二一：日下部他編 二〇二二：浜田他編 二〇二一）。また情報統制を試みた国も多い。「正しいコロナ情報の提供」という大義名分でメディア規制が正当化され、その流れはSNSにも及んだ。国によっては「フェイクニュース」や「偽情報」を撲滅するという理由からSNSに対する監視が行われ、インターネットの書き込みを政府機関が削除することもあった。また政府に対して批判的な報道をしたジャーナリストや「間違った情報」をSNSに投降した市民が逮捕された国もあった（本名 二〇二〇）。こうした状況に関して国際的な記者支援団体、「国境なき記者団」（Reporters without Borders）は、コロナ禍において「報道の自由はグローバルに減少傾向」を見せたと指摘する（Reporters without Borders 2020）。

感染症対策におけるこれらの取り組みの是非はここでは議論しない。本章で注目したいのは、人びとを管理し、自由を制限することが容認されたことである。すなわち、問題（＝ここでは感染症の蔓延）に対処するためには国家が人びとを監視し、管理することが必要であるという「想像力」が広がり、それを実行しようとする「実行力」が強まったことである。

三　管理・監視技術の広がり——「統治」の想像力と実行力を高めたのは国家だけなのか

こうしてみると、ここ数十年で国家による管理や監視は強まったように見える。ただし、より広い文脈から捉えると、それは大きな流れの一部であるともいえる。その流れとは管理や監視を可能とする技術の発達である。二一世紀に入ると、インターネットやスマートフォンが普及し、人びとの生活を一変させた。これらの技術が広まった結果、どのような主体であっても監視や管理の技術を使うことが可能となった。

たとえば企業を例にあげよう。この数十年の間に多くの企業が、人びとが日常生活で生み出す大量のデータを収集・保管・分析することで利益をあげるようになった。たとえば、書籍を中心としたインターネット通販サイト、アマゾン（amazon.co.jp あるいは amazon.com）では顧客の閲覧履歴や購入履歴に基づいて、「あなたへのおすすめ」の商品が表示される。それを見て「さすがアマゾン、私のセンスをわかっていらっしゃる」と感じた読者も少なくないだろう。また、祖母が亡くなったことをSNSに投稿したら、自分の苗字が印刷された葬儀用の提灯の広告が表示されたという笑えない笑い話もある。これらの事例が示すのは、インターネットショッピングの購入履歴、検索語彙、電子メールの文言などは企業にとって利益を生む情報源だということである。こうした情報を入手することは「監視」と形容することもでき、その情報を用いて消費行動を誘導するのは「管理」とも表現できる。

また、効率的なサプライチェーンの構築にも監視や管理の技術が用いられる。上述の企業、アマゾンが大きな成功を収めたのは、デジタル技術を用いて調達、営業、販売、サポートを無駄なく実施できる商品調達システムを作り上げたからである。売り手（仕入れ先）はアマゾンから提供される消費者の購入情報に基づいて適切な分量を出荷すればよい。アマゾン側の倉庫は自動化され、仕入れ先から購入すべき在庫は最低限で十分になった。クリックすればその翌日（時には当日）に商品が届くことから、買い手（消費者）も喜んでアマゾンに個人情報を提供する（ギャロウェイ 二〇一八：三三一－一〇六）。アマゾンは消費者や取引先を、監視と管理のシステムの中に包摂しているといってよい。無論、こうした取り組みを行っているのはアマゾンだけではなく、その手法はビジネスモデルとして定着している。

ビジネスだけではない。管理や監視の技術はジャーナリズムにも使われる。コロナ禍では感染拡大を防ぐため移動の自由が制限された。その結果、報道機関は取材ができないという窮地に立たされた。そこで、もてはやされたのがOSINT（Open Source Intelligence）という「取材」手法である。同手法はインターネットで公開されている画像や動画、SNSに投稿された情報を分析することで何が起きたのかを明らかにするもので、現場に行かずとも「取材」が可能となる。日本放送協会（NHK）の取材班は、この手法を使いミャンマー軍事政権による市民弾圧の経過（二〇二一年〜）を明らかにしており、その取材の過程は書籍『NHKスペシャル取材班、「デジタルハンター」になる』にまとめられている（NHKミャンマープロジェクト 二〇二二）。ここで言及しておかなければならないのは、そもそもOSINTとは国家による情報収集に関する用語であったことである。OSINTとは「公開情報諜報活動」とも訳され、公開されたソースを用いて情報収集をすることを指す諜報活動を指す（Muncaster 2021）。こうしてみると、いまや国家だけではなく企業や報道機関も同じような技術を用いて管理や監視の実行者となっている。

もちろん個人もこうした流れから自由なわけではない。典型例がＳＮＳである。ＳＮＳには日々、書き込みやコメント、動画や画像が投稿されている。自己開示欲を満たすために自分の経験や意見をＳＮＳへと投稿する人も少なくないだろう（筆者も大好きである）。しかし、そのことは監視や管理が可能となる状況へと自らを招き入れていることに他ならない。誰かの投稿をＳＮＳ上の「友達」が批判し、誰でも見られるように「サラす」（＝誰でも閲覧可能にして糾弾の対象にする）ことは珍しいことではない。たとえば、筆者の調査地タイではコロナ禍において次のような例があった。

> コロナ禍のごく初期に韓国から帰国したばかりの者が家族と焼き肉に行った。当時、韓国は新型コロナウイルス感染症が拡大しており、タイ政府は韓国からの帰国者に自宅待機を推奨した。それにもかかわらず帰国者の一人が焼肉に行き、その様子をFACEBOOKにアップロードした。そうすると、その人物の「友人」がその行為をＳＮＳ上で批判し、その投稿を拡散した。その投稿に対する批判はインターネット上で広がり、さらには全国ネットのテレビ・ニュースで取り上げられるまでとなった。
>
> （岡野　二〇二一：二五四－二五六）

こうした事例が示すのは、いまや誰でも（個人でさえも）、管理や監視の実行者になり得ることである。管理や監視の技術を用いるのが国家である場合、「統治が強化される」と表現されることになるが、同じ技術を他の主体が用いる場合、「統治」と呼ばれることはない。現在の世界では、国家による統治と同様の技術を用いて、複数の主体が、それぞれの想像力と実行力を行使しているようにも見える。

こうした時代だからこそ統治を再考しなければならないというのが本書の社会的意義である。ただし、本書で取り上げたいずれの章も監視や管理の技術が用いられる最前線ではない。本書の意図は、そうした最前線の事例を取り上げるのでことはなく、統治が強まったように見える時代だからこそ、統治がいかに進展するのかに関して再考することにある。本書に収録される各章は「統治がいかに進展してきたのか」あるいは「統治がいかなる形態をとっているのか」を論じている。それらの議論を整理することで統治を再考することができるのではないだろうか。

四 国家の統治は強まっているのか

本書の執筆者は、それぞれの調査地でフィールドワークを実施し、その経験をもとに各章を執筆した。その年齢層は三〇代から六〇代までであり、若い者でも一〇年ほど、もっとも年配の者は三〇年近く現地の変化を見続けてきた。すなわち、本書の執筆者は少なくともここ一〇年ほどの間、同じ時代の変化を別々の場所で体験したわけである。各章は、それぞれのフィールドでの調査に基づいて執筆されたものであり、その記述は極めてローカルな経験である。しかしながら、そこにはいくつかの共通点が見出せる。

第一に、多くの論考で国家の統治は強まっているという指摘がなされた。たとえば、岡野論文は、タイ＝ミャンマー国境地域におけるシャン人移民の入植を取り上げた。そこで描かれる移民とはタイ政府による領域化に取り込まれる存在である。武内論文ではルワンダ政府が住民を巻き込むことで村レベルにまで至る行政機構を確立し、政策として移住や土地管理を推進する様子が描れる。鈴木論文では、かつて国境を越えた海域を移動して生活してきた海民モーケンが、国家による「海の領域化」に巻き込まれたことを指摘する。これらの論文の他にも佐川論文、大澤論文、寺内論文、二文字屋論文も国家による統治の強まりを指摘している。これらの論文は総じて、国家の統治は強まっているものの、それでも住民たちはなんとか新たなフロンティアを見つけ出そうとしているという論調で議論を締めくくくっている。

第二に、いくつかの論文では、国家の介入を受けて住民がこれまで注目してこなかった空間を占有するという事象を報告している。佐川論文では、エチオピアの牧畜民ダサネッチを取り上げ、その一部の若者が農場建設に反発して「南」に行ったことを指摘する。その地は年長者の管理が届かず、開放的な空間とみなされた。若者たちはそこで従来通りの牧畜に加えて、従来、「家畜をもたない貧しい者」だけが行うとされてきた漁労にも従事する。大澤論文では、インドネシアの泥炭地に囲まれた村を取り上げる。この村の住民はこれまで注目されてこなかった土地を現金獲得手段として「領域化」した。住民はアブラヤシ企業が入り込んできたことをきっかけに村の後背泥炭地を個人へと分配し、その土地を企業や都市住民に売るようになった。これらの論文を見ていくと、国家による領域化は、複数のアクターの想像力や実行力を触発し、それらが互いに重なり合うことで新たなフロンティアが切り開かれていることがわかる。

第三に、いくつかの論文では、様々なアクターによる領域化の背後に国家が密接に関わっていることが指摘されている。宮地論文は、ボリビアにおけるコカ栽培の管理について論じる。ボリビア政府はコカの栽培を管理するために農民組合を管理機関として取り込んだ。しかし、その農民組合のメンバーたちは管理外の不法なコカ栽培に従事する者たちでもあった。また、二文字屋論文はかつての狩猟採集民ムラブリがタイ政府による開発に乗じて自分たちのロジックで新たな地へと移り住んだことを指摘する。ムラブリたちが新たな生活を選んだのは、国家が入植地を用意したからではあるものの、その動機は極めてローカルなものである。

このようにみてみると国家とは必ずしも統治に関与する唯一のアクターというわけではなく、複数のアクターが想像力や実行力を行使していることが読み取れる。とはいえ、巨視的にみると国家による統治が強化されているというのもまた間違いないように思えてくる。

ただし、ここで立ち止まってみたい。もしかすると「国家による統治が強化されている」という見方は「全体性の罠」にはまっているのではないだろうか。序章で取り上げたように、人類学者デビッド・グレーバーによると、私たちには実際には混淆的に存在している世界を「全体化する体系」として捉えようとする傾向がある（グレーバー 二〇〇六）。すなわち、「国家」や「社会」を内的に一貫した原理によって統一的に構成されたシステムだと考えて、その内部で生起する現象をすべてシステム全体との関係において理解しようとする。この指摘を踏まえると、国家による統治が強まっているという見方は全体性を作り出そうとする私（筆者）が心の中で作り出した虚構に過ぎないと考えることもできる。しかしながら、「全体性の罠」と真剣に向き合うと本書の大半の論考が破綻してしまう。なぜなら国家の全体性が虚構であるならば、フィールドで見たことの全体性もまた虚構かもしれないからである。研究者がひとつの「全体像」を提示することは現実を理解することに他ならない。しかし、その一方でその理解は虚構である可能性を捨てきれない。この「全体性の罠」にはどのように対処すべきなのか。結論を述べると、全体性を描くことは研究手法の一つに過ぎず、その他の理解の仕方もあることを自覚することであろう。

五　方法論的全体性を考える――統治の全体性、研究対象の全体性

人文社会科学の論文には、研究対象を設定し、その研究対象を全体性を持つものとして描く論文が少なくない。本書でも三つの論文（後藤論文、久保論文、近藤論文）を除き、すべての論文がそのアプローチを採用している。すなわち、「フィールドではこんなことが起こっているんだ」という全体の見取り図を示すことを記述の中心に据えている。グレーバーがいうように国家の全体性が虚構であるとすれば、研究者が研究対象の全体性を想定することもまた虚構である可能性が残される。

結論を先取りすると、そうとは限らないということを論じたい。そのためにも、グレーバーが想像の全体性を指摘したのは、それを「虚偽意識として告発」するためではなく、「単なる思考の道具であることを忘れないようにする」

ためであることに注目したい。研究対象の全体性を措定することは研究上の手法に過ぎない。全体性は無数の捉え方があり、論文で採用されたひとつの全体性は、研究者が気づいた恣意的なものに過ぎない。本書の中でも特に久保論文が、この方法論的全体性に真摯に向き合っている。

久保論文は、ミャンマーから流出し、その後、世界に散らばった（その一部はミャンマーへと帰った）カレンニー難民を描き出した。その民族誌的記述で久保は、複数の地点（故郷・難民キャンプ・第三国）を継ぎ目のない一つのフィールドと設定し、そのつながりの関係性を追うという手法を採用した。この手法について説明する際、久保は調査地とは「恣意的な場所」に過ぎず、フィールドワークとは「民族誌家と調査対象者との筋書きのないやりとり」によって構築されると論じる。久保がこうした立場を取るのは、全体性など描くことはできないし知覚することもできないという前提に立ちながらも、それでも全体性の措定をあきらめないからである。以下は久保論文からの引用である。

ストラザーンは、「部分的であることとは、（全体の一部としてではなく、何かとの）つながりとしてのみ作用する」と述べる。ある部分が部分として捉えられるのは、それを全体のなかの一部と捉える論理があるからだが、その全体は（国家のような）ただ一つの全体性ではない。「恣意的な場所」を設定することで、国家のような所与の「全体」を回避し、複数地のつながりの関係性（レイヤーの重なり）から対象を理解することを試みる。

ここで久保が伝えようとしているのは、調査対象（という全体像を有したもの）は、一つの存在として調査者の前にあるのではなく、様々な形で結ばれることである。すなわち、調査者は調査を通して無数の全体を見つけ出していくことになる（Candea 2020: 41）。久保は調査地で見てきたことからひとつの全体像（＝カレンニー難民）を措定するも、全体性の切り取り方は一つとは限らないし、さらには、ひとつの全体像を切り取ったとしても、それをひとつのストーリーだけで描けるはずがないと考える。そこから読みとれるのは、全体像とは、別の形で結ばれるかもしれないということを常に念頭に置いたうえで研究対象と向かい合わなければならないという教訓である。

筆者なりの理解として、このことはカメラで写真を撮ることを例にあげればわかりやすい。ある公園に写真を撮りに行ったとしよう。カメラを用いて一枚の写真を撮るときには現実の一部をフレームカットせざるを得ない。一枚の写真におけるフレームカットは一つしかなく、その中の被写体も撮影者が恣意的に選んだものである。しかし、同じ場所でいくつもの写真を撮り続けると状況が立体的にわかってくる。一つの写真には写っていない部分があるかもしれないが、一枚一枚を照らし合わせることで、その公園がどのような場所かを、ある程度、摑むことができる。とはいえ、公園の全体像が見えてくると雑多なものが存在しており、そこにはまとまりがない。そのすべてをフレームに収めようとすると、まとまりのないものにならざるを得ない。ゆえに、一枚の写真には、何らかの撮影対象を選び取ってフレームの中に納めざるを得ない。

論文を書く／読むという作業もこれと似てはいないだろうか。ひとつの論文では、どこかをフレームカットし、その全体像を便宜的に描かざるを得ない。しかしながら、ひとりの研究者が同じフィールドに関して書いた論文をいくつも読み重ねていくうちに、その研究者が見たフィールドが立体的に見えてくる。もしかすると、他の研究者もその近く（あるいは同じ場所）でフィールドワークをしているかもしれない。そうした研究者の論文も重ねて読むことで、より立体的に現実を理解できるはずである。

本書には研究対象の全体性を描く論文が多数あるが、それらは記述の際に便宜的に設定された「恣意的な場所」として理解されるべきである。一枚の写真を撮る際のフレームカットの仕方はひとつしかない。しかし、そのことは、それぞれの論者がその一枚のフレームカットでしか現実を見ていないことを意味するわけではない。その他にも研究対象の設定の仕方は無数にあるはずだ。

その一方で、後藤論文と近藤論文は全体像を描き出すことなど不可能であるという態度を取り、その代わりに観察できる事象を追うという手法を採用した。そのときに注目するのが様々なアクターがどのように「モノゴト」を把握し、その把握の仕方を踏まえた上でどのように行動するのかである。とりわけ、その「組み合わせ」(assemblage)を辿ろうとするのがそのアプローチの特徴である(石田 二〇二〇：モル 二〇一六：ラトゥール 一九九九、二〇一九：Mol 2014)。

こうしてみると本書には様々なアプローチが集まったことになり、その中には相反するアプローチもある。こうしたまとまりのなさは編者の怠慢に見えるかもしれないが、アプローチの違いとは「どのようにすれば、より丁寧に世界を理解できるのか」を考えた各論者の選択が反映されたものであり、同一の書籍内で共有されるべきものだと考える。

フィールドワーカーは、フィールドのことを理解するため(そして記述するため)に、様々な手法を駆使してきた。そのことを「恥知らずの折衷主義」(methodological opportunism)という自嘲的な用語を用いて、肯定的に捉える議論もある(佐藤 二〇〇六：六九－七二：Suttles 1976)。統治を論じる本書も例外ではない。折衷主義では、方法論としての切れ味は失われてしまうものの、学問の求めるものはそこではないはずだ。問題なのは、この世界をいかに理解するのかである。

六　誰によるのかが明確ではないまま切り開かれる統治のフロンティア

そのことを踏まえた上で改めて各章を再検討すると、統治のフロンティアはかならずしも国家が切り開くものではないことがわかってくる。まず、いくつかの論文では、国家ではないアクターによる領域化が描かれている。後藤論文では、不法な入植地がブラジル政府によって公的な入植地として認可されるプロセスが論じられる。この事例においてフロンティアを開拓するのは不法入植者である。国家は彼らの土地を公的な入植地として認可するに過ぎない。後藤論文で描かれる国家とは、他アクターによって領域化された土地空間を、あたかも国家が領域化したものとして取り込んでいく存在である。

池谷論文は、一九世紀から現在までに至るカラハリ人によるカラハリ砂漠への移動のプロセスを考察した。その際に池谷はカラハリ砂漠を、カラハリ人にとってのフロンティア空間と位置づけている。このフロンティア空間へのカラハリ人の移動は、伝統的な王国の盛衰、交易、植民地統治や近代国家の統治に影響を受けながら進展した。

桐越論文はガーナ北部から中部への移民の歴史を、国家が関与しない実践として描き出した。その際に注目するのは、ゾンゴと呼ばれる集落である。もともとゾンゴとは移民にとっての「商業拠点」を意味していた。しかし、時代を経るごとにゾンゴという単語は移民コミュニティを意味するようになる。こうしたゾンゴの変化を見ることで描きだされるのは、植民地以前から現代まで連綿と続くガーナ北部から中部への移民史である。おそらく桐越が見た領域化に国家がまったく関与していないわけではないだろう。桐越が国家をフレームの中にいれようとすればできたはずだ。社会学者マックス・ウェーバーが「国家はどのような問題にもどこかで関与している一方、国家のみが独占的に実践する事柄もない」と論じているように（ウェーバー 二〇二〇：八－九）、現代世界ではどのような事象を考察するのであれ、国家を視野に入れると、その影響が必ずある。しかしながら、桐越論文はあえて国家に目を向けないで領域化を論じた。

次に、国家が関与したとしても、国家は自らの想像力や実行力を一方的に他アクターに押し付ける存在ではない。たとえば、寺内論文での国家は住民に利用される存在と理解できる。寺内が調査したのはインドネシアにおける焼畑民の村である。その村人は石炭企業の進出予定地で焼畑を始めた。焼畑をしたのはその地の所有権を主張し企業から補償金を得るためであった。もし補償金を得られなかったとしても、その地で生産した商品作物を販売することもできる。住民は政府と企業が作り上げる統治構造に巻き込まれながらも、投機的に対応することで様々な経済的利益を獲得している。

次に、近藤論文は、都市に出てきた先住民避難民が国家の想像力に抗する様子を描き出す。先住民避難民は、国家の「先住民は同化していく存在である」という見方を理解する。その理解は「そのように見られまい」という新たな想像力を先住民避難民の中に作り出す。先住民避難民はその想像力に則した実行力を行使する。すなわち、伝統衣装を身にまとったり、顔面装飾をしたりするようになる。

これらの論文から読み取れるのは、様々なアクターが、自らの都合に従って他アクターの想像力を読み替え、他アクターの実行力を操作する姿である。つまり、都合のいい実行力には便乗し、都合の悪い実行力の勢いを削ごうとする。このように様々なアクターは、想像力においても実行力においても相互に干渉しあっている。国家はそうした場に参加するひとつのアクターに過ぎない。そのプロセスから見えてくるのは、統治のフロンティアは「誰によるものなのか」が必ずしも自明ではないことである。

七　フィールドワークをすることの限界

本書の特徴のひとつはフィールドワークを通して統治を論じる論集だということである。しかしながら、フィールドワークは万能ではない。フィールドワークには手法上の限界もあるし、社会的な制約もある。そこで本章の最後に、自戒を込めてフィールドワークをすること／できることの限界を確認したい。その作業は翻って、フィールドワークの有用性を確認することにもつながるし、他のアプローチとの関係性を検討するヒントにもなるはずである。

第一に、治安の悪いところや武力紛争が発生している地域でのフィールドワークは難しい。たとえば、アフリカのサヘル地域では二〇一〇年代に入るとジハーディストの活動が活発化した。モーリタニア、マリ、ブルキアナファソ、ニジェールといった国々が国境を越えた武装勢力の活動に巻き込まれたのである（佐藤 二〇一七：Boås 2019）。本書の執筆者、桐越もニジェールでの継続調査を断念した経験を持つし（桐越 二〇一六）、マリを研究している研究者もジハーディストの活動によって新たな研究テーマに変えざるを得なかった（伊東 二〇二一）。ブルキナファソを研究する筆者の知人は、首都には行けたものの、農村部にあるフィールドに入ることはできず首都で悶々と過ごしたという[3]。なお、本書ではエチオピアとルワンダという二つの事例をアフリカから取り上げたが、これらの事例は必ずしもアフリカを代表する事例というわけではない。これらの事例からは国家による統治が強まったように見えるが、サヘル地域の国々では逆のことが起こっている[4]。この二つの事例からアフリカを一般化するわけにはいかない。なぜなら、統治の強度が弱まった地域に関して本書は十分に踏み込めてはいないからである。

第二に、強権的な統治が敷かれており、研究者が調査許可を取りにくいところでは調査が難しい。たとえば、中国では近年、フィールドワークをすることが難しくなっており、中国研究者が次々とフィールドを他国に移している。中国では一九八〇年代になってはじめて外国人研究者が調査を許可されるようになった。しかし、その後も政治問題で調査許可やビザの延長が左右されることが少なくなかったという（西沢・河合編 二〇一七）。ただし、それでもなお研究はできた。ある研究者によると、かつては村民委員会（末端レベルにおける住民組織）に「アポなし」で訪ねても、話を聞いてくれ、いろいろ教えてくれたという。[5] しかし、習近平政権になってからはそれが難しくなった。筆者が話を聞いた研究者は「何かオオゴトになる前に上に報告した方がいいって感覚を人びとが持ちはじめたんじゃないかなあ」と語る。[6] 現在（本章執筆時である二〇二三年前半）、中国大陸で研究してきた研究者の大半が台湾などにフィールドを移しつつある。このように国家が外国人研究者の立ち入りを制限する地域でのフィールドワークは難しい。無論、本書にはこうした地域の議論はない。

第三に、人類学者はフィールドを無作為に選ぶわけではない。たいていの場合、自らの興味や学術的な関心に沿ってフィールドを選ぶ。とすると、やはり知的探求心をくすぐらない場所はフィールドとして選ばれにくい傾向にある。[7] たとえば、少子化が進行し老人ばかりの村、何の変哲もない郊外、産業が衰退している地域でフィールドワークをする研究者はまれである。学問的な意義を見出せない場所、あるいは、調査者が関心を持たない地域はオイテケボリになる。

こうした限界を考えると、フィールドワークからなる論集が必ずしも世界をあるがままに摑めているわけではないことがわかる。やはり「フィールドワークをすること／できること」にはバイアスがある。[8]

八　おわりに

本書では「統治のフロンティア空間には様々なアクターが、それぞれの想像力と実行力を行使しており、国家は必ずしも強大な力をもって統治を切り開く存在ではない」という主張を提示した。しかし、この主張については次のような反論があるかもしれない。

国家以外のアクターが強調されるのは（細部に目を配る人類学者特有の）調査者の視点次第なのではないか。事実は国家がアクターとなりながら領域化を進めているのではないか。

こうした疑問について本書は答えるすべを持たない。結局のところ、フィールドワーカーは虫の目でしか見ることができないし、そうしたフィールドワーカーが集まったとしても、鳥の目からの分析はできない。本書の「恥知らずの折衷主義」もこのことには対応できなかった。

使い古された言い回しではあるが、地球規模で人びとの往来が激しくなって久しい。オンライン世界での人びとの活動は増え、そこでのやりとりは現実世界に影響を与え続けている。こうした世界では、フィールドワークからは見えないものがこれまで以上に増えてきているといってもよいだろう。そうだからこそ、フィールドワーカーはこれまで以上に「フィールドで観察できる現象」が「フィールドからはみえてこない現象」といかに接合されているのかを意識する必要がある。それは生態学者が描き出すキノコの生態かもしれないし、医学の研究者が明らかにするウイルスの「種の壁」を乗り越えた蔓延かもしれない。さらには社会学者が統計分析で導き出した社会現象の因果的推論かもしれないし、国際政治学者が論じるグローバルな政治変動かもしれない。

過去を振り返ると、これまでにもフィールドワークの限界が論じられてきた。そのたびにフィールドワーカーたちは、新たな手法や視点、新たな場所、新たな対象へと関心を広げていった。その営みは従来の限界を乗り越え、人類知を切り開く、「フロンティア」を作り出す実践に他ならない。それが、これまで理解されてこなかった対象を理解可能なものに転換してきたともいえよう。本書もまたそうした知的冒険から生まれた成果のひとつであり、知のフロンティアが形になったものである。

注

[1] V-Dem とは Variety of Democracy の略である。本研究所は二〇一四年に設立され、民主主義に関する報告者やデータセットを公開している。詳細は以下のURLを参照。https://v-dem.net

[2] 民主主義の後退に関しては以下の文献も参照のこと。Bermo 2016; Lührmann and Lindberg 2019.

[3] 二〇二三年四月、神戸で開催された研究会にて。

[4] 人類学者ルーベン・アンダーソン（Ruben Andersson）はそのような地域をあえてフィールドに選んだ研究者である。彼は、紛争地や治安の悪い地域を渡り歩いて調査を実施し、軍事介入や開発支援、人道支援に関した調査をした。その結論としてアンダーソンは、欧米諸国や国際機関が世界の各地に「危険地帯」（danger zone）ともいえる空間を設定し、介入の対象とすることで世界は二つに分断（disconnect）されていると主張した（Andersson 2019）。本書ではアンダーソンのように「危険地帯」を取り上げていることはできていない。

[5] なお、村落を訪問する際は必ず中国の大学に在籍する中国人研究者に同行してもらっていたとのことである。

[6] 二〇二三年四月、中国をフィールドとする日本人研究者から聴取。

[7] もしかすると、ジェームス・ファーガソン（James Ferguson）の著書『近代化への期待』（*Expectations of Modernity*）があるではないかという反論があるかもしれない（Ferguson 1999）。しかし、彼が調査したのは衰退が「目立つ」地域であったし、時流も得ていた。ファーガソンが調査をしたのは、ザンビアでもかつて銅採掘が盛んであった地域である。産業が衰退した後に調査を実施し、町が衰退する中で変わりゆく人びとの生活や彼らの思いを描き出した。彼がフィールドワークを行った一九八〇年代後半はアフリカ諸国が「失われた一〇年」とまで言われた経済危機にみまわれた時期であり、アフリカの変化が注目を集めていた時期でもある。さらに鉱業は大きな

打撃を受けた産業のひとつである。文化人類学が現代社会を扱うようになって久しい。それ以降、研究者は変化のある場所に注目しがちとなった。その傾向は、かつて人類学が「未開社会」を研究としていた頃、できるだけ変化のないように見える場所をフィールドとして選んでいたのと対照的でもある。

［8］　また、本書の執筆者は、すべて日本に拠点を持ち、日本語で生活する研究者たちである。それぞれの固有の人生経験があろうとも日本で暮らす中で育んできた価値観や社会通念、そして、日本語という言語に大きく左右された上で研究していることもまた確かである。

引用・参考文献

足立研幾　二〇〇四『オタワプロセス―対人地雷禁止レジームの形成』有信堂高文社。
石田英敬　二〇二〇『記号論講義―日常生活批判のためのレッスン』筑摩書房。
伊東未来　二〇二一「トンブクトゥにおける写本の救出活動」三六（一）：八七－一〇四。
伊豫谷登士翁　二〇〇二『グローバリゼーションとは何か―液状化する世界を読み解く』平凡社。
植田隆子（編）二〇二一『新型コロナ危機と欧州―EU・加盟一〇ヵ国と英国の対応』文眞堂。
ウェーバー、M　二〇二〇『職業としての政治』（脇圭平訳）岩波書店。
遠藤乾　二〇一六『欧州複合危機―苦悶するEU、揺れる世界』中央公論新社。
岡野英之　二〇二一「ソフトなロックダウン下での「怯え」―タイにおける社会的経験としてのコロナ禍」浜田明範・西真如・近藤祉秋・吉田真理子（編）『新型コロナウイルス感染症と人類学―パンデミックとともに考える』水声社、二四八－二六六頁。
桐越仁美　二〇一六『西アフリカにおける気候帯を越えた民族の連携と結節―サバンナおよび森林地帯の生業とコーラナッツ・ビジネスの展開』博士論文、京都大学アジアアフリカ地域研究研究科。
ギャロウェイ、S　二〇一八『GAFA―四騎士が作り変えた世界』渡会圭子（訳）、東洋経済。
日下部尚徳・本多倫彬・小林周・髙橋亜友子（編）　二〇二二『アジアからみるコロナと世界―我々は分断されたのか』毎日新聞出版。
グレーバー、D　二〇〇六『アナーキスト人類学のための断章』高祖岩三郎（訳）、以文社。
小井戸彰宏　二〇一四「グローバリズムと社会的排除に抗するアメリカでの非正規移民運動―監視機構の再編と新自由主義的排除メカニズムへの対抗戦略の諸相」『社会学評論』六五（二）：一九四－二〇九。
国立感染症研究所　二〇二一「コロナウイルスとは」国立感染症研究所、九月三〇日。〈https://www.niid.go.jp/niid/ja/

kansennohanashi/9303-coronavirus.html〉（最終確認日：二〇二五年三月一六日）
佐藤郁哉 二〇〇六『フィールドワーク―書を持って街へ出よう』（増訂版）新曜社。
佐藤章 二〇一七「イスラーム主義武装勢力と西アフリカ―イスラーム・マグレブのアル＝カーイダ（ＡＱＩＭ）と系列組織を中心に」『アフリカレポート』五五：一‐一三。
鈴木基 二〇二三「私たちはいかにして新型コロナウイルス感染症と共存していくか―「ウィズコロナ」社会における受容と反省について」SYNODOS、一月一八日。〈https://synodos.jp/opinion/society/28595/〉（最終確認日：二〇二五年三月一六日）
ストレンジ、Ｓ 一九九八『国家の退場―グローバル経済の新しい主役たち』櫻井公人（訳）、岩波書店。
土屋岳史 二〇一七ａ「ＥＵにおける「難民危機」とシェンゲンの再構築（一）」『高崎経済大学論』五九（二・三・四）（合併号）：三三‐四五。
土屋岳史 二〇一七ｂ「ＥＵにおける「難民危機」とシェンゲンの再構築（二）」『高崎経済大学論集』六〇（一）：六七‐七八。
中野毅 二〇〇七「九・一一同時多発テロとグローバル化」『Sociologica』一（二）：一‐二九。
夏井高人 二〇一八「情報社会の素描―ＥＵの関連法令を中心として（一）」『法律論叢』九〇（四、五）（合併号）：一三五‐一八一。
西沢治彦・河合洋尚（編）二〇一七『フィールドワーク―中国という現場、人類学という実践』風響社。
西山隆行 二〇一三「アメリカの移民政策における安全保障対策と不法移民対策の収斂」『甲南法学』一（二）：一‐五四。
延近充 二〇一八『対テロ戦争の政治経済学―終わらない戦争は何をもたらしたのか』明石書店。
畑中徹 二〇〇七「転換点は米同時多発テロ　日常に監視の手がかり」Asahi Shinbun Globe ＋、七月七日。〈https://globe.asahi.com/article/13520267〉（最終確認日：二〇二五年三月一六日）
浜田明範・西真如・近藤祉秋・吉田真理子（編）二〇二一『新型コロナウイルス感染症と人類学―パンデミックとともに考える』水声社。
本名純 二〇二〇「東南アジアにみる新型コロナ危機の政治インパクト」国際地域研究所・国際情勢解説、五月一五日。〈https://www.ritsumei.ac.jp/file.jsp?id=459988〉（最終確認日：二〇二五年三月一六日）
村山憲治 二〇〇六「バイオメトリック認証を用いた新しい航空手続き」『情報処理』四七‐六：五八三‐五八五。
モル、Ａ 二〇一六『多としての身体―医療実践における存在論』浜田明範・田口陽子（訳）、水声社。
ラトゥール、Ｂ 二〇一九『社会的なものを組み直す―アクターネットワーク理論入門』伊藤嘉高（訳）、法政大学出版局。
ラトゥール、Ｂ 一九九九『科学が作られているとき―人類学的考察』川崎勝・高田紀代志（訳）、産業図書。
リッツァ、Ｇ 一九九九『マクドナルド化する社会』正岡寛司（訳）、早稲田大学出版部。
ＮＨＫミャンマープロジェクト 二〇二二『ＮＨＫスペシャル取材班、「デジタルハンター」になる』講談社。

Andersson, R. 2019 *No Go World: How Fear is Redrawing Our Maps and Infecting Our Politics*, University of California Press.

Bermo, N. 2016 On democratic backsliding. *Journal of Democracy* 27(1): 5–19.

Candea, M. 2020 Arbitrary locations: In defence of the bounded field-site. In (M. Falzon ed.) *Multi-sited Ethnography: Theory, Praxis and Locality in Contemporary Research*, Routledge, pp. 25–45.

Bøås, M. 2019 *The Sahel Crisis and the Need for International Support*, Policy Dialogue No. 15, The Nordic Africa Institute.

Ferguson, J. 1999 *Expectations of Modernity: Myths and Meanings of Urban Life on the Zambian Copperbelt*, University of California Press.

Kaldor, M. 2003 *Global Civil Society: An Answer to War*, Cambridge: Polity.

Keck, M. E. and K. Sikkink 1998 *Activists beyond Borders: Advocacy Networks in International Politics*, Cornell University Press.

Leonard, S. 2009 The creation of frontex and the politics of institutionalisation in the EU external borders policy. *Journal of Contemporary European Research* 5(3): 371–388.

Longo, M. 2016 A "21st century border"? Cooperative border controls in the US and EU after 9/11. *Journal of Borderlands Studies* 31(2): 187–202.

Lührmann, A. and S. Lindberg 2019 A third wave of autocratization is here: What is new about it?. *Democratization* 26(7): 1095–1113.

Mackay, H. 2000 The globalization of culture?. In (D. Held ed.) *A Globalizing World? Culture, Economics, Politics*, Routledge in association with the Open University, pp. 47–84.

Mol A. 2014 A reader's guide to the "ontological turn"? part 4, *Somatosphere*. 〈http://somatosphere.net/2014/a-readers-guide-to-the-ontological-turn-part-4.html/〉（最終確認日：二〇二五年三月一六日）

Muncaster, P. 2021 OSINT 101: What is open source intelligence and how is it used?, Welivesecurity by ESET, 16 June. 〈https://www.welivesecurity.com/2021/06/16/osint-101-what-is-open-source-intelligence-how-is-it-used/〉（最終確認日：二〇二五年三月一六日）

Ohmae, K. 1995 *The End of the Nation-State: the Rise of Regional Economies*, Simon and Schuster.

Reporters without Borders 2020 2020 World press freedom index: Entering a decisive decade for journalism, exacerbated by coronavirus. Updated 20 April. 〈https://rsf.org/en/2020-world-press-freedom-index-entering-decisive-decade-journalism-exacerbated-coronavirus〉（最終確認日：二〇二五年三月一六日）

Suttles, G. D. 1976 Urban ethnography: Situational and normative accounts. *Annual Review of Sociology* 2: 1–18.
V-Dem Institute 2022 *Democracy Report 2022: Autocratization Changing Nature?* University of Gothenburg.
World Health Organization（WHO）2023. Coronavirus disease（COVID-19), Updated 28 March.〈https://www.who.int/news-room/questions-and-answers/item/coronavirus-disease-covid-19〉（最終確認日：二〇二五年三月一六日）

おわりに

本書は、国立民族学博物館で実施した共同研究「統治のフロンティア空間をめぐる人類学―国家・資本・住民の関係を考察する」(二〇一八年一〇月～二〇二三年三月)の成果の一部である。当初の予定では、この共同研究は二〇二二年三月に終了する予定だった。だが、二〇二〇年一月以降の新型コロナウイルス感染症の流行によって研究の進捗に支障が生じたため、開催期間を一年間延長することになった。

共同研究の実施期間中から本書を編むにいたる時期においては、国家の有する力やその存在意義について考えさせられることが多かった。本書でおもに取り上げた東南アジアやサハラ以南アフリカ、中南米の遠隔地にくらす人たちの間でも、新型コロナウイルスの感染は広がりをみせた。国内外の新聞や雑誌の記事によれば、これらの地域で被害が拡大した主要因は、各国政府が適切な医療施設を整備せず、また十分な医療行為を提供してこなかったことだという。一方、権威主義的な統治を進める「グローバル・サウス」の国々に民主化の必要性を教え諭してきた欧米諸国の政府は、感染予防対策として人びとの外出や移動を大幅に制限した。巡回している警察官を除いては、ほとんどだれも歩いていない世界有数の大都市の姿がテレビに映し出された。国家の統治や開発政策が行き届いていないことが人びとの生活にもたらす困難と、数千万人の行動を一夜にして変えることができる国家のもつ巨大な力の不気味さを、同時につよく意識させられたのが「コロナ禍」の日々であった。

この時期はまた、国家が暴力を独占しているから社会に秩序が保たれるのか、それとも暴力の独占に固執する国家こそが社会に混乱と恐怖をもたらすのか、という古くて新しい問いに直面した時期でもあった。二〇二〇年一一月から、エチオピア政府は二年前まで政権の中枢を占めていた政治勢力に対する激しい攻撃を開始し、同国北部の住民は深刻な食料不足に苛まれた。ミャンマーでは、二〇二一年二月の軍部によるクーデター後、国境付近にくらす少数民族と国軍との間で武力衝突が起き、多くの住民が避難民化した。そして、本書の「はじめに」でも触れられているとおり、二〇二二年二月のロシアによるウクライナ侵攻と二〇二三年一〇月以降のイスラエルによるガザへの執拗な攻撃は、主権国家による明らかな国際法違反や組織的な人権侵害行為を、ほかの国家や国際組織がとめることのできない「現実」を思い知らされた。

本書では、感染症対策下の統治の実態や国家の戦争とフロンティア空間の関係について取り扱うことはできなかった。だが、国家とはそもそもどのような組織なのか、国家と社会の適切な関係とはいかなるものなのか、そして、その関係を住民が能動的に調整していくためにはどんな技法が必要なのかが世界各地で問われるなかで共同研究が進められたことは、本書に収められた各章の内容にも少なからず影響を与えているはずだ。

共同研究の期間中には、合計九回の研究会を実施した。また、オンライン開催となった二〇二一年の第五五回日本文化人類学会研究大会では、「現代世界におけるフロンティア空間の動態」と題した分科会を企画し、研究会のメンバー五人が発表を行った。これらの研究会や学会で交わされた議論の内容の一部は、国立民族学博物館が発行する雑誌である『民博通信』上で報告されている（佐川徹 二〇一九「現代世界におけるフロンティア空間の動態」『民博通信』一六四：一〇-一一、佐川徹 二〇二三「フロンティア空間における想像力と実行力」『民博通信 Online』八：一八-一九）。

本書を編むにあたっては多くの方からご助力をいただいた。それぞれの事情から本書には寄稿いただけなかったものの、共同研究会のメンバーとして発表やコメントをしてくださったのは王柳蘭さん、日下部尚徳さん、南真木人さんである。また、執筆者である寺内大左さんと宮地隆廣さんは、もともとは共同研究会のゲストスピーカーとして発表いただいた方々である。ナカニシヤ出版編集部の米谷龍幸さんは、第一回目の研究会から参加してくださり、成果出版の話も快く引き受けてくださった。校正など編集作業の段階では、同じナカニシヤ出版編集部の由浅啓吾さんからたいへんお世話になった。そして、本書出版にあたり、館外での出版を奨励する国立民族学博物館の制度を利用した。出版助成の審査においては、二名の査読者の方から多くの建設的なコメントをいただいた。ここに記して、みなさまへ厚く感謝を申し上げる。

二〇二四年七月　編者を代表して

佐川　徹

人名索引

な行

は行

さ行

た行

事項索引

専門は比較政治学，ラテンアメリカの政治と開発。
主要著作は，『世界の中のラテンアメリカ政治』（共著，2023 年，東京外国語大学出版会），『解釈する民族運動―構成主義によるボリビアとエクアドルの比較分析』（単著，2014 年，東京大学出版会）など。

寺内大左（てらうち だいすけ）
担当：第 6 章
1983 年生。筑波大学人文社会系准教授。
博士（農学）。
専門は環境社会学，国際開発農学，インドネシア地域研究。
主要著作は，『開発の森を生きる―インドネシア・カリマンタン　焼畑民の民族誌』（単著，2023 年，新泉社），「グローバル・コモディティの環境社会学」（『環境社会学研究』27 号，2021 年）など。

鈴木佑記（すずき ゆうき）
担当：第 7 章
1978 年生。国士舘大学政経学部准教授。
博士（地域研究）。
専門は東南アジア地域研究，文化人類学。
主要著作は，『脱観光化の人類学―かわりゆく観光と社会のゆくえ』（分担執筆，2025 年，ミネルヴァ書房），『現代の〈漂海民〉―津波後を生きる海民の民族誌』（単著，2016 年，めこん）など。

桐越仁美（きりこし ひとみ）
担当：第 10 章
1987 年生。国士舘大学文学部准教授。
博士（地域研究）。
専門はアフリカ地域研究，地理学。
主要著作は，*Development and Subsistence in Globalising Africa: Beyond the Dichotomy*（分担執筆，2021 年，Langaa RPCIG），『争わないための生業実践―生態資源と人びとの関わり』（分担執筆，2016 年，京都大学学術出版会）など。

久保忠行（くぼ ただゆき）
担当：第 11 章
1980 年生。立教大学観光学部教授。
博士（学術）。
専門は文化人類学。
主要著作は，『寄食という生き方―埒外の政治－経済の人類学』（分担執筆，2025 年，昭和堂），『難民の人類学―タイ・ビルマ国境のカレンニー難民の移動と定住』（単著，2014 年，清水弘文堂書房）など。

二文字屋脩（にもんじや しゅう）
担当：第 12 章
1985 年生。愛知淑徳大学交流文化学部准教授。
博士（社会人類学）。
専門は文化人類学，狩猟採集民研究，東南アジア地域研究。
主要著作は，『東南アジアで学ぶ文化人類学』（共編著，2024 年，昭和堂），『トーキョーサバイバー』（編著，2022 年，うつつ堂），『人類学者たちのフィールド教育―自己変容に向けた学びのデザイン』（共編著，2021 年，ナカニシヤ出版）など。

近藤　宏（こんどう ひろし）
担当：第 13 章
1982 年生。神奈川大学人間科学部准教授。
博士（学術）。
専門は文化人類学，ラテンアメリカ研究。
主要著作は，『辺境からコロンビアを見る―可視性と周縁性の相克』（分担執筆，2024 年，上智大学出版），『思想としてのアナキズム』（分担執筆，2024 年，以文社）など。

執筆者紹介（編者は *）

佐川　徹（さがわ とおる）*
担当：序章，第4章，おわりに
1977年生。慶應義塾大学文学部准教授。
博士（地域研究）。
専門はアフリカ地域研究，文化人類学。
主要著作は，『歴史が生みだす紛争，紛争が生みだす歴史―現代アフリカにおける暴力と和解』（共編著，2024年，春風社），『アフリカで学ぶ文化人類学―民族誌がひらく世界』（共編著，2019年，昭和堂）など。

岡野英之（おかの ひでゆき）*
担当：はじめに，第8章，終章
1980年生。近畿大学総合社会学部准教授。
博士（人間科学）。
専門は文化人類学，政治学。
主要著作は，『東南アジアで学ぶ文化人類学』（分担執筆，2024年，昭和堂），『西アフリカ・エボラ危機 2013–2016』（単著，2022年，ナカニシヤ出版）など。

大澤隆将（おおさわ たかまさ）*
担当：序章，第5章
1979年生。金沢大学国際基幹教育院講師。
PhD（in Social Anthropology）。
専門は社会人類学，インドネシア地域研究。
主要著作は，*Local Governance of Peatland Restoration in Riau, Indonesia.*（共編著，2023年，Spriger），*At the Edge of Mangrove Forest: The Suku Asli and the Quest for Indigensity, Ethnicity and Development*（単著，2022年，Kyoto University Press）など。

池谷和信（いけや かずのぶ）*
担当：はじめに，序章，第9章
1958年生。国立民族学博物館・総合研究大学院大学名誉教授。
博士（文学），博士（理学）。
専門はアフリカ研究，環境人類学。
主要著作は，*Sedentarization and Subsistence Strategies among the Botswana San:Mobility and Lifeway Transitions*（単著，2025年，国立民族学博物館），*Global Ecology in Historical Perspective: Monsoon Asia and Beyond*（共編著，2023年，Springer）など。

武内進一（たけうち しんいち）
担当：第1章
1962年生。東京外国語大学現代アフリカ地域研究センター教授。
博士（学術）。
専門はアフリカ研究，国際関係論。
主要著作は，*African Land Reform Under Economic Liberalisation: States, Chiefs, and Rural Communities*（編著，2021年，Springer），『現代アフリカの紛争と国家―ポストコロニアル家産制国家とルワンダ・ジェノサイド』（単著，2009年，明石書店）など。

後藤健志（ごとう たけし）
担当：第2章
1980年生。日本学術振興会特別研究員（RPD）／立命館大学専門研究員。
博士（文学）。
専門は文化人類学，アマゾニア地域研究。
主要著作は，「熱帯ダイズ産業がもたらす世界の単純化―遺伝子組換え種子の内部性と外部性に着目して」（『ラテンアメリカ研究年報』43号，2023年），『アマゾニアおける市民権の生態学的動態』（単著，2021年，明石書店），「フロンティア産業景観の技術－生態誌―アマゾン植民者による所有地作製の事例から」（『文化人類学』85巻2号，2020年）など。

宮地隆廣（みやち たかひろ）
担当：第3章
1976年生。東京大学大学院総合文化研究科教授。
博士（学術）。

その空間を統治するのはだれか
フロンティア空間の人類学

2025年3月31日　初版第1刷発行

編　者　佐川　徹
　　　　岡野英之
　　　　大澤隆将
　　　　池谷和信
発行者　中西　良
発行所　株式会社ナカニシヤ出版
〒606-8161　京都市左京区一乗寺木ノ本町15番地
Telephone　075-723-0111
Facsimile　075-723-0095
Website　https://www.nakanishiya.co.jp/
Email　iihon-ippai@nakanishiya.co.jp
郵便振替　01030-0-13128

印刷・製本＝創栄図書印刷／装幀＝白沢　正

ISBN978-4-7795-1817-1